# 프로그래머가 원리로 설명하는
# 히브리어 성경읽기
## (창세기 1~3장)

**저자소개** 성경읽는 프로그래머

약 3년 전 세종으로 내려와 세종시에 거주하며 침례교단인 세종꿈의교회에 출석하고있습니다.
프로그램개발사를 운영하는 프로그래머이자 프로그램기획자입니다.
성경이 너무 재밌어서 원어로 읽어보고 싶어서 시작한 일이 이렇게까지 되었습니다.

프로그래머가 원리로 설명하는

# 히브리어 성경읽기

초판 1쇄 발행 2024. 3. 25.

**지은이** 성경읽는 프로그래머 (kdj082@kakao.com)
**표지디자인** 콤마오빗 (commaorbit@gmail.com)
**표지캘리그라피디자인** 곤작가 (ksg526a@naver.com)
**펴낸곳** 주식회사 바른북스

**등록** 2019년 4월 3일 제2019-000040호
**주소** 서울시 성동구 연무장5길 9-16, 301호 (성수동2가, 블루스톤타워)
**대표전화** 070-7857-9719 | **경영지원** 02-3409-9719 | **팩스** 070-7610-9820

•바른북스는 여러분의 다양한 아이디어와 원고 투고를 설레는 마음으로 기다리고 있습니다.

**이메일** barunbooks21@naver.com | **원고투고** barunbooks21@naver.com
**홈페이지** www.barunbooks.com | **공식 블로그** blog.naver.com/barunbooks7
**공식 포스트** post.naver.com/barunbooks7 | **페이스북** facebook.com/barunbooks7


**ISBN** 979-11-93879-34-4 93230

프로그래머가 원리로 설명하는

# 히브리어 성경읽기

(창세기 1~3장)

## 들어가며

# 들어가며



십 오년전쯤인 듯 하네요.. 성경정리노트를 만들기 시작했답니다.
성경 지식을 위함이 아닌 아비멜렉이 블레셋 왕을 통칭하는 명칭인줄도 모르고 어떤 왕의 이름인 줄 아는 정도의 수준이었던 제가, 성경을 정리하고 계보를 정리하고 역사배경을 이해하는 것을 통해 성경을 제대로 읽어보고 싶다는 소망이 크게 자리잡았었거든요.
그런데 당시에는 "성경은 공부하는 것이 아니다"라는 말씀들을 하셔서 중단했던 기억이 납니다.

---

어느덧 시간이 흐르고.. 2023년 1월 23일에 중단된 작업을 다시 시작했고 마무리를 했어요.
성경을 제대로 읽어보고 싶어서..
지식으로의 갈급함이 아닌 성경을 읽고 묵상하기 위해 중간사등 역사등에 대한 제반 지식이 있으면 좀 더 현실적있고 입체감 있게 성경이 다가올 것 같아서요.
그런데 깊이 들어갈 수록 번역본마다 느낌상의 차이가 있다는 것을 느끼게 되더라구요.
간단한 내용도 있지만 의미가 달라지는 부분도 있더라구요.

그러면 정말 히브리어 원어에서는 어떤 표현을 사용했을까 궁금했지만 영어도 잘 못하는 제가 히브리어 성경읽기는 꿈에도 생각 못 할 일이었어요. 신학을 배운것도 아니라 물어볼 곳도 없고..
이런 갈증에서 출발한 히브리어 공부가 이렇게 책을 내고 머리말을 적고 있습니다.

궁금증이 생겨도 사실 여러가지 이상한 내용들이 너무 많이 포함된 정보가 많이 있고..
또한 성경은 하나의 말씀이지만 각 사람에게 다가오는 부분은 모두 다르잖아요.
일방적인 누군가의 생각을 무작정 받아들이기 보다는 원어성경을 볼 수 있다면, 조금이나마 깊은 묵상이 가능할 듯 해서 히브리어를 시작했습니다.

---

저는 신학자도 아니고 이스라엘 유학은 커녕 이스라엘을 가 보지도 못한 그냥 성경이 너무 재밌다고 생각하는 컴퓨터 프로그래머입니다.(연말에 가려했는데.. 전쟁이ㅠㅠ)
영어도 대충 읽기만 하지 영어로 대화도 못합니다. 암기는 꽝이구요..
이런 제가 히브리어를 학습하면서 규칙을 찾아간 과정들을 모아서 이렇게 엮어서 정리해 보았습니다.
"히브리어 성경을 읽고 싶지만 언어에 막혀 포기하고 있는 저 같은 사람도 있지 않을까" 해서요.

우리가 아라비아 숫자는 0~9까지만 알면 큰 숫자도 표기할 수 있는 것은 어떤 정해진 규칙이 있는 것이고, 그걸 이해하고 있기 때문이잖아요?

히브리어 문법책을 몇 권을 학습하고 이해한 듯 한데도 실상 히브리어 원어성경을 펼치면 도저히 이해가 안가는 경험을 하면서 성경읽기에 필요한 부분을 최대한 집약해서 "히브리어 언어학자가 되기 위함이 아닌 최대한 간단한 히브리어 원어성경을 읽기 위한 문법책"을 만들어 보려고 노력한 결과물이 이 책입니다.

---

저희 교회 대표목사님께서 "내가 봐도 감동이 될 때"가 최선을 다 한 것이라고 자주 말씀을 하십니다.
개인으로는 지식도 능력도 부족하지만 하나님의 은혜 가운데 최선을 다해서 책을 구성하려고 했습니다.

문법적인 깊은 이야기나 심오한 성경의 구절등에 대한 해석은 은사를 받으신 분들이 감당하실 일이라고 생각하고 그래서 성경을 해석하거나 하는 것은 하지 않았습니다. 할 수도 없구요.. ㅎ

단지 직업상 가능하면 규칙화하여 쉽고 간결하게 작업을 하는 일을 해오고 있는데 어느 순간 이것도 제가 가진 은사가 아닐까하는 생각에 좀 더 쉽게 원어 성경읽기에 다가갈 수 있는 문법책을 구상하게 되었습니다.

완벽한 문법책이라기 보다는 처음 히브리어를 접하시면서 원어성경을 읽어내려갈 수 있는 기본적인 문법을 담고 부담없이 읽어갈 수 있도록 하는 목적이었기에 처음 히브리어를 접하는 분들께 서브노트와 같이 작은 도움이라도 되었으면 하는 바람입니다.

---

너무도 존경하는 세종꿈의교회 안희묵 대표목사님.. 양육받으며 힘들때 나머지공부(?)를 통해 힘을 주신 이은호 목사님께 감사드립니다.
또한 넘치는 체력을 바탕으로 "끊이지 않는 잔소리"를 하심으로, 지치지 않게 도와주신 이혜숙 목자님을 비롯하여 감사할 분들이 너무도 많습니다..
마지막으로 언제나 기도로 함께하여 주시는 부모님과 가족 모두에게 감사를 전합니다.

모든 고마우신 분들.. 그리고 이 책을 보시는 분들 모두 평안하시기를 소망합니다.

**2024년 봄.. 세종 소담동에서 성경읽는 프로그래머**

# 목 차

**제 2부 히브리어 문법정리**

**Part 2. 인칭대명접미사**

## 제 2부 히브리어 문법정리

### Part 3. 동사

## 제 2부 히브리어 문법정리

### Part 4. 약동사

프로그래머가 원리로 설명하는

# 히브리어 성경읽기

(창세기 1~3장)

## 0부

## 히브리어 이해하기

# 1. 책의 주요 특징-중점을 둔 내용 소개



**첫번째..동사**

히브리어 동사는 동작동사뿐이 아니라 상태동사도 있고 실제 모음의 변화등이 아주 현란하게 발생합니다. 이 부분은 두번째로 이야기하는 약동사를 학습하기 위한 기초이기에 변화의 숙지는 아주 중요합니다.

**두번째..약동사**

제가 신학교를 다니거나 한 적이 없는데 보통 약동사를 넘어갈 무렵 학기가 끝나서 살짝 언급하고 넘어간다고 들었습니다. 아닌 곳도 있겠지만요.. 하지만 약동사가 히브리어 동사의 거의 92%정도이기에 이걸 모르고서는 히브리어 성경읽기는 먼나라 이야기가 됩니다.

**두번째..인칭대명접미사(명사/전치사/불변화사/동사에 붙는 인칭대명접미사)**

히브리어 문법책을 여러권 보고 자료도 많이 찾아보았지만 인칭대명접미사에 대하여 상세하게 정리된 책은 보지 못했습니다.

인칭대명접미사는 명사에 붙는 인칭대명사, 전치사에 붙는 인칭대명사, 감탄사등 불변화사에 붙는 인칭대명사, 또 동사에 붙는 인칭대명사가 있는데 여기서 동사에 붙는 인칭대명사는 정말이지 미로찾기 같은 개념이구요..

그런데 원어성경을 읽기 위해서는 정말 중요한 문법입니다 거의 절마다 나온다고 할 정도로 많이 나옵니다.

예를들어보겠습니다. 제가 지금까지 정확히 이 단어를 표현한 곳은 보지 못했습니다.

건너들은 이야기로는 유명한 프로그램들에서도 발음이 잘못되어 있다고 하더라구요.

창세기 2:15절의 단어입니다.

לְעָבְדָהּ

※ 제가 본 모든 곳에서 "레아브다흐"로 적혀있습니다.

하지만 이스라엘 대사관에서 제공하는 랍비분의 성경읽기내용을 들어보셔도 알 수 있지만 정확한 발음은 "레오브다흐"입니다. 랍비분도 그렇게 읽어주구요.

이 내용이 이 책에서 '동사에 붙는 인칭대명사중 부정사연계형(명령형)'의 변화의 특징에 있는 내용인데 이런 내용을 상세하게 언급하고 설명한 자료가 아직 없기에 저도 많이 힘들었거든요...

위 내용을 제외한 엑센트법칙,명사변화등은 사실 몇 일정도면 읽으며 통과할 부분이고, 암기만 남지만 이런 원리적인 부분은 정확히 이해하지 못하면 결국 단어음가를 한글로 읽고.. 단어 뜻 보고.. 따라하기에 그치지 않습니다. 우리가 원어성경읽기라는 힘든 과정을 들어가면서 원한게 이건 아니잖아요..

인칭대명접미사를 정확히 알면 새로운 내용이 보입니다.

# הוּא יְשׁוּפְךָ רֹאשׁ, וְאַתָּה תְּשׁוּפֶנּוּ עָקֵב.

아켑 테슈펜누 베알타 로쉬 예슈페카 후

**Gen.3:15 And I will put enmity between thee and the woman, and between thy seed and her seed; they shall bruise thy head, and thou shalt bruise their heel.'**

**창3:15 내가 너로 여자와 원수가 되게 하고 너희 후손도 여자의 후손과 원수가 되게 하리니 여자의 후손은 네 머리를 상하게 할 것이요 너는 그의 발꿈치를 상하게 할 것이니라 하시고**

---

앞으로 보게 될 창세기 3:15절의 후반부입니다.

יְשׁוּפְךָ 예슈페카(슈프 : 4회)

תְּשׁוּפֶנּוּ 타슈펜누(슈프 : 4회)

שׁוּף 슈프 : 입을 크게 벌리다,숨어서 기다리다 공격하다

위 두 단어 모두 동일한 원형단어(슈프)에 인칭대명접미사가 붙은 형태입니다.
아래는 책의 설명중 일부를 인용한 부분입니다.

※ 동사에 붙는 인칭대명접미사중에 5개의 유형(3ms,3fs,2ms,1cs,1cp)의 미완료와 명령형의 경우는 강조하기 위하여 '세골+눈(다게쉬)' 형태를 취하기도 합니다. 즉, 강조의 의미입니다.

**그럼 또 이상합니다. 동일단어이지만 '예슈페카'에는 강조형이 아니고 '테슈펜누'에만 강조형이 사용되었습니다**

일반형 : 여자의 후손(3인칭)은 네(2인칭, 뱀) 머리를 상하게 할 것이요.
강조형 : 너(2인칭,뱀)는 그(3인칭,여자의 후손 : 강조형 사용 바로 '그')의 발꿈치를 상하게 할 것이니라.

# 2. 책의 구성 및 인용한 번역본

## 구성

בְּרֵאשִׁית 베레쉬트(레쉬트 51회)

주요문법사항과 2부 문법에서 확인할 페이지

주요단어 성경횟수

문법사항 : 경강점/중복점(p.207) , 불분리전치사 (p.207), 베가드케파트 (p.207), 명사어미변화 (p.207)

※ 베 안에 점이 찍힌 것을 보실수 있습니다. 이는 경강점으로 된 발음을 냅니다.(v->b)

※ 히브리어에서 전치사는 분리전치사/불분리전치사/마케프전치사(-로 이어진 전치사)가 있습니다.

간단문법정리

여기서 레쉬트 앞의 베는 불분리 전치사입니다.(불분리전치사 3+1 : 베케레 + 미(민))
불분리전치사는 전치사라는 개념보다는 접두형전치사로 접두사의 개념으로 이해하는 것이 편합니다.
In the room의 in은 ~안에 라는 뜻이지만, insid는 내부라는 명사인 것처럼 아래 나오는 원형인 로쉬가 레쉬트로 변하면서 추상명사처럼 된 것입니다.
베레쉬트를 그냥 "태초에~,처음에~"라고 아예 이해하는 것이 쉽습니다.

## 성경구절 번역본

참고로 영문번역은 킹제임스버전을 적용했습니다.

한글번역은 개역한글판을 사용했습니다.

제 개인적 선호도 때문에 적용하였다기 보다는 저작권이 허용되는 버전이기에 사용하였음을 밝혀둡니다.

# 3. 히브리어 이해하기



우리가 히브리어 원어성경을 읽기 위해서는 히브리어 자음과 모음을 먼저 익혀야 합니다.
영어의 알파벳은 자음과 모음이 섞여 있는 반면에 히브리어는 자음과 모음이 나누어져 있습니다.
단지 반자음등의 특이한 경우도 있지만 이건 천천히 익히시면 됩니다.

원래 히브리어는 자음만으로 구성된 언어였습니다. 좀 더 정확히는 모음이 없는게 아니라 문자에 모음은 표기하지 않았죠 . 한국말로 가구는 ㄱ + ㅏ + ㄱ + ㅜ 라는 자음과 모음으로 구성되는데요. 이걸 히브리어로 기록하면 그냥 ㄱ ㄱ 입니다. 모음이 없죠?
그냥 이렇게 유대인들은 쓰고 읽었다는 겁니다. 너무 황당하죠?
여튼 이런 특성이 외국인들에게는 히브리어가 너무나도 접하기 어려운 언어였던 겁니다.

근데 이 형태는 생각해보면 계속 접하고 사용하면서 알게 되는 것이잖아요? 사용 안하면 잊을 수 밖에 없는..북이스라엘과 남유다가 멸망하게 되고 유대인들이 흩어져서 살게 되면서 자음만으로 구성된 히브리어를 유대인 디아스포라들 조차도 읽지 못하는 상황이 생기게 됩니다. 어쩌면 당연한 이야기이죠..

이런 상황에서 일부 약자음등이 생겨나고 이후, 디아스포라들도 읽을 수 있게 모음체계를 구성하게 됩니다.(이것도 좀 더 정확히 하면 문자(글)에 모음을 표기하는 규칙을 정한 겁니다)
이게 맛소라 학자들이 진행하여 완성한 **맛소라 사본**이라고 합니다.

---

맛소라 학자들은 절대 원칙이 하나 있었어요. **"구약성경의 본문은 절대로 변형시키지 않는다"**
이게 무슨 말인지 한번 볼께요.. 한국어로 "사랑"을 예를 들어 볼께요.
히브리어는 우측에서 좌측으로 읽고 쓴다는 점을 먼저 말씀드리고 시작합니다.

| | | | |
|---|---|---|---|
| 맛소라 모음체계전 자음만 사용예<br>(사랑의 자음만 나열함) | ㅇ | ㄹ | ㅅ |
| 맛소라 모음체계후<br>(모음까지 표기함) | ㅇ | ㄹ | ㅅ |
| | | ㅏ | ㅏ |

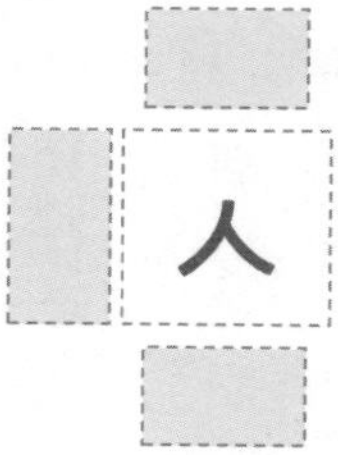

이런 방식으로 원문을 변형하지 않고(자음을 추가하거나 변형하지 않고)
기존 자음의 아래와 위 그리고 우측에 모음을 표기하는 체계를 만든것이
맛소라 학자들이고 그들이 만든 성경이 맛소라사본입니다.
그럼 모음이 들어가는 위치를 표시해 볼께요.

ㅅ

한 가지 더 재밌는 얘기를 해볼까요?
열왕기와 역대기가 거의 유사한 내용이 많이 있잖아요..
그런데 같은 내용으로 쓰인 부분을 떼어서 분석하면 문자 수에 차이가 난답니다.
신기하죠? 왜 그럴까요? 동일 내용 기준으로 어느 쪽이 문자수가 더 많을까요?

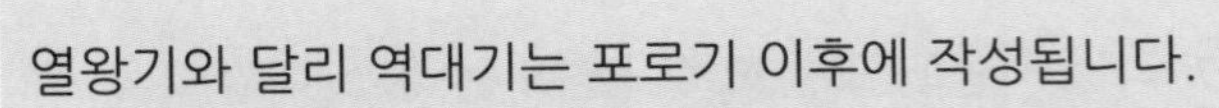

열왕기와 달리 역대기는 포로기 이후에 작성됩니다.
포로기 이후, 즉 이미 유대인들에게조차 히브리어가 외국어처럼 변한 겁니다.
맛소라 학자들에 의한 모음체계가 개발되기 전이다 보니, 역대기 저자인 에스라가 장모음 단모음등의 일부 추가된 발음에 대해서 당시에 통용되던 나름의 규칙으로 성경을 기록을 하게 되었다는 겁니다.
(에스라는 2차 포로귀환시 리더로 영적생활지도를 담당했다는 것 생각해 보시면 느낌이 오시죠?)

성경의 원문을 변형한 것이 아니라, 에스라는 성경 기록시부터 당시의 모음체계를 추가해서 역대기서를 기록했다는 겁니다.
그래서 문자수는 역대기가 열왕기서에 비해 동일 내용일 때 더 많아진 것이랍니다.
이후 맛소라 학자들은 이렇게 사용된 달라진 기록방식도 원문 그대로 유지하면서 변형을 하지 않았구요.
그래서 지금도 같은 내용을 기준으로는 역대기가 문자수가 더 많습니다.

이렇게 히브리어는 좀 특이한 방식의 언어이다 보니 사실 외국인에게는 생소한 부분이 많았겠죠..
로마시대 70인역은 헬라어(그리스어)로 구약과 신약이 기록되게 되고, 이걸 기점으로 열방의 복음화가 급속도로 진행되게 되는 이유랍니다.

우리가 학습하는 히브리어를 통해서 읽게 되는 원문은 맛소라사본으로 헬라어로의 번역이 이루어지기 전의 원문으로 구약성경을 읽는 것이랍니다.
'신약성경 몇가지는 히브리어로 최초에 기록되었다와 아니다'등의 의견이 많은데 보통은 헬라어로 기록되었다라고 많이들 보고 있다고 합니다.
저도 예수님 당시 헬라어를 사용했고 사실 마태복음의 경우도 유대인들을 독자층으로 하여 특이한 것이지 신약성경 전반적으로는 열방의 복음화라고 보면 헬라어가 맞지 않을까 정도만 생각합니다.
물론 나~~중에 시간이 허락한다면 히브리어로 다시금 번역된 신약성경도 한 번 묵상해보고는 싶습니다.

여튼 한 번 두 번 번역을 거칠수록 조금씩 의미 전달이 달라질 수도 있기에 원래 구약성경이 기록된 히브리어 원어로 읽어보면 또 다른 매력을 느낄 수 있답니다.
이제 천천히 시작할 준비가 되셨나요? 그럼 출발합니다~~~

# 4. 히브리어 문법기초

보통 히브리어 교재는 알렙으로 시작해 타우까지의 히브리어 알파벳인 자음, 그리고 히브리어 모음을 설명하며 시작하는데요..
저는 이 책과 프로그램을 이용하는 분들이 히브리어 원어 성경을 읽는 것을 목표로 하기에 히브리어 자음과 모음에 대한 설명은 자세하게 하지 않습니다.
어차피 자음은 영어의 알파벳과 같은 것으로 기본적으로 암기를 기반으로 하기 때문이지요.
모음의 경우는 제가 학습한 나름의 규칙 정도를 적어볼 생각입니다.
하지만 히브리어를 포기하는 분들중 다수가 자음과 모음을 체화하는 것과 나중에 동사의 변화라는 점을 볼 때 자음과 모음은 매우 중요합니다.

특히 모음의 변화등은 어쩌면 문법의 전부라고도 할 수 있으니 꼭 아는 것을 넘어 0.1초의 생각도 없이 읽을 수 있어야 합니다.
우리가 숫자 1,2,3..을 생각하고 읽지 않는 것처럼요..

하지만 만약 히브리어 자음과 모음이 익숙하지 않은 분들은 책속에 제공된 기본적인 자음과 모음표를 잘라서 보고 읽으며 시작하시면 됩니다.

## 성경 히브리어의 특징 정리

**1.현대 히브리어와  성경히브리어**
성경속 히브리어는 현대 히브리어와는 다릅니다
성경히브리어는 시제가 크게 완료형과 미완료형으로 나누어지는데 비해 현대 히브리어는 영어처럼 과거/현재/미래등이 있는등 여러가지 차이가 있다고 합니다. 저도 현대 히브리어는 배우지 않아서..

**2.성경 히브리어의 어순**
성경 히브리어의 어순은 동사가 주어보다 먼저 나옵니다.
하지만 이것조차도 읽고 무시하셔도 되는 사항입니다
성경에서도 동사가 주어보다 먼저 나온 구절도 있고 반대인 경우도 있습니다.
또한 히브리어에서는 강조하고자 하는 경우 앞으로 당기기도 하기에 처음 공부하는 경우 어순은 크게 신경쓰지 않아도 됩니다
단 기본어순은 동사 + 주어 +목적어등으로 "영어 어순에서 주어와 동사가 바뀐다"입니다.
영어의 1형식~5형식과 어순이 모두 동일한데 단지 주어 동사의 순서만 바뀐다고 보시면 됩니다.

# 5. 히브리어 학습포인트

제가 생각하는 히브리어  학습 기초내용중 가장 중요한 부분은 두 가지 입니다.
음절과 액센트요..
장음/단음등은 사실 음절과 액센트를 알면 많은 부분이 자동 정리가 되거든요..
또한 눈(eye)는 한국어로도 단모음이고 눈(snow)는 장모음인데 이걸 장/단음으로 의식해서 발음하지 않고 문맥으로 알잖아요?
제가 지금까지 장모음 눈~으로 발음하는 사람은 딱 한명 봤습니다
**맹구요.."하늘에서 누운~이 와요~~"**

보통 이렇게 우리도 크게 신경 쓰고 발음하지 않기에, 장/단음은 큰 의미가 없는듯 넘기지만 사실 엄청 중요합니다..
음절과 액센트를 알면 장/단음은 거의 해결되기 때문에 큰 의미를 두지 않은 것이지 의식하고 발음하거나 듣는 것이 아니기에 의미가 없어 덜 중요한 것이 아니란 점은 분명히 해 둘께요..

**1.음절**
개인적으로 한국인에게는 히브리어 음절은 너무 쉽다고 생각하는데요..

“은혜”란 단어는 자음 ‘ㅇ’ 모음 ‘ㅡ’ 자음 ‘ㄴ’ 으로 첫음절이
구성되고 자음 ‘ㅎ’ 모음 ‘ㅖ’로 두번째 음절이 구성되어 2음절입니다.

히브리어도 자음+모음  또는 자음+모음+자음으로 각음절이 구성됩니다.
여기서 자음+모음 으로 구성되는 음절을 **개음절**이라고 하고..
자음+모음+자음 으로 구성되는 음절을 **폐음절**이라고 합니다.

**2.액센트**
히브리어에서 액센트는 정말 너무 너무 중요합니다.
하지만 처음 학습시는 그냥 이것만 알아두세요..
"히브리어는 마지막 음절에 보통 액센트가 온다" 라고요..
나중에 세골명사등의 경우는 앞에 액센트가 오는등 추가내용이 있지만 일단 무시하시고..
“마지막 음절에 거의 액센트가 오는구나”로만 일단 정리합니다.

# 6. 기타



## 구약성경에 나오는 히브리어 단어

전체적으로 650여개의 단어라고 하고 400~500개의 단어를 알면 성경의 80~90%는 읽을 수 있습니다

우리가 영어단어 500개 외우면 영어 원서를 술술 읽어내려갈 수 있다면 거의 다 잘하겠죠?
저도 voca 22000,vaca33000,voca55000등의 책으로 수험생시절 공부했는데 최소인 22,000개의 단어로도 수험영어 였는데 성경읽는데 약500개의 단어만 알면 된다니.. 배우고 싶은 맘이 커지지 않나요?

## 참고

우리가 최종목표로 둔 것은 계속 언급하지만 문법학자가 아닌 "히브리어 원어로 성경읽기" 입니다
성경은 구약성경과 신약성경이 있고 구약성경은 히브리어, 신약성경은 헬라어(그리스어)를 기반으로 번역된 겁니다.

히브리어로 번역된 신약도 있지만 대세에 따라 구약은 히브리어, 신약은 헬라어로 정리하고 맛소라 번역본을 기준으로 구약 히브리어 성경을 읽어보려 합니다.

기타 자세한 문법사항은 히브리어 원어로 창세기를 읽어 내려가면서 문법이 나올 때마다 설명하도록 하겠습니다.

프로그래머가 원리로 설명하는

# 히브리어 성경읽기

(창세기 1~3장)

1부 창세기 1~3장

히브리어 원어로 읽기

**창세기 1:1**



| 776 | 853 | 8064 | 853 | 430 | 1254 | 7225 |
|---|---|---|---|---|---|---|
| 관명여단 | 접전 | 관명남쌍 | 전 | 명남복 | 동칼완남3단 | 전명여단 |
| הָאָֽרֶץ׃ | וְאֵת | הַשָּׁמַיִם | אֵת | אֱלֹהִים | בָּרָא | בְּרֵאשִׁית |
| 하아레츠 | 베엩 | 핫솨마임 | 엩 | 엘로힘 | 바라 | 베레쉬트 |
| 그 땅 | 그리고 ~을 | 그 하늘 | ~을 | 하나님 | 그가 창조하셨다 | 태초에 |

**Gen.1:1 In the beginning God created the heaven and the earth.**

**창1:1 태초에 하나님이 천지를 창조하시니라**

짝짝짝~~드디어 창세기 첫 시작, 히브리어 원어성경을 읽어볼 차례입니다.
히브리어의 문장은 기본적으로 영어의 1형식~5형식과 동일합니다.
단, 주어와 동사의 위치가 바뀐다는 점 정도의 차이가 있습니다. 즉, 주어+동사가 아닌 동사+주어로 시작하는 것이 기본형입니다.
하지만 이 순서 역시 강조하는 것이 맨 앞으로 나올 수 있고 동사보다 명사가 앞에 나오는 구문도 있으니 처음 시작하면서는 그냥 동사+주어로 시작한다 정도만 기억하시면 됩니다.

창세기 1:1을 보면 첫 구절이 동사로 시작되지 않고 있습니다. 전치사구로 시작하고 있지요?
이는 강조할 부분을 앞에 배치한 것이니 이를 제외하고 보면, 이어 나오는 바라가 동사, 엘로힘이 주어로 동사+주어의 기본어순을 따르고 있는 것을 확인 할 수 있습니다.

**창세기1장은 가능하면 문법적 변화형등을 최소화하고, 후반부부터 변화형들을 주로 올리려 합니다.**
**처음에 보시면서 이해 안되서 포기하지 않으시도록..**

---

בְּרֵאשִׁית 베레쉬트(레쉬트 51회) רֹאשׁ 로쉬 : 우두머리,최고의 것,총액,개시

문법사항 : 경강점/중복점 , 불분리전치사 ,베가드케파트,명사어미변화

※ 베 안에 점이 찍힌 것을 보실수 있습니다. 이는 경강점으로 된 발음을 냅니다.(v->b)

※ 히브리어에서 전치사는 분리전치사/불분리전치사/마케프전치사(-로 이어진 전치사)가 있습니다.
여기서 레쉬트 앞의 베는 불분리 전치사입니다.(불분리전치사 3+1 : 베케레 + 미(민))
불분리전치사는 전치사라는 개념보다는 접두형전치사로 접두사의 개념으로 이해하는 것이 편합니다.
In the room의 in은 ~안에 라는 뜻이지만, inside는 내부라는 명사인 것처럼 아래 나오는 원형인 로쉬가 레쉬트로 변하면서 추상명사처럼 된 것입니다.
베레쉬트를 그냥 "태초에~,처음에~"라고 아예 이해하는 것이 쉽습니다.

※ 베레쉬트의 레쉬트는 처음/시작/첫열매등의 의미가 있으며 원형은 로쉬(우두머리,최고의 것,처음것..Strong Code : 7218)입니다.

**창세기 1:1**

| 776 | 853 | 8064 | 853 | 430 | 1254 | 7225 |
| --- | --- | --- | --- | --- | --- | --- |
| 관명여단 | 접전 | 관명남쌍 | 전 | 명남복 | 동칼완남3단 | 전명여단 |
| 하아레츠 | 베엘 | 핫솨마임 | 엘 | 엘로힘 | 바라 | 베레쉬트 |
| 그 땅 | 그리고 ~을 | 그 하늘 | ~을 | 하나님 | 그가 창조하셨다 | 태초에 |

בְּרֵאשִׁית בָּרָא אֱלֹהִים אֵת הַשָּׁמַיִם וְאֵת הָאָרֶץ׃

**Gen.1:1 In the beginning God created the heaven and the earth.**

**창1:1 태초에 하나님이 천지를 창조하시니라**

처음으로 맞이하는 동사가 아래 '바라'입니다.
사실 히브리어 문법의 반 이상이 동사라고 보시면 되고 여기에 약동사(불규칙동사)까지 포함하면 히브리어 문법의 거의 전부이기에 처음에 동사의 모든 내용을 이해하려 하시면 지칩니다.
일단 기본적인 구성만 소개드리고 점차 확대하며 언급하도록 할께요.
제일 좋은 방법은 쭉 읽어나가며  문법을 참고하고 다 읽은 후에 문법을 다시 정리후 다시 성경으로 돌아오면 많은 부분이 이해되시리라 생각합니다.

제 개인적으로 문법을 먼저 공부하고 "음.. 대충 알겠는데? "하고 성경으로 들어갔다가 실제 원어성경을 보니 전혀 안읽어지는 경험을 한 후에야 경험적으로 알게된 학습순서랍니다.
참고로 (경험적으로)알다라는 히브리어 단어는 '야다'입니다.
손을 뜻하는 야드라는 단어와 어원이 같은 단어로 '만져보고 체험적이고 실제적인 앎'을 의미하는 단어가 '야다'입니다. 다시 원전으로 돌아갑니다. ㅎㅎ

---

בָּרָא 바라(48회) : 만들다, 창조하다

문법사항 : 동사의 기본형, 라멜-알렢  순장모음

※ 다음에 나오는 엘로힘과 연관지어야 하는 단어이지만, 일단 바라는 "3인칭남성**단수**완료형"이라는 점이 중요합니다.

※ 위 바라라는 단어 위에 동칼완남3단이라고 적힌 것 보이시죠?
동사/칼형/완료/남성/3인칭/단수라는 의미랍니다.(칼형은 능동을 의미합니다.)

※ 그런데 바로 뒤의 단어인 엘로힘위에는 명남복이라고 적혀있습니다. 즉, 명사/남성/복수입니다.
우리가 언어를 배우면 알지만 주어와 동사의 성과 수는 일치시켜야 됩니다. 그런데 엘로힘이라는 복수명사를 단수명사인 바라가 받고 있는 문법적으로 이상한 현상이 나타납니다.

※ 여기서 엘로힘이 복수인 것은 성부/성자/성령을 의미합니다. 엘로힘이라는 복수명사를 '바라'라는 단수동사를 사용해 받음으로 3위일체 하나님임을 나타내 주고 있습니다.

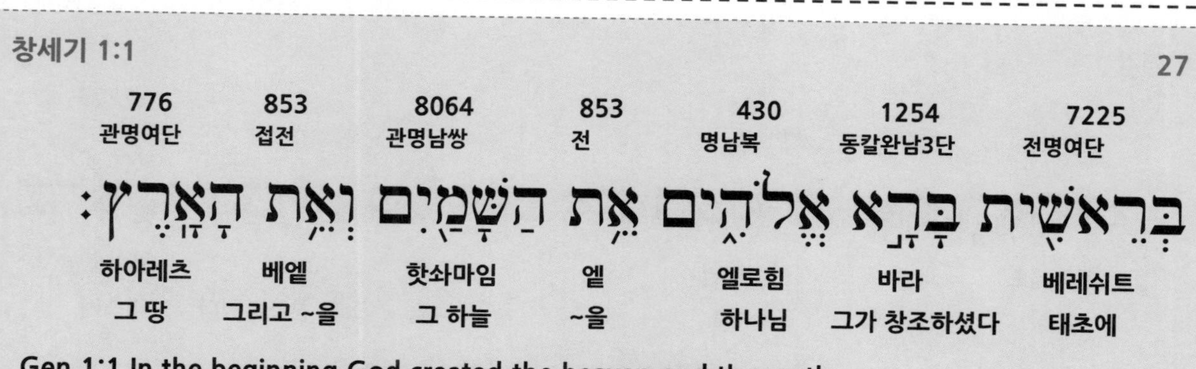


Gen.1:1 In the beginning God created the heaven and the earth.

창1:1 태초에 하나님이 천지를 창조하시니라

※ 또한 현대 히브리어에서는 과거/현재/미래의 시제가 있지만 성경속 히브리어는 완료/미완료만 있답니다. 단지, 완료는 과거이고 미완료는 미래라는 개념이 아닌 Close와 Open의 개념으로 이해하시면 됩니다. "하나님은 시공간을 초월한 분이기에 현재든 과거든 미래든 오직 완료와 미완료다"라는 개념으로 바라보면 재밌지 않나요??ㅎㅎ

※ 히브리어 기본동사는 3개의 자음과 2개의 모음으로 구성됩니다. 모음도 -와 ㅜ로 거의 고정입니다. 즉, 영어처럼 study, play등 길이와 모음이 달라지지 않고 불변이란 겁니다. 쉽죠?

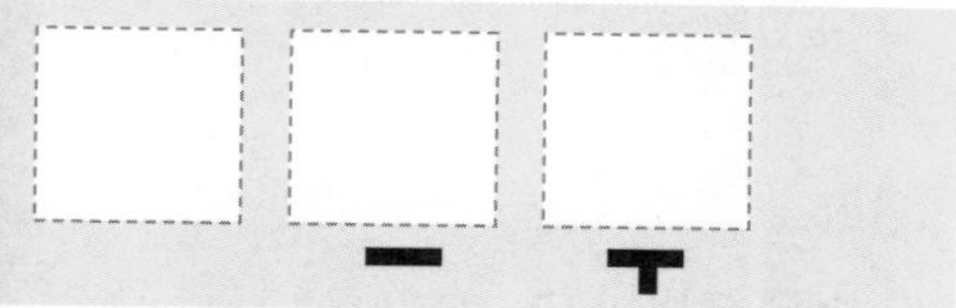

그런데 이상한 점을 눈치채셨나요? 지금 '바라'라는 동사는 위에서 고정이라고 말한 기본동사의 형식과 다른 형태를 취하고 있습니다. 이 부분을 추가로 살펴보겠습니다.
이걸 최후방에 배우는 동사의 약동사 라멜-알렢동사의 불규칙으로 보면 되지만, 저는 순장모음(절대 변하지 않는 길게 발음하는 모음)쪽을 선호합니다. 나머지 순장모음도 이해하기 쉽구요.

※ 순장모음은 엑센트규칙적용시도 절대 변화하지 않는 불변의 형태를 유지합니다.
또한 알렢과 헤는 단어 마지막에 오면 발음하지 않는 특성이 있습니다.
일단 순장모음들을 한번 볼께요.. 왼쪽에 무언가 더 붙어 있는 형태들인겁니다.

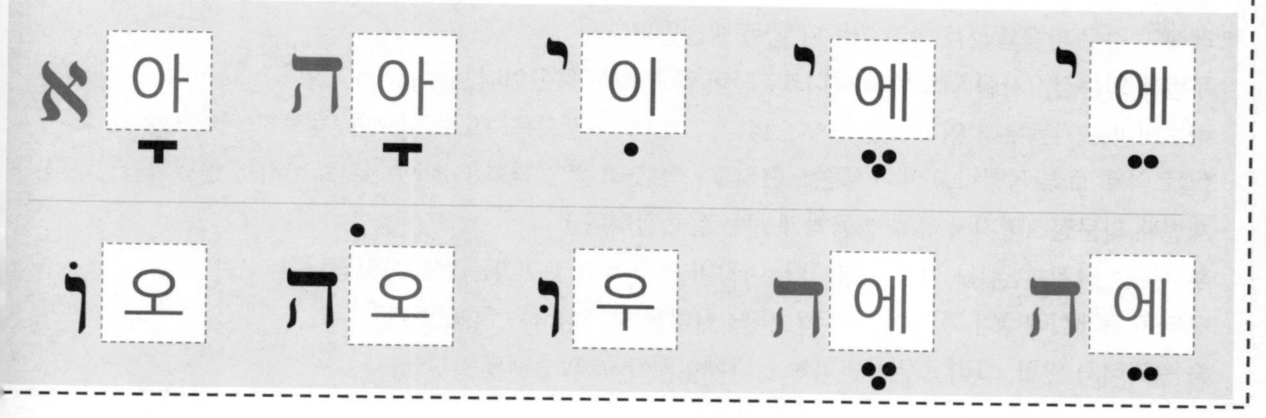

Gen.1:1 In the beginning God created the heaven and the earth.

창1:1 태초에 하나님이 천지를 창조하시니라

즉, 위에서 언급한 동사의 기본형으로 보면 ①같은 형태가 맞는데 성경에서는 다른 거지요..

이것도 외우기보다는 이해해 볼께요. (포로기 이후 약자음 추가 생각나시나요? 열왕기가 길다!!!)

기본형의 틀 안에 바라라는 동사를 넣고 보니 묵음이 뒤에 있네? 아!!! 길게 발음해야 되는구나..!!!

알렙과 헤는 묵음이지만 자신의 역할을 하는 부분이 있구나 정도로 생각하시면 될 듯 합니다.

---

אֱלֹהִים 엘로힘(2,603회) : 하나님,신들

문법사항 : 라멧-헤동사,후음문자 명사의 변화 맙픽(=활점), 숨은파타

※ 엘로힘의 단수명사는 엘로아흐(57회)입니다. 이 단어 하나에도 숨은 문법이 많답니다.

복수화되는 관점에서 숨은 파타와 맙픽은
불필요해지겠죠?
홀렘바브와 홀렘은 그냥 축약형으로 보자고 했구요..

위 단어는 “엘로아흐”로 읽습니다. 눈치 빠른 분들은 세 가지 이상한 점이 눈에 띄실 껍니다.

**첫번째 의문점..**

두번째 문자인 레쉬에는 중복점이 없는데도 불구하고 “엘로”로 중복점이 있는 것과 동일하게 발음합니다.

레쉬의 경우 발음특성상 이런 경우가 종종 발생합니다.

**두번째 의문점..(사실 엘로하도 아니죠? 단어 끝의 헤는 묵음이니..)**

히브리어는 자음부터 읽고 모음을 읽습니다. 그런데 자음 모음순으로 읽으면 “엘로하”여야 하는데 “엘로아흐”로 발음한다고 제가 말씀드렸지요? 이 것이 숨은 파타(Furtive patakh)라는 문법사항입니다.

**세번째 의문점..(마지막 헤를 발음하게 하는 문법입니다.)**

후음에는 다게쉬(점)을 찍지 못합니다. 이것이 맙픽(=활점)이라는 문법사항입니다.

맙픽은 다게쉬레네나 다게쉬포르테가 아닌 묵음을 발음하라는 기호입니다.

숨은 파타와 맙픽, 그리고 명사변화는 참고페이지를 꼭 봐주세요.

창세기 1:1



| 776 | 853 | 8064 | 853 | 430 | 1254 | 7225 |
|---|---|---|---|---|---|---|
| 관명여단 | 접전 | 관명남쌍 | 전 | 명남복 | 동칼완남3단 | 전명여단 |
| 하아레츠 | 베엘 | 핫솨마임 | 엘 | 엘로힘 | 바라 | 베레쉬트 |
| 그 땅 | 그리고 ~을 | 그 하늘 | ~을 | 하나님 | 그가 창조하셨다 | 태초에 |

בְּרֵאשִׁ֖ית בָּרָ֣א אֱלֹהִ֑ים אֵ֥ת הַשָּׁמַ֖יִם וְאֵ֥ת הָאָֽרֶץ׃

Gen.1:1 In the beginning God created the heaven and the earth.

창1:1 태초에 하나님이 천지를 창조하시니라

אֵת 엘 : 목적격 , ~을

וְאֵת 접속사 베 +목적격 엘

문법사항 : 마켑전치사 주석 엑센트규칙

※ 엘의 경우는 목적격을 표현해 주는 역할을 합니다. 뒤에 나오는 단어를 목적어로 만들지요~

※ 위에 그 하늘을 그리고 그 땅을

※ 단순한 단어이지만 한가지 더 기억할 부분이 있습니다.

목적어와 분리된 단어로 쓰이는 경우는 알렢의 모음이 쩨레이지만, 마켑으로 사용시는 세골이다.

※ 쩨레와 세골변화는 아주 간단히 이해하실수 있습니다. 불분리전치사,마켑전치사, 연계형등의 경우는 한 단어로 취급하기 때문에 엑센트를 가질 수 없다(잃어버린다)는 특성이 있지요?

엘의 경우는 분리되어 한 단어의 경우일 때는 장모음 쩨레가 원 단어이지만, 마켑으로 연결되는 경우는 뒤의 단어와 하나의 단어로 취급되어 엑센트를 잃어버리는 현상이 발생하게 되므로 엑센트법칙이 적용되어야 합니다. 엑센트법칙 3번 "엑센트 없는 폐음절은 단모음" 규칙이 적용되어 세골로 변화되는 것이랍니다. 암기하는 것이 아닌 이해만 하면 끝나는 부분이예요~

---

וְ 베 : 접속사 그리고 ,그러나, 그러므로,그당시에,그럼에도 불구하고등 해석에 따라 전혀 다르게...

문법사항 : 접속사 & 바브연속법

※ 성경을 읽으며 단어 맨 앞에 바브가 오면 그냥 두 개(접속사, 바브연속법)중 하나라고 정리합니다 .

※ 창세기 1장에만도 접속사 베가 접속사로도 바브연속법으로도 나옵니다. 두 가지 모두 모음변화가 발생하는데요. (접속사일때 5가지 변화, 바브연속법에서 2가지 변화)

※ "베+명사는 무조건 접속사이고 베+동사는 접속사 또는 바브연속법일 수 있다"

※ 접속사든 바브연속법이든 모음변화는 중요하지 않습니다. 우리가 성경을 읽으며 구분할 수 있으면 되는 거니까요.. 제가 가진 게제니우스사전 기준으로 바브로 시작하는 단어는 10개정도이니 이걸 무시하면 단어 처음에 등장하는 바브는 무조건 둘 중 하나이고 바브+명사는 무조건 접속사!!

접속사는 문법은 없는데 보다 중요한 건 의미가 다양하니 잘 해석하는 부분이 더 중요합니다.

창세기 1:1

| 776 | 853 | 8064 | 853 | 430 | 1254 | 7225 |
|---|---|---|---|---|---|---|
| 관명여단 | 접전 | 관명남쌍 | 전 | 명남복 | 동칼완남3단 | 전명여단 |

בְּרֵאשִׁית בָּרָא אֱלֹהִים אֵת הַשָּׁמַיִם וְאֵת הָאָרֶץ׃

| 하아레츠 | 베엘 | 핫솨마임 | 엘 | 엘로힘 | 바라 | 베레쉬트 |
|---|---|---|---|---|---|---|
| 그 땅 | 그리고 ~을 | 그 하늘 | ~을 | 하나님 | 그가 창조하셨다 | 태초에 |

**Gen.1:1 In the beginning God created the heaven and the earth.**

**창1:1 태초에 하나님이 천지를 창조하시니라**

הַשָּׁמַיִם 핫솨마임(솨마임 421회) : 그 하늘 שָׁמַיִם 솨마임 421회 : 하늘

הָאָרֶץ 하아레츠(에레츠 2,504회) : 그 땅 אֶרֶץ 에레츠 2,504회 : 그 땅

문법사항 : 정관사, 명사변화, 미형, 세골명사,액센트법칙,이중점,후음문자

※ 히브리어에서 정관사는 단 하나입니다. 아니 부정관사는 없으니 관사가 오로지 하나랍니다.

이 부분은 여러가지 문법이 한꺼번에 나오고 있으니 꼭 문법내용을 페이지에서 확인하셔야 합니다.

- 솨마임에서 중간에 나온 멤과 단어 끝의 멤이 다른 형태를 취하고 있죠? 이게 미형입니다.(에레츠도..)
- 에레쯔는 세골명사로 하아레쯔로 변하는 부분은 '아Type', '에Type', '오Type'세골명사중 '아'타입에 속하기 때문입니다.

**정관사가 붙은 것 보이시나요?**

'에트'의 경우 정관사를 필요로 합니다. 단,고유명사등의 몇 가지 상황에서만 제외됩니다.

**핫솨마임과 하에레쯔는 정관사 하의 모음이 파타와 카메츠로 다른 것 보이시나요? 왜 그렇죠?**

솨마임과 달리 에레쯔는 후음문자인 알렢으로 시작되는 단어로 후음문자는 정관사의 특성인 헤+다게쉬에서 다게쉬를 붙이지 못하는 특성이 있어서 보상으로 장모음으로 변경해주기 때문입니다.

**에레쯔가 하아레쯔로 변한 부분은 '아Type' 세골명사이기 때문입니다.** 불규칙으로 이해하셔도 되고 발음상편의로 생각하셔도 됩니다.

**세골명사는 세골이 첫번째, 두번째 모음에 또는 동시에 들어가는 것도 있지만 아예 세골이 없는 세골명사도 있다고 한 것 기억하시나요?**

세골명사는 외래어가 출발점이기에 좀 다른 변화를 보이는 특수한 명사라는 점 다시 한번 기억하고 넘어갑니다.

**창세기 1:1**

| 776 | 853 | 8064 | 853 | 430 | 1254 | 7225 |
|---|---|---|---|---|---|---|
| 관명여단 | 접전 | 관명남쌍 | 전 | 명남복 | 동칼완남3단 | 전명여단 |

בְּרֵאשִׁית בָּרָא אֱלֹהִים אֵת הַשָּׁמַיִם וְאֵת הָאָרֶץ׃

| 하아레츠 | 베엩 | 핫솨마임 | 엩 | 엘로힘 | 바라 | 베레쉬트 |
|---|---|---|---|---|---|---|
| 그 땅 | 그리고 ~을 | 그 하늘 | ~을 | 하나님 | 그가 창조하셨다 | 태초에 |

**Gen.1:1 In the beginning God created the heaven and the earth.**
**창1:1 태초에 하나님이 천지를 창조하시니라**

הַשָּׁמַיִם 핫솨마임(솨마임 421회) : 그 하늘

הָאָרֶץ 하아레츠(에레츠 2,504회) : 그 땅

쉬어가는 이야기

일단..하늘과 땅을 창조하셨다는 처음과 나중.. 즉,모든것을 창조하셨다는 의미이구요..
여기서 언어학적으로 원론적인 이야기를 하나 하려고 합니다.
정관사라는 것은 기본적으로는 무엇인가를 지정할 수 있는 경우에 사용이 가능합니다.
즉, 창세기 1:1 처음 시작되는 부분에서는 언어학적으로는 원래 정관사가 붙을 수 없다는 의미가 되겠지요?

그런데 어떤 지정된 것이 없는 상태에서 그 하늘과 그 땅으로 정관사를 사용한 부분을 볼 수 있습니다.

언어학적으로는 이게 불가능한 것이란 겁니다.
"내 책상위에 보면 책이 한 권 있거든.. 그 책 좀 가져다 줄래?"와 같이 지정이 된 경우에만 정관사가 사용되는 것이고 지정되지 않은 것은 영어로 따지면 부정관사이잖아요..
부정관사는 히브리어에 없으니 정관사가 떨어져야 맞는 부분입니다.

이 부분에 대한 묵상은 개인에게 넘깁니다.
하지만 뒤로 가면 선악과 사건에서 뱀(창세기 3:1)에 대한 내용이 나오는데 그 쪽에서도 처음 등장하는 뱀에게 정관사를 사용하는 부분이 나옵니다.(이유는 다른 듯 하지만요)

우리가 히브리어 학습에 주 목적이 아니라 성경을 읽고 묵상하는데 소망을 두고 있는 것이잖아요..
이런 부분들도 하나하나 짚어가면서 어떤 말씀을 주시는 것인지 히브리어 학습과 별도로 한번씩 묵상해 보는 것도 좋을 듯 합니다.

창세기 1:1

בְּרֵאשִׁית בָּרָא אֱלֹהִים אֵת הַשָּׁמַיִם וְאֵת הָאָרֶץ׃

| 776 | 853 | 8064 | 853 | 430 | 1254 | 7225 |
|---|---|---|---|---|---|---|
| 관명여단 | 접전 | 관명남쌍 | 전 | 명남복 | 동칼완남3단 | 전명여단 |
| 하아레츠 | 베엘 | 핫솨마임 | 엘 | 엘로힘 | 바라 | 베레쉬트 |
| 그 땅 | 그리고 ~을 | 그 하늘 | ~을 | 하나님 | 그가 창조하셨다 | 태초에 |

**Gen.1:1 In the beginning God created the heaven and the earth.**

**창1:1 태초에 하나님이 천지를 창조하시니라**

הַשָּׁמַיִם 핫솨마임(솨마임 421회) : 그 하늘 שָׁמַיִם 솨마임 : 하늘

※ 한 가지만 더 언급해 볼께요.

핫솨마임의 위에 관,명남쌍으로 표시된 부분을 보실 수 있습니다.

관사+명사/남성/쌍수라는 의미인데요. 히브리어에는 단수/복수외에 쌍수라는 수가 있습니다.

쌍수는 두 개의 세트를 이루는 부분을 말합니다. 말 두필, 이틀도 쌍수로 사용하구요.

눈,귀등 두 개인 것과, 위 아래 쌍인 입술,이빨등 쌍을 이루는 부분도 쌍수로 표현을 합니다.

명사의 쌍수형은 명사의 뒤에 ~아임(여성의 경우는 ~타임)이 붙어서 이루어지고 성경에 언급된 단어 자체는 많지 않아 변화형만 대충 알고 넘어가도 되는 부분이긴 합니다.

그리고 명사와 어미변화가 동일한 형용사에는 쌍수라는 개념자체가 없어서 복수로 취합됩니다.

**문법사항보다는 왜 하늘이 쌍수인가 하는 의문이 생기지 않으시나요?**

'유대민족이 하늘을 7하늘로 보았다 아니다' 하는 신학적 이야기를 하려는 것은 아니구요.할 능력이나 지식도 없구요..ㅎㅎ

단지, 만약 7하늘이란 의미로 이곳에 쓰인 것이라면 쌍수라기 보다는 복수가 맞겠다는 생각은 듭니다.

쌍수라는 것은 입술 또는 이빨처럼 위 아래 쌍을 의미하는 것에 쓰이기도 한다고 했습니다.

게다가 단어의 뒷부분인 마임이란 부분이 물을 의미하는 마이의 복수형이기도 합니다.

(마임은 창1:2에 나오는 마지막 단어입니다. 정관사가 붙어 함마임으로 출현하지요~)

창세기1:6~8절을 보면 하나님이 물 가운데 궁창을 두어 물과 물로 나누시고..(궁창 아래의 말과 궁창위의 물로 )..궁창을 하늘이라 부르시니..

위 아래 쌍으로 이루어진 물.. 물들이란 단어로 구성된 솨마임(하늘)이란 쌍수..

하늘이란 단어의 구성을 바라보면 히브리어가 정말 재밌다는 생각이 들지 않으시나요?

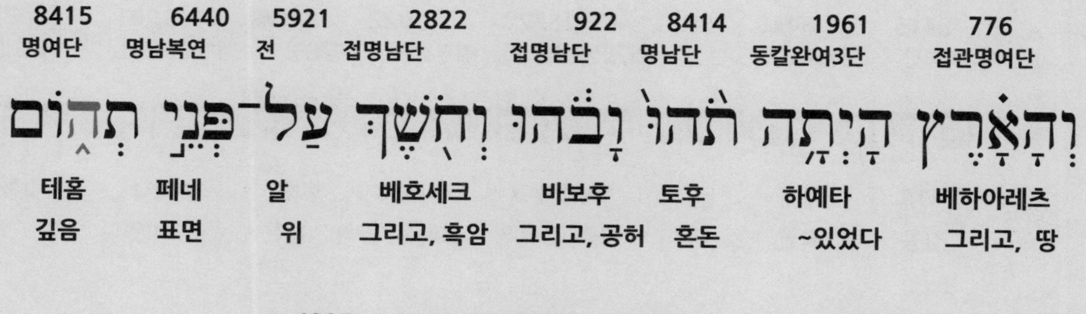

| 8415 | 6440 | 5921 | 2822 | 922 | 8414 | 1961 | 776 |
|---|---|---|---|---|---|---|---|
| 명여단 | 명남복연 | 전 | 접명남단 | 접명남단 | 명남단 | 동칼완여3단 | 접관명여단 |
| 테홈 | 페네 | 알 | 베호세크 | 바보후 | 토후 | 하예타 | 베하아레츠 |
| 깊음 | 표면 | 위 | 그리고, 흑암 | 그리고, 공허 | 혼돈 | ~있었다 | 그리고, 땅 |

וְהָאָרֶץ הָיְתָה תֹהוּ וָבֹהוּ וְחֹשֶׁךְ עַל־פְּנֵי תְהוֹם

| 4325 | 6440 | 5921 | 7363 | 430 | 7307 |
|---|---|---|---|---|---|
| 관명남복 | 명남복연 | 전 | 동피분능여단 | 명남복 | 접명여단연 |
| 함마임 | 페네 | 알 | 메라헤페트 | 엘로힘 | 베루아흐 |
| 물 | 표면 | 위 | 운행하다 | 하나님 | 그리고,영 |

וְרוּחַ אֱלֹהִים מְרַחֶפֶת עַל־פְּנֵי הַמָּיִם׃

**Gen.1:2 Now the earth was unformed and void, and darkness was upon the face of the deep; and the spirit of God hovered over the face of the waters.**
**창1:2 땅이 혼돈하고 공허하며 흑암이 깊음 위에 있고 하나님의 신은 수면에 운행하시니라**

문법사항 : 휴지부호

※ 창세기 1:2을 시작하면서 성경해석을 위해 어쩌면 가장 중요할 수 있는 문법사항을 하나 소개하고 넘어가려 하네요. 제가 사실 창세기 1:1에도 표시했지만 여기서 언급하려고 설명 없이 넘어온 부분입니다.

※ 첫번째 문장의 맨 뒤 테홈 아래에 이상한 꺽쇠표시가 나와 있는 것을 보실 수 있습니다.
이것은 에트나흐나라고 문장의 앞부분이 끝날 때 사용되는 표시입니다.
후반부는 에트나흐나로부터 씰룩+소프파숙까지가 한 부분이 됩니다.(맛소라학자들의 기준)

| | | | ~ | | | | ~ |
|---|---|---|---|---|---|---|---|

| (씰룩) ^ (에트나흐나)

※ <u>한글로 번역된 개역개정이나 개역한글의 해석과 이 부호를 기준으로의 해석을 한번 스스로 진행해 보세요. 어떤 차이가 있는지.. 일단 끊어읽기를 생각하면서 단어를 모르셔도 위에 뜻이 나와 있으니 한글을 보면서 한번 해보시기 바랍니다.</u>
다른 것이 느껴지시나요?
여러 다른 휴지부호가 있지만 위 두 개는 절을 이등분해서 나누는 부호라 해석하고 묵상할 때 중요합니다.
하위 휴지부호들은 앞부분을 또 나누고 하는 것들인데 이건 통과합니다.

| 8415 | 6440 | 5921 | 2822 | 922 | 8414 | 1961 | 776 |
|---|---|---|---|---|---|---|---|
| 명여단 | 명남복연 | 전 | 접,명남단 | 접명남단 | 명남단 | 동칼완여3단 | 접관명여단 |
| תְּהוֹם | פְּנֵי | עַל־ | וְחֹשֶׁךְ | וָבֹהוּ | תֹהוּ | הָיְתָה | וְהָאָרֶץ |
| 테홈 | 페네 | 알 | 베호세크 | 바보후 | 토후 | 하예타 | 베하아레츠 |
| 깊음 | 표면 | 위 | 그리고, 흑암 | 그리고, 공허 | 혼돈 | ~있었다 | 그리고, 땅 |

| 4325 | 6440 | 5921 | 7363 | 430 | 7307 |
|---|---|---|---|---|---|
| 관명남복 | 명남복연 | 전 | 동피분능여단 | 명남복 | 접명여단연 |
| הַמָּיִם׃ | פְּנֵי | עַל־ | מְרַחֶפֶת | אֱלֹהִים | וְרוּחַ |
| 함마임 | 페네 | 알 | 메라헤페트 | 엘로힘 | 베루아흐 |
| 물 | 표면 | 위 | 운행하다 | 하나님 | 그리고,영 |

**Gen.1:2 Now the earth was unformed and void, and darkness was upon the face of the deep; and the spirit of God hovered over the face of the waters.**

**창1:2 땅이 혼돈하고 공허하며 흑암이 깊음 위에 있고 하나님의 신은 수면에 운행하시니라**

※ 창세기 1:1도 전치사구로 시작되어 동사+주어라는 것을 전치사구를 떼고 생각해야 했는데 창1:2은 아예 명사로 시작되는(주어가 먼저 나오는) 특이한 문장이네요.
그럼에도 불구하고 히브리어는 동사+주어의 어순이 기본입니다.ㅎㅎ

※ 단 이렇게 주어가 먼저나오는 문장은 주어의 강조일 수도 있지만, 보통은 앞 내용의 보충설명으로 이해하실 수 있습니다.즉, "창1:1에 대한 보충설명을 하는 절이구나.. 그러므로 1:1과 1:2은 한 세트이구나"정도로 이해하실 수 있습니다

※ 역시 바브로 시작됩니다. 접속사?바브연속법? 이제는 무언지 보이시나요?
**바브뒤의 단어가 명사(아레츠,땅)이지요. 이런 경우는 무조건 접속사입니다.**

※ 접속사는 문법보다 해석이 중요하다고 했는데 여기서 바브는 무슨의미일까요?
보통의 경우는 그리고로 해석하기에 그대로 적어두었습니다. 내용상 '그러나'일 수는 없으니까요.
하지만 창1:1 하나님이 천지를 창조하셨다. '그 당시에'로 해석해도 큰 무리는 없을 듯 싶습니다.
개인적으로는 명사문장이기도 하고 해서 '그 당시에' 쪽이 좀 더 무난한 번역이 아닐까하고 생각하기는 하지만 이 부분은 개인의 판단입니다.
이렇게 다양한 해석이 되는 부분을 주의하시면서 본격적으로 들어가도록 할께요.

| 8415 | 6440 | 5921 | 2822 | 922 | 8414 | 1961 | 776 |
|---|---|---|---|---|---|---|---|
| 명여단 | 명남복연 | 전 | 접,명남단 | 접명남단 | 명남단 | 동칼완여3단 | 접관명여단 |
| תְהוֹם | פְּנֵי | עַל־ | וְחֹשֶׁךְ | וָבֹהוּ | תֹהוּ | הָיְתָה | וְהָאָרֶץ |
| 테홈 | 페네 | 알 | 베호세크 | 바보후 | 토후 | 하예타 | 베하아레츠 |
| 깊음 | 표면 | 위 | 그리고, 흑암 | 그리고, 공허 | 혼돈 | ~있었다 | 그리고, 땅 |

| 4325 | 6440 | 5921 | 7363 | 430 | 7307 |
|---|---|---|---|---|---|
| 관명남복 | 명남복연 | 전 | 동피분능여단 | 명남복 | 접명여단연 |
| הַמָּיִם׃ | פְּנֵי | עַל־ | מְרַחֶפֶת | אֱלֹהִים | וְרוּחַ |
| 함마임 | 페네 | 알 | 메라헤페트 | 엘로힘 | 베루아흐 |
| 물 | 표면 | 위 | 운행하다 | 하나님 | 그리고,영 |

**Gen.1:2 Now the earth was unformed and void, and darkness was upon the face of the deep; and the spirit of God hovered over the face of the waters.**
**창1:2 땅이 혼돈하고 공허하며 흑암이 깊음 위에 있고 하나님의 신은 수면에 운행하시니라**

וְהָאָרֶץ 베하아레츠(에레츠 2504회) : 그리고, 그 땅

문법사항 : 정관사, 접속사

여기선 접속사죠? 바브연속법은 시제를 뒤집는 것이니 동사 앞에서만 사용될 수 있다고 했습니다.

---

הָיְתָה 하예타(하야 3549회) הָיָה 하야 : 있다, 존재하다, ~되다 (be동사)

문법사항 : 하야동사, 약동사-라멜-헤

※ 하야동사와 3절 처음 나오는 단어인 와요멜의 경우는 최고난이도의 동사라고 할 수 있을 듯 합니다. 동사는 히브리어 문법의 절반일 정도입니다. 2부 문법편에 정리했지만 이건 현재 시점에서 이해할 수 없으리라 생각됩니다. 하야는 영어의 영어의 be동사정도로 was 또는 were정도 의미예요.

※ 하예타를 보시기전 하야동사(3인칭여성단수)를 한번 꼭 보셔야 합니다.(라멜-헤 포함)
제가 책과 영상들을 보았는데 사실 하예타를 "원형이 하야이고 be동사 과거의 의미다" 라는 것까지 만이라 처음에 변화형을 도무지 이해할 수 없더라구요. 갑자기 타우가 붙는것등등.. 결국 하야동사를 알고 나서야 답이 나오는 문제였거든요.
하야동사는 성경에 3,549회로 나오니 이 변화형은 꼭 알고 있어야 합니다.

※ 하예타 앞의 아레츠가 여성단수이므로 하야동사의 3인칭여성단수를 보시면 됩니다.

※ 하야동사 표조차도 지금은 이런게 있구나 정도만 생각하고 억지로 암기하실 필요는 없습니다.

| 8415 | 6440 | 5921 | 2822 | 922 | 8414 | 1961 | 776 |
|---|---|---|---|---|---|---|---|
| 명여단 | 명남복연 | 전 | 접,명남단 | 접명남단 | 명남단 | 동칼완여3단 | 접관명여단 |
| תְהֹֽום | פְּנֵ֣י | עַל־ | וְחֹ֖שֶׁךְ | וָבֹ֔הוּ | תֹ֙הוּ֙ | הָיְתָ֥ה | וְהָאָ֗רֶץ |
| 테홈 | 페네 | 알 | 베호세크 | 바보후 | 토후 | 하예타 | 베하아레츠 |
| 깊음 | 표면 | 위 | 그리고, 흑암 | 그리고, 공허 | 혼돈 | ~있었다 | 그리고, 땅 |

וְהָאָ֗רֶץ הָיְתָ֥ה תֹ֙הוּ֙ וָבֹ֔הוּ וְחֹ֖שֶׁךְ עַל־פְּנֵ֣י תְהֹ֑ום

최대한 성경구절을 계속 상단에 고정하려 하지만 이렇게 긴 경우는 분리해서 올리도록 할께요.
설명할 부분이 너무 작아지면 안되니까요..

תֹהוּ 토후(20회) : 불모지, 황폐한 땅, 텅빈, 헛된,허무하게

---

וָבֹהוּ 봐보후(보후 3회) : 공허함, 헛됨

문법사항 : 접속사 - 명사 앞

---

וְחֹשֶׁךְ 베호세크(호세크 20회) חֹשֶׁךְ 호세크 :암흑, 어둠

문법사항 : 접속사

계속 바브가 접속사로 나오고 있네요. 3절에 들어가면 바브연속법이 출현합니다. 서운해하지 마세요..ㅎ
명사단어의 연속에 불과하기에 큰 문법설명이 이 부분에는 필요하지 않습니다.

---

עַל 알(5772회) : 전치사로는 ~위에등 다양한 의미 / 접속사 : ~일지라도

문법사항 : 마켑전치사의 엑센트소실

마켑으로 연결되어 사용된 전치사입니다. 마켑으로 연결되면? 한 단어로 취급되고 엑센트를 잃어버린다.
알의 경우는 자음+모음+자음 폐음절이고 엑센트없는 폐음절은? 단모음, 파타로 사용되고 문제없습니다.

---

פְּנֵי 페네(파님 2,038회) פָּנִים 파님(복수로만 사용됨) : 얼굴,표면,인간

문법사항 : 연계형명사의 엑센트 소실, 베가드케파트, 경강점

처음으로 등장하는 연계형명사입니다. 페네(이)의 원 단어는 파님이라는 단어인데요.
이 단어가 복수로만 사용된다는 점도 재미있지요? 얼굴에 다양한 감정이 나올 수 있어서일까요?ㅎㅎ
중요한 건 연계형명사의 특징입니다.
연계형명사에서 남성복수의 경우는 '쩨레+멤 탈락'의 특성을 가집니다.
또한 마켑전치사등처럼 연계형의 경우는 한 단어로 취급되기에 엑센트를 잃어버리는 특성도 있지요?
그럼 결국 알 페네(이) 테홈은 한 단어나 마찬가지고 엑센트는 테홈에만 존재할 수 있습니다.

---

תְהוֹם 테홈(36회) : 물결, 큰 물, 만, 심연 ,깊은 웅덩이

| 4325 | 6440 | 5921 | 7363 | 430 | 7307 |
|---|---|---|---|---|---|
| 관명남복 | 명남복연 | 전 | 동피분능여단 | 명남복 | 접명여단연 |
| הַמָּֽיִם׃ | פְּנֵי | עַל־ | מְרַחֶפֶת | אֱלֹהִים | וְרוּחַ |
| 함마임 | 페네 | 알 | 메라헤페트 | 엘로힘 | 베루아흐 |
| 물 | 표면 | 위 | 운행하다 | 하나님 | 그리고,영 |

וְרוּחַ 베루아흐(루아흐 378회) רוּחַ 루아흐 : 성령,바람

문법사항 : 접속사, 숨은파타,명사의 연계형

숨은파타 기능이 무언지 기억하시죠? 단어 마지막에 모음인 파타를 먼저 읽는 기능으로 엘로힘의 단수형 엘로아흐에서 맢픽기능과 함께 설명한 것 기억하셔야 합니다.

베루아흐 엘로힘은 명사가 연속으로 사용되었습니다. 명사의 연계형이 사용된 예입니다.
단, 루아흐가 남성단수명사이고 남성단수명사의 연계형의 경우는 어미변화가 없어서 연계형같이 보이지 않은 것 뿐입니다.(남성단수연계형은 절대형과 동일한 형식으로 사용됨)

연계형의 특징은 기억하시죠? 모르시면 다시 펼치시면 됩니다.

1. 연계형은 뒤에 나오는 절대형과 한 단어로 취급하기에 엑센트를 잃어버린다.
2. 연계형의 경우는 어미변화가 발생하는 경우도 있다.
3. 정관사가 붙어야 하는 경우에는 마지막 절대형에만 붙인다.
4. 절대형이 소유자, 연계형이 소유물의 의미이다(절대형 엘로힘 ,연계형 루아흐 : 하나님의 영)
5. 연계형명사인데 소유주와 소유물이 아닌 전혀 다른 의미도 있다

בֵּית סֵפֶר 베이트(연계형,집) + 쎄펠(절대형,책) : 이 경우 일반적인 소유관계로 따지면 '책의 집'이 되는 형태이지만 "학교"라는 단어입니다.

---

מְרַחֶפֶת 메라헤페트(라하프 3회) רָחַף 라하프(움직이다,흔들다)

문법사항 : 피엘분사, 여성단수분사2가지(세골+세골+타우형 추가)

영어에서 분사의 기능을 보신적 있으시죠? ~ing의 기능으로 동일합니다.
칼/니팔패턴을 제외한 나머지 5가지는 멤이 접두되는 형태인 것 다시 기억하시구요.
또한 여성단수분사의 형태는 특이하게 두 가지가 있다는 점을 확인하셔야 합니다.(세골+세골+타우)
한 가지 더요.. 피엘형태의 동사가 처음 출현했는데 피엘은 강조형입니다.
'죽이다'라는 동사의 강조형은 '잔인하게 죽이다'정도의 의미입니다.
그런데 메라헤페트는 피엘형이란 의미입니다. '운행하시다'의 피엘강조는 어떤 개념일까요?ㅎㅎ
개인적으로 너무 은혜가 된 부분인데 이 해석도 해석의 범주는 제가 할 부분이 아니라 맡겨드립니다.

| 4325 | 6440 | 5921 | 7363 | 430 | 7307 |
|---|---|---|---|---|---|
| 관명남복 | 명남복연 | 전 | 동피분능여단 | 명남복 | 접명여단연 |
| הַמָּֽיִם׃ | פְּנֵ֥י | עַל־ | מְרַחֶ֖פֶת | אֱלֹהִ֔ים | וְר֣וּחַ |
| 함마임 | 페네 | 알 | 메라헤페트 | 엘로힘 | 베루아흐 |
| 물 | 표면 | 위 | 운행하다 | 하나님 | 그리고,영 |

הַמָּיִם 함마임(마임 580회)

문법사항 : 정관사,명사어미변화, 명사의 연계형

'마이'(물)라는 단어의 복수형이 마임입니다.

정관사 '하+다게쉬'가 앞에 붙으며 함마임으로 사용되었습니다.

페네(이) 테홈에서 페네(이)도 연계형이라 멤이 탈락된 형태라고 했었죠?

여기서 '페네(이) 함마임'도 연계형입니다. 기억할 부분은 명사의 연계형에서 정관사가 붙어야 하는 경우는 절대형에만 붙을 수 있고 해석시는 연계형에도 모두 붙은 것과 동일하게 해석한다는 정도를 다시 한번 기억하시면서 지나가시면 될 듯 하네요.

창세기 1:3

| 216 | 1961 | 216 | 1961 | 430 | 559 |
|---|---|---|---|---|---|
| 명남단 | 봐익동칼미남3단 | 명남단 | 동칼미남3단 | 명남복 | 봐익동칼미남3단 |
| אוֹר׃ | וַיְהִי־ | אוֹר | יְהִי | אֱלֹהִים | וַיֹּאמֶר |
| 오르 | 봐예히 | 오르 | 예히 | 엘로힘 | 봐요멜 |
| 빛 | 있었다 | 빛 | 있으라 | 하나님 | 말씀하셨다 |

**Gen.1:3 And God said, Let there be light: and there was light.**
**창1:3 하나님이 가라사대 빛이 있으라 하시매 빛이 있었고**

וַיֹּאמֶר 봐요멜(아마르 5,298회)

문법사항 : 바브연속법, 불규칙동사/약동사 : 페-알렢특수동사6개

※ 하야동사를 언급하며 창세기에 최고급난이도 두 가지를 언급해드린 것 기억나시나요?
아마르(말하다)라는 단어도 일반적인 기준으로 도무지 이해가 안가는 모양을 취하는 최고난이도 동사입니다. 일단은 아마르동사의 변화를 참고하시고 넘어가고 나중에 동사의 불규칙 변화에서 이해하시는 것이 편합니다. 문법편에 설명되어 있고 적당한 때에 변화를 확인할 예정입니다.
단, 미완료 바브연속법에서 언급한 것처럼 바브+파타+요드(다게쉬 유/무 모두 가능)가 붙은 형태는 바브연속법이겠구나 하시면 되시고, 전체적으로 이해되기 전까지는 봐요멜은 그냥 말씀하셨다라고 암기해두세요. 이 형태 창세기에만도 많이 나옵니다.

동사의 미완료를 이미 학습하신 분들은 미완료의 경우 "이티티티에 이티티티니"를 기억하시죠?
이렇게 아마르(그가 말씀하셨다)의 미완료형 접두어가 붙고 그 앞에 바브연속법의 바브가 붙은 형태입니다.

인터넷상 많은 자료에서 말하다라는 동일 의미의 단어인 **아마르**와 **다바르**를 구분하는 법으로, "**다바르**는 하나님의 말씀으로 성취가 주가되는 단어이고 **아마르**는 사람의 말이다"라고 보통 언급되어 있습니다.
상세 예시로 "빛이 있으라 말씀하시고 빛이 생기는 이런 성취에 사용되는 것이 다바르"라는 예까지 들어주신 분도 계시구요. 그래서 저도 직접 확인전에는 그런줄 알았구요..ㅠㅠ
그런데 실상 성경에서는 다바르가 아닌 **아마르**가 쓰였습니다.(창세기1장에 다바르는 아예 없습니다)

저는 정답을 모르고 지식도 없습니다. 히브리인들의 실제 어감차이도 모르구요.
하지만 위 해석에 대해서는 한번쯤은 생각해 볼 필요가 있지 않을까요?
실제 위 기준이라면 최소한 창세기 창조사역에도 아마르가 아닌 다바르가 기준이 되어야 하지 않을까요?
원어성경 뿐만 아니라 한글 성경을 기준으로도 무작정 받아들이는 것이 아닌 한번쯤은 실제 성경을 기준으로 검증하는 시간도 필요하지 않을까 생각합니다.

| 216 | 1961 | 216 | 1961 | 430 | 559 |
|---|---|---|---|---|---|
| 명남단 | 봐익동칼미남3단 | 명남단 | 동칼미남3단 | 명남복 | 봐익동칼미남3단 |
| אוֹר | וַיְהִי־ | אוֹר | יְהִי | אֱלֹהִים | וַיֹּאמֶר |
| 오르 | 봐예히 | 오르 | 예히 | 엘로힘 | 봐요멜 |
| 빛 | 있었다 | 빛 | 있으라 | 하나님 | 말씀하셨다 |

וַיֹּאמֶר אֱלֹהִים יְהִי אוֹר וַיְהִי־אוֹר׃

**Gen.1:4 And God said, Let there be light: and there was light.**

**창1:3 하나님이 가라사대 빛이 있으라 하시매 빛이 있었고**

יְהִי 예히(하야 3,549회) הָיָה 하야 : 있다, 존재하다, ~되다 (be동사)

문법사항 : 미완료간접명령, 하야동사, 약동사-라멘-헤

※ 문법편(동사)를 보신 분들은 아시겠지만 여기서 "예히 오르"는 간접명령(지시)문입니다.
"간접명령(지시형)은 미완료의 2인칭과 3인칭과 동일하며 엑센트의 위치만 앞으로 온다"입니다. 위에 성경에서 예히가 동칼미남3단입니다. 미완료의 형태인겁니다. 이건 문맥상으로 파악할 수 밖에 없습니다.

---

אוֹר 오르(122회) : 빛

---

### ※ 창세기1:3 전체를 한번 바라보겠습니다.

'오르' 아래에 휴지부호가 있지요.. '봐요멜'과 '봐예히'는 바브연속법이 사용되었구요.
바브연속법의 개념이 계속되던 것이 완료되는 개념이란 것 설명드렸죠?
그냥 시제를 뒤집는다고 보면 되기는 합니다만..

앞 부분을 보면 하나님이 "빛이 있으라"고 명령하시는 것이 완료됩니다.
그러자 완료된 그 순간에 이어서 '빛이 즉각 생겨납니다'
어떤 개념인지 이해가 되시나요? 즉, 계속적인 개념이 들어갑니다.
바브연속법 설명페이지를 보시면 "사무엘이 일어나 엘리에게로 가서" 부분도 같은 개념으로 설명드린 바 있습니다.

그냥 시제를 뒤집는다고 봐도 무방하지만 어떤 개념인지 좀 더 이해가 되실까요??
여튼 바브연속법은 현대 히브리어에는 없는 개념입니다.

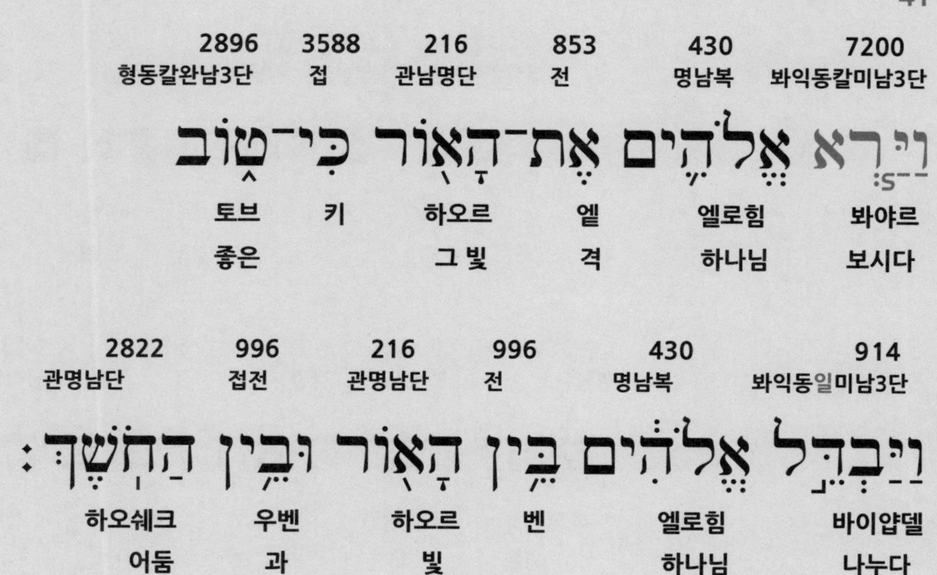


**Gen.1:4 And God saw the light, that it was good; and God divided the light from the darkness.**

**창1:4 그 빛이 하나님의 보시기에 좋았더라 하나님이 빛과 어둠을 나누사**

וַיַּרְא 봐야르(라아 1,299회) : 보다 רָאָה 라아(기본형)

문법사항 : 바브연속법,약동사,라멘헤동사 바브연속 축약형

바브연속법은 앞으로는 특별한 추가설명을 생략하겠습니다.

형태적으로 원형인 라아는 1/2/3번이 모두 골치아픈 자음이 들어있지요? 약동사 혼합입니다.

일단 간단한 부분은 마지막 '헤'앞이 카메츠로 장음이지요? 창1:1에서 알렢과 헤는 카메츠로 장음선호하는 것 아시죠? 순장모음과 같이 설명드린 부분입니다.

| | | | | | |
|---|---|---|---|---|---|
| רָאָה | 완료 남3단 | יִרְאֶה | 일에 : 미완료 | וַיַּרְא | 바브연속법 |

※ 미완료 특징인 요드가 붙으며 폐음절로 단모음까지는 보이시지요?

또한 칼동사의 기본형은 '익톨'로 홀렘인데 여기서는 세골이 된 모습입니다.

라멘-헤동사의 미완료는 홀렘이 아닌 세골을 선호하는 특징을 가집니다.

※ 또한 바브연속법을 보면 '헤'가 사라지는 현상이 나오지요?

바브연속법에서는 축약형이 잘 사용됩니다.

라멘-헤동사의 바브연속법에서는 축약형으로 변화하면서 마지막의 '헤'가 사라지는 변화를 취합니다.

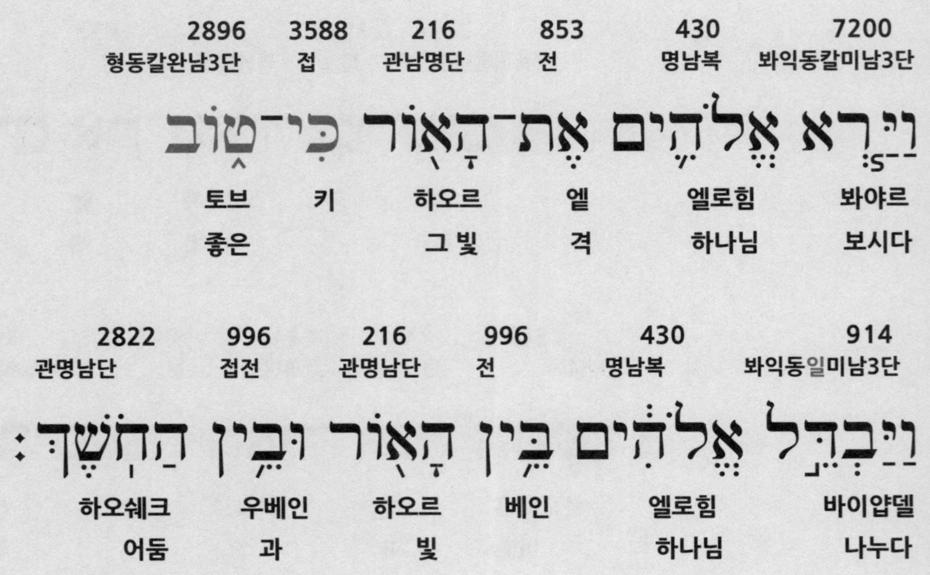


**Gen.1:4 And God saw the light, that it was good; and God divided the light from the darkness.**

**창1:4 그 빛이 하나님의 보시기에 좋았더라 하나님이 빛과 어둠을 나누사**

## כִּי 키(기본형)

※ 앞 뒤 문장의 인과관계를 표시하는 기본 불변사입니다.

'왜냐하면', '이는~이기 때문이다' 등으로도 사용되고, 접속사의 의미처럼 '그리고','그러나'의 해석도 됩니다. 또한 목적절을 이끌며 '~한 것을'도 가능합니다.

즉, 그다지 크게 신경쓰지 말고 문맥에 따라가면 되는 것이란 겁니다.

---

## טוֹב 토브( 495회) : 좋은,선한

문법사항 : 형용사의 서술적용법()

원래 토브는 형용사입니다. 여기서는 서술적으로 사용되어 동사처럼 사용되었습니다

키-토브로 사용되며 '그것이 좋았다.(That's good)'라고 사용된 형태입니다.

Gen.1:4 And God saw the light, that it was good: and God divided the light from the darkness.

창1:4 그 빛이 하나님의 보시기에 좋았더라 하나님이 빛과 어둠을 나누사

וַיַּבְדֵּל 바이얍델(바달 42회) : 분리하다,구분하다 בָּדַל 바달(기본형)

문법사항 : 바브연속법총정리표,베가드케파트

바이얍델에 동칼미남3단등으로 표시된 책도 있으나 히필형입니다.(성경에서는 니팔과 히필로만 사용됨) 참고로 기본형 동사 바달은 칼형으로는 사용되지 않습니다. 기본형은 베가드케파트이므로 다게쉬가 붙은 것 확인하시구요.

※ 바이얍델은 언뜻 중간자음 다게쉬로 "아! 강조형이구나!"라고 생각하기 쉽습니다만 히필형입니다. 히필형바브연속법의 3인칭남성/여성에서는 히렉요드의 순장모음이 아닌 쩨레로 변하는 데 주의하셔야 합니다.

또한 가운데의 다게쉬로 강조형으로 언뜻 보고 쩨레를 보고 피엘로 생각하시면 안됩니다.

가운데의 다게쉬는 중복점이 아닌 폐음절 뒤에 오는 베가드케파트의 다게쉬레네 즉,경강점입니다.

바달이란 단어 참 어렵지요? 아!! 히필형은 사역 능동이지요? 어떻게 해석하실까요??ㅎㅎ

---

B וּבֵין A בֵּין 베인( 403회) : ~사이에

문법사항 : 숙어

원래 '~사이에'라는 의미의 전치사 베인은 연계형으로만 사용됩니다.

베인 A 우베인 B의 형태로 사용되며 "A와 B" 라는 의미입니다

| 3915 | 7121 | 2822 | 3117 | 216 | 430 | 7121 |
|---|---|---|---|---|---|---|
| 명남단 | 동칼완남3단 | 접전관명남단 | 명남단 | 전관명남단 | 명남복 | 봐익동칼미남3단 |

וַיִּקְרָא אֱלֹהִים ׀ לָאוֹר יוֹם וְלַחֹשֶׁךְ קָרָא לָיְלָה

| 라일라 | 카라 | 베라호쉐크 | 욤 | 라오르 | 엘로힘 | 봐이크라 |
|---|---|---|---|---|---|---|
| 밤 | 부르다 | 어둠 | 낮 | 빛 | 하나님 | 부르다 |

| 259 | 3117 | 1242 | 1961 | 6153 | 1961 |
|---|---|---|---|---|---|
| 형수기남 | 명남단 | 명남단 | 봐익동칼미남3단 | 명남단 | 봐익동칼미남3단 |

וַיְהִי־עֶרֶב וַיְהִי־בֹקֶר יוֹם אֶחָד׃

| 에하드 | 욤 | 보켈 | 봐예히 | 에레브 | 봐예히 |
|---|---|---|---|---|---|
| 하나 | 날 | 아침 | 되다 | 저녁 | 되다 |

**Gen.1:5 And God called the light Day, and the darkness He called Night. And there was evening and there was morning, one day.**

**창1:5 빛을 낮이라 칭하시고 어두움을 밤이라 칭하시니라 저녁이 되며 아침이 되니 이는 첫째 날이니라**

וַיִּקְרָא 봐이크라(카라 755회) קָרָא 카라(기본형) : 외치다 부르짖다

문법사항 : 라멛-알렢, 바브연속법, 바브연속법총정리표,순장모음

위에 파란색으로 표시된 두 곳이 동일한 단어입니다. 형태의 변형만 일어난 거지요.

우리는 이런 부분을 보고 어근을 뽑아내고 동사패턴을 찾아내고 성과수를 알아내는 작업을 할 수 있어야 합니다. 우리가 직접 쓰지는 못하더라도 읽고 구분할 수는 있어야 합니다.

※ 카라의 경우는 라멛-알렢에 해당되는 약동사입니다.

책의 마지막에 있는 바브연속법 총정리표를 보시면 두 가지의 차이를 보실 수 있어요.

וַיִּמְצָא 라멛-알렙 바브연속법 וַיִּקְטֹל 규칙동사 바브연속법

※ 규칙동사의 경우 '홀렘'이어야 하는 부분이 라멛-알렢은 카메츠인 것을 보실 수 있지요? 그리고 라멛-알렢은 모음보상외에 큰 특징은 어미추가시 다게쉬가 사라지는 문제인데 여기는 없어요.

| 3915 | 7121 | 2822 | 3117 | 216 | 430 | 7121 |
|---|---|---|---|---|---|---|
| 명남단 | 동칼완남3단 | 접전관명남단 | 명남단 | 전관명남단 | 명남복 | 봐익동칼미남3단 |
| לָיְלָה | קָרָא | וְלַחֹשֶׁךְ | יוֹם | לָאוֹר | אֱלֹהִים | וַיִּקְרָא |
| 라일라 | 카라 | 베라호쉐크 | 욤 | 라오르 | 엘로힘 | 봐이크라 |
| 밤 | 부르다 | 어둠 | 낮 | 빛 | 하나님 | 부르다 |

| 259 | 3117 | 1242 | 1961 | 6153 | 1961 |
|---|---|---|---|---|---|
| 형수기남 | 명남단 | 명남단 | 봐익동칼미남3단 | 명남단 | 봐익동칼미남3단 |
| אֶחָד׃ | יוֹם | בֹקֶר | וַיְהִי־ | עֶרֶב | וַיְהִי־ |
| 에하드 | 욤 | 보켈 | 봐예히 | 에레브 | 봐예히 |
| 하나 | 날 | 아침 | 되다 | 저녁 | 되다 |

**Gen.1:5 And God called the light Day, and the darkness He called Night. And there was evening and there was morning, one day.**

**창1:5 빛을 낮이라 칭하시고 어두움을 밤이라 칭하시니라 저녁이 되며 아침이 되니 이는 첫째 날이니라**

לָאוֹר וְלַחֹשֶׁךְ 두 단어의 앞에 붙은 라멘은 '~을'로 해석하시면 됩니다.

---

יוֹם 욤(2,291회) : 날,낮 לָיְלָה 라일라(6회) : 밤(남성명사인데 어미가..)

---

עֶרֶב 에레브(135회) :저녁 בֹקֶר 보켈(214회) : 아침

בּוֹקֶר טוֹב 아침인사 : 보켈 토브

צָהֳרַיִים טוֹבִים 점심인사 : 쪼호라임 토빔(라임일치)

עֶרֶב טוֹב 저녁인사 : 에레브 토브

לַיְלָה טוֹב 밤인사 : 라일라 토브(잘자~)

שָׁלוֹם 샬롬 : 안녕(평화)

※ 히브리어 기타 인사

토다 라바 (감사합니다)

샤밧 샬롬! (평안한 안식일 되세요!)

레히트라오트! (또 만나요)

욤 토브! (좋은 하루 되세요)

---

אֶחָד 에하드(699회) :one, 오직 하나, 유일함

문법사항 : 수사-기수

※ 한국어로는 첫째날~일곱째날이지만 첫날부분은 기수로 사용되고 둘째날부터가 서수로 사용되어 있습니다. 이것은 문법이라기 보다는 기수는 숫자이고 서수는 순서의 개념이지요.

유일한 하나의 날이 있는 경우는 서수가 사용될 이유가 없습니다.

하나의 날이 완성되고 이후부터가 둘째,셋째가 가능합니다.

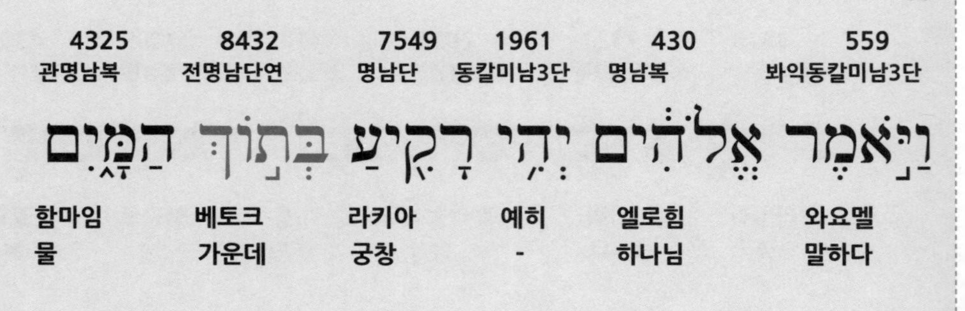


| 4325 | 4325 | 996 | 914 | 1961 |
|---|---|---|---|---|
| 전명남복 | 명남복 | 전 | 동일분능 | 접동칼미남3단 |

וִיהִי מַבְדִּיל בֵּין מַיִם לָמָיִם׃

| 라마임 | 마임 | 베인 | 맙딜 | 위히 |
|---|---|---|---|---|
| 물 | 물 | - | 나누다 | - |

**Gen.1:6 And God said: 'Let there be a firmament in the midst of the waters, and let it divide the waters from the waters.'**

**창1:6 하나님이 가라사대 물 가운데 궁창이 있어 물과 물로 나뉘게 하리라 하시고**

בְּתוֹךְ 베토크(타베크 418회) תָּוֶךְ 타베크(기본형) : 중간, 가운데

문법사항 : 전치사, 명사의 연계형, 세골명사

※ 토크는 연계형입니다.(남성단수는 어미변화 없지요) 그리고 전치사가 앞에 붙어있네요.
원형인 타베크를 보면 2음절에 세골이 들어 있네요.. 세골명사는 '아/에/오' 타입이 있고, 엑센트가 1음절에 있고, 복수형어미가 붙는 경우는 엑센트가 규칙명사처럼 뒤로 넘어가면서 엑센트법칙을 따르지만 복수의 연계형과 단수형어미가 붙는 경우는 세골명사의 원형을 기준으로 판단한다.(멜라킴)
또한 세골명사의 원형은 등장시 기억할 수 밖에 없다!
※ 사전을 찾아보니 '절단하다'는 뜻의 사용하지 않는 어원에서 유래되었다고 나오며 변화를 알려주고 있습니다. 이런 경우는 횟수도 만만치 않게 출현하고 하니 "토크"를 기억하실 수 밖에 없습니다.
사전에서 제시한 두 타입을 아래 적어봅니다.
연계형은 불가피하게 단어를 암기할 때 같이 암기하는 방법뿐입니다.ㅠㅠ

תּוֹךְ 토크 : 연계형 תּוֹכִי 어미변화 (인칭대명접미사 추가)

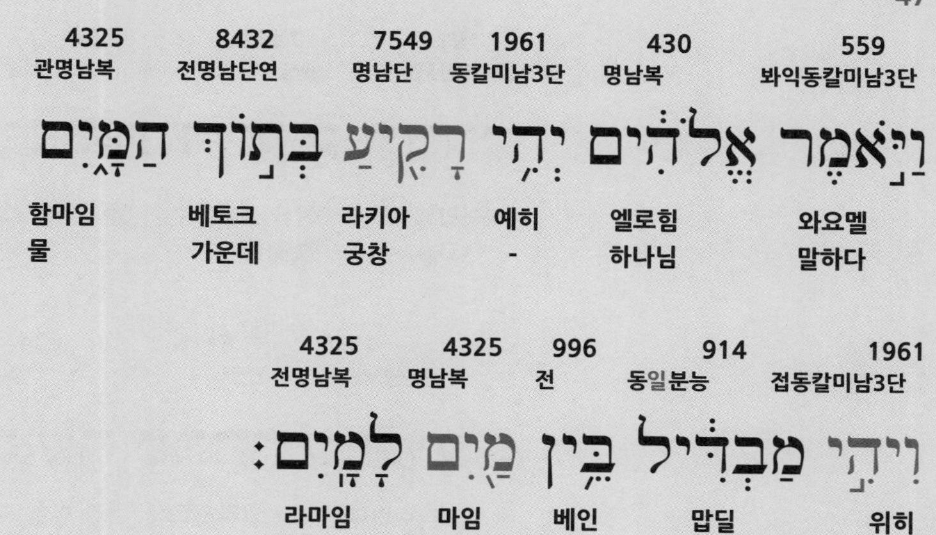


Gen.1:6 And God said: 'Let there be a firmament in the midst of the waters, and let it divide the waters from the waters.'

**창1:6 하나님이 가라사대 물 가운데 궁창이 있어 물과 물로 나뉘게 하리라 하시고**

רָקִיעַ 라키아(17회) : 궁창 רָקַע 라카(11회) : 펴다

문법사항 : 라멜-후음(파타선호, 불가피하면 숨은파타를 써서라도 목표달성이 특징), 숨은파타

※ 라키아는 라카라는 동사에서 유래된 명사로 궁창이라고 번역되었습니다.

동사 라카는 '펴다'라는 의미로 성경에서 강조형타입으로 '넓게 펴다,망치로 펴다'정도의 사용도 있고 '쳐서 펴다,짓누르다'정도도 있습니다. 여튼 궁창이 한국말로도 어려운데 히브리인들은 "단단하고 넓게 펼쳐진 공간"정도의 의미로 사각형의 기둥정도로 생각했기에 라카동사에서 유래된 명사 라키아가 탄생합니다.

---

두 번째 줄은 맙딜(히필동사), 베인(숙어 : 베인A 우베인 B), 마임등 모두 앞에서 설명한 내용이네요. 문법이라기보다 간단히 단어만 더 언급할께요.

מַיִם 마임(580회)

※ 마임은 위에 복수라고 표현이 되어 있지만 사실 정확하게는 쌍수입니다.

제가 솨마임을 언급할 때 입술,이빨처럼 위/아래 형태에 쓰는 쌍수 마임이 붙어 있다고 했었어요.

마임은 기본형이 쌍수, 즉 복수입니다만.. 단수로 받는다는 특성을 가집니다.

알 페네(이) ~에서 사용되는 페네는 원형이 파님(얼굴)이란 의미로 복수형으로만 사용된다는 것도 다시 한번 기억하고 넘어갈께요.

---

וַיְהִי 위히(하야 3549회) ※ 여기서 베는 접속사입니다.

| 914 | 7549 | 853 | 430 | 6213 |
|---|---|---|---|---|
| 봐익동일미남3단 | 관명남단 | 전 | 명남복 | 봐익동일미남3단 |
| 바이얍델 | 하라키아 | 엘 | 엘로힘 | 와야아스 |
| 나누다 | 그 궁창 | | 하나님 | 만들다 |

וַיַּעַשׂ אֱלֹהִים אֶת־הָרָקִיעַ וַיַּבְדֵּל

| 7549 | 8478 | 834 | 4325 | 996 |
|---|---|---|---|---|
| 전관명남단 | 전,전 | 계 | 관명남복 | 전 |
| 라라키아 | 밑타하트 | 아쉘 | 함마임 | 벤 |
| 궁창 | 아래 | - | 그 물 | - |

בֵּין הַמַּיִם אֲשֶׁר מִתַּחַת לָרָקִיעַ

| 3651 | 1961 | 7549 | 5921 | 834 | 4325 | 996 |
|---|---|---|---|---|---|---|
| 형부 | 봐익동칼미남3단 | 전관명남단 | 전,전 | 계 | 관명남복 | 접,전 |
| 켄 | 와예히 | 라라키아 | 메알 | 아쉘 | 함마임 | 우벤 |
| 그대로 | 되다 | 궁창 | 위 | - | 그 물 | - |

וּבֵין הַמַּיִם אֲשֶׁר מֵעַל לָרָקִיעַ וַיְהִי־כֵן׃

**Gen.1:7 And God made the firmament, and divided the waters which were under the firmament from the waters which were above the firmament; and it was so.**
**창1:7 하나님이 궁창을 만드사 궁창 아래의 물과 궁창 위의 물로 나뉘게 하시매 그대로 되니라**

위에 둘째줄과 셋째줄 처음이 벤~우벤인 것 보이시죠? 문장구조 일단 확인하세요.
그리고 창1:6절과 1:7절을 다시 한번 한국어로 비교해 볼께요.
**창1:6 하나님이 가라사대 물 가운데 궁창이 있어 물과 물로 나뉘게 하리라 하시고**
**창1:7 하나님이 궁창을 만드사 궁창 아래의 물과 궁창 위의 물로 나뉘게 하시매 그대로 되니라**

같은 내용에 대한 좀 더 상세한 묘사라고 볼 수 있겠네요.
또 한가지는 바브연속법으로, 하나님이 말씀하시고 셋째줄 마지막에 즉각 그대로 된 내용이 추가되어 있습니다.(만드시니 나누어지고(히필) 그대로 됨)

한가지 더 창세기 1:1에서는 '바라(창조하시니라)'동사를 사용하고 여기서는 맨 처음에 '아사(와이야스:만들다)'라는 동사를 사용했어요. 둘다 '만들다'입니다.
바라의 창조는 무에서 유의 창조이고, 아싸는 재료가 존재한다 또는 바라는 즐거움으로 만들고 아싸는 일의 개념이다등 다양한 이야기가 있지만, 일단 창1:21절에 물고기 창조시와 1:27사람 창조시도 바라동사입니다.(다른 이야기는 안 하지만 일단 바라가 한군데는 아니니 묵상해 보시기 **바라**~ㅂ니다.ㅎ)

| 7549 | 8478 | 834 | 4325 | 996 |
|---|---|---|---|---|
| 전관명남단 | 전,전 | 계 | 관명남복 | 전 |
| לָרָקִיעַ | מִתַּחַת | אֲשֶׁר | הַמַּיִם | בֵּין |
| 라라키아 | 밑타하트 | 아쉘 | 함마임 | 벤 |
| 궁창 | 아래 | - | 그 물 | - |

| 3651 | 1961 | 7549 | 5921 | 834 | 4325 | 996 |
|---|---|---|---|---|---|---|
| 형부 | 봐익동칼미남3단 | 전관명남단 | 전,전 | 계 | 관명남복 | 접,전 |
| כֵּן׃ | וַיְהִי־ | לָרָקִיעַ | מֵעַל | אֲשֶׁר | הַמַּיִם | וּבֵין |
| 켄 | 와예히 | 라라키아 | 메알 | 아쉘 | 함마임 | 우벤 |
| 그대로 | 되다 | 궁창 | 위 | - | 그 물 | - |

הַמַּיִם 함마임(마임 580회)

문법사항 : 정관사, 명사어미변화

※ 이제 단어 적으면 느껴지시나요? 정관사가 붙어있구나(정관사는 다게쉬를 가지기에 멤에 다게쉬가 찍혀있구나. 마임은 기본형이 쌍수, 즉 복수이지만, 단수로 받는다고 했었지..

---

מִתַּחַת לְ 미타하트 레~ מֵעַל לְ 메알 레~

문법사항 : 전치사 ,관용적표현,후음

※ 일단 전치사 레가 위 문장에서는 뒤의 라키아의 후음의 영향으로 모음보상이 일어나 장음이 된 것일 뿐입니다. "~아래에"라는 표현을 할 때 사용되는 관용적 표현입니다.

다음줄에 나오는 메알 라라키아도 동일하며 "~위에"의 의미입니다.

---

위 두 줄이 색으로 구분하니 위 아래가 어려울 부분이 하나도 없지요? 위 아래 동형에 동일단어네요. 아쉘이란 단어 하나와 맨 뒤의 와예히 켄만 남습니다. 창1:7이 꽤 길어 보였지만 간단합니다.

מִתַּחַת 미타하트(타하트 506회) תַּחַת 타하트(기본형) : 낮은 곳,아래

문법사항 : 불분리전치사,숨은파타

※ 기본형을 보시니 앞에 전치사라는 것은 보이실텐데 이 전치사 원형이 뭘까요?

다시 한번 기억합니다. 불분리전치사와 분리전치사로 동시에 사용되며 불분리로 사용될 때는 축약되는 형태로 사용되는 전치사 '민'입니다. מִן

이 단어의 유래는 תּוֹחַ 입니다. 억압하다라는 의미의 사용되지 않는 어원에서 유래된 단어로 삼상1:1에서 '겸손한'의 의미로 단 1회 사용됩니다. 라멘 후음 숨은파타 기억하시구요

| 7549 | 8478 | 834 | 4325 | 996 |
| --- | --- | --- | --- | --- |
| 전관명남단 | 전,전 | 계 | 관명남복 | 전 |
| לָרָקִיעַ | מִתַּחַת | אֲשֶׁר | הַמַּיִם | בֵּין |
| 라라키아 | 밑타하트 | 아쉘 | 함마임 | 벤 |
| 궁창 | 아래 | - | 그 물 | - |

| 3651 | 1961 | 7549 | 5921 | 834 | 4325 | 996 |
| --- | --- | --- | --- | --- | --- | --- |
| 형부 | 봐익동칼미남3단 | 전관명남단 | 전,전 | 계 | 관명남복 | 접,전 |
| כֵן׃ | וַיְהִי־ | לָרָקִיעַ | מֵעַל | אֲשֶׁר | הַמַּיִם | וּבֵין |
| 켄 | 와예히 | 라라키아 | 메알 | 아쉘 | 함마임 | 우벤 |
| 그대로 | 되다 | 궁창 | 위 | - | 그 물 | - |

## מֵעַל

메알(알 :5772회)

문법사항 : 불분리전치사,후음

※ 밑타하트와 동일하지요? 단지 후음 앞에서 원래 히렉(단모음)이 쩨레(장모음)으로 모음보상입니다.
여기서 알은 알 페네이~등에서 계속 본 단어입니다.

---

## אֲשֶׁר

아쉘(5,495회)

※ 이 단어는 공성이고 단/복수도 공용으로 사용되는 관계대명사가 대표적입니다.
용법자체는 목적절을 이끄는 접속사등으로 되기도 하고 하지만 이는 문맥에 따르는 것으로
관계대명사로 그냥 생각하세요~ 즉,해석할 필요가 없습니다.

---

## כֵן

켄(타하트 565회)

※ 부사로 사용되는 경우 “그대로/그렇게,잘,공정하게,아주 많이”등의 의미를 가집니다.
능동태의 분사로 사용되는 경우는 “똑바로 선,강직한,정직한,곧은”등의 의미를 지닙니다.

## 창세기 1:8



| 8064 | 7549 | 430 | 7121 |
|---|---|---|---|
| 명남쌍 | 전관명남단 | 명남복 | 봐익동칼미남3단 |
| שָׁמָיִם | לָרָקִיעַ | אֱלֹהִים | וַיִּקְרָא |
| 쇄마임 | 라라키아 | 엘로힘 | 봐이크라 |
| 하늘 | 궁창을 | 하나님 | 부르다 |

| 8145 | 3117 | 1242 | 1961 | 6153 | 1961 |
|---|---|---|---|---|---|
| 형수서남 | 명남단 | 명남단 | 봐익동칼미남3단 | 명남단 | 봐익동칼미남3단 |
| שֵׁנִי׃ | יוֹם | בֹקֶר | וַיְהִי־ | עֶרֶב | וַיְהִי־ |
| 쉐니 | 욤 | 보켈 | 와예히 | 에레브 | 와예히 |
| 둘째 | 날 | 아침 | 되다 | 저녁 | 되다 |

**Gen.1:8 And God called the firmament Heaven. And there was evening and there was morning, a second day.**
**창1:8 하나님이 궁창을 하늘이라 부르시니라 저녁이 되고 아침이 되니 이는 둘째날이니라**

벌써 한 절에 대한 내용이 계속 반복되어 양이 줄어가는 것이 느껴지지요?
첫 줄은 다 배운 단어인데 특이한 것 하나만 언급할께요.
쇄마임이라고 정관사가 없이 사용되었습니다. 하늘이라고 부르신 것이 이번이 처음이지요.
즉,이제 정해진 것이기에 정관사가 없습니다. 그런데 창세기 1:1에서는 핫쇄마임이라고 한번 생각해 보시라고 한 것 기억하시죠?

---

둘째 줄도 '쉐니'를 제외하면 모두 학습한 단어입니다.
'보켈'과 '에레브'는 히브리어 인사에서 보았지요? '보켈 토브', '에레브 토브'

첫째날은 서수를 사용할 수 없어서 기수로 '한 날'을 표시하였기에 '욤 에하드'였는데요.
둘째날부터는 순서가 정해지기에 서수를 사용합니다. 서수로 두번째가 바로 '쉐니'입니다.

שֵׁנִי    쉐니(124회) : 두번째,둘째의

문법사항 : 수사-서수

※ 서수의 경우는 남성형에서 여성형으로 변할때 '타우'가 붙는 형태와 '카메츠+헤' 1곳 이 차이만 있는 것 확인하시구요.

---

| 8064 | 8478 | 4325 | 6960 | 430 | 559 |
|---|---|---|---|---|---|
| 관명남쌍 | 전,전 | 관명남복 | 동닢미남3복 | 명남복 | 봐익동칼미남3단 |
| הַשָּׁמָיִם | מִתַּחַת | הַמַּיִם | יִקָּווּ | אֱלֹהִים | וַיֹּאמֶר |
| 핫샤마임 | 밑타하트 | 함마임 | 이카부 | 엘로힘 | 봐요멜 |
| 하늘 | 아래 | 그 물 | 모이다 | 하나님 | 말하다 |

| 3651 | 1961 | 3004 | 7200 | 259 | 4725 | 413 |
|---|---|---|---|---|---|---|
| 형부 | 봐익동칼미남3단 | 관명여단 | 접동닢미여3단 | 형수기남 | 명남단 | 전 |
| כֵן׃ | וַיְהִי־ | הַיַּבָּשָׁה | וְתֵרָאֶה | אֶחָד | מָקוֹם | אֶל־ |
| 켄 | 와예히 | 하얍바샤 | 베테라에 | 에하드 | 마콤 | 엘 |
| 그대로 | 되다 | 뭍,육지 | 드러나다 | 한 | 곳 | 으로 |

**Gen.1:9 And God said: 'Let the waters under the heaven be gathered together unto one place, and let the dry land appear.' And it was so.**

**창1:9 하나님이 이르시되 천하의 물이 한 곳으로 모이고 뭍이 드러나라 하시니 그대로 되니라**

יִקָּווּ 이카부(카바 :47회) קָוָה 카바 :함께 묶다, 강건하다,튼튼하다 바라다,기대하다,사모하다로도 사용

문법사항 : 니팔동사 미완료,라멛-헤 어미변화, 순장모음

※ 니팔동사가 사용된 부분을 보셔야 합니다. 니팔동사는 수동/재귀의 의미인데 여기서는 수동입니다. '모이게 시키다'정도의 의미가 되겠지요.

이 단어는 2음절의 바브가 자음의 역할을 하기에 아인-바브동사의 불규칙에 해당하지 않습니다.

라멛헤동사 미완료에서 헤탈락은 이제 슬슬 보이시죠?

라멛-헤동사의 미완료 세골선호가 나타나지 않은 것은 자음어미로 끝나지 않았기 때문입니다.

라멛-헤동사의 미완료가 모음어미를 취하면 헤가 탈락하며 모음이 바로 붙습니다.

하지만 자음어미를 취하는 경우는 홀렘보다 세골을 선호하는 특성이 나타납니다.

그리고 이카부는 니팔동사(수동형)의 미완료입니다.

니팔동사의 특징은 '눈'이 어두에 나와야 합니다. 그런데 없지요?

니팔동사의 눈은 틈만 나면 뒷자음에 동화되어 사라지려 한다고 했습니다 .

사라지면서 눈이 있었다는 흔적을 남긴 부분이 코프에 찍혀있는 다게쉬포르테(중복점)입니다..

קָוָה → יִקָּווּ

**창세기 1:9**

**Gen.1:9 And God said: 'Let the waters under the heaven be gathered together unto one place, and let the dry land appear.' And it was so.**

**창1:9 하나님이 이르시되 천하의 물이 한 곳으로 모이고 뭍이 드러나라 하시니 그대로 되니라**

## אֶל־

엘(5,464회) אֶל 기본형 : ~로, ~까지..

문법사항 : 마켑전치사, 연계형

※ 마켑전치사로 사용된 예입니다. 원형을 보시면 모음이 쩨레입니다.
엘이라는 전치사가 마켑전치사 또는 연계형으로 사용될 경우는 쩨레가 세골로 변합니다.
한단어 취급하여 엑센트를 잃는 현상..이 단어보다 이 규칙이 더 중요합니다.

---

## מָקוֹם

마콤(401회) : 장소,곳,지점,고향,마을,부락..

※ 이 단어는 원형 그대로입니다만.. 재밌는 것이 하나 있습니다. 이 단어의 유래를 찾아보면 다음 단어에서 유래된 것으로 나옵니다. "쿰(6965) : 일어나다,서다"
"달리다쿰"에 '소녀야 일어나라'로 사용된 쿰입니다.

קוּם 쿰(부정사연계형)
아인-바브요드

---

## אֶחָד

에하드는 기수로 첫째날 보다 하나의 날이라고 설명드린 것 기억하시고 여기서도 하나의 장소, one이라는 의미입니다.

| 8064 | 8478 | 4325 | 6960 | 430 | 559 |
|---|---|---|---|---|---|
| 관명남쌍 | 전,전 | 관명남복 | 동닢미남3복 | 명남복 | 봐익동칼미남3단 |
| הַשָּׁמָיִם | מִתַּחַת | הַמַּיִם | יִקָּווּ | אֱלֹהִים | וַיֹּאמֶר |
| 핫솨마임 | 밑타하트 | 함마임 | 이카부 | 엘로힘 | 봐요멜 |
| 하늘 | 아래 | 그 물 | 모이다 | 하나님 | 말하다 |

| 3651 | 1961 | 3004 | 7200 | 259 | 4725 | 413 |
|---|---|---|---|---|---|---|
| 형부 | 봐익동칼미남3단 | 관명여단 | 접동닢미여3단 | 형수기남 | 명남단 | 전 |
| כֵן׃ | וַיְהִי־ | הַיַּבָּשָׁה | וְתֵרָאֶה | אֶחָד | מָקוֹם | אֶל־ |
| 켄 | 와예히 | 하얍바솨 | 베테라에 | 에하드 | 마콤 | 엘 |
| 그대로 | 되다 | 뭍,육지 | 드러나다 | 한 | 곳 | 으로 |

**Gen.1:9 And God said: 'Let the waters under the heaven be gathered together unto one place, and let the dry land appear.' And it was so.**

**창1:9 하나님이 이르시되 천하의 물이 한 곳으로 모이고 뭍이 드러나라 하시니 그대로 되니라**

וְתֵרָאֶה 베테라에(라아: 1,299회) רָאָה 라아 : 보다

문법사항 : 접속사,니팔동사, 라멘-헤동사 미완료

※ 이 단어도 니팔형(수동)미완료입니다.

라멘-헤동사 어미가 있는지/모음어미인지/자음어미인지에 따라 변화가 다릅니다(여기는 없음)

| גָּלָה | → | יִגָּלֹה | → | יִגָּלֶה |
|---|---|---|---|---|
| 갈라:드러내다 | | 중간 형태<br>홀렘 비선호 | | 최종변화형<br>홀렘이 세골로 |

또한 여성형이기에 '티'가 접두되고 레쉬가 후음이기에 히렉이 쩨레로 모음보상이 일어나며 최종형태가 나온 것이랍니다.

---

조심하여 구분할 단어를한번 말씀드릴께요.

| רָאָה | 라아 :보다 | רָעָה | 라아: 사악한 |
|---|---|---|---|

※ 보다라는 단어가 2음절이 아인으로 변하면 사악한의 의미를 가집니다. 전혀 다른 의미가 되지요. 개인적으로는 알렙보다 아인이 많이 뒤, 특히 영어에서는 끝이기에.. '결과만 바라보는 것은 사악하다.' 또한 '이것저것 많은 다른 곳에 눈을 돌리는 것은 사악해 질 수 있다'라는 개념으로 구분했습니다. ㅎㅎ

| 켄 | 와예히 | 하얍바솨 | 베테라에 | 에하드 | 마콤 | 엘 |
|---|---|---|---|---|---|---|
| 그대로 | 되다 | 뭍,육지 | 드러나다 | 한 | 곳 | 으로 |

**Gen.1:9 And God said: 'Let the waters under the heaven be gathered together unto one place, and let the dry land appear.' And it was so.**

**창1:9 하나님이 이르시되 천하의 물이 한 곳으로 모이고 뭍이 드러나라 하시니 그대로 되니라**

הַיַּבָּשָׁה 하얍바솨(얍바샤: 14회) יַבָּשָׁה 얍바샤 : 뭍,땅,육지

문법사항 : 정관사,엑센트법칙

※ 에레쯔(땅)도 여성이었는데 얍바샤(뭍)도 여성형명사네요.

잊어버릴 즈음 되니 한번 엑센트법칙을 다시 점검해 보도록 할께요.

음절을 나눠볼께요.. <u>하/얍/바/솨</u>

마지막음절에 강세가 있을 것이니 3음절은 엑센트 전 개음절(엑센트1법칙)

2음절은 엑센트없는 폐음절이니 단모음(엑센트3법칙)

1음절은 ? 엑센트전전이니 엑센트2법칙인 슈바인가요? 아니지요?

1음절은 정관사이므로 정관사법칙이 적용됩니다. 그대로 파타가 남아있는 모습입니다.

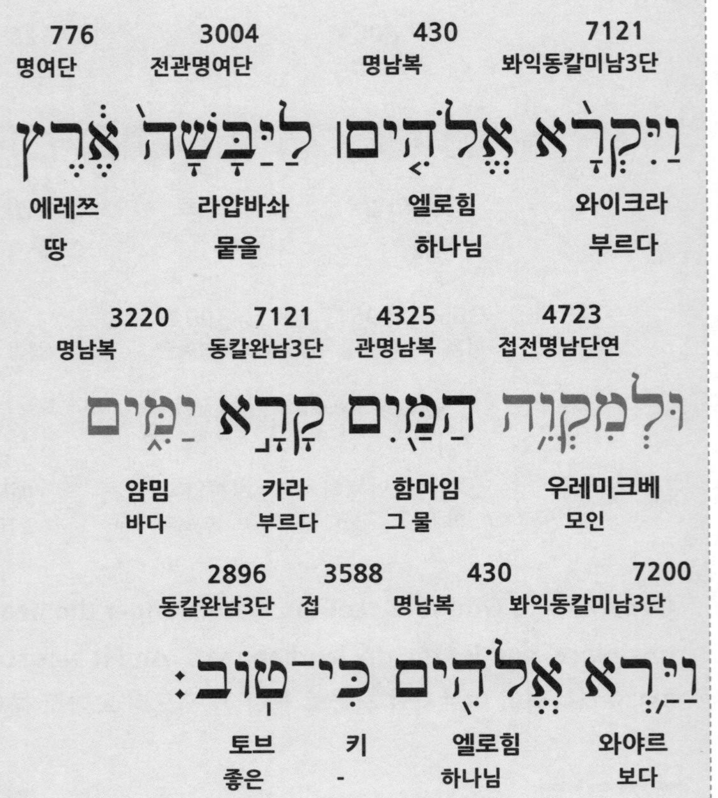

| 776 | 3004 | 430 | 7121 |
|---|---|---|---|
| 명여단 | 전관명여단 | 명남복 | 봐익동칼미남3단 |
| אֶרֶץ | לַיַּבָּשָׁה | אֱלֹהִים ׀ | וַיִּקְרָא |
| 에레쯔 | 라얍바솨 | 엘로힘 | 와이크라 |
| 땅 | 뭍을 | 하나님 | 부르다 |

| 3220 | 7121 | 4325 | 4723 |
|---|---|---|---|
| 명남복 | 동칼완남3단 | 관명남복 | 접전명남단연 |
| יַמִּים | קָרָא | הַמַּיִם | וּלְמִקְוֵה |
| 얌밈 | 카라 | 함마임 | 우레미크베 |
| 바다 | 부르다 | 그 물 | 모인 |

| 2896 | 3588 | 430 | 7200 |
|---|---|---|---|
| 동칼완남3단 | 접 | 명남복 | 봐익동칼미남3단 |
| טוֹב׃ | כִּי־ | אֱלֹהִים | וַיַּרְא |
| 토브 | 키 | 엘로힘 | 와야르 |
| 좋은 | - | 하나님 | 보다 |

**Gen.1:10 And God called the dry land Earth, and the gathering together of the waters called He Seas; and God saw that it was good.**

**창1:10 하나님이 뭍을 땅이라 칭하시고 모인 물을 바다라 칭하시니라 하나님이 보시기에 좋았더라**

וּלְמִקְוֵה 우레미크베(미크베: 12회)

문법사항 : 명사의 연계형,엑센트법칙

※앞의 이카부와 같이 원형 미크베는

카바에서 유래된 단어입니다.

엑센트 법칙은 일반적이니 확인하시구요.

이 단어는 기본형 마지막 자음이 알렙이 아닌

'헤'로 나오는 곳도 있어요.

מִקְוֵא

מִקְוֵה

미크베 : 기대,희망,모임,집회,회중

יִקָּווּ 이카부(카바 :47회)

קָוָה 카바 :함께 묶다, 강건하다,튼튼하다 바라다,기대하다,사모하다로도 사용

---

יַמִּים 얌밈(얌: 392회)

יָם 얌 : 바다,큰 강

문법사항 : 명사어미변화

※ 명사남성 복수의 어미는 쑤스,쑤심,쑤사,쑤솟의 임이지요..

| 776 | 1876 | 430 | 559 |
|---|---|---|---|
| 관,명여단 | 동일미여3단 | 명남복 | 봐익동칼미남3단 |
| הָאָרֶץ | תַּדְשֵׁא | אֱלֹהִים | וַיֹּאמֶר |
| 하아레쯔 | 타드쉐 | 엘로힘 | 와요멜 |
| 땅 | 싹트다 | 하나님 | 말하다 |

| 4327 | 6529 | 6213 | 6529 | 6086 | 2233 | 2232 | 6212 | 1877 |
|---|---|---|---|---|---|---|---|---|
| 전,명남3단 | 명남단 | 동칼분능 | 명남단 | 명남단 | 명남단 | 동일분능 | 명남단 | 명남단 |
| לְמִינוֹ | פְּרִי | עֹשֶׂה | פְּרִי | עֵץ | זֶרַע | מַזְרִיעַ | עֵשֶׂב | דֶּשֶׁא |
| 레미노 | 페리 | 오세 | 페리 | 에쯔 | 제라 | 마즈리아 | 에세브 | 데쉐 |
| 종류대로 | 열매 | 맺는 | 과일 | 나무 | 씨 | 맺는 | 채소 | 풀 |

| 3651 | 1961 | 776 | 5921 | - | 2233 | 834 |
|---|---|---|---|---|---|---|
| 형부 | 봐익동칼미남3단 | 관명여단 | 전 | 전남3단 | 명남3단 | 계 |
| כֵן׃ | וַיְהִי־ | הָאָרֶץ | עַל־ | בוֹ | זַרְעוֹ־ | אֲשֶׁר |
| 켄 | 와예히 | 하아레쯔 | 알 | 보 | 자르오 | 아쉘 |
| 그대로 | 되다 | 땅 | 위에 | 안에 | 씨 | - |

Gen.1:11 And God said: 'Let the earth put forth grass, herb yielding seed, and fruit-tree bearing fruit after its kind, wherein is the seed thereof, upon the earth.' And it was so.

창1:11 하나님이 가라사대 땅은 풀과 씨 맺는 채소와 각기 종류대로 씨 가진 열매 맺는 과목을 내라 하시니 그대로 되어

תַּדְשֵׁא 타드쉐(다샤: 2회) דָּשָׁא 다샤 : 싹이 트다,싹이 돋다

문법사항 : 히필동사(사역) 미완료, 약동사 라멘-알렙. 상태동사

※히필동사 미완료의 기본동사는 '약틸'이지요? יַקְטִיל

여기서는 여성3인칭단수이니 '탁틸'이 되어야 하는 것이 규칙동사의 변화이구요. תַּקְטִיל

이 기준으로 따르면 원래 기준은 옆과 같이 되는 것이 맞을 듯합니다. תַּדְשִׁיא

이 형태는 히필명령으로 보면 딱 부합하는 형태인데 그렇게 보기에는 여성형이기에 여성어미가 추가되어 있어야 하는데 그것도 해당되지 않지요..

처음 말씀드리는 것 같은데 상태동사의 변화를 보이고 있습니다. 상태동사는 2모음이 주로 홀렘이나 쩨레로 된 단어를 의미하는데 가끔 아닌것도 있거든요. 이게 동작동사일 수도 있지 않나 싶은데 변화형으로 보면 상태동사로 사용되는 것 같습니다.(라멘-알렙 상태동사 변화 참고)

아래 데쉐도 다샤에서 유래된 단어입니다.

דֶּשֶׁא 데쉐(14회) : 처음 난 싹 연한 풀

창세기 1:11

| 4327 | 6529 | 6213 | 6529 | 6086 | 2233 | 2232 | 6212 | 1877 |
|---|---|---|---|---|---|---|---|---|
| 전,명남3단 | 명남단 | 동칼분능 | 명남단 | 명남단 | 명남단 | 동일분능 | 명남단 | 명남단 |
| לְמִינוֹ | פְּרִי | עֹשֶׂה | פְּרִי | עֵץ | זֶרַע | מַזְרִיעַ | עֵשֶׂב | דֶּשֶׁא |
| 레미노 | 페리 | 오세 | 페리 | 에쯔 | 제라 | 마즈리아 | 에세브 | 데쉐 |
| 종류대로 | 열매 | 맺는 | 과일 | 나무 | 씨 | 맺는 | 채소 | 풀 |

※ 쉬어가는 이야기

이번에 문장분석보다 재밌는 걸 한번 보며 쉬어가겠습니다. 일단 위에 일분능,칼분능이 보이시지요?
'씨 맺는 채소'와 '열매 맺는 과일' 느낌이 다르신가요? 개인적으로는 차이를 모르겠습니다.
그런데 하나는 사역동사(~하게하다)능동인 히필분사이고 하나는 능동인 칼형 분사를 사용했네요.
'문법적으로 맞다 아니다'를 이야기 하려는 것은 아니예요..
이 부분은 개인적으로들 묵상을 해보시는 것도 재밌을 것 같아서요.
제가 이스라엘에 살다 온 것도 아니고 언어학자도 아닌 프로그래머라 말씀드렸고, 관용적으로 이렇게 쓰는 것인지 아니면 성령님의 감동으로 저자가 의도적으로 사용한 건지도 모릅니다.
하지만 관용적이라면 히브리인들의 사상이 포함된 것일 것이고 의도가 있다면 의문을 가져보는 것도 재밌는 일일 것이라고 생각합니다.
저는 "씨를 맺는다"는 '하나님이 하게 만드신 것'이고 '열매를 맺는다'는 것은 '우리가 능동적으로 삶속에서 이루어가야 하는 것이다' 라는 개념으로 바라보니 이게 '문법적으로 왜 다르냐 어떻다'가 아니라 자체로 은혜가 되는 것 같습니다.

---

עֵשֶׂב　에세브(에세브: 33회) :채소　עֵשֶׂב　원형

※이 단어는 원형과 성경이 살짝 다릅니다.
이 부분에 대한 자료는 제가 아직 책이나 자료에서 보지 못한 것 같습니다.
어떤 곳에서는 쩨레가 원형이라고 나오기도 하기에 이런 단어들은 앞으로도 원형만 언급하고 지나갈께요.

---

מַזְרִיעַ　마즈리아(자라: 56회)

문법사항 : 히필분사

זָרַע　자라 : 씨를 뿌리다, 흩어버리다
זֶרַע　제라 : 씨,종자,정액

※ 앞에 멤이 나오고 히필동사의 전형적인 형태가 이제 눈에 들어오시나요?

---

עֵץ　에쯔(329회) : 나무,숲,나무로 만든 우상

---

פְּרִי　페리(118회) : 열매,후손,자손

עֹשֶׂה　　오셰(아사: 2,627회)　　עָשָׂה　　아사: 만들다

문법사항 : 칼분사 능동, 라멘-헤동사 변화표(능동분사 세골)

※창1:7에서 '바라'와 '아사'에 대한 설명을 한 부분을 한번 보시면 좋을 듯 하구요.

칼분사의 경우 코텔,카툴로 유일하게 다른 6패턴과 달리 분사능동과 분사수동으로 나누어지지요?

라멘헤동사의 변화표를 보시면 칼능동분사의 경우는 세골이고 수동분사의 경우는 축약형이 사용됩니다.

---

לְמִינוֹ　　레미노(민: 31회)　　מִין　　민 : 종류,형태,모양

문법사항 : 전치사,명사에 붙는 인칭대명접미사　　מִן　　민 : 전치사

※ 전치사 '민'과 형태가 다르다는 것 구분하셔야 합니다. 또한 전치사 민이 불분리전치사 사용시는 '눈'이 탈락하는 것도 기억하셔야 하구요.

마지막에 홀렘바브 한눈에 보이시나요?

히브리어 동사가 자체만으로 주어를 포함하고 있는 것처럼 이렇게 명사에 인칭대명접미사를 붙이면 '~의'라는 소유격의미를 함께 가집니다. 즉, 그것의 종류대로로 해석합니다.

---

זַרְעוֹ　　자르오(제라: 229회)　　זֶרַע　　제라 : 씨,종자,정액

문법사항 : 명사에 붙는 인칭대명접미사,엑센트규칙

※ 복습하라고 바로 인칭대명접미사가 또 나오네요.ㅎㅎ

단어도 앞에 배운 단어입니다. 단지 엑센트 규칙에 따라 모음만 변화했지요~

---

בּוֹ　　보

문법사항 : 전치사,인칭대명접미사

※ 전치사 '베'+인칭대명사입니다.

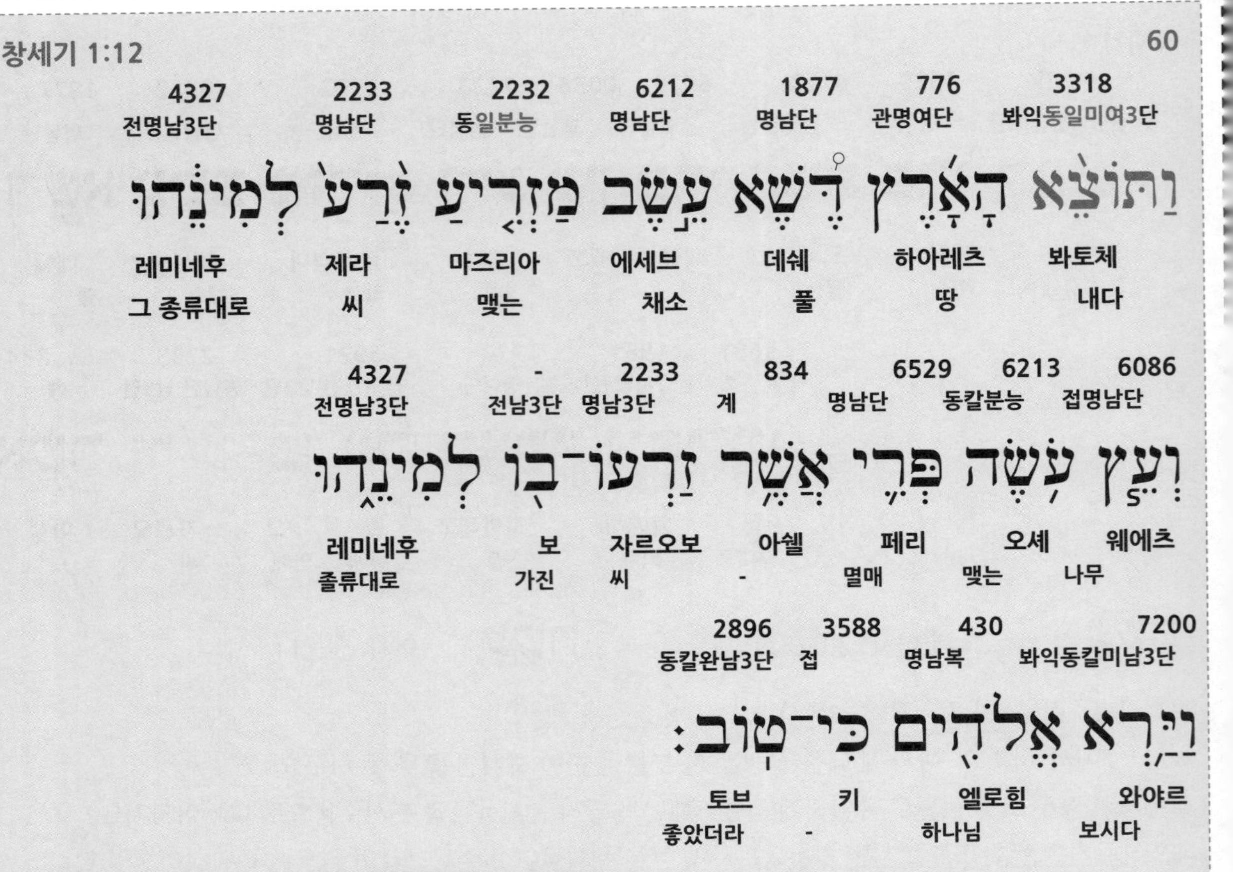

창세기 1:12

| 4327 | 2233 | 2232 | 6212 | 1877 | 776 | 3318 |
|---|---|---|---|---|---|---|
| 전명남3단 | 명남단 | 동일분능 | 명남단 | 명남단 | 관명여단 | 봐익동일미여3단 |
| לְמִינֵהוּ | זֶרַע | מַזְרִיעַ | עֵשֶׂב | דֶּשֶׁא | הָאָרֶץ | וַתּוֹצֵא |
| 레미네후 | 제라 | 마즈리아 | 에세브 | 데쉐 | 하아레츠 | 봐토체 |
| 그 종류대로 | 씨 | 맺는 | 채소 | 풀 | 땅 | 내다 |

| 4327 | - | 2233 | 834 | 6529 | 6213 | 6086 |
|---|---|---|---|---|---|---|
| 전명남3단 | 전남3단 | 명남3단 | 계 | 명남단 | 동칼분능 | 접명남단 |
| לְמִינֵהוּ | בוֹ | זַרְעוֹ־ | אֲשֶׁר | פְּרִי | עֹשֶׂה | וְעֵץ |
| 레미네후 | 보 | 자르오보 | 아쉘 | 페리 | 오셰 | 웨에츠 |
| 종류대로 | 가진 | 씨 | - | 열매 | 맺는 | 나무 |

| 2896 | 3588 | 430 | 7200 |
|---|---|---|---|
| 동칼완남3단 | 접 | 명남복 | 봐익동칼미남3단 |
| טוֹב׃ | כִּי־ | אֱלֹהִים | וַיַּרְא |
| 토브 | 키 | 엘로힘 | 와야르 |
| 좋았더라 | - | 하나님 | 보시다 |

**Gen.1:12 And the earth brought forth grass, herb yielding seed after its kind, and tree bearing fruit, wherein is the seed thereof, after its kind; and God saw that it was good.**
**창1:12 땅이 풀과 각기 종류대로 씨 맺는 채소와 각기 종류대로 씨 가진 열매 맺는 나무를 내니 하나님의 보시기에 좋았더라**

וַתּוֹצֵא 봐토체(야짜: 1,067회) יָצָא 야짜 : 나가다,떠오르다,발행하다

문법사항 : 바브연속법, 바브연속법총정리표,페-바브동사(5개)

※ 바브연속법입니다. 우리가 바로 보이던 뒤에 요드가 아닌 여성형이기에 타우가 있기에 놓치지 말고 구분하시라고 한번 더 언급합니다.

※ 주의해서 기억할 부분은 페-바브동사 5개의 변화형입니다.
문법파트에서 동사 패턴변 변화표로 정리해 두었습니다.
주된 변화는 칼 미완료/명령/부정사연계형에서는 바브가 탈락되면서 접두사가 보상장음화가 일어나는 형태이고 나머지는 바브가 유지되거나 요드로 대체되는 경우는 강동사의 변화를 가집니다.
하지만 니팔 완료와 분사 그리고 사역형인 히필과 호팔의 전체에서는 '홀렘바브' 축약형으로 사용되는 특징을 가집니다.
여기서도 히필형이기에 바브가 앞 모음과 함께 축약형인 홀렘바브로 축약되어 사용되었습니다.
내용 자체가 창1:11절에 더해진 형태로 나머지 단어와 문법은 11절에 모두 나온 내용이기에 넘어갑니다.

| 7992 | 3117 | 1242 | 1961 | 6153 | 1961 |
|---|---|---|---|---|---|
| 형수서남 | 명남단 | 명남단 | 봐익동칼미남3단 | 명남단 | 봐익동일미여3단 |

וַֽיְהִי־עֶרֶב וַֽיְהִי־בֹקֶר יוֹם שְׁלִישִׁי׃

| 쉐리쉬 | 욤 | 보켈 | 와예히 | 에레브 | 와예히 |
|---|---|---|---|---|---|
| 셋째 | 날 | 아침 | 되다 | 저녁 | 되다 |

**Gen.1:13 And there was evening and there was morning, a third day.**

**창1:13 저녁이 되며 아침이 되니 이는 셋째 날이니라**

שְׁלִישִׁי 쉐리쉬(82회)

문법사항 : 수사-서수

**※ 쉬어가는 이야기**

이 절은 따로 말씀드릴 것이 없기에 지나가는 이야기를 하려 합니다.
셋째날이 끝났지요? 그런데 이상하게 첫 째날과 셋째 날에는 "키 토브"로 하나님이 보시기에 좋았다는 말이 있는데 둘째 날 창조에는 토브가 없다는 점 눈치 채셨나요?

왜일까요? 이건 많은 분들이 공통적으로 생각하시는 부분이라 대세를 말씀드리면..
라키아는 공간을 나눈(분리)의 개념으로 완성이 아니다.
실제적인 하늘의 창조는 4일째 광명들을 만드시고 좋았다가 붙는다.
이렇게들 많이 보시고 계시더라구요..

바로 뒤부터 넷째 날 창조가 이루어지는 부분이니 한번 이 의견에 대해 어떤 생각이 드시는지 한번 생각해 보시라고 올려드립니다.

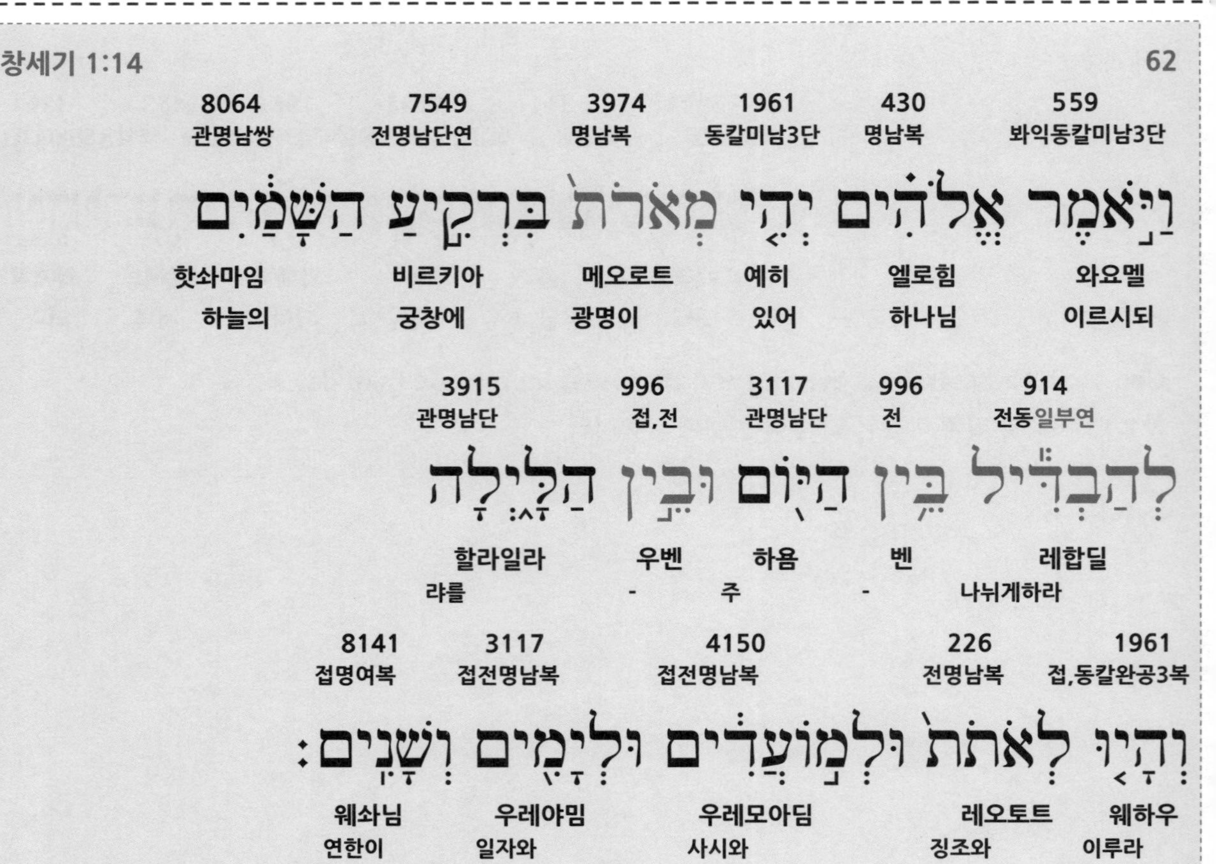


Gen.1:14 And God said: 'Let there be lights in the firmament of the heaven to divide the day from the night; and let them be for signs, and for seasons, and for days and years;

창1:14 하나님이 가라사대 하늘의 궁창에 광명이 있어 주야를 나뉘게 하라 또 그 광명으로 하여 징조와 사시와 일자와 연한이 이루라

מְאֹרֹת 메오로트(마오르: 19회) מָאֹר 마오르 : 빛,광명체,등잔

문법사항 : 명사어미변화 ,명사불규칙

※ 보통의 경우 명사의 어미는 '임아오트'로 변화하기에 남성복수인 마오르는 '임' 어미가 정상이겠지요? 게다가 현재는 여성형어미인 '홀렘바브(축약형) + 타우'가 붙어있는 형태입니다. 불규칙 명사입니다.

---

לְהַבְדִּיל 레합딜(바달: 42회) בָּדַל 바달 : 분리하다,구별하다

문법사항 : 히필부정사연계형 וַיַּבְדֵּל 바이얍델

※ '레합딜'하면 처음 보는 단어 같은데 '바달' 하면 언젠가 본 듯한 느낌이 드시나요? ㅎㅎ

창세기1:4에서 하늘과 땅을 나누시고에서 나온 바이얍델에서 한번 보았습니다.

"기본형 동사 바달은 칼형으로는 사용되지 않습니다."라고요..

바이얍델과 마찬가지로 여기도 히필형입니다 히필부정사연계형이지요.

창1:4에서도 언급한 내용이지만 2음절의 다게쉬는 경강점으로 중복점이 아니라 피엘/푸알과 헷갈리심 안됩니다.

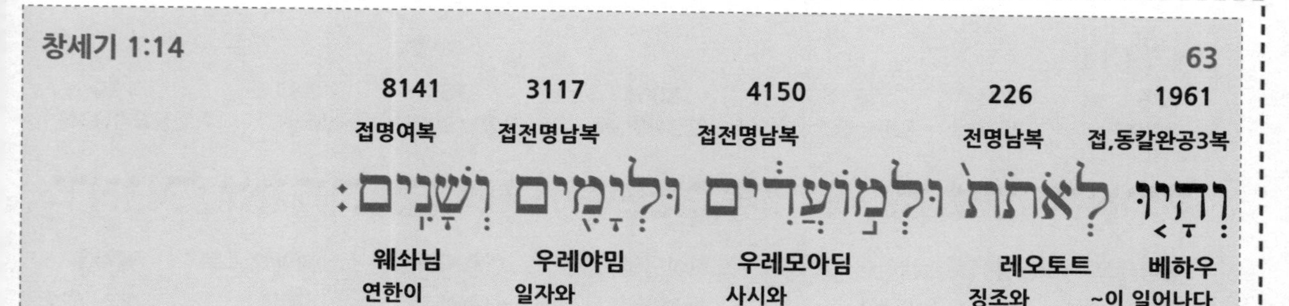


לְאֹתֹת 레오토트(오트: 79회) אוֹת 오트 : 군기,표적

문법사항 : 명사어미변화 ,명사불규칙

※ 앞의 메오로트와 같은 경우입니다.

---

וּלְמוֹעֲדִים 우레모아딤(모에드: 223회) מוֹעֵד 모에드 : 정한 때,회중,집회장소,신호

문법사항 : 명사어미변화,후음,엑센트법칙

※ 이번에는 규칙변화이네요. 남성복수에 '임'이 왔습니다. '아인'이 후음이기에 후음은 합성슈바를 취하고 엑센트 앞 개음절 단모음, 순장모음은 불변.. 문제 없지요.

---

וּלְיָמִים 우레야밈(욤: 2,291회) יוֹם 욤 : 날,낮,시간,날

※ 이 복잡한 단어가 알고보면, 우리가 '낮' 또는 '날'로 계속 본 단어인 '욤'이란 것을 아시면 너무 달라보여서 기가 막히지 않나요?ㅎㅎ 접속사와 전치사를 떼고 남성복수어미를 떼면 보이시죠?

---

וְשָׁנִים 웨솨님(샤네: 874회) שָׁנָה 샤네 : 년,해, 매년의 수확

※ 13절에서 메오로트가 남성명사인데 복수형이 메오로트로 여성형 어미변화가 일어나는 불규칙이라고 말씀드린 것 기억하시죠?

이 단어 샤네는 여성명사입니다. 그런데 여성복수로 사용되는데 오히려 남성복수형태의 어미인 '임'이 붙은 불규칙입니다.

성경이 참 비교해서 공부하라고 연이어 잘 배치된 듯한..ㅎㅎ

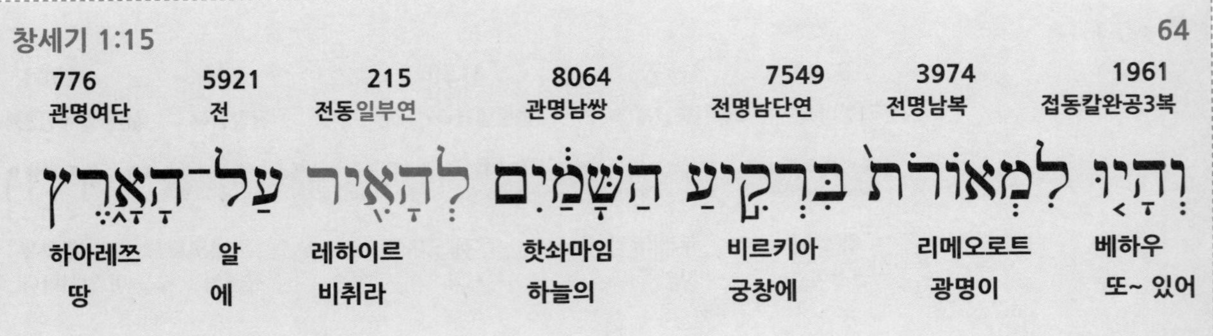

## 창세기 1:15

| 776 | 5921 | 215 | 8064 | 7549 | 3974 | 1961 |
|---|---|---|---|---|---|---|
| 관명여단 | 전 | 전동일부연 | 관명남쌍 | 전명남단연 | 전명남복 | 접동칼완공3복 |
| הָאָרֶץ | עַל־ | לְהָאִיר | הַשָּׁמַיִם | בִּרְקִיעַ | לִמְאוֹרֹת | וְהָיוּ |
| 하아레쯔 | 알 | 레하이르 | 핫샤마임 | 비르키아 | 리메오로트 | 베하우 |
| 땅 | 에 | 비취라 | 하늘의 | 궁창에 | 광명이 | 또~ 있어 |

| 3651 | 1961 |
|---|---|
| 형부 | 봐익동칼미남3단 |
| כֵן׃ | וַיְהִי־ |
| 켄 | 와예히 |
| 그대로 | 되니라 |

Gen.1:15 and let them be for lights in the firmament of the heaven to give light upon the earth.' And it was so.

**창1:15 또 그 광명이 하늘의 궁창에 있어 땅에 비취라 하시고**

לְהָאִיר 레하이르(오르: 43회) אוֹר 오르 : 밝아지다,비추어지다

문법사항 : 히필동사부정사연계형,아인-바브동사

※ 지금까지 본 오르는 '빛'이라는 명사로 122회로 적혀 있었는데 이 단어의 원형은 동사입니다.

단어상단에도 보면 히필/부정사연계형으로 적혀 있습니다.

역시 들여다보면 히필형의 부정사연계형은 아주 강한 특징이 하나 있었습니다.

다른 타입들의 경우는 명령형과 부정사연계형이 동일한 데 비해서 히필동사의 부정사연계형의 경우는 예외적으로 순장모음이 복원되는 형태를 가집니다.

일단 변화를 볼께요

| | | |
|---|---|---|
| אוֹר<br>원형 | יַאְוִיר<br>히필규칙동사<br>미완료'약틸' | 아인-바브동사의 히필형은 요드나 바브가 모두 사라집니다. 사라지면서 앞 모음의 슈바를 밀어내고 자신이 그 자리에 들어갑니다. 아래줄 처음 모양이 되지요 |
| יַאִיר | הַאִיר | 명령과 부정사연계형은 공통으로 접두가 제거된 자리에 '헤'가 복원입니다. |
| הָאִיר | | 아인-바브동사의 히필형의 마지막 특성은 접두가 분사까지 모두 장음(쩨레 또는 카메츠)이란 점을 적용합니다 |

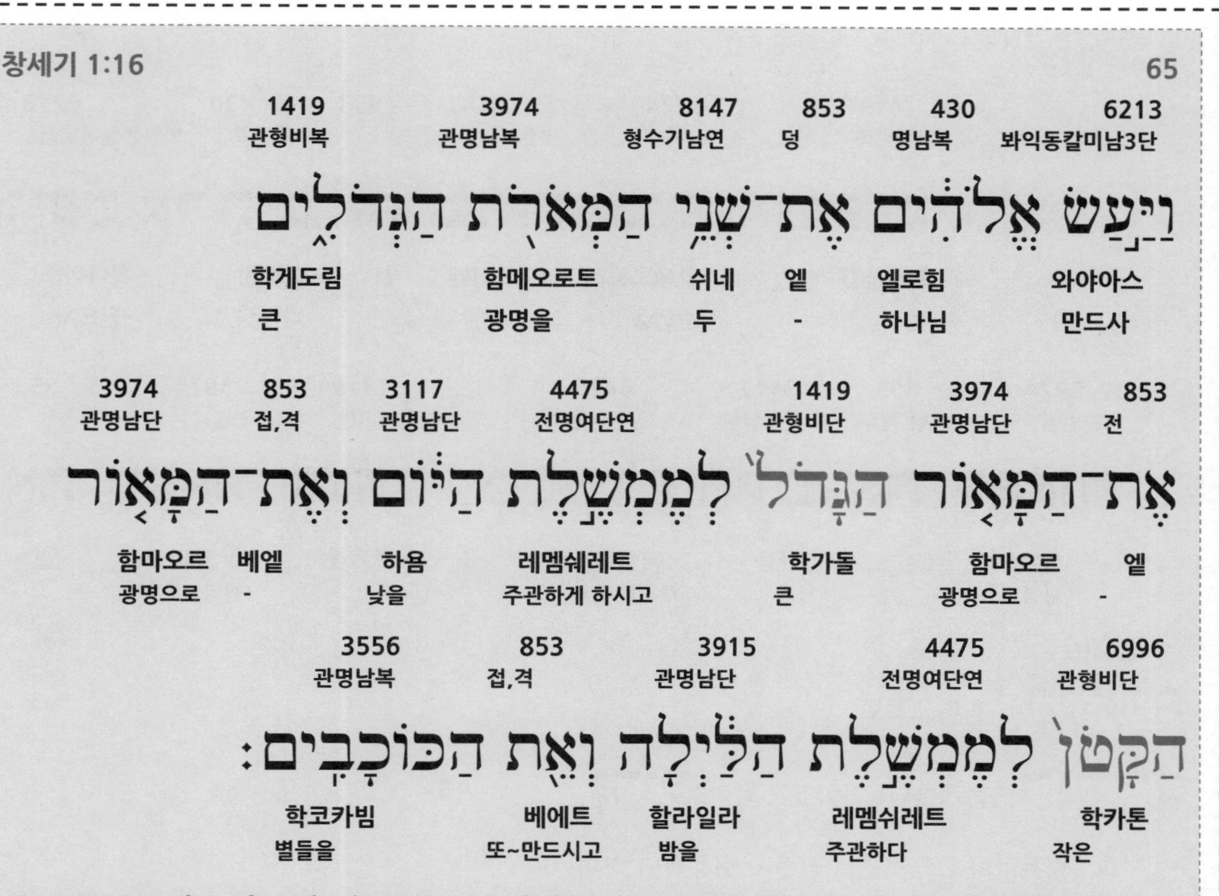


| 1419 | 3974 | 8147 | 853 | 430 | 6213 |
|---|---|---|---|---|---|
| 관형비복 | 관명남복 | 형수기남연 | 덩 | 명남복 | 봐익동칼미남3단 |
| הַגְּדֹלִים | הַמְּאֹרֹת | שְׁנֵי | אֶת־ | אֱלֹהִים | וַיַּעַשׂ |
| 학게도림 | 함메오로트 | 쉬네 | 엘 | 엘로힘 | 와야아스 |
| 큰 | 광명을 | 두 | - | 하나님 | 만드사 |

| 3974 | 853 | 3117 | 4475 | 1419 | 3974 | 853 |
|---|---|---|---|---|---|---|
| 관명남단 | 접,격 | 관명남단 | 전명여단연 | 관형비단 | 관명남단 | 전 |
| הַמָּאוֹר | וְאֶת־ | הַיּוֹם | לְמֶמְשֶׁלֶת | הַגָּדֹל | הַמָּאוֹר | אֶת־ |
| 함마오르 | 베엘 | 하욤 | 레멤쉐레트 | 학가돌 | 함마오르 | 엘 |
| 광명으로 | - | 낮을 | 주관하게 하시고 | 큰 | 광명으로 | - |

| 3556 | 853 | 3915 | 4475 | 6996 |
|---|---|---|---|---|
| 관명남복 | 접,격 | 관명남단 | 전명여단연 | 관형비단 |
| הַכּוֹכָבִים׃ | וְאֵת | הַלַּיְלָה | לְמֶמְשֶׁלֶת | הַקָּטֹן |
| 학코카빔 | 베에트 | 할라일라 | 레멤쉬레트 | 학카톤 |
| 별들을 | 또~만드시고 | 밤을 | 주관하다 | 작은 |

**Gen.1:16 And God made the two great lights: the greater light to rule the day, and the lesser light to rule the night; and the stars.**

**창1:16 하나님이 두 큰 광명을 만드사 큰 광명체로 낮을 주관하게 하시고 작은 광명체로 밤을 주관하게 하시며 또 별들을 만드시고**

שְׁנֵי 쉬네(쉐니: 124회) שֵׁנִי 쉐니: 두번째,둘째의

문법사항 : 수사-서수,명사의 연계형

※ 우리가 둘째날이니라에서 본 '욤 쉐니'의 쌍수형입니다. 쌍수형은 명사의 복수연계형을 사용하지요? 쉐니는 남성명사이고 남성복수명사의 연계형은 남성복수임 '임'에서 히렉이 쩨레로 변하며 멤이 탈락하는 것 기억하셔야 합니다. 연계형 참 많이 출현합니다.

---

אֶת־ 에트

문법사항 : 격

※ 이거 다시 한번 기억할께요.. 분리형일 때는 알렢+쩨레가 원형이고 불분리 또는 마켑으로 연결시는 엑센트를 잃어 세골이었구요.

<u>※ 쉬어가는 이야기</u>

해와 달은 '쉐메쉬'와 '야레아흐'라는 단어가 따로 있습니다만, 여기서는 큰 오르, 작은 오르로 표현을 한 부분은 위 두 단어가 해신,달신의 이름이기 때문입니다. (이단적 해석 방지~~)

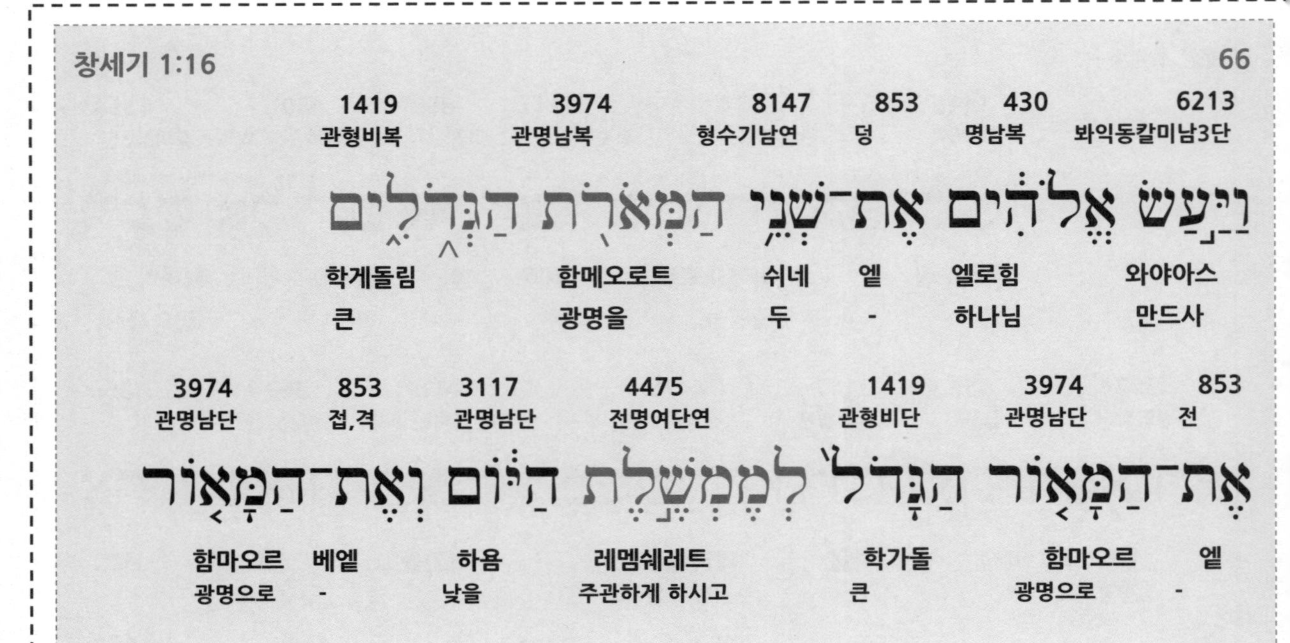

창세기 1:16 66

| 6213 | 430 | 853 | 8147 | 3974 | 1419 |
| --- | --- | --- | --- | --- | --- |
| 봐익동칼미남3단 | 명남복 | 덩 | 형수기남연 | 관명남복 | 관형비복 |
| וַיַּעַשׂ | אֱלֹהִים | אֶת־ | שְׁנֵי | הַמְּאֹרֹת | הַגְּדֹלִים |
| 와야아스 | 엘로힘 | 엘 | 쉬네 | 함메오로트 | 학게돌림 |
| 만드사 | 하나님 | - | 두 | 광명을 | 큰 |

| 853 | 3974 | 1419 | 4475 | 3117 | 853 | 3974 |
| --- | --- | --- | --- | --- | --- | --- |
| 전 | 관명남단 | 관형비단 | 전명여단연 | 관명남단 | 접,격 | 관명남단 |
| אֶת־ | הַמָּאוֹר | הַגָּדֹל | לְמֶמְשֶׁלֶת | הַיּוֹם | וְאֶת־ | הַמָּאוֹר |
| 엘 | 함마오르 | 학가돌 | 레멤쉐레트 | 하욤 | 베엘 | 함마오르 |
| - | 광명으로 | 큰 | 주관하게 하시고 | 낮을 | - | 광명으로 |

הַמְּאֹרֹת 함메오로트

הַגְּדֹלִים 학게돌림(가돌: 526회) גָּדוֹל 가돌: 큰,위대한,교만한

문법사항 : 형용사의 한정적용법,정관사,형용사의 어미변화

명사에 붙은 것 뿐만 아니라 뒤에 나오는 형용사에도 정관사가 붙어있지요?

형용사의 한정적용법에서는 명사에 정관사가 있으면 반드시 형용사에도 정관사가 붙어야 합니다.

이게 또 재밌는 부분이 나와있지요?

메오로트의 경우는 불규칙한 변화로 여성형의 어미를 가진 것을 보았습니다.

이렇게 불규칙한 명사의 변화가 있을 때 명사를 수식하는 형용사가 있다면 우리는 쉽게 성/수를 파악할 수 있다고 했습니다. 어떻게요? 형용사는 불규칙변화를 가지지 않으므로 형용사로 판단하면 된다!!

아래줄에 나오는 함마오르와 학가돌의 경우는 단수형인 것 뿐 위의 내용과 동일하지요?

---

לְמֶמְשֶׁלֶת 레멤쉐레트(멤샬라: 17회) מֶמְשָׁלָה 멤샬라 : 통치,지배,다스림,왕,지배자

문법사항 : 명사의 연계형,엑센트법칙

※ 명사의 연계형은 기억하실 부분이 남성복수에서는 '멤'이 탈락하고, 여성단수에서는 '파타+타우'가 붙는 형태입니다.

그런데 뒷 부분 모양이 아주 이상합니다.

왕이라는 의미도 지니고 세골도 들어간 부분이 있어서 그 쪽 관련인지는 분명하지 않지만 아예 사전에도 연계형으로 지정이 되어 있는 단어라.. 이런 경우는 암기할 수 밖에 없어 보이네요.

재밌는 부분은 뒤에 18절에 나오는 단어인 '마샬'과 유래는 같은데 다른 변화를 보입니다.

הַקָּטֹן 학카톤(카탄: 101회) קָטָן 카탄: 작은,적은,더 적은,권위가 없는

---

הַכּוֹכָבִים 학코카빔(코카브: 37회) כּוֹכָב 코카브: 별, 뛰어난 왕,이름난 방백

문법사항 : 명사어미변화

※ 쉬어가는 이야기

학코카빔의 원형인 히브리어 코카브는 별이라는 의미입니다.

에스더라는 인물은 우리가 알고 있지요? 죽으면 죽으리라..

에스더란 이름의 의미도 별입니다.

디아스포라중에 별과 같이 빛난 여인이지요~

저는 이렇게 기억을 한답니다.

별과 같은 여인 '에스더', 별의 히브리어는 '코카브'

에스더란 이름이 '바벨론식 이름이다', '페르시아식 이름이다'중 어느 것인지는 전 모릅니다..

단지 이방국가에서 살면서 이방국가의 언어로 지어진 이름이지만

이방국가에서 디아스포라로 살아가면서 별처럼 빛나는 삶을 살아간 여인입니다.

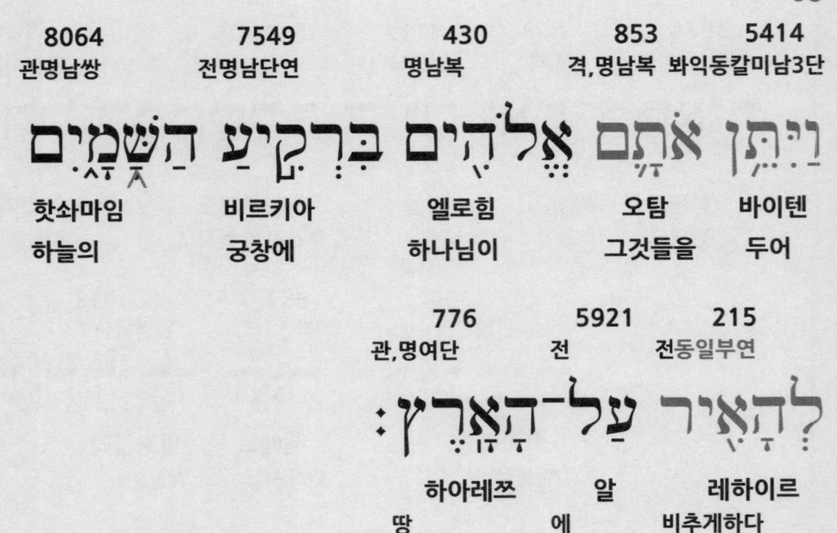


**Gen.1:17 And God set them in the firmament of the heaven to give light upon the earth,**

**창1:17 하나님이 그것들을 하늘의 궁창에 두어 땅을 비취게 하시매**

וַיִּתֵּן 바이텐(나탄: 2,011회) נָתַן 나탄 : 주다,두다,etc

문법사항 : 페-눈동사 쩨레형,자음동화,바브연속법 총정리표

※ 나탄이란 단어에서 눈이 사라진 부분이 보이시죠.. 함께 보여야 할 부분이 '타우'에 다게쉬가 붙은 부분입니다. 틈만 나면 뒷 자음에 동화되어 사라지는 '눈'입니다.

또한 페-눈동사는 미완료가 홀렘/쩨레/파타형으로 구분되는데 나탄동사는 대표적인 쩨레동사입니다.

그렇기에 '익톨'처럼 홀렘이 아닌 '쩨레'가 사용되었습니다.

해당 내용은 약동사:페-눈/요드짜데 페이지를 참고해 주세요

---

אֹתָם 오탐(에트: 11,059회) אֵת 에트 : 자신,자체,바로 그(지시대명사 역할)

문법사항 :인칭대명접미사,인칭대명사목적격

※ 인칭대명접미사와 인칭대명사 목적격을 보시면 '에트'에 인칭대명접미사가 붙어서 인칭대명사 목적격을 만들고 '~을'이 되는 형태를 확인하실 수 있어요

---

לְהָאִיר 레하이르(오르: 43회) אוֹר 오르 : 밝게 하다,빛을 내다

문법사항 : 히필동사 부정사연계형

※ 다른 타입들의 경우는 명령형과 부정사연계형이 동일한 데 비해서 히필동사의 부정사연계형의 경우는 예외적으로 순장모음이 복원되는 형태를 가집니다.

창세기 1:18

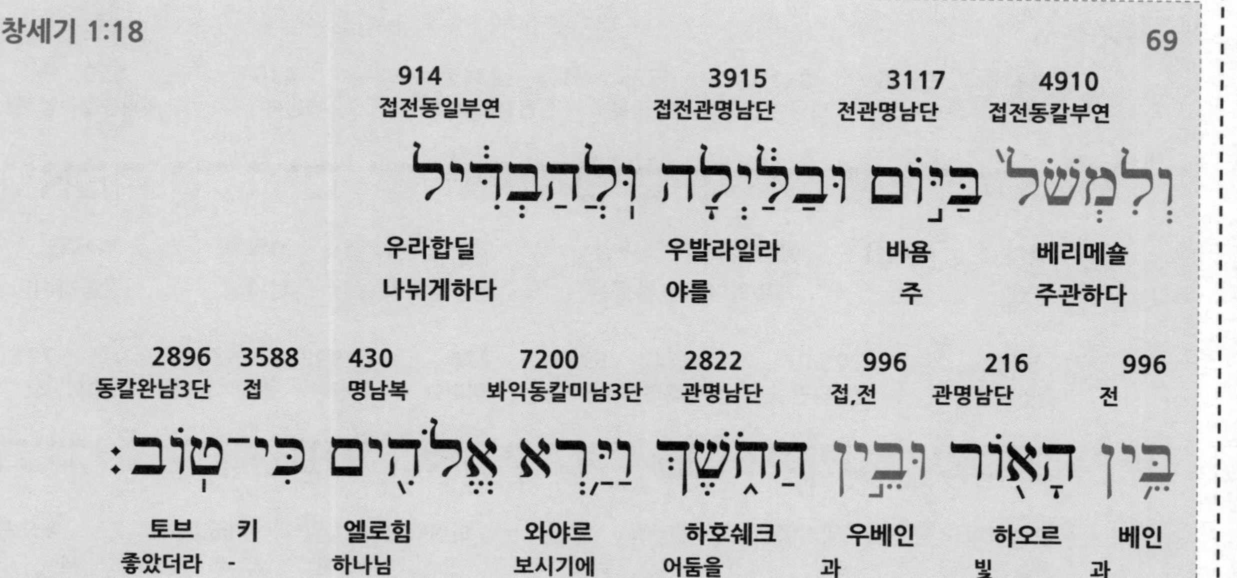


Gen.1:18 and to rule over the day and over the night, and to divide the light from the darkness; and God saw that it was good.

창1:18 주야를 주관하게 하시며 빛과 어두움을 나뉘게 하시니라 하나님이 보시기에 좋았더라

וְלִמְשֹׁל 웨리메숄(마샬: 81회)

מָשַׁל 마샬 : 지배하다,다스리다

동일형태 다른단어 : 동화하다,비유하다

문법사항 : 칼동사부정사연계형

※ 칼동사 규칙형의 부정사연계형은 명령형과 동일하고..

명령형은 미완료의 후손으로 접두어를 제거하면 되고..

원래 칼동사 미완료는 '익톨'이지요.. 접속사와 전치사를 제거하고 보면 정확하게 일치합니다.

앞에서 창1:16 "레멤쉐레트"와 유래가 같은데 여기서는 규칙변화인것 확인하세요.

창세기 1:19

| 7243 | 3117 | 1242 | 1961 | 6153 | 1961 |
|---|---|---|---|---|---|
| 형수서남 | 명남단 | 명남단 | 봐익동칼미남3단 | 명남단 | 봐익동일미여3단 |

וַיְהִי־עֶרֶב וַיְהִי־בֹקֶר יוֹם רְבִיעִי׃

| 레비이 | 욤 | 보켈 | 와예히 | 에레브 | 바예히 |
|---|---|---|---|---|---|
| 넷째 | 날 | 아침 | 되다 | 저녁 | 되다 |

Gen.1:19 And there was evening and there was morning, a fourth day.

창1:19 저녁이 되며 아침이 되니 이는 네째 날이니라

רְבִיעִי 레비이(45회)

문법사항 : 수사-서수

| 2416 | 5315 | 8318 | 4325 | 8317 | 430 | 559 |
|---|---|---|---|---|---|---|
| 형여단 | 명여단 | 명남단연 | 관명남복 | 동칼미남3복 | 명남복 | 봐익동칼미남3단 |
| חַיָּה | נֶפֶשׁ | שֶׁרֶץ | הַמַּיִם | יִשְׁרְצוּ | אֱלֹהִים | וַיֹּאמֶר |
| 하야 | 네페쉬 | 쉐레쯔 | 함마임 | 이쉬레추 | 엘로힘 | 바요멜 |
| 생 | 물로 | 가득하다 | 물들은 | 번성케하라 | 하나님 | 말씀하시다 |

| 8064 | 7549 | 6440 | 5921 | 776 | 5921 | 5774 | 5775 |
|---|---|---|---|---|---|---|---|
| 관명남쌍 | 명남단연 | 명남복연 | 전 | 관명여단 | 전 | 통피미남3단 | 접명남단 |
| הַשָּׁמָיִם׃ | רְקִיעַ | פְּנֵי | עַל־ | הָאָרֶץ | עַל־ | יְעוֹפֵף | וְעוֹף |
| 핫솨마임 | 레키아 | 페네이 | 알 | 하아레쯔 | 알 | 예오페프 | 베오프 |
| 하늘의 | 궁창 | - | 위에 | 땅 | 위에 | 날으라 | 새 |

**Gen.1:20 And God said: 'Let the waters swarm with swarms of living creatures, and let fowl fly above the earth in the open firmament of heaven.'**

**창1:20 하나님이 가라사대 물들은 생물로 번성케 하라 땅위 하늘의 궁창에는 새가 날으라 하시고**

יִשְׁרְצוּ 이쉬레추(샤라츠: 14회)

שָׁרַץ 샤라츠 : 기다,움직이다,가득하다 (출:개구리로 가득한..)

문법사항 : 칼미완료어미변화,아몰랑법칙

※ 이티티티에 이티티티니 / 이 우나우나

שֶׁרֶץ 쉐레쯔(쉐레츠: 15회) : 위 샤라츠에서 유래된 단어

---

נֶפֶשׁ חַיָּה 네페쉬 하야 : 생물

חַי 하이(239회) :살아있는,생기있는,날것의

문법사항 : 형용사 어미변화

※ 하야의 경우는 여성단수 어미가 붙은 것으로 be동사기능의 하야동사와 구분하셔야 합니다. 지금까지 본 하야동사도 적어둘께요.

נֶפֶשׁ 네페쉬(753회) :숨,영혼,마음,동물,생물

הָיָה 하야 : 있다, 존재하다, ~되다 (be동사)

---

וְעוֹף 베오프(오프: 71회) :새,날짐승 - 아래 우프에서 유래된 단어

יְעוֹפֵף 예오페프(우프: 26회)

עוּף 우프 : 날다, 날개로 덮다,어둠으로 덮다

עוֹפֵף 우프의 피엘형

문법사항 : 아인-바브, 피엘미완료어미변화

※ 이 동사는 아인-바브동사인 것이 정말 중요합니다. 아인-바브동사는 강조형인 피엘/푸알/히트파엘이 아예 다른형태인 폴렐/폴랄/히트폴렐로 변화하면서 끝자음이 중복이 되는 형태를 보입니다.

단지, 여기서는 홀렘으로 축약되지 않고 홀렘바브를 유지한 점만 다르지요.

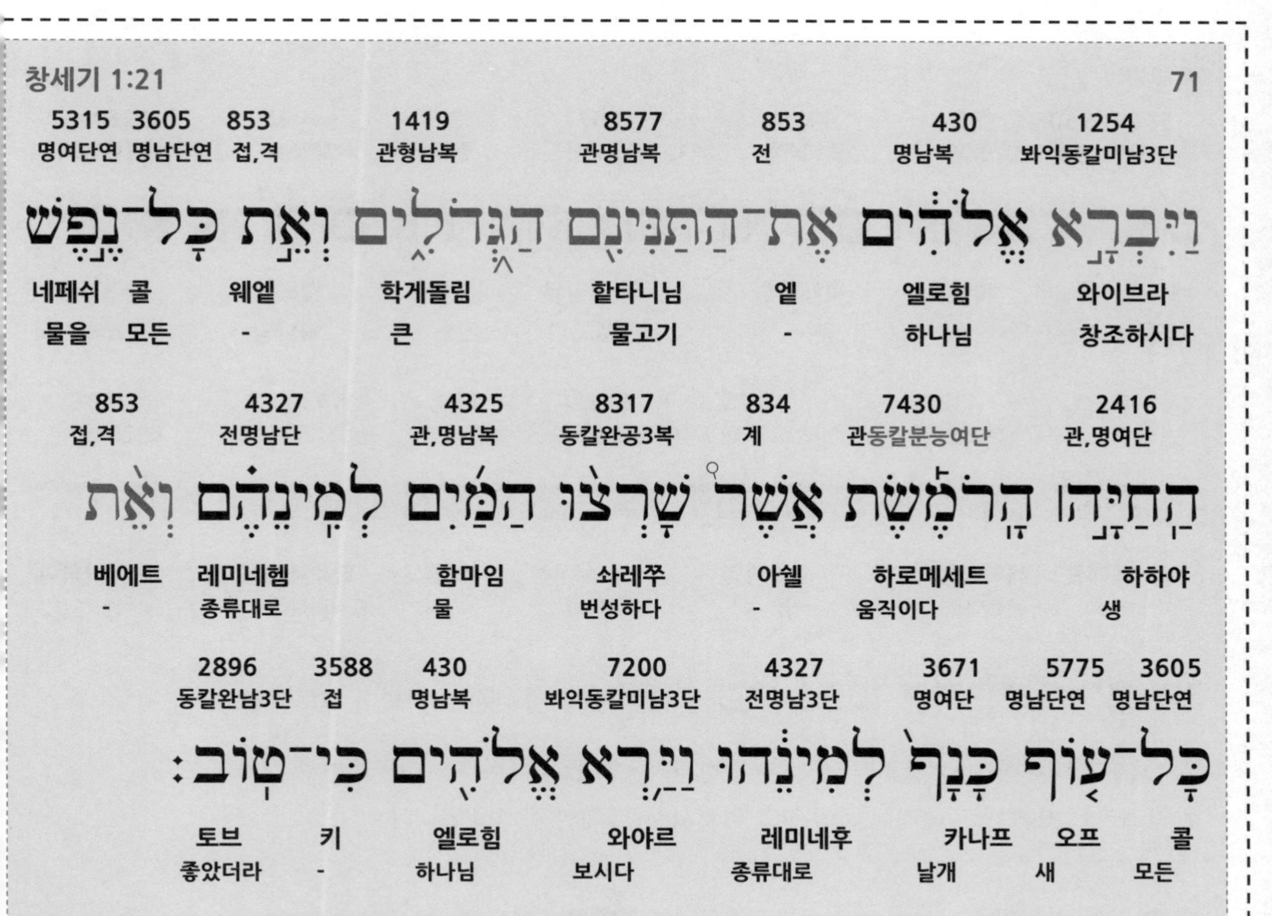


Gen.1:21 And God created the great sea-monsters, and every living creature that creepeth, wherewith the waters swarmed, after its kind, and every winged fowl after its kind; and God saw that it was good.

창1:21 하나님이 큰 물고기와 물에서 번성하여 움직이는 모든 생물을 그 종류대로, 날개 있는 모든 새를 그 종류대로 창조하시니 하나님이 보시기에 좋았더라

וַיִּבְרָא 와이브라 : 창조하시다의 바라동사입니다. 물고기와 사람도 바라동사가 쓰입니다.

---

אֶת-הַתַּנִּינִם הַגְּדֹלִים 엘 할타니님 학게돌림

문법사항 : 전치사,에트, 정관사, 형용사의 한정적용법

※ 이제 문법사항을 보고 확인 가능하신가요?

형용사의 한정적용법의 경우 명사에 관사가 있으면 무조건 형용사에도 있어야 한다.

הַתַּנִּינִם 할타니님(탄님: 14회)

תַּנִּים
תַּן

탄님 : 큰 뱀, 바다괴물, 물고기,용
탄(8565)이라는 명사에서
유래되었는데 이 탄이라는 단어는
복수로만 사용됨(탄+복수어미)

וְאֵת כָּל-נֶפֶשׁ הַחַיָּה הָרֹמֶשֶׂת 베엘 콜 네페쉬 하하야 하로메세트

문법사항 : 전치사,에트, 정관사, 형용사의 한정적용법,칼동사분사,여성단수분사 두가지

※ 창세기1:20에서는 '네페쉬 하야'이고 여기서는 '네페쉬 하하야'입니다.

---

כָּל 콜(콜: 5408회) כֹּל 콜 : 전체,전부,모두

※ 여기 카메츠는 카메츠-하툽입니다. 단모음 '오'입니다.

연계형으로 사용되는 경우 엑센트를 잃고 폐음절로 단모음입니다.

---

הָרֹמֶשֶׂת 하로메세트(라마스: 17회) רָמַשׂ 라마스 : 미끄러지다,기다,움직이다

※ 분사 여성단수의 경우는 세골+세골+타우까지 두 가지가 있다고 했습니다.

사실 이 형태가 더 많이 쓰이는 것 같으니 꼭 기억해 두세요

---

שָׁרְצוּ 솨레추(샤라츠: 14회) שָׁרַץ 샤라츠 : 기다,움직이다,가득하다

(출:개구리로 가득한..)

※ 이 단어도 창1:20에서 '번성케하라'라고 샤라츠의 남성복수입니다.

---

לְמִינֵהֶם 레미네헴(민: 31회) מִין 민 : 종류,형태,모양

לְמִינוֹ 레미노(민: 31회)

※ 이 단어도 창1:11에서 '레미노'로 출연한 단어입니다.

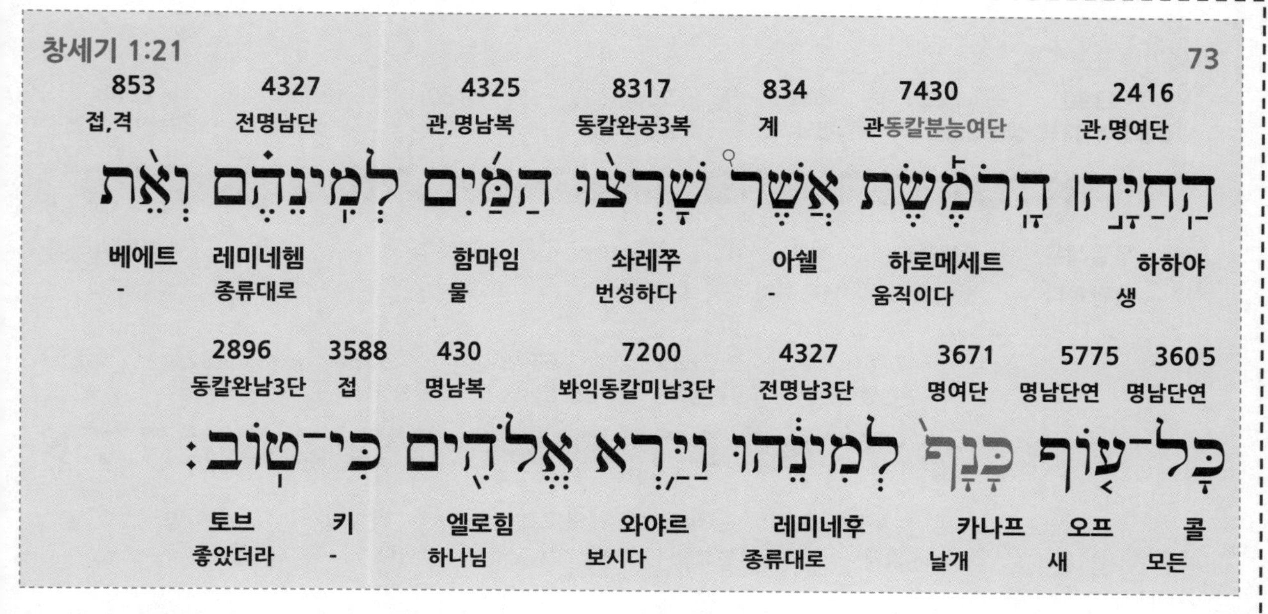


마지막 줄을 봐야 하는데 두 번째 줄을 함께 옮긴 이유는 “베에트”때문입니다.
지금까지는 모두 목적격전치사 ‘에트’ 뒤에 정관사를 가진 형태였습니다.
‘에트’의 경우 정관사를 붙이는 원칙이지만 고유명사(사람이름)등은 제외하는 형태인데, 여기서는 정관사가 붙지 않은 모습입니다. 이 부분은 제가 문법학자가 아니라 관용적으로 이렇게 사용하는 것인지, 아니면 어떤 의도가 포함된 것인지 정확히 알지 못하지만 특이한 형태입니다.

---

כָּנָף 카나프(109회) : 날개,깃,끝,말단,가장자리

**Gen.1:22 And God blessed them, saying: 'Be fruitful, and multiply, and fill the waters in the seas, and let fowl multiply in the earth.'**

**창1:22 하나님이 그들에게 복을 주어 가라사대 생육하고 번성하여 여러 바다 물에 충만하라 새들도 땅에 번성하라 하시니라**

וַיְבָרֶךְ 봐예바레크(바라크: 256회) בָּרַךְ 바라크: 복을 구하다,무릎꿇다,절하다

문법사항 : 피엘미완료,바브연속법,바브연속법 총정리표

※ 일단 규칙동사 미완료형을 외워볼께요. 익톨,익카텔/ 예칼텔,예쿹탈,이트팔텔/ 약틸,욕탈

지금 정도면 바브연속법을 보고 구분이 되기 시작하셔야 하거든요.

위 봐예바레크를 보시면 일단 요드아래에 슈바가 붙으며 '예' 발음이 나지요?

강조형인 피엘/푸알중 하나이겠지요.. 다음 어근단어를 보니 피엘이겠네요.. 이렇게 구분이 되셔야 합니다. 열심히 엑센트규칙을 암기하고 모음변화를 그릴 수 있는 것이 중요한 것이 아니라 그것은 원리에 불과한 것이고 실제 우리가 성경을 보며 한 눈에 파악하는 작업이 훨씬 중요합니다.

불규칙도 있고, 약동사도 있고.. 이건 우리가 그냥 성경대로 읽으면 되는 거니까요.. 쓰는 게 아니고..

하지만 한번 더 분석을 해보도록 할께요.

한가지만 더 짚고 가요.. 바브연속법은 개음절 요드에 강세가 오기도 합니다. 이것 기억하셔야 해요.

아예 어근만 알고 모음 모르는 채로 진행할께요.

בּרך 피엘미완료3남단은 예칼텔 1자음에 '아'가 카메츠는 니팔뿐..

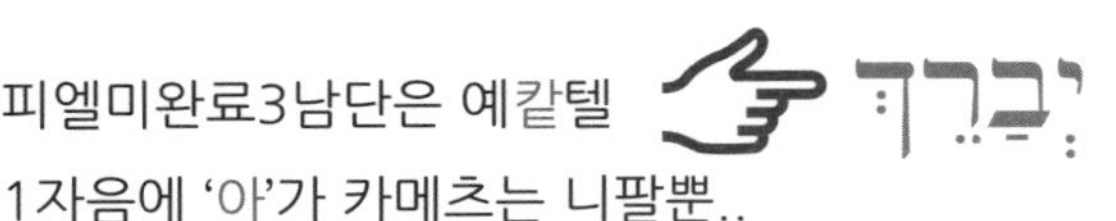

יְבָרֵךְ 여기서 필요한게 엑센트법칙 장음으로 변경

וַיְבָרֶךְ 최종

피엘형바브연속법 미완료의 또한가지 특징이 다게쉬가 없는 것이죠..
마지막 세골은 엑센트가 앞이라 엑센트 없는 폐음절 단모음이죠..

창세기 1:22 75

| 1288 | 853 | 430 | 559 | 6509 | 7235 | 4390 |
|---|---|---|---|---|---|---|
| 봐익동피미남3단 | 남3복 | 명남복 | 전동칼부연 | 동칼명남2복 | 접동칼명남2복 | 접동칼명남2복 |
| וַיְבָרֶךְ | אֹתָם | אֱלֹהִים | לֵאמֹר | פְּרוּ | וּרְבוּ | וּמִלְאוּ |
| 봐예바레크 | 오탐 | 엘로힘 | 레모르 | 페루 | 우레부 | 우밀레우 |
| 복을주다 | 그들에게 | 하나님 | 이르시다 | 생육하다 | 번성하다 | 충만하다 |

| 853 | 4325 | 3220 | 5775 | 7235 | 776 |
|---|---|---|---|---|---|
| 전 | 관명남복 | 전관명남복 | 접관명남단 | 동칼미남3단 | 전관명여단 |
| אֶת־ | הַמַּיִם | בַּיַּמִּים | וְהָעוֹף | יִרֶב | בָּאָרֶץ׃ |
| 엘 | 함마임 | 바얌밈 | 베하오프 | 이렙 | 바아레츠 |
| - | 물 | 바다 | 새 | 번성하다 | 땅에 |

**Gen.1:22 And God blessed them, saying: 'Be fruitful, and multiply, and fill the waters in the seas, and let fowl multiply in the earth.'**

**창1:22 하나님이 그들에게 복을 주어 가라사대 생육하고 번성하여 여러 바다 물에 충만하라 새들도 땅에 번성하라 하시니라**

※ 이제 다른건 몰라도 바브연속법은 어느정도 구분이 되실꺼예요.

문법의 대부분인 원리는 배우고 잊는 겁니다. 단지 바브연속법 종합표의 특징만 기억하시면 모두 끝입니다. 그리고 히브리어는 모음때문에, 또는 약자음 때문에 어려워하시는데 앞 페이지에서 모음 모른다고 가정하고 진행했잖아요..

우리가 모음까지 쓰며 외울 필요도 없어요. 그냥 익톨,익카텔/ 예칼텔,예쿹탈,이트팥텔/ 약틸,욕탈 이렇게 한글로 외우고 넣으면 끝이니까요.. 어렵게 생각할 필요 업습니다.

<u>※ 쉬어가는 이야기</u>

우리가 보통 단어장으로 암기할 때 '바라크' : '축복하다'라고 암기를 합니다. 단어장에도 그렇구요..

그런데 <u>실상 바라크 원형단어의 뜻은 '복을 구하다', '무릎 꿇다','엎드려 절하다','기원하다'의 의미입니다.</u>

<u>이 단어의 강조형인 피엘형이 '축복하다','찬양하다'의 의미를 가집니다</u>. 물론 '하나님께 기원하다'는 의미도 있어요..

또 한가지 특징은 <u>피엘형이 '축복하다' 도 있지만 '저주하다'라는 의미도 있고 이렇게 성경에 쓰이기도 했다는 점입니다.</u>

제가 제일 좋아하는 히브리어 단어가 '라마드'이고 '배우다'라는 단어이지만 이 단어가 강조형인 피엘형으로 사용되는 경우 의미가 달라지며 '가르치다'라는 의미라서 히브리인들이 "배우고 배우고 또 배우면 가르칠 수 있다"라는 사상이 있어 좋아한다고 했는데 이 단어도 이런 사상이 포함된 것 같네요.

<u>겸손히 무릎꿇고 하나님 앞에 엎드릴 때 하나님이 축복하신다</u>는 의미처럼 보여서 신기합니다.

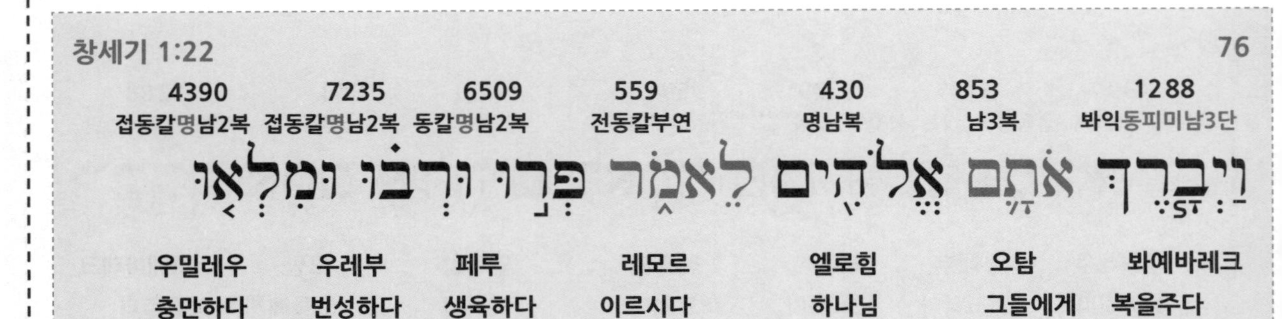


창1:17에 본 단어이지만 출연횟수가 많은 단어이기에 다시 한번 정리합니다.

אֹתָם 오탐(에트: 11,059회) 에트 : 자신,자체,바로 그(지시대명사 역할)

문법사항 : 인칭대명사 목적격

---

לֵאמֹר 레모르(아마르: 5,298회) אָמַר 아마르 : 말하다,생각하다,명령하다 (니팔)부름을 받다

문법사항 : 약동사 페-알렢특수동사 6개, 칼 부정사연계형

※ 이것도 아예 분석해 볼까요? 약동사이니까요.

일단 원형 '아마르'의 자음만 생각합니다. 부정사연계형은 명령형과 같지요? 명령형은 미완료에서 접두어 제거이구요.. 한글로 미완료 뭐라구요? 익톨,익카텔/ 예캍텔,예쿹탈,이트팥텔/ 약틸,욕탈 ..이건 기억하셔야 해요.. 한글인데..

칼이니 익톨이겠지요.. 자음에 익톨의 모양을 구성합니다.

יִאְמֹר

※ 규칙동사라면 위와 같이 변하면 끝이어야 합니다. 하지만 페-알렙특수동사는 알렢이 묵음이기에 아래와 같이 특수한 변화를 합니다.

יֹאמֹר → יֹאמַר

※ 여기서 파타(또는 가끔 쩨레)로 변하는 부분을 규칙으로 기억하시면 이 단어는 절대 이해할 수 없습니다. 이 변화는 결국 홀렘이 연속되는 상황을 피하기 위해 모음이 변화한 것일 뿐이란 것을 이해해야 합니다. 여기서 접두어를 제거해서 명령(부정사연계형)을 만들어 보겠습니다.

אמַר → אמֹר

※ 위에서 뒷 자음이 파타가 되는 이유가 홀렘의 연속때문이었는데 홀렘이 사라진 형태가되며, 다시 홀렘으로 복원이 됩니다.

그냥 페-알렢특수동사는 뒷모음이 파타(또는 쩨레)라고 암기하는 것이 아닌 이유가 보이시나요?

마지막으로 전치사를 붙여 완성하겠습니다. 후음 앞이기에 모음보상으로 장음화된 전치사입니다.

לֵאמֹר

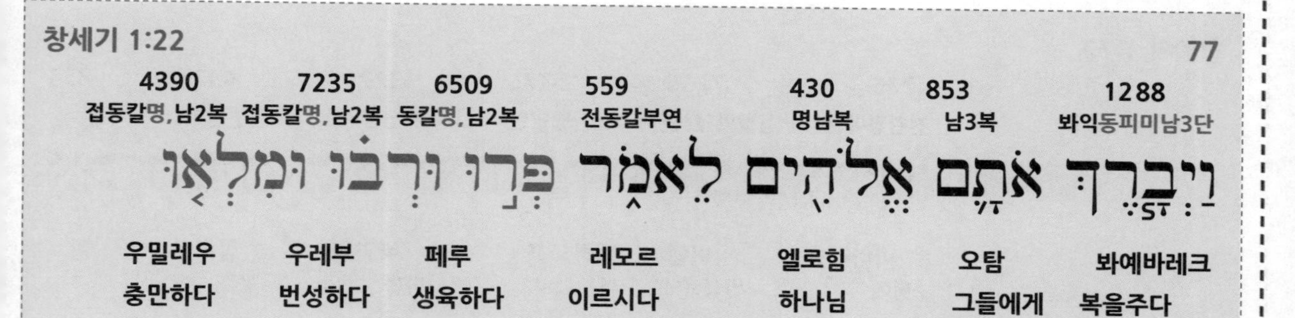


פְּרוּ 페루(파라: 29회) פָּרָה 파라 : 열매를 맺다

문법사항 : 칼명령,동사의 어미변화

※ 미완료 2인칭남성복수는 '틱텔루'이고 이걸 적용후 접두제거를 하면

פְּרְהוּ 하지만 마지막3음절의 '헤'의 경우 명령형 남성단수를 제외하고는 모두 떨어져나가는 특성이 있습니다. 최종본을 적용한 단어가 위 성경에 적힌 '페루'가 되는 것이랍니다.

---

וּרְבוּ 우레부(라바: 176회) רָבָה 라바: 증가하다,확대하다

※ 문법은 위 단어와 동일하니 생략할께요.

---

וּמִלְאוּ 우밀레우(말레: 250회) מָלֵא 말레: 채우다 충만하다

문법사항 : 접속사,미완료3인칭남성복수

※규칙동사 기준으로 미완료에 남성3인칭복수어미를 붙이면 '익텔루'이지요?

여기까지는 문제가 없습니다. 그런데 명령형은 앞의 접두를 떼어버려야 하지요?

접두를 떼고 나면 폐음절로 사용되던 멤아래의 모음없음을 표시하던 슈바의 기능이 다 하므로 슈바의 연속이 되어버리기에 이렇게 되면 앞의 슈바가 히렉으로 변경됩니다.

단어 처음에 슈바연속시 앞이 히렉으로 변경되는 형태입니다.

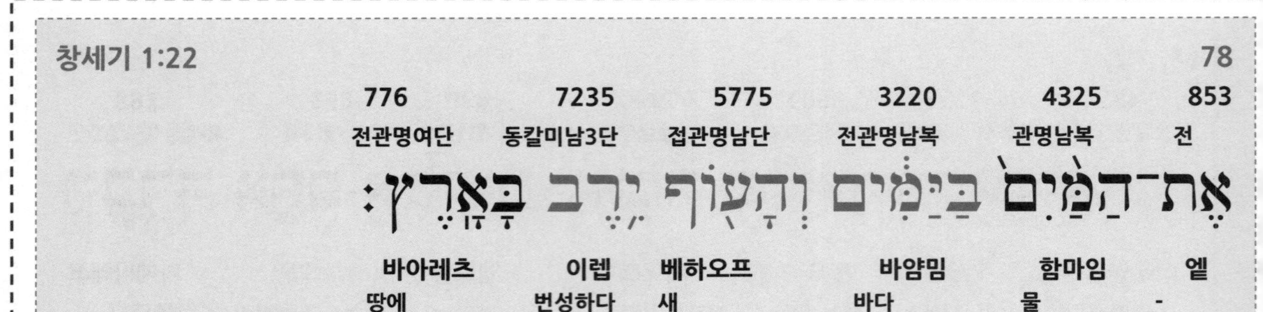


בַּיַּמִּים 바얌밈(얌: 392회) יָם 얌 : 바다, 큰 강

문법사항 : 전치사,명사어미변화

※ 전치사의 모음이 파타로 변해 있는 것으로 정관사가 사라진 것을 확인할 수 있습니다.

물론 다게쉬도 뒤에 보이지요..

---

וְהָעוֹף 베하오프(오프: 71회) עוֹף 오프 : 새,날짐승

---

יִרֶב 이렙(라바: 176회) רָבָה 라바 : 증가하다,확대되다

문법사항 : 라멘-헤 미완료

※ 약동사 라멘-헤 미완료에서는 홀렘을 비선호하고 세골을 선호합니다.

창세기 1:23

| 2549 | 3117 | 1242 | 1961 | 6153 | 1961 |
|---|---|---|---|---|---|
| 형수서남 | 명남단 | 명남단 | 봐익동칼미남3단 | 명남단 | 봐익동일미여3단 |

וַיְהִי־עֶרֶב וַיְהִי־בֹקֶר יוֹם חֲמִישִׁי׃

| 하미쉬 | 욤 | 보켈 | 와예히 | 에레브 | 바예히 |
|---|---|---|---|---|---|
| 다섯째 | 날 | 아침 | 되다 | 저녁 | 되다 |

**Gen.1:23 And there was evening and there was morning, a fifth day.**

**창1:23 저녁이 되며 아침이 되니 이는 다섯째 날이니라**

חֲמִישִׁי 하밋쉬(33회)

문법사항 : 수사-서수

| 4327 | 2416 | 5315 | 776 | 3318 | 430 | 559 |
|---|---|---|---|---|---|---|
| 전명남단여3단 | 형여단 | 명여단 | 관명여단 | 동일미여3단 | 명남복 | 봐익동칼미남3단 |
| לְמִינָהּ | חַיָּה | נֶפֶשׁ | הָאָרֶץ | תּוֹצֵא | אֱלֹהִים | וַיֹּאמֶר |
| 레미나흐 | 하야 | 네페쉬 | 하아레쯔 | 토체 | 엘로힘 | 와요멜 |
| 종류대로 | 생 | 물을 | 땅 | 내다 | 하나님 | 이르시되 |

| 3651 | 1961 | 4327 | 776 | 2416 | 7431 | 929 |
|---|---|---|---|---|---|---|
| 형부 | 봐익동칼미남3단 | 전명남단3여단 | 명여단 | 접명여단연 | 접명남단 | 명여단 |
| כֵן׃ | וַיְהִי־ | לְמִינָהּ | אֶרֶץ | וְחַיְתוֹ־ | וָרֶמֶשׂ | בְּהֵמָה |
| 켄 | 와예히 | 레미나흐 | 에레쯔 | 베하이토 | 봐레메스 | 베헤마 |
| 그대로 | 되니라 | 종류대로 | 땅 | 침승 | 기는것과 | 육축 |

**Gen.1:24 And God said: 'Let the earth bring forth the living creature after its kind, cattle, and creeping thing, and beast of the earth after its kind.' And it was so.**

**창1:24 하나님이 가라사대 땅은 생물을 그 종류대로 내되 육축과 기는 것과 땅의 짐승을 종류대로 내라 하시고 (그대로 되니라)**

תּוֹצֵא 토체(야짜: 1,067회) יָצָא 야짜 : 나가다,떠오르다,발행하다

문법사항 : 히필동사 부정사연계형,페-바브5동사,이중약동사

※ 요드와 바브는 기본적으로 자음과 모음의 역할을 다 하는 특성이 있는데 미완료등이나 접두어가 붙는 경우는 첫음절이 아니게 되며 문제가 생긴다고 했어요.

페-바브는 '니팔(완료,분사)/히필/호팔'에서는 바브축약형이 사용되는 특성을 가집니다.

그리고 알렢이 라멘자리에 사용되면서 칼 미완료가 아닌 히필형임에도 쩨레로 변한 모습입니다.

---

בְּהֵמָה 베헤마(190회) : 가축,짐승

---

וָרֶמֶשׂ 봐레메스(레메스: 17회) רֶמֶשׂ 레메스 : 기는 것, 동물,생물,곤충

| 4327 | 2416 | 5315 | 776 | 3318 | 430 | 559 |
|---|---|---|---|---|---|---|
| 전명남단여3단 | 형여단 | 명여단 | 관명여단 | 동일미여3단 | 명남복 | 봐익동칼미남3단 |

וַיֹּאמֶר אֱלֹהִים תּוֹצֵא הָאָרֶץ נֶפֶשׁ חַיָּה לְמִינָהּ

| 레미나흐 | 하야 | 네페쉬 | 하아레쯔 | 토체 | 엘로힘 | 와요멜 |
|---|---|---|---|---|---|---|
| 종류대로 | 생 | 물을 | 땅 | 내다 | 하나님 | 이르시되 |

| 3651 | 1961 | 4327 | 776 | 2416 | 7431 | 929 |
|---|---|---|---|---|---|---|
| 형부 | 봐익동칼미남3단 | 전명남단3여단 | 명여단 | 접명여단연 | 접명남단 | 명여단 |

בְּהֵמָה וָרֶמֶשׂ וְחַיְתוֹ־אֶרֶץ לְמִינָהּ וַיְהִי־כֵן׃

| 켄 | 와예히 | 레미나흐 | 에레쯔 | 베하이토 | 봐레메스 | 베헤마 |
|---|---|---|---|---|---|---|
| 그대로 | 되니라 | 종류대로 | 땅 | 짐승 | 기는것과 | 육축 |

**Gen.1:24 And God said: 'Let the earth bring forth the living creature after its kind, cattle, and creeping thing, and beast of the earth after its kind.' And it was so.**
**창1:24 하나님이 가라사대 땅은 생물을 그 종류대로 내되 육축과 기는 것과 땅의 짐승을 종류대로 내라 하시고 (그대로 되니라)**

וְחַיְתוֹ 베하이토(하이: 239회) חַי 하이 : 살아있는 ,생기있는

문법사항 : 연계형 נֶפֶשׁ חַיָּה 네페쉬 하야 : 생물

※ 앞에 나온 네페쉬 하야에서는 여성형으로 사용된 경우이고 여기서는 연계형으로 사용된 경우입니다.
연계형의 경우 남성복수는 멤이 탈락하고 여성단수의 경우는 '카메츠+헤'가 '파타+타우'로 변경되지요?
여기서는 부가접미사 홀렘바브가 추가되어 최종 변화형이 나온 형태입니다.
이 부가접미사라는 부분이 왜 들어가는 건지에 대한 자료는 아직 제가 보지 못했습니다.
"마켑으로 연결되면서 한 단어처럼 되며 자음이 연속되는 문제때문일까"정도로만 생각해 봅니다.

단지 다음 절에서 부가접미사가 없이 사용된 연계형이 출연하는데 여기서는 아주 규칙변화를 보이고 있습니다..
다음절과 한번 비교해 보시면 좋을 듯 합니다.

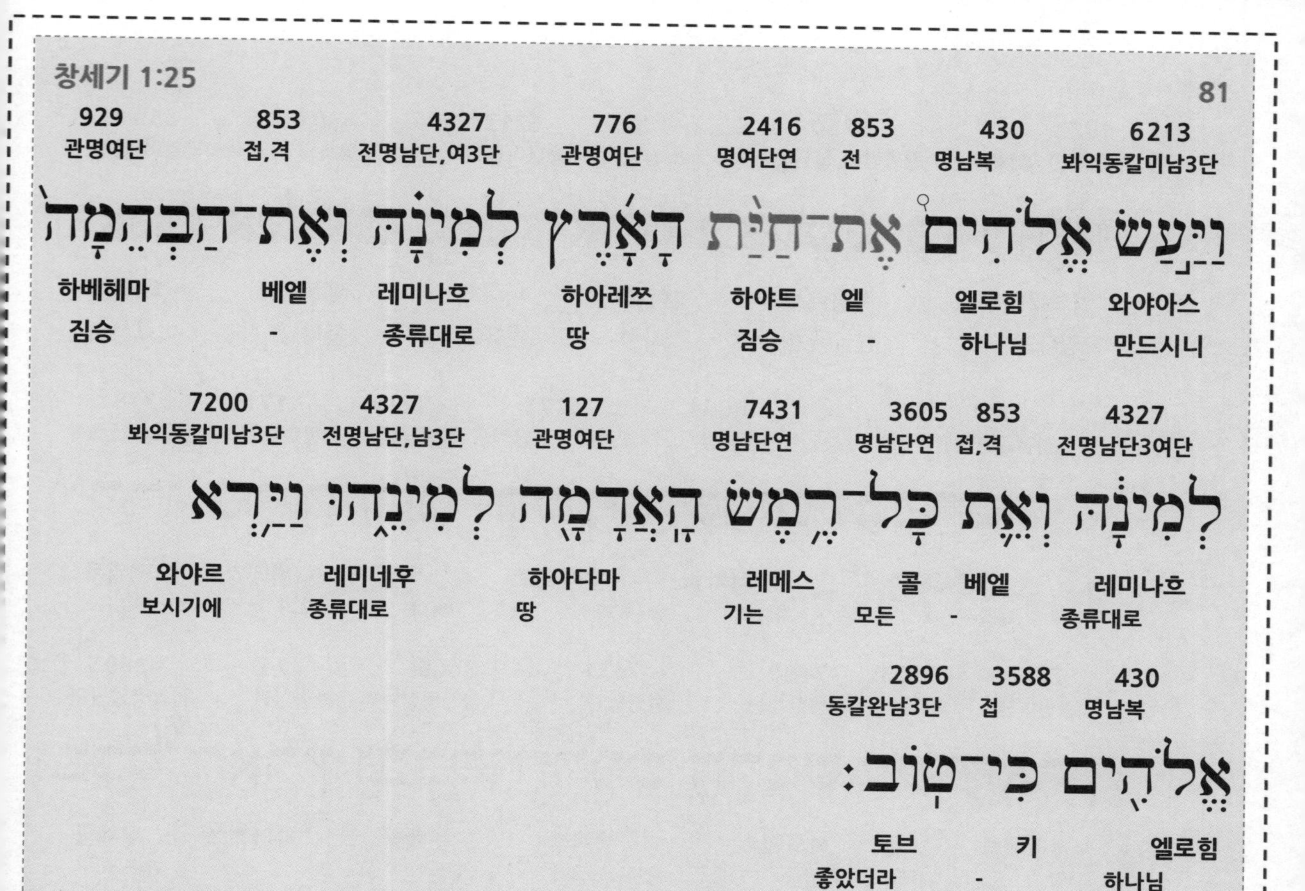

창세기 1:25



| 6213 | 430 | 853 | 2416 | 776 | 4327 | 853 | 929 |
| --- | --- | --- | --- | --- | --- | --- | --- |
| 봐익동칼미남3단 | 명남복 | 전 | 명여단연 | 관명여단 | 전명남단,여3단 | 접,격 | 관명여단 |
| וַיַּעַשׂ | אֱלֹהִים | אֶת־ | חַיַּת | הָאָרֶץ | לְמִינָהּ | וְאֶת־ | הַבְּהֵמָה |
| 와야아스 | 엘로힘 | 엘 | 하야트 | 하아레쯔 | 레미나흐 | 베엘 | 하베헤마 |
| 만드시니 | 하나님 | - | 짐승 | 땅 | 종류대로 | - | 짐승 |

| 4327 | 853 | 3605 | 7431 | 127 | 4327 | 7200 |
| --- | --- | --- | --- | --- | --- | --- |
| 전명남단3여단 | 접,격 | 명남단연 | 명남단연 | 관명여단 | 전명남단,남3단 | 봐익동칼미남3단 |
| לְמִינָהּ | וְאֵת | כָּל־ | רֶמֶשׂ | הָאֲדָמָה | לְמִינֵהוּ | וַיַּרְא |
| 레미나흐 | 베엘 | 콜 | 레메스 | 하아다마 | 레미네후 | 와야르 |
| 종류대로 | - | 모든 | 기는 | 땅 | 종류대로 | 보시기에 |

| 430 | 3588 | 2896 |
| --- | --- | --- |
| 명남복 | 접 | 동칼완남3단 |
| אֱלֹהִים | כִּי־ | טוֹב׃ |
| 엘로힘 | 키 | 토브 |
| 하나님 | - | 좋았더라 |

**Gen.1:25 And God made the beast of the earth after its kind, and the cattle after their kind, and every thing that creepeth upon the ground after its kind; and God saw that it was good..**

**창1:25 하나님이 땅의 짐승을 그 종류대로, 육축을 그 종류대로, 땅에 기는 모든 것을 그 종류대로 만드시니 하나님이 보시기에 좋았더라**

אֶת-חַיַּת 엘-하야트(하이: 239회)

חַי 하이 : 살아있는 ,생기있는

문법사항 : 연계형

וְחַיְתוֹ 베하이토(하이: 239회)

※ 앞 절의 베하이토와 달리 동일하게 연계형인데도 부가접미사가 없으니 정상적인 형태의 연계형을 따르고 있는 모습을 보실 수 있습니다.

나머지 단어와 문법은 모두 이미 정리한 부분이라 통과하겠습니다.

| 1823 | 6754 | 120 | 6213 | 430 | 559 |
|---|---|---|---|---|---|
| 전명여단,접1복 | 전명남단,접1복 | 명남단 | 동칼미공1복 | 명남복 | 봐익동칼미남3단 |
| כִּדְמוּתֵנוּ | בְּצַלְמֵנוּ | אָדָם | נַעֲשֶׂה | אֱלֹהִים | וַיֹּאמֶר |
| 키드무테누 | 베찰메누 | 아담 | 나아세 | 엘로힘 | 와요멜 |
| 모양대로 | 형상을 따라 | 사람 | 만들고 | 하나님 | 이르시되 |

| 929 | 8064 | 5775 | 3220 | 1710 | 7287 |
|---|---|---|---|---|---|
| 접전관명여단 | 관명남쌍 | 접전명남단연 | 관명남단 | 전명여단연 | 접동칼미남3복 |
| וּבַבְּהֵמָה | הַשָּׁמַיִם | וּבְעוֹף | הַיָּם | בִדְגַת | וְיִרְדּוּ |
| 우밥베헤마 | 핫솨마임 | 우베오프 | 하얌 | 비데가트 | 베일두 |
| 육축 | 하늘의 | 새와 | 바다 | 고기 | 다스리다 |

| 776 | 5921 | 7430 | 7431 | 3605 | 776 | 3605 |
|---|---|---|---|---|---|---|
| 관명여단 | 전 | 관동칼분능 | 관명남단 | 접전명남단연 | 관명여단 | 접전명남단연 |
| הָאָרֶץ׃ | עַל־ | הָרֹמֵשׂ | הָרֶמֶשׂ | וּבְכָל־ | הָאָרֶץ | וּבְכָל־ |
| 하아레쯔 | 알 | 하로메스 | 하레메스 | 우베콜 | 하아레쯔 | 우베콜 |
| 땅 | 위에 | 기는 | 것 | 모든 | 땅 | 온 |

**Gen.1:26 And God said: 'Let us make man in our image, after our likeness; and let them have dominion over the fish of the sea, and over the fowl of the air, and over the cattle, and over all the earth, and over every creeping thing that creepeth upon the earth.'**

**창1:26 하나님이 가라사대 우리의 형상을 따라 우리의 모양대로 우리가 사람을 만들고 그로 바다의 고기와 공중의 새와 육축과 온 땅과 땅에 기는 모든 것을 다스리게 하자 하시고**

נַעֲשֶׂה 나아세(아사: 2,627회) עָשָׂה 아사 : 노동하다,만들다

문법사항 : 미완료 동사어미변화,후음,라멧-헤동사미완료

※ 미완료 1인칭공통복수가 어두에 붙어있습니다. 페-후음에 해당되기에 미완료에서 단순슈바를 받지 못하고 합성슈바를 받구요. 앞에 어두의 경우도 합성슈바의 영향을 받아서 단모음으로 변화하는 것을 확인하실 수 있습니다.

또한 라멧-헤동사의 경우는 또 한가지 특징이 있어요. 어미가 붙지 않는 경우에는 홀렘을 선호하지 않고 세골을 선호하기에 끝 모음이 세골로 변화한다는 점입니다.

---

אָדָם 아담(561회) : 사람, 남자

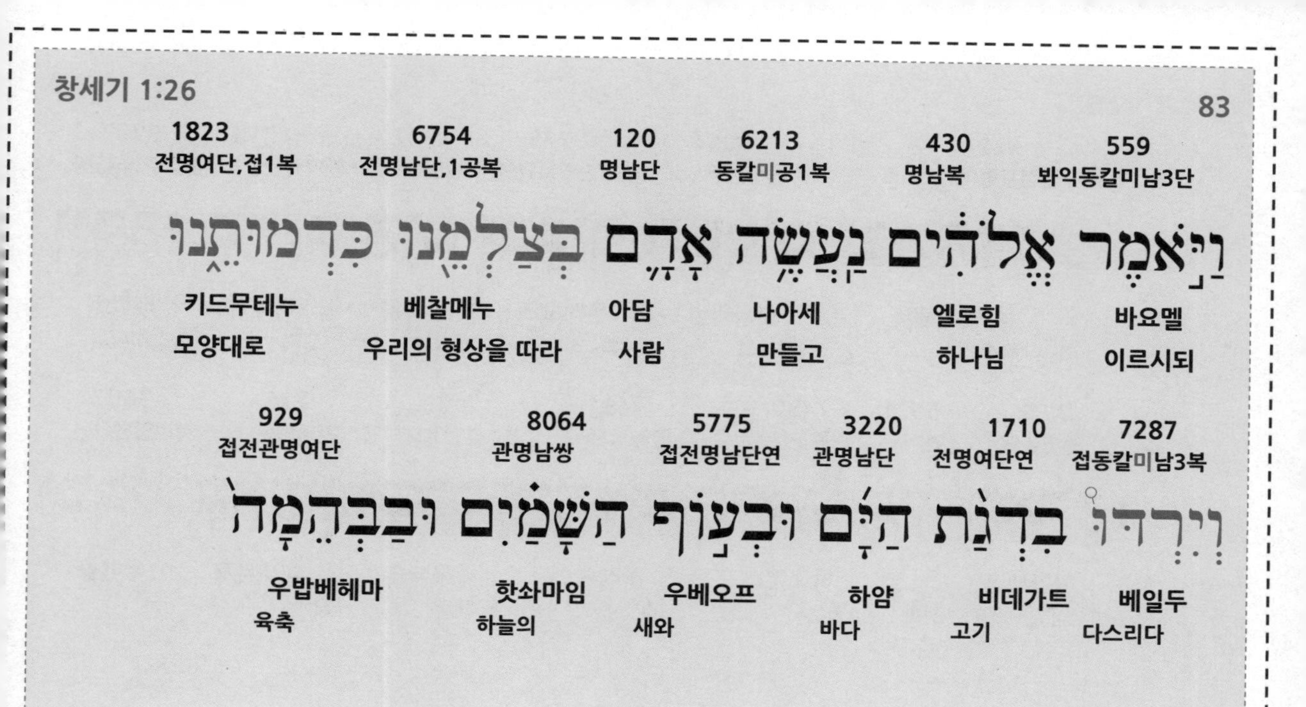


בְּצַלְמֵנוּ 베짤메누(쩰렘: 17회) צֶלֶם 쩰렘 : 그림자,형상

문법사항 : 명사어미변화,세골명사,명사에 붙는 인칭대명접미사

※ 세골명사이고 멜렉처럼 '아'타입이라는 것을 어미변화를 보시면서 확인하실 수 있으셔야 합니다. 이제 보이셔야 합니다. 그리고 보고 알면 되지 암기할 부분도 아니구요.

인칭대명접미사가 붙은 것도 보이셔야죠? 1인칭복수인칭접미어가 붙은 형태로 그렇기에 베첼메누의 해석은 소유를 포함하여서 '우리의 형상대로' 가 됩니다.

---

כִּדְמוּתֵנוּ 키드무테누(데무트: 25회) דְּמוּת 데무트 : 형상,유형,모양

문법사항 : 명사어미변화,세골명사,인칭대명접미사

※ 위와 동일합니다.

---

וְיִרְדּוּ 베일두(라다: 25회) רָדָה 라다 : 짓밟다,정복하다

문법사항 : 접속사, 라멜-헤동사

※ 일단 달렛의 다게쉬는 폐음절 다음 첫자음으로 '다게쉬 레네'이지 강조형동사 아닙니다.

마지막의 슈룩이 이상하실 수 있는데요.

라멜-헤동사의 바브연속법에서는 앞에서 본 것 처럼 축약형이 사용됩니다.

여기서는 바브연속법이 아닌 접속사 바브이지요?

라멜-헤동사의 '헤'는 말도 안되는 듯 하지만, 원형이 '요드' 또는 '바브'이기에 이런 변화가 발생합니다.

בִדְגַת 비데가트(다가: 15회) דָּגָה 다가 : 물고기

문법사항 : 명사연계형

※ 명사의 연계형에서 남성복수와 여성단수의 경우 달라지는 것 기억하시죠? 여성단수연계형입니다.

---

הָרֶמֶשׂ 하레메스(레메스: 17회) רֶמֶשׂ 레메스 : 기는 것, 생물,동물

---

הָרֹמֵשׂ 하로메스(라마스: 17회) רָמַשׂ 라마스 : 미끄러지다 ,기다

문법사항 : 칼동사 분사능동

※ 위에서 분사능동 보시고 여기서 미완료 만들고 접두어 떼고.. 이러시는 분 안계시죠?

칼동사의 경우는 분사능동과 분사수동의 기본단어가 주어지지요?

그냥 그 대로 자음만 변경해 보세요.

קוֹטֵל 코텔(분사능동) קֹטֵל קָטוּל 카툴(분사수동) קָטֻל

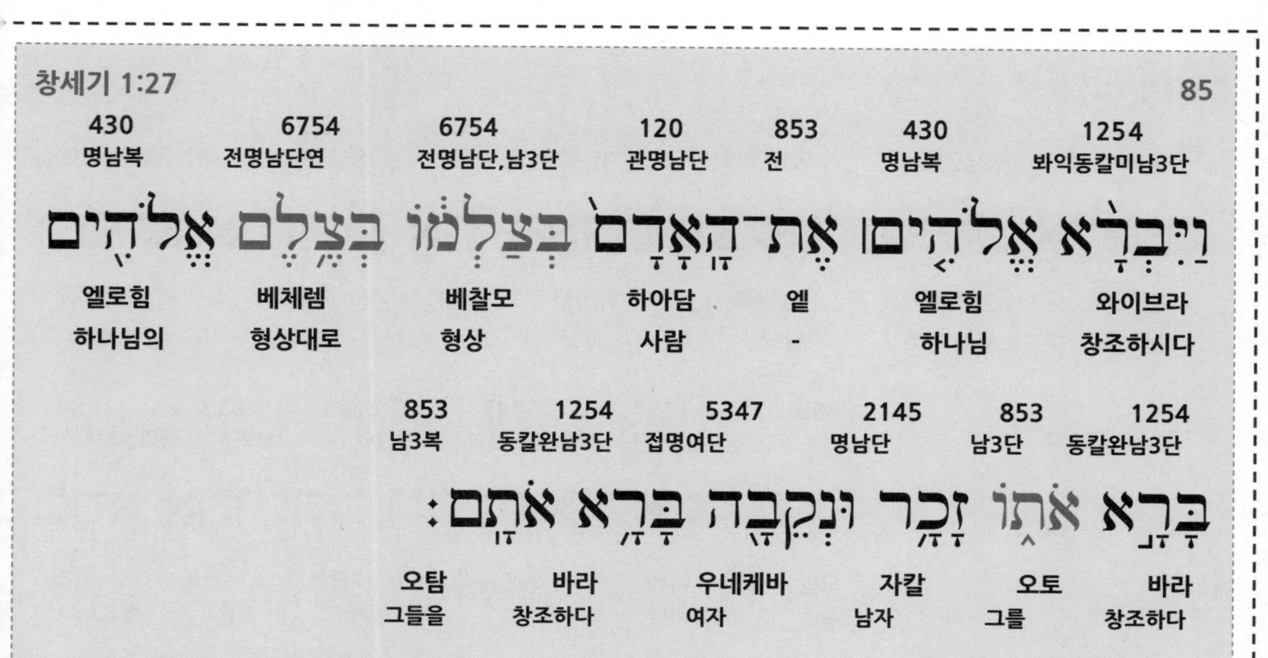
창세기 1:27

| 430 | 6754 | 6754 | 120 | 853 | 430 | 1254 |
|---|---|---|---|---|---|---|
| 명남복 | 전명남단연 | 전명남단,남3단 | 관명남단 | 전 | 명남복 | 봐익동칼미남3단 |
| אֱלֹהִים | בְּצֶלֶם | בְּצַלְמוֹ | הָאָדָם | אֶת־ | אֱלֹהִים ׀ | וַיִּבְרָא |
| 엘로힘 | 베체렘 | 베찰모 | 하아담 | 엣 | 엘로힘 | 와이브라 |
| 하나님의 | 형상대로 | 형상 | 사람 | - | 하나님 | 창조하시다 |

| 853 | 1254 | 5347 | 2145 | 853 | 1254 |
|---|---|---|---|---|---|
| 남3복 | 동칼완남3단 | 접명여단 | 명남단 | 남3단 | 동칼완남3단 |
| אֹתָם׃ | בָּרָא | וּנְקֵבָה | זָכָר | אֹתוֹ | בָּרָא |
| 오탐 | 바라 | 우네케바 | 자칼 | 오토 | 바라 |
| 그들을 | 창조하다 | 여자 | 남자 | 그를 | 창조하다 |

**Gen.1:27 And God created man in His own image, in the image of God created He him; male and female created He them.**
**창1:27 하나님이 자기 형상 곧 하나님의 형상대로 사람을 창조하시되 남자와 여자를 창조하시고**

בְּצַלְמוֹ 베찰모(쩰렘: 17회) צֶלֶם 쩰렘 : 그림자,형상

문법사항 : 전치사,세골명사,인칭대명접미사

※ 3인칭남성단수인칭접미어가 붙은 형태로 그렇기에 베찰모의 해석은 소유를 포함하여서 '그의 형상대로' 가 됩니다. 세골명사 쩰렘의 원형은 'aType'이란 것도 볼 수 있습니다.

---

בְּצֶלֶם 베체렘

문법사항 : 명사의 연계형

※ 위와 동일한 단어지요? 단지 3인칭남성단수연계형의 경우는 특별한 어미변화가 일어나지 않기에 변화가 없습니다

---

אֹתוֹ 오토(에트: 11,0597회) אֵת 에트 : 자신,자체,그

문법사항 : 인칭대명접미사,인칭대명사 목적격

※ 인칭대명사 목적격 남성단수입니다.

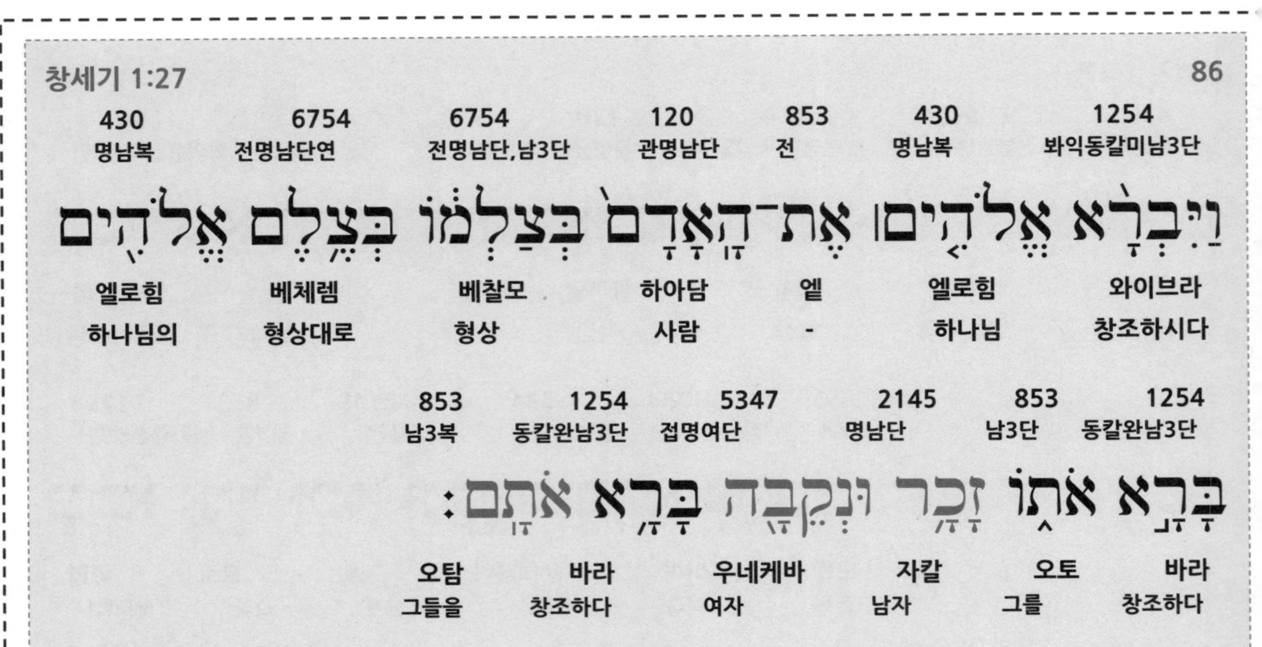


| 430 | 6754 | 6754 | 120 | 853 | 430 | 1254 |
|---|---|---|---|---|---|---|
| 명남복 | 전명남단연 | 전명남단,남3단 | 관명남단 | 전 | 명남복 | 봐익동칼미남3단 |

וַיִּבְרָא אֱלֹהִים ׀ אֶת־הָאָדָם בְּצַלְמוֹ בְּצֶלֶם אֱלֹהִים

| 엘로힘 | 베체렘 | 베찰모 | 하아담 | 엘 | 엘로힘 | 와이브라 |
|---|---|---|---|---|---|---|
| 하나님의 | 형상대로 | 형상 | 사람 | - | 하나님 | 창조하시다 |

| 853 | 1254 | 5347 | 2145 | 853 | 1254 |
|---|---|---|---|---|---|
| 남3복 | 동칼완남3단 | 접명여단 | 명남단 | 남3단 | 동칼완남3단 |

בָּרָא אֹתוֹ זָכָר וּנְקֵבָה בָּרָא אֹתָם׃

| 오탐 | 바라 | 우네케바 | 자칼 | 오토 | 바라 |
|---|---|---|---|---|---|
| 그들을 | 창조하다 | 여자 | 남자 | 그를 | 창조하다 |

**Gen.1:27 And God created man in His own image, in the image of God created He him; male and female created He them.**

**창1:27 하나님이 자기 형상 곧 하나님의 형상대로 사람을 창조하시되 남자와 여자를 창조하시고**

זָכָר 자칼(자칼에서 유래: 82회) זָכַר 자칼: 기억하다,명심하다

※ 원래는 '기억하다'라는 자칼에서 유래된 단어로 명사형으로, 의미가 아주 특이하게 '남자'라는 의미입니다.

---

וּנְקֵבָה 우네케바(네케바: 22회) נְקֵבָה 네케바 : 여자, 암컷

---

אֹתָם 오탐(에트: 11,0597회) אֵת 에트 : 자신,자체,그

문법사항 : 인칭대명접미사,인칭대명사 목적격

※ 인칭대명사 목적격 남성단수입니다.

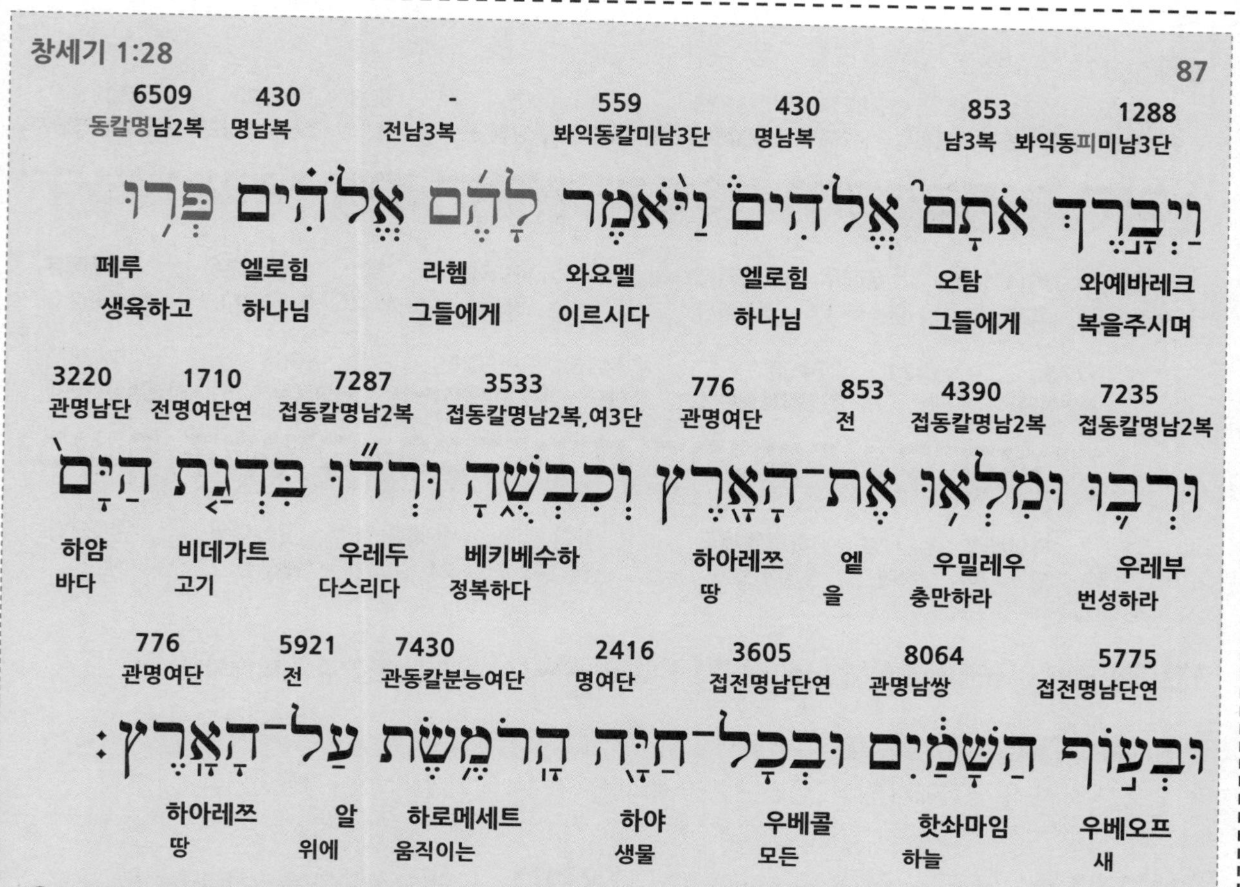
창세기 1:28



| 1288 | 853 | 430 | 559 | - | 430 | 6509 |
|---|---|---|---|---|---|---|
| 봐익동피미남3단 | 남3복 | 명남복 | 봐익동칼미남3단 | 전남3복 | 명남복 | 동칼명남2복 |
| וַיְבָרֶךְ | אֹתָם | אֱלֹהִים | וַיֹּאמֶר | לָהֶם | אֱלֹהִים | פְּרוּ |
| 와에바레크 | 오탐 | 엘로힘 | 와요멜 | 라헴 | 엘로힘 | 페루 |
| 복을주시며 | 그들에게 | 하나님 | 이르시다 | 그들에게 | 하나님 | 생육하고 |

| 7235 | 4390 | 853 | 776 | 3533 | 7287 | 1710 | 3220 |
|---|---|---|---|---|---|---|---|
| 접동칼명남2복 | 접동칼명남2복 | 전 | 관명여단 | 접동칼명남2복,여3단 | 접동칼명남2복 | 전명여단연 | 관명남단 |
| וּרְבוּ | וּמִלְאוּ | אֶת־ | הָאָרֶץ | וְכִבְשֻׁהָ | וּרְדוּ | בִּדְגַת | הַיָּם |
| 우레부 | 우밀레우 | 엩 | 하아레쯔 | 베키베수하 | 우레두 | 비데가트 | 하얌 |
| 번성하라 | 충만하라 | 을 | 땅 | 정복하다 | 다스리다 | 고기 | 바다 |

| 5775 | 8064 | 3605 | 2416 | 7430 | 5921 | 776 |
|---|---|---|---|---|---|---|
| 접전명남단연 | 관명남쌍 | 접전명남단연 | 명여단 | 관동칼분능여단 | 전 | 관명여단 |
| וּבְעוֹף | הַשָּׁמַיִם | וּבְכָל־ | חַיָּה | הָרֹמֶשֶׂת | עַל־ | הָאָרֶץ׃ |
| 우베오프 | 핫샤마임 | 우베콜 | 하야 | 하로메세트 | 알 | 하아레쯔 |
| 새 | 하늘 | 모든 | 생물 | 움직이는 | 위에 | 땅 |

**Gen.1:28 And God blessed them; and God said unto them: 'Be fruitful, and multiply, and replenish the earth, and subdue it; and have dominion over the fish of the sea, and over the fowl of the air, and over every living thing that creepeth upon the earth.'**

**창1:28 하나님이 그들에게 복을 주시며 그들에게 이르시되 생육하고 번성하여 땅에 충만하라, 땅을 정복하라, 바다의 고기와 공중의 새와 땅에 움직이는 모든 생물을 다스리라 하시니라**

## לָהֶם 라헴

문법사항 : 전치사,전치사에 붙는 인칭대명접미사

※ 전치사에 붙는 인칭대명접미사는 여러가지로 나누어지지요? 하지만 '레'는 단수형을 취합니다. 인칭대명접미사에서도 '히렉+요드'라는 복수형에 사용되는 특징이 보이지 않기에 쉽게 구분이 가능하지요..

3인칭남성복수 인칭대명접미사가 붙었으므로 '그들에게'라고 해석할 수 있습니다.

---

## פְּרוּ 페루(파라: 29회) פָּרָה 파라 : 열매를 맺다

문법사항 : 칼명령,동사의 어미변화

※ 미완료 2인칭남성복수는 틱텔루이고 이걸 적용하면

פְּרְהוּ 하지만 마지막3음절의 '헤'의 경우 명령형 남성단수를 제외하고는 모두 떨어져나가는 특성이 있습니다. 최종본을 적용한 단어가 위 성경에 적힌 '페루'가 되는 것이랍니다.

## 창세기 1:28

| 번호 | 문법 | 히브리어 | 발음 | 뜻 |
|---|---|---|---|---|
| 7235 | 접동칼명남2복 | וּרְבוּ | 우레부 | 번성하라 |
| 4390 | 접동칼명남2복 | וּמִלְאוּ | 우밀레우 | 충만하라 |
| 853 | 전 | אֶת־ | 엘 | 을 |
| 776 | 관명여단 | הָאָרֶץ | 하아레쯔 | 땅 |
| 3533 | 접동칼명남2복,여3단 | וְכִבְשֻׁהָ | 베키베수하 | 정복하다 |
| 7287 | 접동칼명남2복 | וּרְדוּ | 우레두 | 다스리다 |
| 1710 | 전명여단연 | בִּדְגַת | 비데가트 | 고기 |
| 3220 | 관명남단 | הַיָּם | 하얌 | 바다 |
| 5775 | 접전명남단연 | וּבְעוֹף | 우베오프 | 새 |
| 8064 | 관명남쌍 | הַשָּׁמַיִם | 핫샤마임 | 하늘 |
| 3605 | 접전명남단연 | וּבְכָל־ | 우베콜 | 모든 |
| 2416 | 명여단 | חַיָּה | 하야 | 생물 |
| 7430 | 관동칼분능여단 | הָרֹמֶשֶׂת | 하로메세트 | 움직이는 |
| 5921 | 전 | עַל־ | 알 | 위에 |
| 776 | 관명여단 | הָאָרֶץ׃ | 하아레쯔 | 땅 |

וּרְבוּ　우레부(라바: 176회)　רָבָה　라바 : 증가하다,확대되다

문법사항 : 라멘-헤 명령 남2단제외 헤 탈락

※ 약동사 라멘-헤 명령에서 남성2인칭단수를 제외하고 모두 '헤'가 탈락하는 현상입니다.

---

וּמִלְאוּ　우밀레우(말레: 250회)　מָלֵא　말레: 채우다 충만하다

문법사항 : 접속사,미완료3인칭남성복수

※규칙동사 기준으로 미완료에 남성3인칭복수어미를 붙이면 '익텔루'이지요?

여기까지는 문제가 없습니다. 그런데 명령형은 앞의 접두를 떼어버려야 하지요?

접두를 떼고 나면 폐음절로 사용되던 멤아래의 모음없음을 표시하던 슈바의 기능이 다 하므로 슈바의 연속이 되어버리기에 이렇게 되면 앞의 슈바가 히렉으로 변경됩니다.

단어 처음에 슈바연속시 앞이 히렉으로 변경되는 형태입니다.

---

וְכִבְשֻׁהָ　베키베수하(카바쉬: 14회)　כָּבַשׁ　카바쉬 : 발로 밟다,복종시키다

문법사항 : 접속사,칼명령,동사에 사용하는 인칭대명접미사

※ 동사용 3인칭여성인칭대명접미사 '헤+카메츠'가 사용되었네요.

'땅을 정복하라'에서 땅이 여성명사입니다.

동사에 사용하는 인칭대명접미사는 몇가지 특징을 가지고 있는 것 기억하시나요?

기억나지 않으면 문법파트에서 꼭 확인하고 넘어가시기 바랍니다.

인칭대명접미사는 명사,전치사,동사에 사용되는데 동사에 사용시 목적격 역할을 하며 특이한 변화를 하기에 기억해 두셔야 합니다.

앞으로도 정말 많이 사용되는 문법사항입니다.

בִּדְגַת　비데가트(다가: 15회)　　דָּגָה　다가 : 물고기

문법사항 : 명사연계형

※ 명사의 연계형에서 남성복수와 여성단수의 경우 달라지는 것 기억하시죠? 여성단수연계형입니다.

| 6212 | 3605 | 853 | - | 5414 | 2009 | 430 | 559 |
|---|---|---|---|---|---|---|---|
| 명남단 | 명남단연 | 전 | 전,남2복 | 동칼완공1단 | 감 | 명남복 | 봐익동칼미남3단 |
| 에세브 | 콜 | 엘 | 라켐 | 나타티 | 힌네 | 엘로힘 | 와요멜 |
| 채소 | 모든 | - | 너희에게 | 주다 | 보라 | 하나님 | 이르시되 |

וַיֹּאמֶר אֱלֹהִים הִנֵּה נָתַתִּי לָכֶם אֶת־כָּל־עֵשֶׂב

| 6086 | 3605 | 853 | 776 | 3605 | 6440 | 5921 | 834 | 2233 | 2232 |
|---|---|---|---|---|---|---|---|---|---|
| 관명남단 | 명남단연 | 접,격 | 관명여단 | 명남단연 | 명남복연 | 전 | - | 명남단 | 동칼분능 |
| 하에쯔 | 콜 | 베엘 | 하아레쯔 | 콜 | 페네이 | 알 | 아쉘 | 제라 | 조레아 |
| 나무 | 모든 | - | 땅 | 모든 | 표면 | 위에 | - | 씨 | 맺는 |

זֹרֵעַ זֶרַע אֲשֶׁר עַל־פְּנֵי כָל־הָאָרֶץ וְאֶת־כָּל־הָעֵץ

| 402 | 1961 | - | 2233 | 2232 | 6086 | 6529 | - | 834 |
|---|---|---|---|---|---|---|---|---|
| 전명여단 | 동칼미남3단 | 전남2복 | 명남단 | 동칼분능 | 명남단 | 명남단연 | 전남3단 | 계 |
| 레오크라 | 이흐예 | 라켐 | 자라 | 조레아 | 에쯔 | 페리 | 보 | 아쉘 |
| 식물 | 되리라 | 너희 | 씨 | 가진 | 나무 | 열매 | 맺는 | - |

אֲשֶׁר־בּוֹ פְרִי־עֵץ זֹרֵעַ זָרַע לָכֶם יִהְיֶה לְאָכְלָה׃

**Gen.1:29 And God said: 'Behold, I have given you every herb yielding seed, which is upon the face of all the earth, and every tree, in which is the fruit of a tree yielding seed--to you it shall be for food;**

**창1:29 하나님이 가라사대 내가 온 지면의 씨 맺는 모든 채소와 씨 가진 열매 맺는 모든 나무를 너희에게 주노니 너희 식물이 되리라**

הִנֵּה 힌네(1057회) : 보라,자!, 보소서

문법사항 : 감탄사

---

נָתַתִּי 나타티(나탄: 2,011회) נָתַן 나탄 : 주다

문법사항 : 칼1인칭공통단수 어미변화

※ 아타트티 우 템텐누

---

לָכֶם 라켐

문법사항 : 전치사에 붙는 인칭대명접미사(2인칭남성복수)

※ 계속 나오는 문법이지요? 아담과 하와를 통칭한 너희이므로 2인칭남성복수를 사용합니다.

창세기 1:29

| זֹרֵ֣עַ | זֶ֗רַע | אֲשֶׁר֙ | עַל־ | פְּנֵ֣י | כָל־ | הָאָ֔רֶץ | וְאֶת־ | כָּל־ | הָעֵ֛ץ |
|---|---|---|---|---|---|---|---|---|---|
| 2232 | 2233 | 834 | 5921 | 6440 | 3605 | 776 | 853 | 3605 | 6086 |
| 동칼분능 | 명남단 | - | 전 | 명남복연 | 명남단연 | 관명여단 | 접,격 | 명남단연 | 관명남단 |
| 조레아 | 제라 | 아쉘 | 알 | 페네이 | 콜 | 하아레쯔 | 베엩 | 콜 | 하에쯔 |
| 맺는 | 씨 | - | 위에 | 표면 | 모든 | 땅 | - | 모든 | 나무 |

| אֲשֶׁר־ | בּ֥וֹ | פְרִי־ | עֵ֖ץ | זֹרֵ֣עַ | זָ֑רַע | לָכֶ֥ם | יִהְיֶ֖ה | לְאָכְלָֽה׃ |
|---|---|---|---|---|---|---|---|---|
| 834 | - | 6529 | 6086 | 2232 | 2233 | - | 1961 | 402 |
| 계 | 전남3단 | 명남단연 | 명남단 | 동칼분능 | 명남단 | 전남2복 | 동칼미남3단 | 전명여단 |
| 아쉘 | 보 | 페리 | 에쯔 | 조레아 | 자라 | 라켐 | 이흐예 | 레오크라 |
| - | 맺는 | 열매 | 나무 | 가진 | 씨 | 너희 | 되리라 | 식물 |

זֶרַע 제라(229회) : 씨,종자,후손,정액 זָרַע

문법사항 : 아트나흐나 휴지부호

※ 위 두 단어가 재밌습니다. 모두 원형이 동일한 '제라'이고 연계형도 아니고 어미변화등도 아닌 동일하게 명남단인데 모음부호가 다른 것을 보실 수 있습니다.

이건 아트나흐나라는 휴지부호 때문인데요. 이 휴지부호가 들어가면 문장의 전반부가 끝나는 부분으로 천천히 길게 발음합니다. 같은 단어인데도 불구하고 모음부호가 달라진 것을 확인할 수 있습니다.

---

לְאָכְלָה 레오크라(오클라: 18회) אָכְלָה 오클라 : 음식,먹이

문법사항 : 카메츠-하툽

※ 카메츠+헤로 끝나기에 여성명사임을 짐작하실 수 있지요?

잊지 마실 부분은 알렢 아래가 카메츠가 아닌 카메츠-하툽으로 '오'발음입니다.

엑센트 없는 폐음절이기에 단모음이니 카메츠-하툽인 것을 항상 주의해서 발음하셔야 합니다.

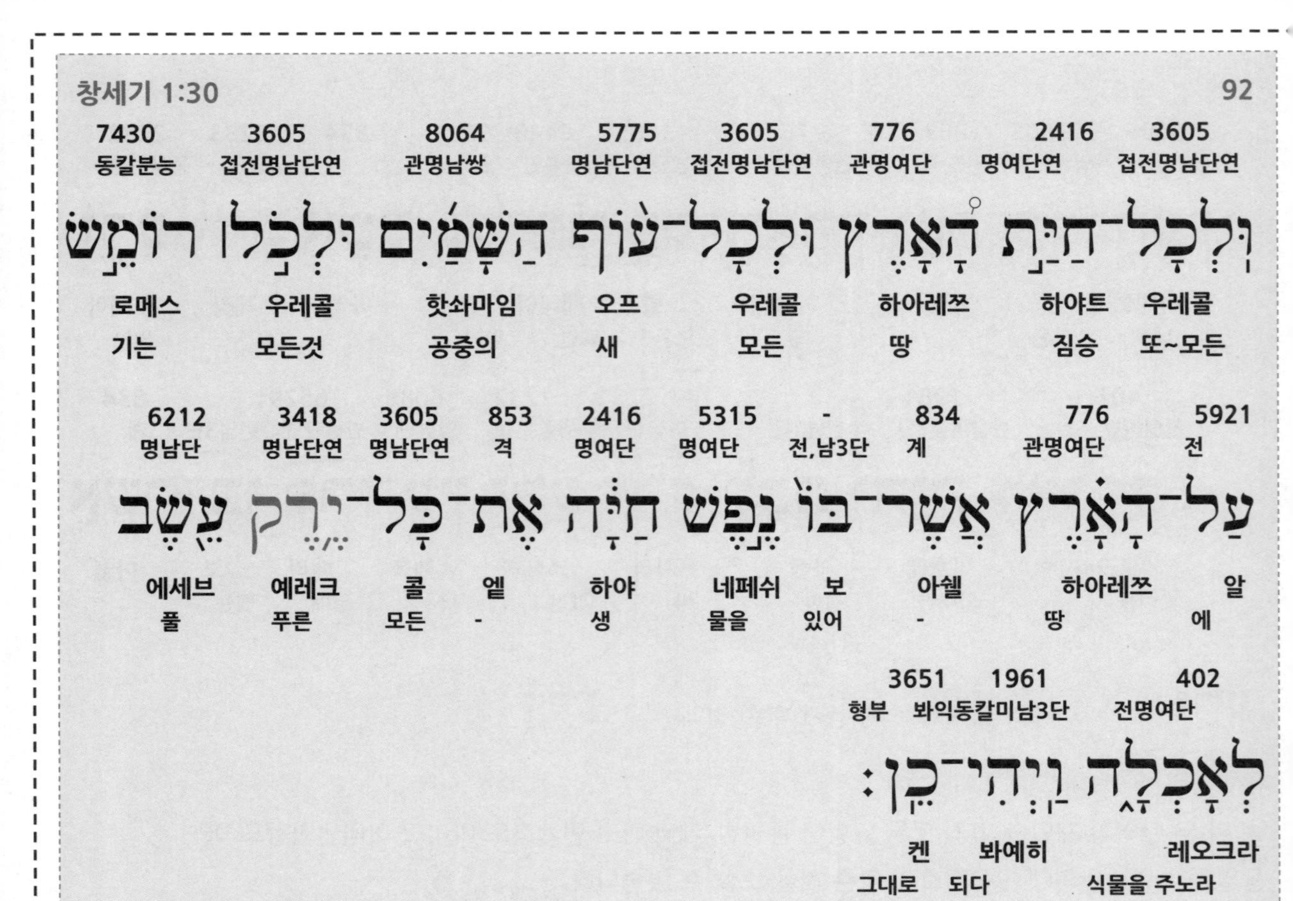

| 3605 | 2416 | 776 | 3605 | 5775 | 8064 | 3605 | 7430 |
|---|---|---|---|---|---|---|---|
| 접전명남단연 | 명여단연 | 관명여단 | 접전명남단연 | 명남단연 | 관명남쌍 | 접전명남단연 | 동칼분능 |
| וּֽלְכָל־ | חַיַּ֣ת | הָ֠אָרֶץ | וּלְכָל־ | ע֨וֹף | הַשָּׁמַ֜יִם | וּלְכֹ֣ל | רוֹמֵ֣שׂ |
| 우레콜 | 하야트 | 하아레쯔 | 우레콜 | 오프 | 핫샤마임 | 우레콜 | 로메스 |
| 또~모든 | 짐승 | 땅 | 모든 | 새 | 공중의 | 모든것 | 기는 |

| 5921 | 776 | 834 | - | 5315 | 2416 | 853 | 3605 | 3418 | 6212 |
|---|---|---|---|---|---|---|---|---|---|
| 전 | 관명여단 | 계 | 전,남3단 | 명여단 | 명여단 | 격 | 명남단연 | 명남단연 | 명남단 |
| עַל־ | הָאָ֗רֶץ | אֲשֶׁר־ | בּוֹ֙ | נֶ֣פֶשׁ | חַיָּ֔ה | אֶת־ | כָּל־ | יֶ֥רֶק | עֵ֖שֶׂב |
| 알 | 하아레쯔 | 아쉘 | 보 | 네페쉬 | 하야 | 엘 | 콜 | 예레크 | 에세브 |
| 에 | 땅 | - | 있어 | 물을 | 생 | - | 모든 | 푸른 | 풀 |

| 402 | 1961 | 3651 |
|---|---|---|
| 전명여단 | 봐익동칼미남3단 | 형부 |
| לְאָכְלָ֑ה | וַֽיְהִי־ | כֵֽן׃ |
| 레오크라 | 봐예히 | 켄 |
| 식물을 주노라 | 되다 | 그대로 |

**Gen.1:30 and to every beast of the earth, and to every fowl of the air, and to every thing that creepeth upon the earth, wherein there is a living soul, [I have given] every green herb for food.' And it was so.**

**창1:30 또 땅의 모든 짐승과 공중의 모든 새와 생명이 있어 땅에 기는 모든 것에게는 내가 모든 푸른 풀을 식물로 주노라 하시니 그대로 되니라**

יֶרֶק　　예레크(6회) : 풀,채소

문법사항 : 명사의 연계형(남성단수는 동일)

※ 뒷 단어인 에세브가 절대형이고 앞 쪽 단어가 연계형이지요?

연계형이지만 남성단수의 경우는 변화를 가지지 않고 남성복수와 여성단수만 명사의 연계형에서 변화한다는 것만 다시 기억해 보고 넘어갑니다.

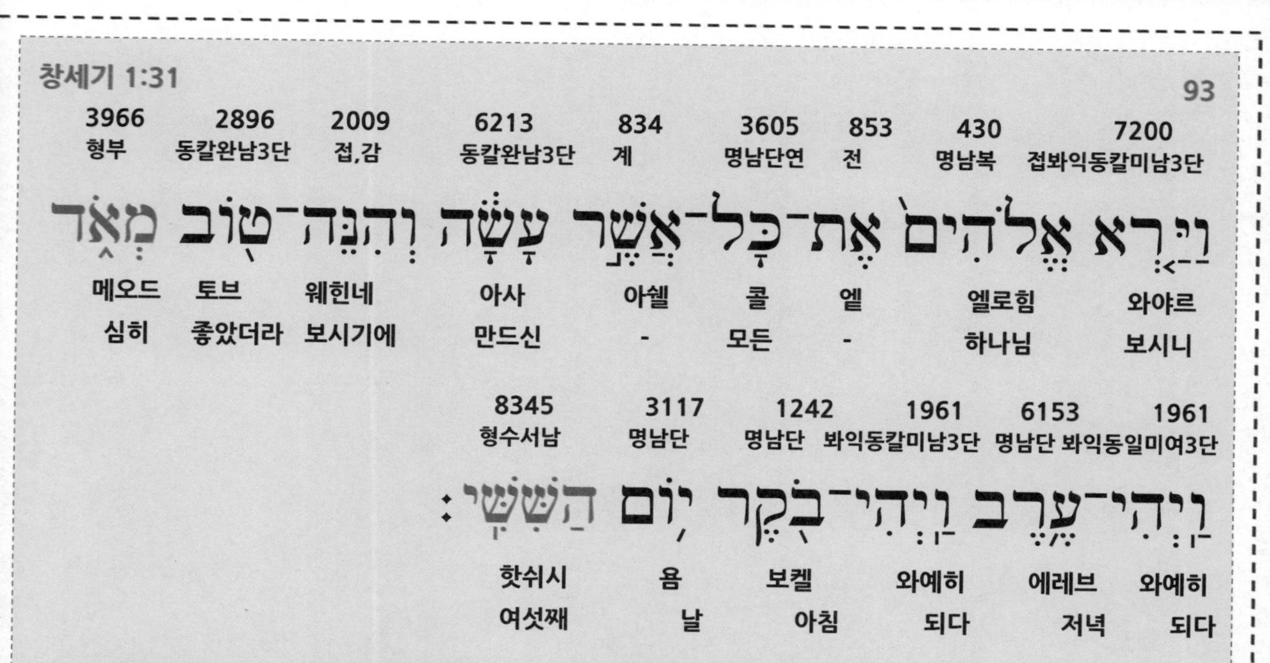


Gen.1:31 And God saw every thing that He had made, and, behold, it was very good. And there was evening and there was morning, the sixth day.

창1:31 하나님이 그 지으신 모든 것을 보시니 보시기에 심히 좋았더라 저녁이 되며 아침이 되니 이는 여섯째 날이니라

מְאֹד 메오드(299회) : 매우,심히,크게

---

הַשִּׁשִּׁי 핫쉬시(쉿시: 12회) שִׁשִּׁי 쉿시 : 여섯째

문법사항 : 수사-서수

# 창세기 2장

## 창세기 2:1



| 6635 | 3605 | 776 | 8064 | 3615 |
|---|---|---|---|---|
| 명남단,3남복 | 접명남단연 | 접관명여단 | 관명남쌍 | 봐익동푸미남3복 |

וַיְכֻלּוּ הַשָּׁמַיִם וְהָאָרֶץ וְכָל־צְבָאָם׃

| 체바암 | 베콜 | 베하아레츠 | 핫샤마임 | 바예쿨루 |
|---|---|---|---|---|
| 물이 | 모든 | 땅과 | 하늘과 | 이루다 |

**Gen.2:1 And the heaven and the earth were finished, and all the host of them.**

**창2:1 천지와 만물이 다 이루어지니라**

וַיְכֻלּוּ 바예쿨루(칼라: 206회) כָּלָה 칼라 : 완성하다,지나가다,사라지다

문법사항 : 바브연속법,푸알동사미완료,약동사 라멜-헤

※ 일단 우리는 피엘 또는 푸알의 바브연속법인 것을 한 눈에 확인할 수 있습니다.

'예'+'키부츠'이니 푸알이겠죠. 사실 이게 끝이고 남는 것은 어근 단어를 찾고 알면 해석은 끝이지요.

계속 원리를 이해서 변화등을 확인하겠지만 사실 이것이 더 중요합니다.

---

하지만 창세기 2장의 시작이니 변화를 찾아가는 과정을 한 번 볼까요?

원형이 위에 적혀 있기에 '아! 라멜-헤 동사이구나'라고 알 수 있습니다. 하지만 우리가 정보없이 어떻게 알 수 있을까요?

1. 일단은 접두를 제외하니 우리가 보는 일반적인 3음절의 단어가 아니라는 것은 확인 가능해야 합니다. 마지막의 슈룩이 라멜-헤동사임을 보여줍니다.(헤가 탈락하며 어미가 바로 붙은 형태지요).
2. 대표적으로 축약형이 나타나는 곳은 라멜-헤와 아인-바브(요드)입니다. 이 들은 거의 지시형의 형태를 사용합니다. 더 축약되기도 하지만.. 지시형은 규칙에서만 배웠는데 모르셔도 되요.
3. 축약형이라면 어떤 동사의 축약인지 확인합니다 아인-바브(요드)는 접두어 요드 아래가 카메츠입니다. 여기는 슈바네요.. 라멜-헤동사이겠구나..
4. 이런 과정으로 예쿹탈처럼 사용되지 않고 축약되며 어미가 붙어 모음이 사라진 겁니다.

---

참고로 하나 더 말씀드리면 (항상은 아니지만)바브연속법 미완료 개음절은 접두요드에 강세가 옵니다. 이렇게 강세가 앞으로 가면서 종음절이 엑센트를 잃어버리면 엑센트없는 폐음절이 되기에 단모음이 되겠지요?(원래 기준으로는 종음절 엑센트가 기본이니 엑센트있는 폐음절이었을테지만요..)
이렇게 엑센트가 이동하고 나며 영어에서도 강세외에 뭉개서?발음하듯 짧게 가는데 그 과정에서 라멜-헤와 아인-바브(요드)는 축약까지 발생한다라고 생각하시면 더 이해가 되실까요???

자, 여기서 변화를 찾아가는 것은 보셨고.. 더 중요한 것은 무엇일까요?

"아!!! 라멜-헤동사와 아인-바브(요드)의 경우는 지시형처럼 축약형을 사용하는구나~~~"입니다.

| 6635 | 3605 | 776 | 8064 | 3615 |
|---|---|---|---|---|
| 명남단,3남복 | 접명남단연 | 접관명여단 | 관명남쌍 | 봐익동푸미남3복 |

וַיְכֻלּוּ הַשָּׁמַיִם וְהָאָרֶץ וְכָל־צְבָאָם׃

| 체바암 | 베콜 | 베하아레츠 | 핫솨마임 | 바예쿨루 |
|---|---|---|---|---|
| 만물 | 모든 | 땅과 | 하늘과 | 이루다 |

**Gen.2:1 And the heaven and the earth were finished, and all the host of them.**

**창2:1 천지와 만물이 다 이루어지니라**

원래는 앞 장에 '체바암'만 추가하고 끝내려 했는데 페이지가 넘어 왔으니 간만에 살짝 복습해 둘께요..

הַשָּׁמַיִם 핫솨마임 : 정관사+다게쉬 + 쌍수남성명사어미

וְהָאָרֶץ 베하아레쯔 : 접속사 + 정관사+다게쉬(후음모음보상) + 여성명사('아'Type세골명사)
에레쯔가 하아레쯔로 변화한 부분이 '아Type' 세골명사이기 때문이지요..

וְכָל 베콜 : 접속사 +남성단수연계형명사(남성단수는 연계형변화 없죠?)

---

צְבָאָם 체바암(차바: 476회)  צָבָא 차바 : 군대,무리,전투,싸움,전쟁

문법사항 : 명사에 붙이는 인칭대명접미사

※ 여기는 여튼 3인칭 남성복수어미인 "카메츠+멤"이 어미에 추가된 모습입니다.

인칭대명접미사의 경우 기본형외에 대체형이 5가지 존재합니다.

여기서는 카메츠+멤이 사용되었는데 기본형도 다시 한번 기억해두세요.

**※ 쉬어가는 이야기**

개인적으로는 원형인 '차바'의 의미를 영어번역에서도 한글번역에서도 '모든 것'정도로 해석을 했는데 이 단어의 의미는 위에 적혀있는 것이 사전적으로는 전부인듯 합니다. 성경에서도 거의 군대,무리,전쟁의 의미를 가지구요. '다 이루신 날'에 대한 단어로 아주 재밌는 생각할 꺼리가 있는 듯 합니다. ㅎㅎ

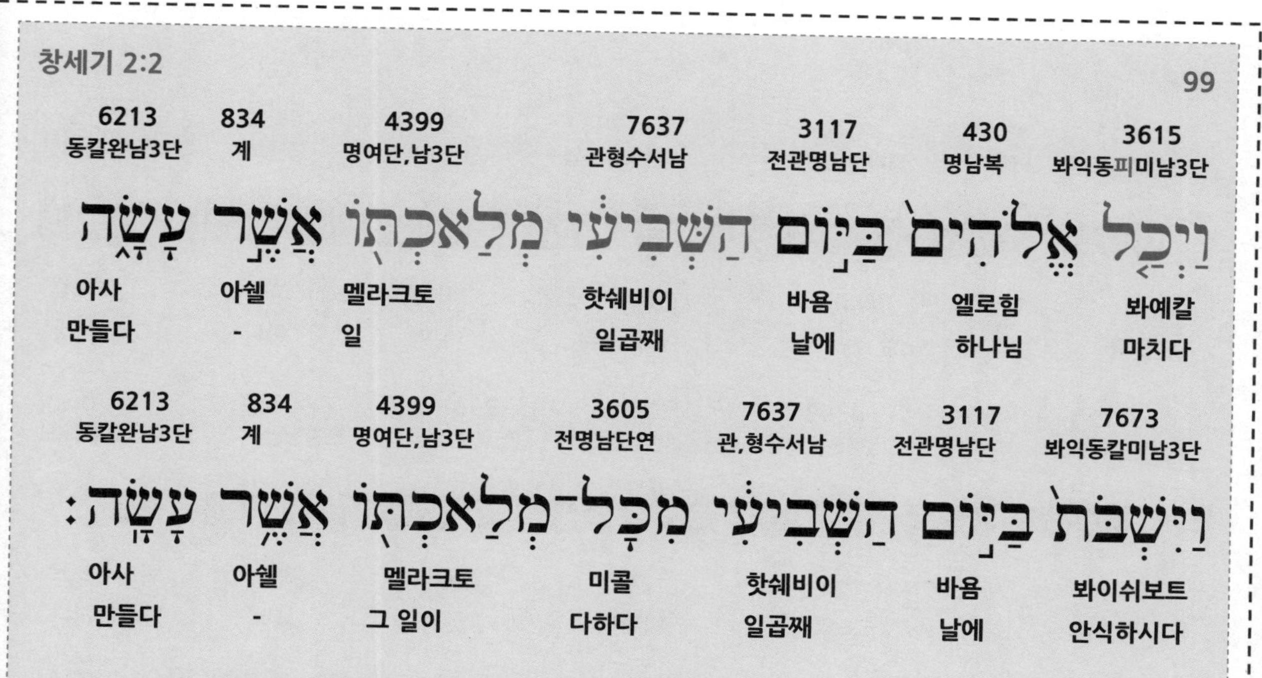


וַיְכַל 봐예칼(칼라: 206회) כָּלָה 칼라 : 완성하다,지나가다,사라지다

문법사항 : 바브연속법,피엘동사미완료,약동사 라멘-헤

※ 성경 참 재밌어요.. 이렇게 앞 절의 푸알과 구분하라고 피엘형이 바로 나오네요..
'예'+'파타'이니 피엘이겠죠. 나머지 부분은 앞 절 설명드렸으니 과감히 패쓰~

---

הַשְּׁבִיעִי 핫쉐비이(세비이: 103회) כָּלָה 셰비이 : 일곱번째

문법사항 : 수사-서수,정관사

---

מְלַאכְתּוֹ 멜라크토(멜라카: 166회) מְלָאכָה 멜라카 : 일,봉사,번영,행운,재산,가축

문법사항 : 무성슈바/유성슈바,명사에 붙이는 인칭대명접미사

※ 또 인칭대명접미사네요. 여기서는 남3단수인 '홀렘바브'입니다.
그런데 형태가 또 다르지요? 여성명사의 경우 여성명사의 연계형을 기준으로 인칭접미어가 붙습니다.

מְלָאכָה → מְלָאכָהַה → מְלָאכַת → מְלַאכְתּוֹ

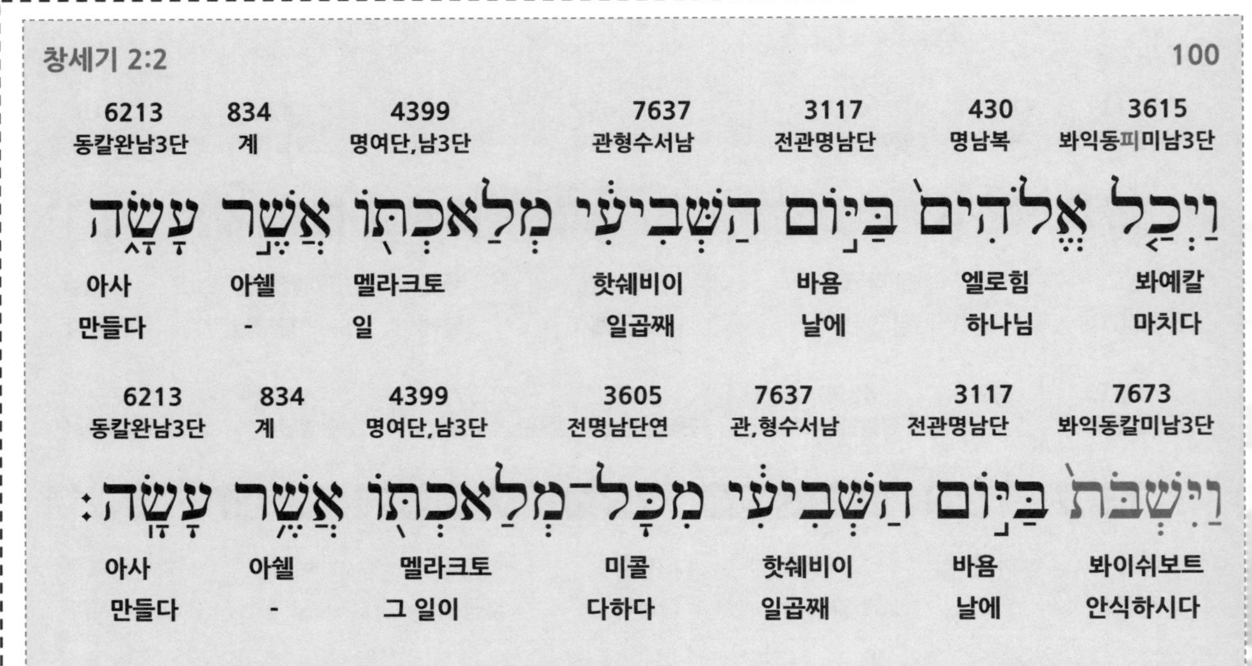


| 6213 | 834 | 4399 | 7637 | 3117 | 430 | 3615 |
|---|---|---|---|---|---|---|
| 동칼완남3단 | 계 | 명여단,남3단 | 관형수서남 | 전관명남단 | 명남복 | 봐익동피미남3단 |
| עָשָׂה | אֲשֶׁר | מְלַאכְתּוֹ | הַשְּׁבִיעִי | בַּיּוֹם | אֱלֹהִים | וַיְכַל |
| 아사 | 아쉘 | 멜라크토 | 핫쉐비이 | 바욤 | 엘로힘 | 봐예칼 |
| 만들다 | - | 일 | 일곱째 | 날에 | 하나님 | 마치다 |

| 6213 | 834 | 4399 | 3605 | 7637 | 3117 | 7673 |
|---|---|---|---|---|---|---|
| 동칼완남3단 | 계 | 명여단,남3단 | 전명남단연 | 관,형수서남 | 전관명남단 | 봐익동칼미남3단 |
| עָשָׂה׃ | אֲשֶׁר | מְלַאכְתּוֹ | מִכָּל־ | הַשְּׁבִיעִי | בַּיּוֹם | וַיִּשְׁבֹּת |
| 아사 | 아쉘 | 멜라크토 | 미콜 | 핫쉐비이 | 바욤 | 봐이쉬보트 |
| 만들다 | - | 그 일이 | 다하다 | 일곱째 | 날에 | 안식하시다 |

**Gen.2:2 And on the seventh day God finished His work which He had made; and He rested on the seventh day from all His work which He had made.**

**창2:2 하나님이 지으시던 일이 일곱째 날이 이를 때에 마치니 그 지으시던 일이 다 하므로 일곱째 날에 안식하시니라**

וַיִּשְׁבֹּת 봐이쉬보트(샤바트: 71회) שָׁבַת 샤바트 : 휴식하다,멈추다,그만두다

문법사항 : 바브연속법

※ 칼형이라 제일 무난한 익톨입니다.

| 1288 | 430 | 853 | 3117 | 7637 | 6942 | 853 |
|---|---|---|---|---|---|---|
| 봐익동피미남3단 | 명남복 | 전 | 명남단연 | 관형수서남 | 봐익동피미남3단 | 남3단 |
| וַיְבָרֶךְ | אֱלֹהִים | אֶת־ | יוֹם | הַשְּׁבִיעִי | וַיְקַדֵּשׁ | אֹתוֹ |
| 봐예바레크 | 엘로힘 | 엘 | 욤 | 핫쉐비이 | 봐예카데쉬 | 오토 |
| 복주시다 | 하나님 | - | 날 | 일곱째 | 거룩하게 하다 | 그 |

| 3588 | - | 7673 | 3605 | 4399 | 834 | 1254 | 430 |
|---|---|---|---|---|---|---|---|
| 접 | 전남3단 | 동칼완남3단 | 전명남단연 | 명여단,남3단 | 계 | 동칼완남3단 | 명남복 |
| כִּי | בוֹ | שָׁבַת | מִכָּל־ | מְלַאכְתּוֹ | אֲשֶׁר־ | בָּרָא | אֱלֹהִים |
| 키 | 보 | 샤바트 | 미콜 | 멜라크토 | 아쉘 | 바라 | 엘로힘 |
| | | 안식하다 | 모든 | 그 | - | 창조하시다 | 하나님 |

| 6213 |
|---|
| 전동칼부연 |
| לַעֲשׂוֹת׃ |
| 라아소트 |
| 만들다 |

Gen.2:3 And God blessed the seventh day, and hallowed it; because that in it He rested from all His work which God in creating had made.

**창2:3 하나님이 일곱째 날을 복 주사 거룩하게 하셨으니 이는 하나님이 그 창조하시며 만드시던 모든 일을 마치시고 이 날에 안식하셨음이더라**

וַיְבָרֶךְ 봐예바레크(바락: 71회) בָּרַךְ 바락 : 무릎 꿇다, 엎드리다, 복을 구하다

וַיְקַדֵּשׁ 봐예카데쉬(카다쉬: 171회) קָדַשׁ 카다쉬 : 거룩하다 깨끗하다

문법사항 : 바브연속법, 피엘동사미완료

---

אֹתוֹ 오토 : 인칭대명접미사, 인칭대명사 목적격

---

לַעֲשׂוֹת 라아소트(아사: 2,627회) עָשָׂה 아사 : 만들다, 노동하다

문법사항 : 전치사, 합성슈바의 앞음절 변화, 후음, 라멘-헤동사변화표중 부정사연계형

※ 칼형이라 무난하지 않습니다. 라멘-헤동사라서요. 특히 부정사연계형은 어미가 변합니다.
이 부분을 별도로 기억하지 않으시면 정말 헷갈리게 됩니다. 원칙 넣고 해봐도 이상하거든요.. ㅎㅎ
라멘-헤 동사 변화표는 중요하니 꼭 기억하세요.

| 428 | 8435 | 8064 | 776 | 1254 |
|---|---|---|---|---|
| 지시대명사 | 명여복연 | 관명남쌍 | 접관명여단 | 전동닢부연,남3복 |
| אֵלֶּה | תוֹלְדוֹת | הַשָּׁמַיִם | וְהָאָרֶץ | בְּהִבָּרְאָם |
| 엘레 | 톨레도트 | 핫솨마임 | 베하아레츠 | 베히바레암 |
| 이것들 | 대략 | 하늘 | 땅 | 창조하다 |

| 3117 | 6213 | 3068 | 430 | 776 | 8064 |
|---|---|---|---|---|---|
| 전명남단연 | 동칼부연 | 명고 | 명남복 | 명여단 | 접명남쌍 |
| בְּיוֹם | עֲשׂוֹת | יְהוָה | אֱלֹהִים | אֶרֶץ | וְשָׁמָיִם׃ |
| 베욤 | 아소트 | 아도나이 | 엘로힘 | 에레쯔 | 베솨마임 |
| 때에 | 만드신 | 여호와 | 하나님 | 땅 | 하늘 |

**Gen.2:4 These are the generations of the heaven and of the earth when they were created, in the day that the LORD God made earth and heaven.**

**창2:4 여호와 하나님이 천지를 창조하신 때에 천지의 창조된 대략이 이러하니라**

אֵלֶּה 엘레(톨레다 : 39회) :동사구문 아닙니다(4~7절), 이 부분도 잘 묵상해보세요~

문법사항 : 지시대명사 복수

---

תוֹלְדוֹת 톨레도트(745회) תּוֹלְדָה 톨레다 : 세대,가문,내력,이력,역사

문법사항 : 명사어미변화 , 라멜-헤,유성슈바

※ 여성복수어미는 '임아오트'의 오트이고 헤가 탈락한 형태입니다.

단모음 뒤와 다게쉬 앞은 무성슈바이지만 여기는 해당하지 않기에 유성슈바입니다.

---

בְּהִבָּרְאָם 베히바레암(바라 : 48회) בָּרָא 바라 : 만들다, 창조하다

문법사항 : 전치사, 니팔동사부정사연계형,동사에 붙이는 인칭대명접미사

※ 이거 보시고 전치사 + 정관사로 생각하신 분 없으시죠?

정관사 앞에 전치사가 오면 자신의 모음을 전치사에게 주고 사라지는 것이 정관사입니다.

여기서는 니팔동사의 명령형은 2인칭이고 '티'가 붙어 있던 자리인데 명령형이 접두어를 제거하는 것이기에 떨어져나가고 그 자리에 '헤'가 붙은 것이니 구분하셔야 해요.

동사에 붙는 인칭대명사의 경우 부정사와 분사의 경우는 특히 유의하셔야 합니다.

부정사는 명사적역할을 하고, 분사는 다양하게 사용되지만 명사적 역할을 하는 경우만 인칭대명접미사가 붙을 수 있기에 동사이지만 부정사와 분사는 명사용 인칭대명접미사를 붙입니다.

창세기 2:4

| 8064 | 776 | 430 | 3068 | 6213 | 3117 |
| --- | --- | --- | --- | --- | --- |
| 접명남쌍 | 명여단 | 명남복 | 명고 | 동칼부연 | 전명남단연 |
| וְשָׁמָיִם׃ | אֶרֶץ | אֱלֹהִים | יְהוָה | עֲשׂוֹת | בְּיוֹם |
| 베솨마임 | 에레쯔 | 엘로힘 | 아도나이 | 아소트 | 베욤 |
| 하늘 | 땅 | 하나님 | 여호와 | 만드신 | 때에 |

יִבָּרֵא 1. 니팔미완료 익카텔을 적용(니팔은 눈이 동화되며 첫음절에 다게쉬 찍히는 형태지요.) 원래 바라에서의 다게쉬는 다게쉬레네로 베가드케파트라서 온 것이고 이 경우는 다게쉬포르테(중복점)입니다.

תִּבָּרֵא 2. 명령형은 2인칭에 해당하니 2인칭 접두한 형태(부정사연계형=명령형)

הִבָּרֵא 3. 명령형은 접두를 제거해야 하는데 니팔형의 경우 접두어가 제외될 때 '헤'가 복원. 사실상 이 부분도 불가피한 것이 위에서 베트의 다게쉬는 레네가 아닌 포르테로 중복점이지요. 중복점이 있는데 접두를 탈락시키면 문법에도 맞지 않아지죠.

הִבָּרֵא֫ 4. 인/대/접을 붙이기 위해 엑센트가 이동합니다. 홀렘과 쩨레인 경우는 인/대/접에서 유일하게 아몰랑이 적용되지요

הִבָּרְאָם 4. 최종적으로 인칭대명접미사 어미를 붙였습니다. 라멘-알렙에서 어미가 붙는 경우는 자음 역할을 하는 알렙이 되므로 규칙변화와 동일하여 지기에 문제가 없지요.
단, 엑센트4법칙인 아몰랑법칙을 따라 모음어미가 붙는 경우에는 내 것을 뺏긴 친구는 슈바를 택하지요. 여기서 슈바는 단모음 뒤도 아니고 다게쉬 앞도 아니니 유성슈바겠네요. 이게 변화의 끝입니다.

---

עֲשׂוֹת 아쏘트(아사: 2,627회) עָשָׂה 아사 : 만들다,노동하다

문법사항 : 라멘-헤 부정사연계형,합성슈바,후음,라멘-헤동사 변화표

※ 칼동사부정사연계형이기도 하지만 더 중요하게 포인트를 둘 부분은 라멘-헤의 부정사연계형이라는 겁니다. 그냥 칼동사로 판단하면 절대 답이 나오지 않습니다. 원형이 보이셔야 해요.
또한 미완료의 폐음절로 진행되는 과정에서 발생한 첫음절은 슈바인데 아사의 경우는 페-후음이기에 후음의 특성에 따라 합성슈바로 변경 된 부분도 확인하셔야 합니다.

---

יְהוָה 아도나이(7,020회) : 여호와 , 야훼

※ 쉬어가는 이야기

앞과 달리 여기서는 하늘과 땅이 아니라 순서가 땅과 하늘입니다. 땅이 강조되었다고 볼 수 있지요?
창세기 2:4후반부 부터는 지금까지의 흐름과 다른 분위기의 이야기가 진행됩니다.
역시 이 부분은 좋은 목회자분들의 영역이므로 이슈만 올려드립니다.

| 6212 | 3605 | 776 | 1961 | 2962 | 7704 | 7880 | 3605 |
|---|---|---|---|---|---|---|---|
| 명남단연 | 접명남단연 | 전관명여단 | 동칼미남3단 | 형부 | 관명남단 | 명남단연 | 접명남단연 |

וְכֹל שִׂיחַ הַשָּׂדֶה טֶרֶם יִהְיֶה בָאָרֶץ וְכָל־עֵשֶׂב

| 에세브 | 베콜 | 바아레츠 | 이흐예 | 테렘 | 핫사데 | 시아흐 | 베콜 |
|---|---|---|---|---|---|---|---|
| 초목 | 모든 | 땅 | 존재하다 | 없다 | 밭 | 채소 | 모든 |

| 430 | 3068 | 4305 | 3808 | 3588 | 6779 | 2962 | 7704 |
|---|---|---|---|---|---|---|---|
| 명남복 | 명고 | 동일완남3단 | 정 | 접 | 동칼미남3단 | 형부 | 관명남단 |

הַשָּׂדֶה טֶרֶם יִצְמָח כִּי לֹא הִמְטִיר יְהוָה אֱלֹהִים

| 엘로힘 | 아도나이 | 힘티르 | 로 | 키 | 이츠마흐 | 테렘 | 핫사데 |
|---|---|---|---|---|---|---|---|
| 하나님 | 여호와 | 비를내리지 | 아니 | - | 싹이나다 | 아니 | 들 |

| 127 | 853 | 5647 | 369 | 120 | 776 | 5921 |
|---|---|---|---|---|---|---|
| 관명여단 | 전 | 전동칼부연 | 정 | 접명남단 | 관명여단 | 전 |

עַל־הָאָרֶץ וְאָדָם אַיִן לַעֲבֹד אֶת־הָאֲדָמָה׃

| 하아다마 | 엘 | 라아보드 | 아인 | 베아담 | 하아레츠 | 알 |
|---|---|---|---|---|---|---|
| 땅 | - | 경작하다 | 없는 | 사람 | 땅 | |

**Gen.2:5 No shrub of the field was yet in the earth, and no herb of the field had yet sprung up; for the LORD God had not caused it to rain upon the earth, and there was not a man to till the ground;**

**창2:5 여호와 하나님이 땅에 비를 내리지 아니하셨고 경작할 사람도 없었으므로 들에는 초목이 아직 없었고 밭에는 채소가 나지 아니하였으며**

שִׂיחַ 시아흐(4회) : 관목,초목

문법사항 : 숨은파타,명사연계형

※ 3음절 헤트 아래에 숨은 파타 확인하시구요. 뒤의 핫사데라는 절대형과 함께 '밭의 채소'로 해석.

---

טֶרֶם 테렘(56회) : 삭제하다, 중단하다라는 사용하지 않는 어원에서 유래

---

יִצְמָח 이츠마흐(차마흐 : 33회) צָמַח 짜마흐 : 싹이 나다

문법사항 : 라멜-후음동사,휴지부호

※ 계속 보이던 라멜-헤와는 다르지요? 라메드-후음동사입니다.

라멜후음은 '아'를 선호해서 앞모음을 '파타'로 & 숨은 파타.. 그런데 여기는 카메츠네요?

왜 그럴까요? 전에 한 번 봤습니다. 휴지부호인 아트나흐나나 씰룩의 경우는 천천히 길게 발음해 주어야 한다고요.. 아트나흐나는 문장 중간 콤마와 같은 기능으로 쉬어가며 길게.. 그래서 카메츠입니다.

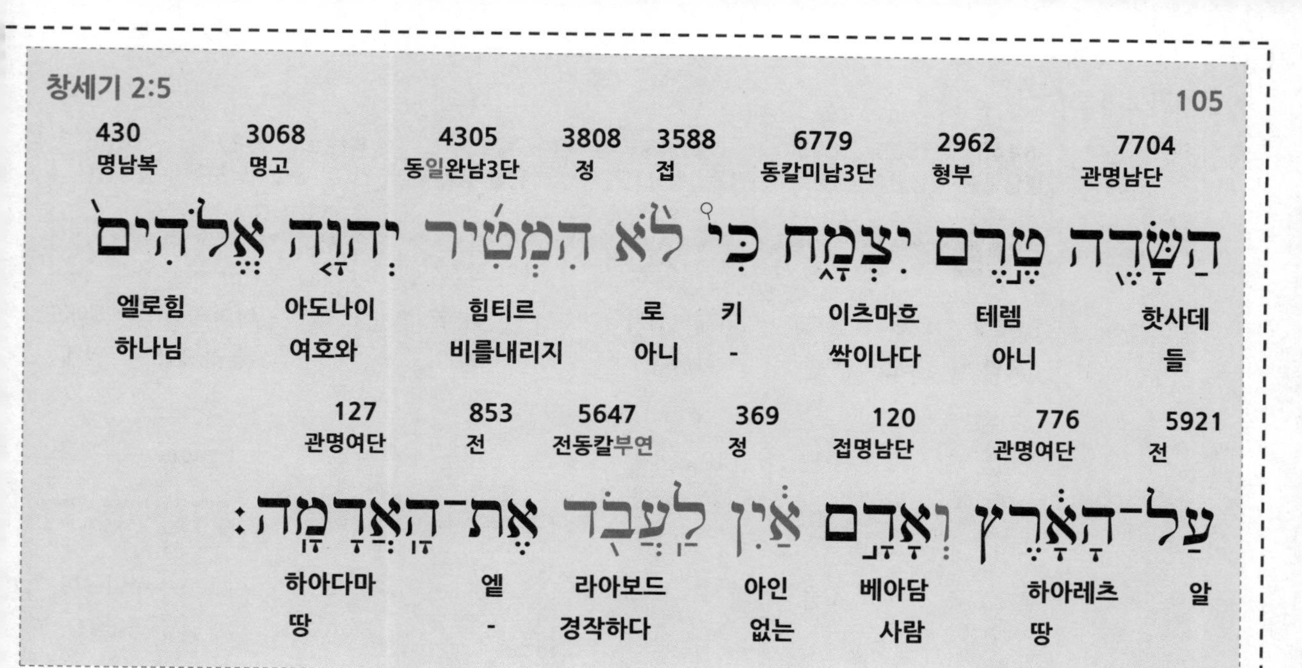


לֹא 로(5097회) : 부정불변사 ~아니다

---

הִמְטִיר 힘티르(마타르 : 17회)

문법사항 : 히필동사(사역동사)

מָטַר 마타르: 비가오다, 비를 내리다

칼형으로 사용되지 않음

---

אַיִן 아인(787회) : 부정대명사 없음, 무, ~아니다

---

לַעֲבֹד 라아보드(아바드 : 289회)

문법사항 : 부정사연계형(전치사와함께),페-후음,합성슈바

※ 어려운 부분 없으니 넘어갑니다.

עָבַד 아바드 : 노동하다,일하다,봉사하다

| 108 | 5927 | 4480 | 776 | 8248 | 853 | 3605 | 6440 |
|---|---|---|---|---|---|---|---|
| 접명남단 | 동칼미남3단 | 전 | 관명여단 | 접동일완남3단 | 전 | 명남단연 | 명남복연 |
| וְאֵד | יַעֲלֶה | מִן־ | הָאָרֶץ | וְהִשְׁקָה | אֶת־ | כָּל־ | פְּנֵי־ |
| 베에드 | 야아레 | 민 | 하아레쯔 | 베히쉬카 | 엘 | 콜 | 페네 |
| 안개 | 올라오다 | | 땅 | 적시다 | | 모든 | 표면 |

| 127 |
|---|
| 관명여단 |
| הָאֲדָמָה׃ |
| 하아다마 |
| 땅 |

**Gen.2:6 but there went up a mist from the earth, and watered the whole face of the ground.**

**창2:6 안개만 땅에서 올라와 온 지면을 적셨더라**

וְאֵד 베에드(에드 : 2회) אֵד 에드 : 안개,수증기

---

יַעֲלֶה 야아레(알라 : 890회) עָלָה 알라 : 올라가다,증가하다

문법사항 : 라멜-헤동사,페-후음,합성슈바

※ 계속 나오는 문법이지요? 라멜-헤 미완료는 홀렘 비선호 세골 선호, 페후음과 합성슈바도 아시죠?

---

וְהִשְׁקָה 베히쉬카(샤카 : 61회) שָׁקָה 샤카 : 물을 주다, 마시게 하다

칼형으로 사용되지 않음

문법사항 : 라멜-헤동사변화표,히필완료,접속사

※ 히필동사보다 먼저 볼 것이 뭐죠? 네.. 라멜-헤입니다.

라멜-헤동사는 변화표를 꼭 확인하셔야 하는 약동사로 완료형의 경우는 종음절이 카메츠입니다.

---

הָאֲדָמָה 하아다마(아다마 : 225회) אֲדָמָה 아다마 : 땅, 흙

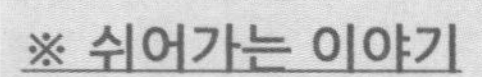


아레쯔,싸데,아다마는 모두 땅을 이야기합니다.

싸데는 '풀이 자라는 땅'이고(그냥 자라는 땅) 아다마는 '경작하는 땅'을 의미하는 어감차이가 있습니다.

| 127 | 4480 | 6083 | 120 | 853 | 430 | 3068 | 3335 |
|---|---|---|---|---|---|---|---|
| 관명여단 | 전 | 명남단 | 관명남단 | 전 | 명남복 | 명고 | 봐익동칼미남3단 |
| 하아다마 | 민 | 아파르 | 하아담 | 엘 | 엘로힘 | 아도나이 | 봐이체르 |
| 땅 | | 흙 | 사람 | | 하나님 | 여호와 | 지으시다 |

וַיִּיצֶר יְהוָה אֱלֹהִים אֶת־הָאָדָם עָפָר מִן־הָאֲדָמָה

| 2416 | 5315 | 120 | 1961 | 2416 | 5397 | 639 | 5301 |
|---|---|---|---|---|---|---|---|
| 형여단 | 전명여단 | 관명남단 | 봐익동칼미남3단 | 명남복 | 명여단연 | 전명남복3단 | 봐익동칼미남3단 |
| 하야 | 레네페쉬 | 하아담 | 봐예히 | 하이욤 | 니쉬마트 | 베아파우 | 봐이파흐 |
| 생 | 령 | 사람 | 되다 | 생 | 기 | 코에 | 불어넣으시니 |

וַיִּפַּח בְּאַפָּיו נִשְׁמַת חַיִּים וַיְהִי הָאָדָם לְנֶפֶשׁ חַיָּה׃

**Gen.2:7 Then the LORD God formed man of the dust of the ground, and breathed into his nostrils the breath of life; and man became a living soul.**
**창2:7 여호와 하나님이 흙으로 사람을 지으시고 생기를 그 코에 불어 넣으시니 사람이 생령이 된지라**

וַיִּיצֶר 봐이체르(야차르 : 40회) יָצַר 야짜르 : 형성하다,구성하다,만들다

문법사항 : 페-요드동사변화,바브연속법종합표

※ 일단 언어학자가 아닌 제가 보기엔 어려운 단어입니다..

일단 형태적으로 페-요드,페-바브,요드짜데(페-눈처럼 변화) 세 가지를 떠올릴 수 있는 단어입니다.

페-요드는 연속된 요드로 나타나며 앞이 히렉으로 나타나고 페-바브의 경우는 요드가 하나로 쩨레로 표시됩니다.(페-요드 히필형등은 또 다르기에 이건 문법편을 지금 한번 읽어보세요)

그럼 페-요드의 형태라는 것인데 반면에 종음절의 모음이 페-바브가 취하는 형태인 세골입니다.

혼합형에 해당하는 동사인지 제가 추가로 변화를 설명할 지식이 없어서 통과합니다.

---

עָפָר 아팔(110회) : 먼지, 마른 땅

---

וַיִּפַּח 봐이파흐(나파흐 : 12회) פּוּחַ נָפַח 나파흐 : 불다,숨쉬다,숨을거두다
두 단어 동일

문법사항 : 페-눈동사변화,라멜-후음,바브연속법종합표

※ 일단 어근이 부족합니다. 어두가 바로 위에 본 페-요드(바브)랑은 다르지요.

아래 단어의 변형으로 보아야 할 듯 합니다. 페-눈동사로 다게쉬가 붙으며 눈이 사라지고 라멜-헤동사의 특성을 따라 파타로 종음절이 변한 것으로 보면 일치합니다.

창세기 2:7 108

| 2416 | 5315 | 120 | 1961 | 2416 | 5397 | 639 | 5301 |
|---|---|---|---|---|---|---|---|
| 형여단 | 전명여단 | 관명남단 | 봐익동칼미남3단 | 명남복 | 명여단연 | 전명남복,남3단 | 봐익동칼미남3단 |
| חַיָּה׃ | לְנֶפֶשׁ | הָאָדָם | וַיְהִי | חַיִּים | נִשְׁמַת | בְּאַפָּיו | וַיִּפַּח |
| 하야 | 레네페쉬 | 하아담 | 봐예히 | 하이욤 | 니쉬마트 | 베아파우 | 봐이파흐 |
| 생 | 령 | 사람 | 되다 | 생 | 기 | 코에 | 불어넣으시니 |

בְּאַפָּיו 베아파우(야차르 : 40회) אַף 아프 : 코

문법사항 : 명사쌍수,명사에 붙이는 인칭대명접미사

※ 쌍수는 복수명사입니다. 문장을 보면 '사람을 지으시고 그 코에 생기를'입니다.
여기서 '그'를 표현하는 것이 인칭대명접미사이므로 3인칭남성단수형의 인칭대명접미사이구요.
'코'가 쌍수명사이므로 복수명사에 붙는 3인칭남성단수인칭대명사를 사용하면 됩니다.
복수명사에 붙이는 인칭대명접미사의 경우, 인칭대명접미사표에서 보시면 일관적으로 요드가 앞에 나타나는 형태를 보입니다.

---

נִשְׁמַת 니쉬마트(네샤마 : 24회) נְשָׁמָה 네샤마 : 호흡,정신

문법사항 : 명사의 연계형(여성명사단수변화)

※ 명사의 연계형에서 남성복수는 멤 탈락이고, 여성명사는 파타+타우입니다.

נִשְׁמַת חַיִּים 살아있는 호흡 : 생기

---

לְנֶפֶשׁ 레네페쉬(네페쉬 : 753회) נֶפֶשׁ 네페쉬 : 숨,영혼,마음,동물,생물

| 5193 | 3068 | 430 | 1588 | 5731 | 6924 |
|---|---|---|---|---|---|
| 봐익동칼미남3단 | 명고 | 명남복 | 명남단 | 전명고 | 전명남단 |
| וַיִּטַּע | יְהוָה | אֱלֹהִים | גַּן־ | בְּעֵדֶן | מִקֶּדֶם |
| 봐이타 | 아도나이 | 엘로힘 | 간 | 베에덴 | 미케뎀 |
| 창설하다 | 여호와 | 하나님 | 동산 | 에덴에 | 동방의 |

| 7760 | 8033 | 853 | 120 | 834 | 3335 |
|---|---|---|---|---|---|
| 봐익동칼미남3단 | 형부 | 전 | 관명남단 | 계 | 동칼완남3단 |
| וַיָּשֶׂם | שָׁם | אֶת־ | הָאָדָם | אֲשֶׁר | יָצָר׃ |
| 와야셈 | 샴 | 엘 | 하아담 | 아쉘 | 야차르 |
| 두다 | 거기 | | 사람 | | 지으신 |

**Gen.2:8 And the LORD God planted a garden eastward, in Eden; and there He put the man whom He had formed.**

**창2:8 여호와 하나님이 동방의 에덴에 동산을 창설하시고 그 지으신 사람을 거기 두시고**

וַיִּטַּע 봐이타(나타 : 58회) נָטַע 나타 : 세워두다,고정하다,일으키다

문법사항 : 페-눈동사,라멘-후음동사

※ 페-눈동사의 특징이 1음절에 눈이 사라지면서 중복점을 남기는 것입니다.

라멘-후음동사의 파타선호까지 확인하시면 됩니다.

---

גַּן 간(41회) : 정원,동산

---

בְּעֵדֶן 베에덴(에덴 : 41회) עֵדֶן 에덴 : 에덴동산

---

מִקֶּדֶם 미케뎀(케뎀 : 87회) קֶדֶם 케뎀 : 앞면,동쪽,동방,고대(시간에서)

**Gen.2:8 And the LORD God planted a garden eastward, in Eden; and there He put the man whom He had formed.**

**창2:8 여호와 하나님이 동방의 에덴에 동산을 창설하시고 그 지으신 사람을 거기 두시고**

**וַיָּשֶׂם** 와야셈(숨 : 581회) **שׂוּם** 숨 : 두다,배치하다,놓다

문법사항 : 아인-바브(요드), 바브연속법 강세이동

※ 아인-바브(요드)동사는 말그대로 2자음에 바브나 요드가 있는 동사입니다.

전반적인 아인-바브(요드)의 특성외에 문법편에서 대표적인 아인-바브와 아인-요드동사의 변화표를 올려두었는데 이 단어의 변화도 올라있습니다.

아인-요드형의 동사로 바브연속법 미완료에서 세골의 형태를 취하는 모습을 보입니다.

---

**שָׁם** 샴(831회) : 거기, 그 때

---

**יָצַר** 야짜르(40회) : 형성하다,구성하다,만들다 **וַיִּיצֶר** 봐이체르(야차르 : 40회)

※ 창2:7절에서 봐이체르를 하면서 나온 단어원형입니다.

| 127 | 4480 | 430 | 3068 | 6779 |
|---|---|---|---|---|
| 관명여단 | 전 | 명남복 | 명고 | 봐익동일미남3단 |

וַיַּצְמַח יְהוָה אֱלֹהִים מִן־הָאֲדָמָה

| 하아다마 | 민 | 엘로힘 | 아도나이 | 봐야츠마흐 |
|---|---|---|---|---|
| 그 땅 | 에서 | 하나님 | 여호와 | 나게하다 |

| 3978 | 2896 | 4758 | 2530 | 6086 | 3605 |
|---|---|---|---|---|---|
| 전명남단 | 접형비단 | 전명남단 | 동닢분수 | 명남단 | 명남단연 |

כָּל־עֵץ נֶחְמָד לְמַרְאֶה וְטוֹב לְמַאֲכָל

| 레마아칼 | 베토브 | 레마르에 | 네흐마드 | 에츠 | 콜 |
|---|---|---|---|---|---|
| 먹다 | 좋은 | 모양 | 아름다운 | 나무 | 모든 |

| 7451 | 2896 | 1847 | 6086 | 1588 | 8432 | 2416 | 6086 |
|---|---|---|---|---|---|---|---|
| 접형비단 | 형비단 | 관명여단 | 접명남단연 | 관명남단 | 전명남단연 | 관명남복 | 접명남단연 |

וְעֵץ הַחַיִּים בְּתוֹךְ הַגָּן וְעֵץ הַדַּעַת טוֹב וָרָע׃

| 봐라 | 토브 | 하다아트 | 웨에츠 | 학간 | 베토크 | 하하이욤 | 베에츠 |
|---|---|---|---|---|---|---|---|
| 악 | 선 | 알다 | 나무 | 동산 | 가운데 | 생명 | 나무 |

**Gen.2:9 And out of the ground made the LORD God to grow every tree that is pleasant to the sight, and good for food; the tree of life also in the midst of the garden, and the tree of the knowledge of good and evil.**

**창2:9 여호와 하나님이 그 땅에서 보기에 아름답고 먹기에 좋은 나무가 나게 하시니 동산 가운데는 생명나무와 선악을 알게하는 나무도 있더라**

וַיַּצְמַח  봐야츠마흐(차마흐 : 33회)  צָמַח  차마흐 : 싹이나다

문법사항 : 히필형바브연속법, 라멛-후음

※ 히필형 바브연속법의 경우 종음절이 규칙동사의 경우 '쩨레'라는 특징이 있지요? 하지만 이 단어는 라멛-후음에 해당하므로 파타선호에 따라 변화된 모습입니다.

---

נֶחְמָד  네흐마드(하마드 : 18회)  חָמַד  하마드 : 바라다,기뻐하다,탐내다

문법사항 : 니팔형 수동분사

※ 니팔분사는 엄청 간단하지요? 미완료만들고 접두어떼고 눈 부활하고... 하시면 안됩니다.
일단 분사의 특징이 종음절이 장음입니다. 니팔에서 파타를 카메츠로 변경하면 끝입니다.
다른 타입도 모두 동일하게 미완료에서 요드를 멤으로 바꾸고 종음절 장음으로가 분사 끝입니다.
니팔은 미완료(익카텔)과 형태가 달라 오히려 어려운데..완료를 장음으로 하는 형태로 기억하심 됩니다.

| כָּל־ | עֵץ | נֶחְמָד | לְמַרְאֶה | וְטוֹב | לְמַאֲכָל |
|---|---|---|---|---|---|
| 3605 | 6086 | 2530 | 4758 | 2896 | 3978 |
| 명남단연 | 명남단 | 동닢분수 | 전명남단 | 접형비단 | 전명남단 |
| 콜 | 에츠 | 네흐마드 | 레마르에 | 베토브 | 레마아칼 |
| 모든 | 나무 | 아름다운 | 모양 | 좋은 | 먹다 |

| וְעֵץ | הַחַיִּים | בְּתוֹךְ | הַגָּן | וְעֵץ | הַדַּעַת | טוֹב | וָרָע׃ |
|---|---|---|---|---|---|---|---|
| 6086 | 2416 | 8432 | 1588 | 6086 | 1847 | 2896 | 7451 |
| 접명남단연 | 관명남복 | 전명남단연 | 관명남단 | 접명남단연 | 관명여단 | 형비단 | 접형비단 |
| 베에츠 | 하하이욤 | 베토크 | 학간 | 웨에츠 | 하다아트 | 토브 | 봐라 |
| 나무 | 생명 | 가운데 | 동산 | 나무 | 알다 | 선 | 악 |

לְמַרְאֶה 레마르에(마르에 : 103회) מַרְאֶה 마르에 : 모양,형상

---

לְמַאֲכָל 레마아칼(마아칼 : 30회) מַאֲכָל 마아칼 : 음식,곡식

---

הַחַיִּים 하하이욤(하이 : 239회) חַי 하이 : 살아있는,생기있는

문법사항 : 명사어미변화, 정관사 다게쉬 생략

※ 지시대명사의 후,히에서 본 것처럼 정관사는 다게쉬가 붙어야하고 못 붙으면 모음 보상이 일어나야 하는데 그렇지 않은 경우가 있습니다. 어미는 남성복수어미이구요.

'헤'와 '헤트'의 경우 다게쉬 내재로 간주되어 파타가 카메츠로 모음보상이 일어나지 않고 파타로 유지됩니다.

---

הַדַּעַת 하다아트(다아트 : 91회) דַּעַת 다아트 : 지식,앎,지혜

'야다'에서 유래된 단어예요.. 느낌나시죠?

---

וָרָע 봐라(라 : 345회) רַע 라 : 나쁜,사악한,유해한

רָאָה 라아 :보다 רָעָה 라아: 사악한

| 1588 | 853 | 8248 | 5731 | 3318 | 5104 |
|---|---|---|---|---|---|
| 관명남단 | 전 | 전동일부연 | 전명고 | 동칼분능 | 접명남단 |
| הַגָּֽן | אֶת־ | לְהַשְׁק֖וֹת | מֵעֵ֔דֶן | יֹצֵ֣א | וְנָהָר֙ |
| 학간 | 엘 | 레하쉬코트 | 메에덴 | 요체 | 베나하르 |
| 동산 | 을 | 적시다 | 에덴에서 | 발원하다 | 강 |

וְנָהָר֙ יֹצֵ֣א מֵעֵ֔דֶן לְהַשְׁק֖וֹת אֶת־הַגָּ֑ן

| 7218 | 702 | 1961 | 6504 | 8033 |
|---|---|---|---|---|
| 명남복 | 전형수기여 | 접동칼완남3단 | 동닢미남3단 | 접전형부 |
| רָאשִֽׁים׃ | לְאַרְבָּעָ֥ה | וְהָיָ֖ה | יִפָּרֵ֔ד | וּמִשָּׁם֙ |
| 라쉼 | 레아르바아 | 베하야 | 이파레드 | 우밋샴 |
| 근원 | 네 | 되다 | 갈라지다 | 거기 |

וּמִשָּׁם֙ יִפָּרֵ֔ד וְהָיָ֖ה לְאַרְבָּעָ֥ה רָאשִֽׁים׃

**Gen.2:10 And a river went out of Eden to water the garden; and from thence it was parted, and became four heads.**

**창2:10 강이 에덴에서 발원하여 동산을 적시고 거기서부터 갈라져 네 근원이 되었으니**

---

וְנָהָר 베나하르(나하르 : 117회) נָהָר 나하르 : 강,시내

---

יֹצֵא 요체(야짜 : 1,067회) יָצָא 야짜 : 나아가다,진행하다,발행하다

문법사항 : 칼능동분사

※ 칼형은 능동분사와 수동분사가 나뉘지요.. 능동은 '코텔', 수동은 '카틀' 여기는 능동분사입니다.

---

לְהַשְׁקוֹת 레하쉬코트(샤카 : 61회) שָׁקָה 샤카 : 물을 주다, 마시게 하다

문법사항 : 라멘-헤동사변화표,히필완료,부정사연계용법

칼형으로 사용되지 않음

※ '안개만 올라와 온 지면을 적셨더라'에서 사용된 단어입니다.

וְהִשְׁקָה 베히쉬카(샤카 : 61회)

베히쉬카에서는 히필완료형으로 라멘헤동사의 완료형은 종음절이 카메츠였구요.

여기서의 레하쉬코트의 경우는 라멘헤동사 부정사연계형으로 '홀렘바브+타우'입니다.

이렇게 라멘-헤동사는 각각이 다른 형태를 띠기에 표를 꼭 보시고 확인하셔야 합니다.

부정사절대형과 연계형에서 연계형은 보통 전치사와 함께 사용되며, 둘 다 명사적/형용사적/부사적 용법을 지닙니다.

.

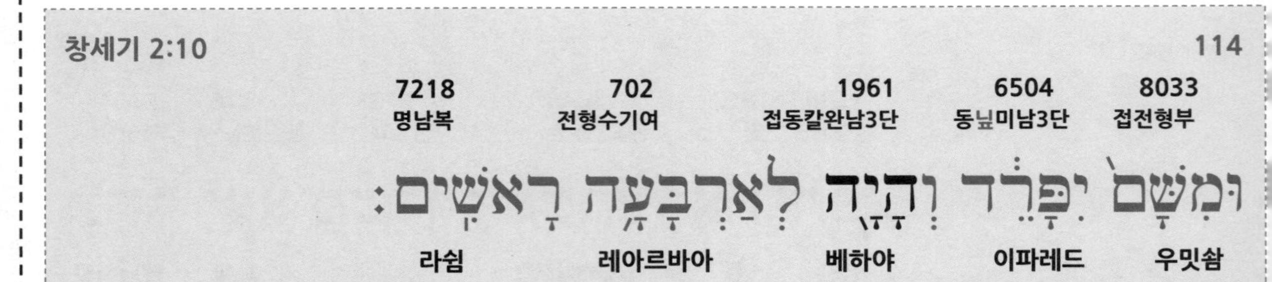


וּמִשָּׁם 우맛삼(샴 : 831회) שָׁם 샴 : 거기, 그 때

문법사항 : 접속사/전치사

---

יִפָּרֵד 이파레드(파라드 : 26회) פָּרַד 파라드 : 펴다,확장하다

문법사항 : 니팔미완료(1음절중복점)

※ 니팔 미완료 기본단어는? 익카텔입니다. 여기서 카메츠로 장음인 것만 기억하시면 됩니다.

---

לְאַרְבָּעָה 레아르비아(아르바 : 154회) אַרְבָּעָה 아르바 : 넷,네 째, 네 배,사십

---

רָאשִׁים 라쉼(로쉬 : 600회) רֹאשׁ 로쉬 : 우두머리,최고의 것,총액,처음

문법사항 : 명사어미변화

※ 이 단어는 혹시 기억하실까요?

창세기 처음 단어인 ‘베레시트’에서 레시트는 추상명사화 되었다고 말씀드리면서 스트롱코드번호와 함께 언급한 단어입니다.

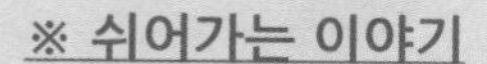
※ 쉬어가는 이야기

힘들게 여기까지 오셨으니 잠깐 쉬어가려고 하네요.

지금까지 '땅'이라는 의미로 단어가 여러 개 나왔는데 기억하시나요?
에레쯔(처음 창조하신 땅), 싸데(풀이 자라는..), 아다마(경작하는..)

**창2:7 여호와 하나님이 흙으로 사람을 지으시고 생기를 그 코에 불어 넣으시니 사람이 생령이 된지라**
**창2:8 여호와 하나님이 동방의 에덴에 동산을 창설하시고 그 지으신 사람을 거기 두시고**

7절에서 흙이라고 된 부분은 8절로 돌아가서 원어로 보시면 "아다마로부터 나온 먼지"라고 보는 것이 직접적인 것 같습니다.

**창2:9 여호와 하나님이 그 땅에서 보기에 아름답고 먹기에 좋은 나무가 나게 하시니 동산 가운데는 생명나무와 선악을 알게하는 나무도 있더라**
9절의 그 땅이라는 표현도 '아다마'입니다.

대강 요약하여 그림을 그려보면 이런 정도일까요???

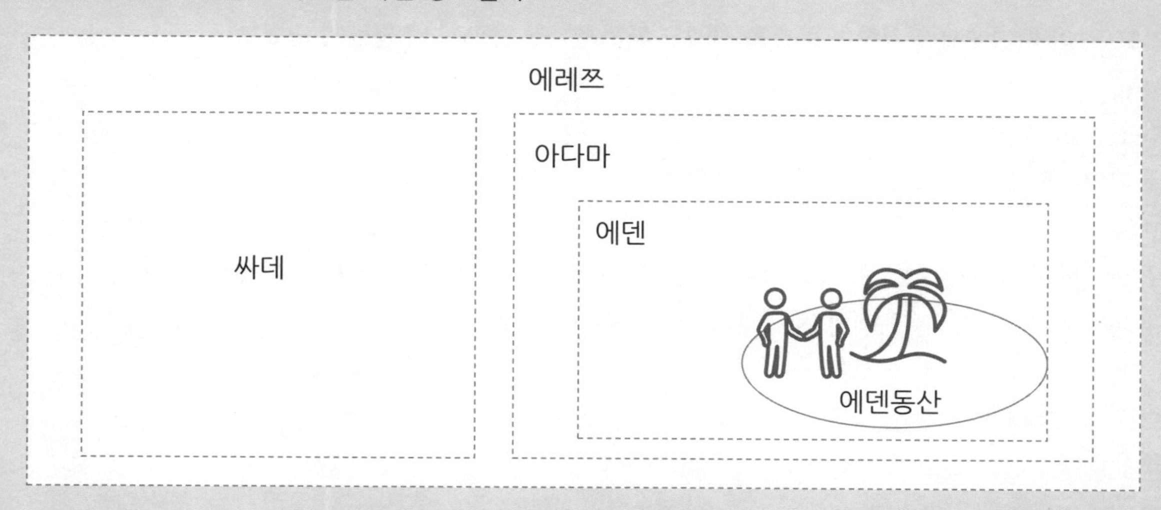


왜 경작하는 땅인 아다마인가? 왜 먼지라는 단어일까?
또한 보통 '보암직도 하고 먹음직도 하고'로 생각하는 선악과 외에 나무들이 모두 보기에 아름답고 먹기에 좋은 것이었다 등등 아주 재밌게 묵상해 볼 내용이 많은 곳이 창세기 1~3장인 것 같습니다.

※ 쉬어가는 이야기

또 한가지 앞으로 전개될 이야기에 대한 부분입니다.

인터넷에 에덴동산의 위치라면서 과학적으로 갈대아우르 인근을 표시한 자료들을 많이 봤습니다. 그리고 비손강에 대해서도 나사에서 아라비아를 가로로 가르는 지금은 마른 땅을 비손강일꺼라고 발표했다면서 이 지역이 맞을 것이다라고 하는 자료들요..

근거는 4개의 강이 발원되었다는 말에서 에덴동산을 찾는 것으로.. 정확히 알고 있다고 생각하는 티그리스와 유프라테스강을 기준으로 찾는 것이죠..사실 우르지역은 하류인데도 상류는 위치가 달라 말이 안되니 하류를 중심으로 찾는 과정이더라구요.

보통 에덴동산에서 4개의 강이 나왔다고 생각들을 하시는데..다르게도 볼 수 있지 않을까요?
지금까지 오셨으니 8절을 기억하시나요? "동방의 에덴에 동산을 창설하시고(간 베에덴 : 동산 에덴에).."
15절에는 '에덴동산'으로 고유명사로 나옵니다(베간-에덴 : 에덴동산에) 하지만 8절에서는 분명한 표현이 되고 있어요. 에덴에 동산을..
즉, 이 에덴동산과 에덴이 동급?은 아닐 수 있다는 겁니다.

**창2:10 강이 에덴에서 발원하여 동산을 적시고 거기서부터 갈라져 네 근원이 되었으니**
보시면 에덴에서 발원하여 동산을 적시고 갈라져 네 근원이라고 하는데 과학적으로는 사실 설명이 안되죠. 티그리스와 유프라테스도 근원지역이 다르니까요.. 게다가 구스땅 때문에 이 중 하나가 아닐까 하는 나일강은 오히려 남쪽이 근원이니까요..

저도 위치는 모릅니다. 예를 들어 지구가 에덴이라고 보면 어떻게 되나요? 아니면 중동지역 전체가 에덴이라면? 에덴동산은 에덴의 어느 곳에 창설된 것이니까요..

앞으로 나오는 4개의 강이야기도 재밌습니다. 금과 보석이 나온다고 언급된 강은 하윌라를 도는 비손강뿐입니다.(이것도 아라비아에 금이 많이 나니 그 지역이다라는 말도 있는데 너무 과학적으로 다가가지 않는편이 나아보입니다.)

오히려 왜 비손강만 특이한 언급을 하셨을까등에 대한 묵상이 오히려 성경을 재밌게 읽는 방법이 아닌가 싶네요..

문법공부가 힘드실까봐 쉬어가시라고 묵상하실 부분을 몇가지 올려봅니다. ㅎㅎㅎ

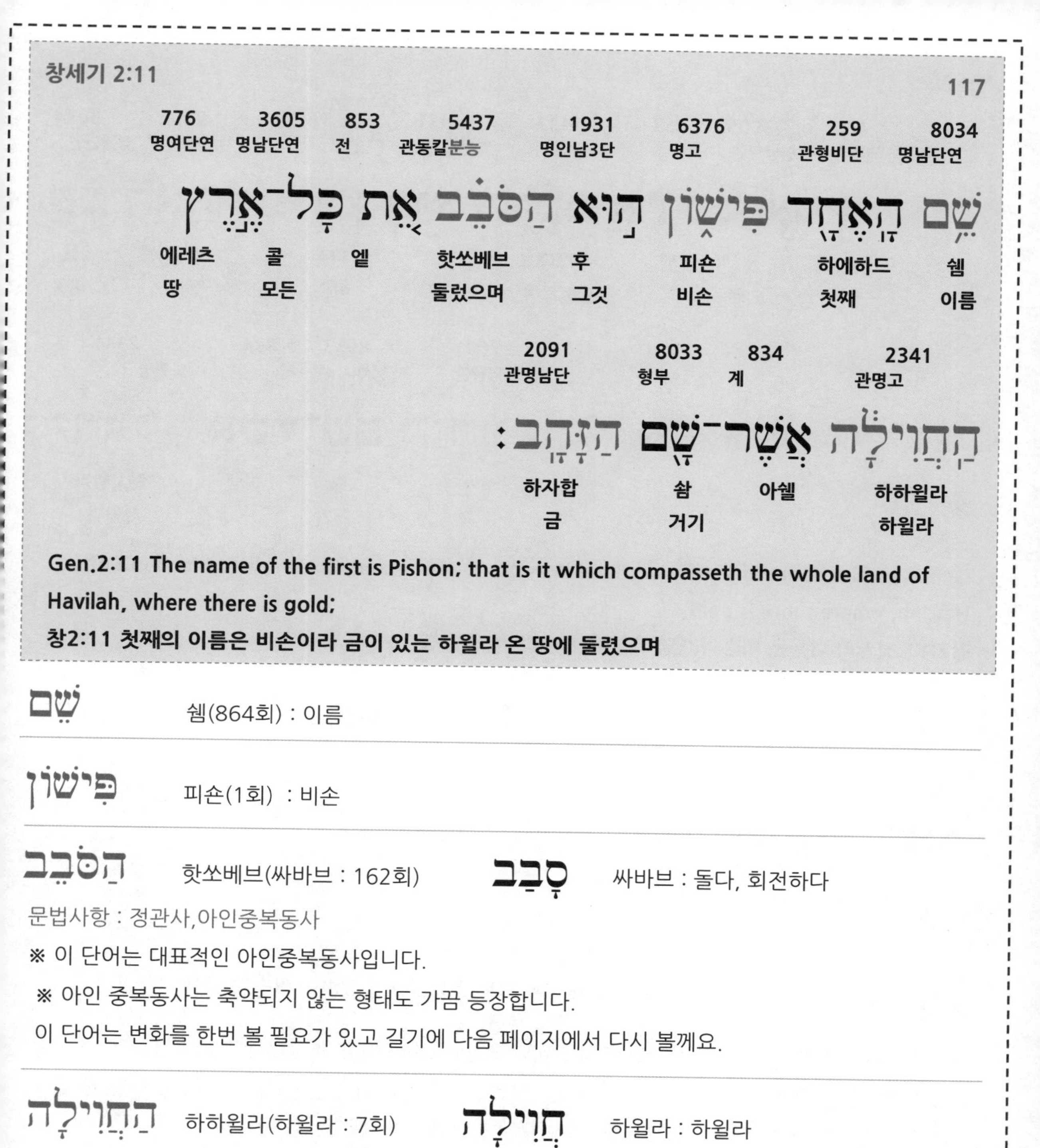

| 776 | 3605 | 853 | 5437 | 1931 | 6376 | 259 | 8034 |
|---|---|---|---|---|---|---|---|
| 명여단연 | 명남단연 | 전 | 관동칼분능 | 명인남3단 | 명고 | 관형비단 | 명남단연 |
| אֶרֶץ | כָּל־ | אֵת | הַסֹּבֵב | הוּא | פִּישׁוֹן | הָאֶחָד | שֵׁם |
| 에레츠 | 콜 | 엩 | 핫쏘베브 | 후 | 피숀 | 하에하드 | 쉠 |
| 땅 | 모든 | | 둘렀으며 | 그것 | 비손 | 첫째 | 이름 |

| 2091 | 8033 | 834 | 2341 |
|---|---|---|---|
| 관명남단 | 형부 | 계 | 관명고 |
| הַזָּהָב׃ | שָׁם | אֲשֶׁר־ | הַחֲוִילָה |
| 하자합 | 샴 | 아쉘 | 하하윌라 |
| 금 | 거기 | | 하윌라 |

**Gen.2:11 The name of the first is Pishon; that is it which compasseth the whole land of Havilah, where there is gold;**

**창2:11 첫째의 이름은 비손이라 금이 있는 하윌라 온 땅에 둘렀으며**

שֵׁם 쉠(864회) : 이름

---

פִּישׁוֹן 피숀(1회) : 비손

---

הַסֹּבֵב 핫쏘베브(싸바브 : 162회) סָבַב 싸바브 : 돌다, 회전하다

문법사항 : 정관사,아인중복동사

※ 이 단어는 대표적인 아인중복동사입니다.

※ 아인 중복동사는 축약되지 않는 형태도 가끔 등장합니다.

이 단어는 변화를 한번 볼 필요가 있고 길기에 다음 페이지에서 다시 볼께요.

---

הַחֲוִילָה 하하윌라(하윌라 : 7회) חֲוִילָה 하윌라 : 하윌라

---

הַזָּהָב 자하브(자하브 : 387회) זָהָב 자하브 : 금

문법사항 : 정관사,명사의 기본모음

※ 동사와 달리 히브리어 명사의 기본형은 카메츠 + 카메츠로 보시면 됩니다.

다게쉬는 정관사로 추가입니다.

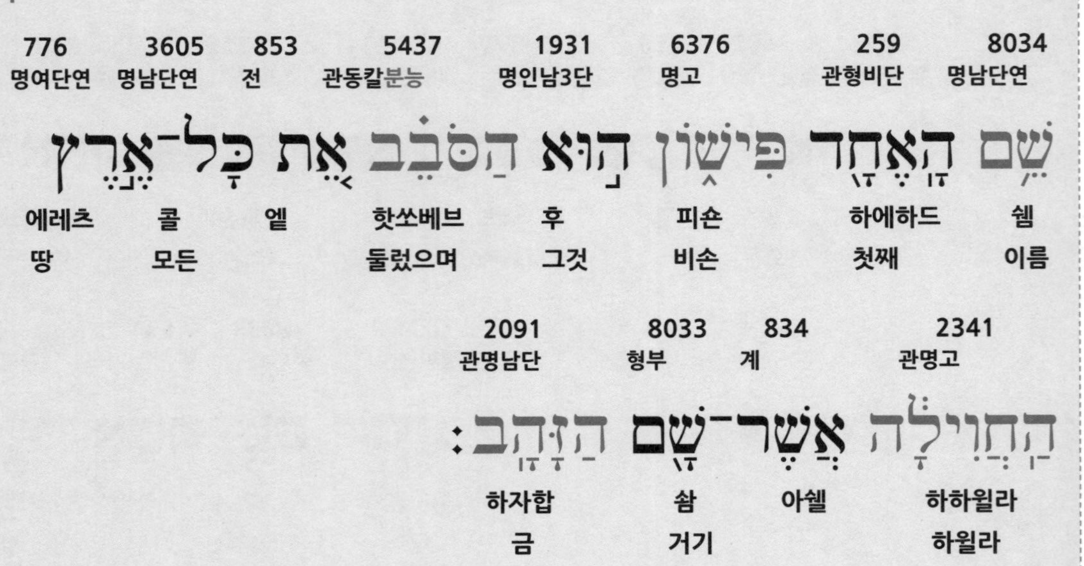

| 번호 | 문법 | 히브리어 | 발음 | 뜻 |
| --- | --- | --- | --- | --- |
| 8034 | 명남단연 | שֵׁם | 쉠 | 이름 |
| 259 | 관형비단 | הָאֶחָד | 하에하드 | 첫째 |
| 6376 | 명고 | פִּישׁוֹן | 피숀 | 비손 |
| 1931 | 명인남3단 | הוּא | 후 | 그것 |
| 5437 | 관동칼분능 | הַסֹּבֵב | 핫쏘베브 | 둘렀으며 |
| 853 | 전 | אֵת | 엘 | |
| 3605 | 명남단연 | כָּל־ | 콜 | 모든 |
| 776 | 명여단연 | אֶרֶץ | 에레츠 | 땅 |
| 2341 | 관명고 | הַחֲוִילָה | 하하윌라 | 하윌라 |
| 834 | 계 | אֲשֶׁר־ | 아쉘 | |
| 8033 | 형부 | שָׁם | 샴 | 거기 |
| 2091 | 관명남단 | הַזָּהָב׃ | 하자합 | 금 |

**Gen.2:11 The name of the first is Pishon; that is it which compasseth the whole land of Havilah, where there is gold;**

**창2:11 첫째의 이름은 비손이라 금이 있는 하윌라 온 땅에 둘렀으며**

הַסֹּבֵב 핫쏘베브(싸바브 : 162회) סָבַב 싸바브 : 돌다, 회전하다

문법사항 : 정관사,아인중복동사

יִקְטֹל 칼 미완료에서 계속 본 단어입니다.

טֹל + יִקְ 음절구분

סַב 이 단어를 위 '익톨'처럼 접두사를 붙여서 만들고 음절을 분리하면 어떻게 될까요???????

일단 접두사는 붙이겠는데 무성슈바와 홀렘을 어디에 붙일지등 막연하지 않으신가요?
아인-바브동사는 아예 2음절로 자신이 폐음절을 형성하고 있기에 접두사가 붙는 경우 접두사는 위 익톨처럼 단어의 1음절을 가져와 폐음절을 형성하지 못하고 개음절로 끝나게 됩니다.
단어의 끝에 엑센트이니 당연히 접두사는 엑센트 전 개음절로 장음화가 되어야 하지요.
그런데 이 장음화 자체도 히렉이 쩨레로 되는 것이 정상인데 카메츠로 장음화 되는 특성을 가집니다.

결국 폐음절이 아닌 개음절로 접두가 끝나고 뒷부분은 규칙동사와 같이 두개의 자음이 남기에 싸멕이 홀렘이란 모음을 취하게 되는 거죠.. 결과를 볼께요.

יָסֹב 간단하게 칼의 분사능동이 '코텔'이니 그 형태구나라고 보셔도 되지만 이 과정들을 거치고 접두제거하고 남은데서 앞은 홀렘인데 뒤쪽이 분사형인 쩨레가 안되니 비축약형이 됩니다.

| 2896 | 1931 | 776 | 2091 |
| --- | --- | --- | --- |
| 형비단 | 관형지여단 | 관명여단 | 접명남단연 |
| טוֹב | הַהִוא | הָאָרֶץ | וּזֲהַב |
| 토브 | 하히 | 하아레쯔 | 우자합 |
| 좋은 | 그 | 땅 | 금 |

| 7718 | 68 | 916 | 8033 |
| --- | --- | --- | --- |
| 관명남단 | 접명여단연 | 관명남단 | 형부 |
| הַשֹּׁהַם׃ | וְאֶבֶן | הַבְּדֹלַח | שָׁם |
| 핫쇼함 | 베에벤 | 하베돌라흐 | 샴 |
| 호마노 | 돌 | 베델리엄 | 그곳 |

**Gen.2:12 and the gold of that land is good; there is bdellium and the onyx stone.**

**창2:12 그 땅의 금은 정금이요 그곳에는 베델리엄과 호마노도 있으며**

הַהִוא 하히(후 : 1,386회) הוּא 후 : 3인칭남성단수 지시대명사

문법사항 : 지시대명사, 정관사 다게쉬 생략

※ 지시대명사 3인칭남성 단수입니다. 여성은 '히'이지요.

지시대명사의 '후'와 '히'의 경우는 정관사편에도 설명이 되어 있지만 '헤'와 '헤트'가 다게쉬를 포함하는 것으로 간주되기 때문에 앞에 정관사가 붙을 때 모음 보상이 일어나지 않습니다.

이 부분만 다시 한번 기억해 주세요.

---

הַבְּדֹלַח 하베돌라흐(베돌라흐 : 2회) בְּדֹלַח 베돌라흐 : 베델리엄(보석종류), 만나

문법사항 : 정관사

※ 문법은 정관사 뿐이지만 재밌는 것이 있지요.. 민수기11:7에서는 광야에서 이스라엘 백성이 먹었던 만나를 '베돌라흐'라고 비유한 부분도 있습니다.

만나가 공식? 언급된 출16:31에서는 '만(4478)'으로 표기되어 있습니다. מָן 만 : 만나

---

וְאֶבֶן 베에벤(에벤 : 270회) אֶבֶן 에벤 : 돌(예>에벤에셀 : 도움의 돌)

---

הַשֹּׁהַם 핫쇼함(쇼함 : 11회) שֹׁהַם 쇼함 : 보석,얼룩마노,호마노

| 1521 | 8145 | 5104 | 8034 |
|---|---|---|---|
| 명고 | 관형수서남 | 관명남단 | 접명남단연 |

וְשֵׁם־הַנָּהָר הַשֵּׁנִי גִּיחוֹן

| 기혼 | 핫쉐니 | 한나하르 | 베쉠 |
|---|---|---|---|
| 기혼 | 둘째 | 강 | 이름 |

| 3568 | 776 | 3605 | 853 | 5437 | 1931 |
|---|---|---|---|---|---|
| 명고 | 명여단연 | 명남단연 | 전 | 관동칼분능 | 명인남3단 |

הוּא הַסּוֹבֵב אֵת כָּל־אֶרֶץ כּוּשׁ׃

| 쿠쉬 | 에레쯔 | 콜 | 엘 | 핫소베브 | 후 |
|---|---|---|---|---|---|
| 구스 | 땅 | 모든 | | 둘렀고 | 그것 |

**Gen.2:13 And the name of the second river is Gihon; the same is it that compasseth the whole land of Cush.**
**창2:13 둘째 강의 이름은 기혼이라 구스 온 땅에 둘렸고**

כּוּשׁ 쿠쉬(30회) : 구스

※ 쉬어가는 이야기

이 구절은 문법이 없기에 '구스'라는 지역 이야기만 올려봅니다.
70인역(헬라어성경)에서는 이 구스라는 말을 "에티오피아"라고 번역을 했어요.
에굽 남쪽에 위치한 지역으로 현재의 수단까지 이르는 지역을 통칭하고 있다고 합니다.

원래 구스란 단어는 '검다'라는 의미를 히브리어와 헬라어에 모두 가지고 있다고 하네요.

| 8034 | 5104 | 7992 | 2313 | 1931 | 1980 | 6926 |
|---|---|---|---|---|---|---|
| 접명남단연 | 관명남단 | 관형수서남 | 명고 | 명인남3단 | 관동칼분능 | 명여단연 |
| וְשֵׁם | הַנָּהָר | הַשְּׁלִישִׁי | חִדֶּקֶל | הוּא | הַהֹלֵךְ | קִדְמַת |
| 베쉠 | 한나하르 | 핫쉐리쉬 | 힏데겔 | 후 | 하호레크 | 키드마트 |
| 이름 | 강 | 셋째 | 힛데겔 | 그것 | 흐르다 | 동편 |

| 804 | 5104 | 7243 | 1931 | 6578 |
|---|---|---|---|---|
| 명고 | 접관명남단 | 관형수서남 | 명인남3단 | 명고 |
| אַשּׁוּר | וְהַנָּהָר | הָרְבִיעִי | הוּא | פְרָת׃ |
| 앗수르 | 붸한나하르 | 하레비이 | 후 | 페라트 |
| 앗수르 | 강 | 넷째 | 그것 | 유브라데 |

**Gen.2:14 And the name of the third river is Tigris; that is it which goeth toward the east of Asshur. And the fourth river is the Euphrates.**

**창2:14 셋째 강의 이름은 힛데겔이라 앗수르 동편으로 흐르며 넷째 강은 유브라데더라**

חִדֶּקֶל 힛데겔(2회) : 힛데겔강(티그리스강)

---

הַהֹלֵךְ 하호레크(할라크 : 1,549회) הָלַךְ 할라크 : 걷다,가다,살다,흐르다

문법사항 : 페-바브처럼 변화하는 동사 할라크

※ 할라크 하면 일단 특이한 동사입니다. 페-바브가 아닌데 페-바브처럼 미완료에서 변화합니다.
히필형에서도 '헤'자리가 '바브'로 변하는 특성이 있구요.
하지만 미완료와 히필에서의 특성이고 여기서는 칼분사형이네요. 칼분사는 능동 "코텔"입니다.
할라크의 특이한 변화는 페-바브문법편에 있습니다.

---

קִדְמַת 키드마트(키드마 : 3회) קִדְמָה 키드마 : 동쪽, 동편(케뎀의 여성형)

קֶדֶם 케뎀 : 앞면,동쪽,동방,고대(시간에서)

문법사항 : 명사연계형, 세골명사, 명사어미변화

※ 여성형인 키드마를 다시 원형으로 돌아가면 창2:8 에덴동산에서 나온 미케뎀과 같지요?
그런데 키드마가 원형이다에서 끝나면 안되기에 추가로 남성형을 가져왔습니다.
여성형으로 변할 때 변화가 특이하지요? 세골명사입니다. 1음절 히렉을 보면 '이Type'이네요.
연계형변화의 경우는 여성단수이므로 '헤'가 탈락하고 '파타+타우'가 붙은 형태입니다.

| 6578 | 1931 | 7243 | 5104 | 804 |
|---|---|---|---|---|
| 명고 | 명인남3단 | 관형수서남 | 접관명남단 | 명고 |
| פְּרָת׃ | הוּא | הָרְבִיעִי | וְהַנָּהָר | אַשּׁוּר |
| 페라트 | 후 | 하레비이 | 붸한나하르 | 앗수르 |
| 유브라데 | 그것 | 넷째 | 강 | 앗수르 |

**אַשּׁוּר** 앗수르(152회) : 걸음,앗수르(앗시리아)

---

**הָרְבִיעִי** 하레비이(레비이 : 45회) **רְבִיעִי** 레비이 : 네 번째의

문법사항 : 수사-서수

---

**פְּרָת** 페라트(20회) : 유프라테스강('솟아나오다'라는 사용하지 않는 어원에서 유래)

※ 쉬어가는 이야기

이후부터는 여러분도 잘 아시는 아담과 하와의 선악과 이야기가 본격적으로 나옵니다.
내용적으로 아시는 부분이라 편안하기도 하지만 어쩌면 이 부분도 성경을 관통하는 중요한 부분이라고 생각합니다.
단순하게 문법적으로만 바라보지 마시고 좀 더 깊이 묵상하는 시간이 되시면 좋겠습니다.

우리가 문법을 공부하지만 목적이 원어성경을 읽으며 좀 더 깊은 묵상을 하기 위함이니까요.
제가 원래 문법편외에 창세기1~3장을 마무리 하는 것으로 생각을 하고 책을 쓰기 시작했지만..
문법을 마무리하고나서 성경으로 돌아와 창세기 1장을 하고 나니, 너무 힘들어서 창세기 1장만 하고 책을 마무리할까 하는 생각을 솔직히 많이 했습니다.

제가 창세기1~3장을 마무리 하는 것으로 끝까지 나간 부분은 정말 중요한 부분이라고 생각하기 때문입니다.

이제 반 이상 넘어왔으니 힘내세요~~

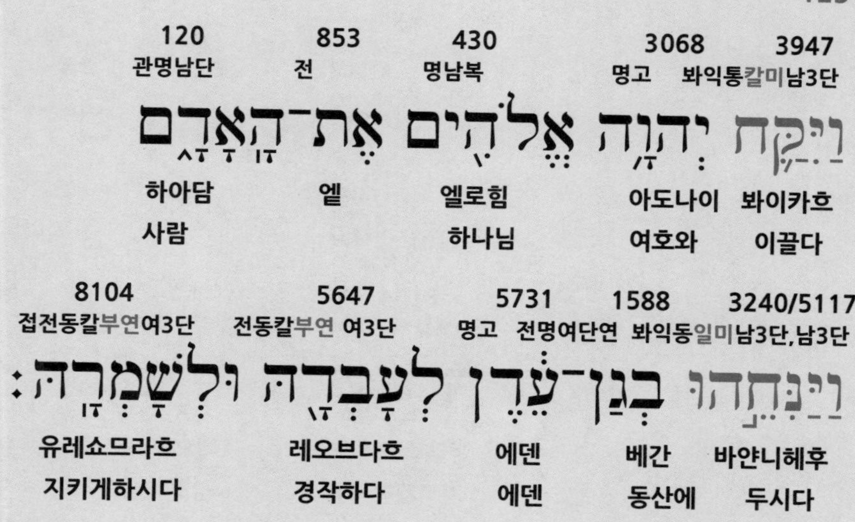


**Gen.2:15 And the LORD God took the man, and put him into the garden of Eden to dress it and to keep it.**

**창2:15 여호와 하나님이 그 사람을 이끌어 에덴 동산에 두사 그것을 다스리며 지키게 하시고**

וַיִּקַּח 바이카흐(라카흐 : 966회) לָקַח 라카흐 : 취하다,붙들다,받아들이다.

문법사항 :라멜의 자음동화, 페-눈동사와 같은 변화의 라카흐

※ 일단 라멜의 경우 '눈'처럼 사라지려는 특성을 가진 자음입니다.

변화를 보시면 니팔형과 같이 다게쉬를 남기고 사라진 것을 보실 수 있습니다.

---

וַיַּנִּחֵהוּ 바얀니헤후(야나흐 : 143회) יָנַח 야나흐(3240) : 두다, 놓다

문법사항 : 히필바브연속법,동사인칭대명접미사 נוּחַ (원형5117)누아흐 : 쉬다,앉다,휴식하다

※ 이 동사는 정말 어렵다는 생각이 듭니다. 자료들에서 '야나흐'로도'누아흐로도 원형으로 제시한 곳도 다르게 있습니다. 원형을 기준으로 라멜-후음은 파타를 선호하고 도저히 안되면 숨은 파타이지요?

성경에는 이 곳과 열왕기상13:29절 두 곳에서 "바얀니헤후" 변화가 나옵니다.

히필미완료 기본형입니다. יַנִּיחַ

히필 바브연속법 미완료 기본형입니다. וַיַּנַּח

원래 동사에 인칭대명접미사가 어려운데 히필은 순장모음과 접두어의 특성상 그냥 붙이기만 하면 되는 형태가 되어 너무 감사한 형태인데 이 동사는 자체변화가 너무 어렵습니다.

이건 동사인칭대명사가 아닌 약동사 변화가 어려운 부분이네요.

הוּ.. + יַנִּיחַ → יַנִּיחֵהוּ → יַנִּחֵהוּ → וַיַּנִּחֵהוּ

인/대/접 히필기본형 동화와 엑센트이동 발생 바브연속법

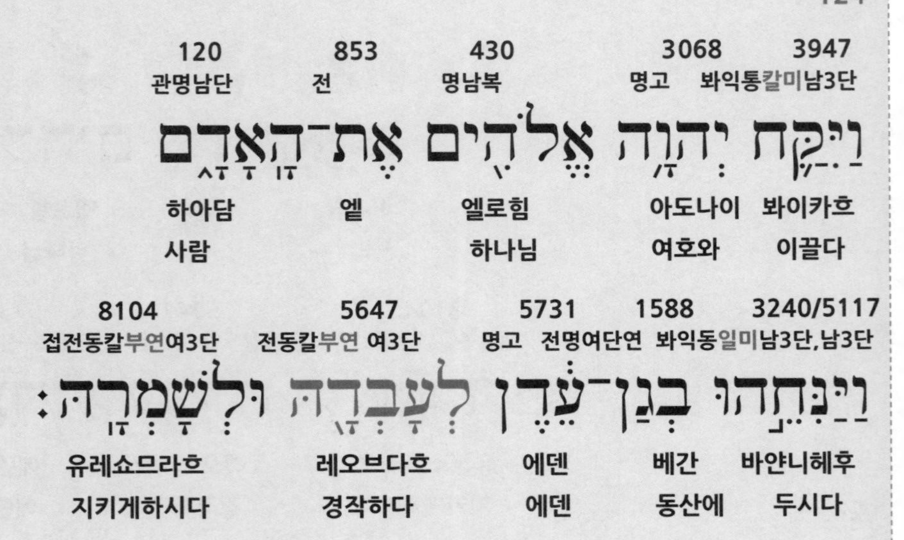


**Gen.2:15 And the LORD God took the man, and put him into the garden of Eden to dress it and to keep it.**

**창2:15 여호와 하나님이 그 사람을 이끌어 에덴 동산에 두사 그것을 다스리며 지키게 하시고**

לְעָבְדָהּ 레오브다흐(아바드 : 289회) עָבַד 아바드 : 일하다,노동하다

문법사항 : 동사에 붙는 인칭대명접미사중 부정사연계형 ,페-후음

※ 명사에 인칭대명접미사를 붙이는 경우는 명사의 연계형을 기준으로 하는 반면에 동사에 붙는 인칭대명접미사의 경우는 인칭대명사를 붙이기 위한 기본형을 만드는 작업이 우선 진행되지요. 미완료의 경우는 1,2모음이 모두 슈바라는 점이 특징이구요.

하지만 명령형은 특이하게 1음절에 카메츠-하툽이 옵니다. 부정사연계형이 명령문과 동일한 것이 원칙이니(물론 중자음어미 포함한 엑센트를 가져가는 경우는 이형 발생) 부정사 연계형은 카탈동사를 기준으로 다음과 같이 되겠지요?(**'레아브다흐'로 된 곳이 많은데 실제 '레오브다흐'가 맞습니다)**

**실제 랍비분의 발음을 들어보셔도 레오브다흐로 발음하는 것을 확인하실 수 있으니 주의해주세요.**

קְטֹל ※ 엑센트를 표시한 이유는 앞이 엑센트 없는 폐음절이기 때문에 단모음 카메츠 하툽이라는 것을 표시하기 위함입니다. 라메드 뒤에 인칭대명접미사가 오면서 그 음절이 엑센트를 가져가게 되겠지요..동일하게 적용해 볼께요.

עָבְד ※ 동사에 인칭대명접미사를 붙이기 위한 기본형작업이 되었습니다. 여기에 인칭대명접미사를 붙여보겠습니다.

עָבְדָהּ ※ 동사에 인칭대명접미사를 붙이기 위한 기본형작업이 되었습니다. 여기에 인칭대명접미사를 붙여 완성해 보도록 하겠습니다.

※ 동사에 인칭대명사 붙이는 작업은 최고 난이도로 정말 어렵습니다. 문법편 잘 살펴보세요.

| 559<br>전동칼부연 | 120<br>관명남단 | 5921<br>전 | 430<br>명남복 | 3068<br>명고 | 6680<br>봐익동피미남3단 |
|---|---|---|---|---|---|
| לֵאמֹר | הָאָדָם | עַל־ | אֱלֹהִים | יְהוָה | וַיְצַו |
| 레모르<br>이르시다 | 하아담<br>사람 | 알<br>에게 | 엘로힘<br>하나님 | 아도나이<br>여호와 | 베예차우<br>명하다 |

| 398<br>동칼미남2단 | 398<br>동칼부절 | 1588<br>관명남단 | 6086<br>명남단연 | 3605<br>전명남단연 |
|---|---|---|---|---|
| תֹּאכֵל׃ | אָכֹל | הַגָּן | עֵץ־ | מִכֹּל |
| 토켈<br>먹다 | 아콜<br>임의로 | 학간<br>동산 | 에츠<br>나무 | 미콜<br>모두 |

**Gen.2:16 And the LORD God commanded the man, saying: 'Of every tree of the garden thou mayest freely eat;**

**창2:16 여호와 하나님이 그 사람에게 명하여 가라사대 동산 각종 나무의 실과는 네가 임의로 먹되**

---

וַיְצַו 베예차우(차바 : 496회) צָוָה 차바: 구성하다,지명하다,명령하다

피엘,푸알로만 성경에 사용됨

문법사항 : 피엘동사,라멘-헤동사

※ 원형을 보시고 아인-바브를 떠올리시면 안됩니다. 형태적으로는 그럴 수 있지만 바브가 정확하게 자음의 역할을 하고 있기에 강동사와 마찬가지입니다. 그럼 결국 히필의 바브연속법을 그냥 사용하면 되는 것인데 라멘-헤동사의 바브연속법은 엑센트 이동으로 인한 축약형 발생입니다.

---

לֵאמֹר 레모르(아마르 : 5,298회) אָמַר 아마르 : 말하다

문법사항 : 페-알렢

※ 미완료에서 알렢이 폐음절로 묵음이 되며 홀렘이 붙고 2음절은 홀렘의 연속으로 파타가 되지만, 접두어가 떨어지는 경우 다시 원형인 홀렘을 복원하는 형태라고 앞에서 설명한 단어입니다.

이제는 대강이라도 기억이 나셔야 합니다.

---

אָכֹל 아콜(아칼 : 807회) אָכַל 아칼 : 먹다,맛보다,즐기다

תֹּאכֵל

문법사항 : 페-알렢,동사총정리표,부정사연계형/절대형용법

※ 위와 동일한 페-알렢이지만 부정사 절대형의 경우는 종음절이 부정사연계형과 부정사절대형이 동일한 히트파엘을 기준으로 앞은 홀렘, 뒤는 쩨레이지요. 여기서 부정사절대형의 경우는 부사적용법(강조,계속)으로 보면 될 것 같습니다.

| 4480 | 398 | 3808 | 7451 | 2896 | 1847 | 6086 |
|---|---|---|---|---|---|---|
| 전남3단 | 동칼미남2단 | 정 | 접형비단 | 형비단 | 관명여단 | 접전명남단연 |
| מִמֶּנּוּ | תֹאכַל | לֹא | וָרָע | טוֹב | הַדַּעַת | וּמֵעֵץ |
| 밈엔누 | 토칼 | 로 | 와라 | 토브 | 하다아트 | 우메에츠 |
| 그것으로부터 | 먹다 | 말다 | 악을 | 선함 | 알게하는 | 나무 |

| 4191 | 4191 | 4480 | 398 | 3117 | 3588 |
|---|---|---|---|---|---|
| 동칼미남2단 | 동칼부절 | 전남3단 | 동칼부연남2단 | 전명남단연 | 접 |
| תָּמוּת׃ | מוֹת | מִמֶּנּוּ | אֲכָלְךָ | בְּיוֹם | כִּי |
| 타무트 | 모트 | 밈멘누 | 아콜레카 | 베욤 | 키 |
| 죽다 | 정녕 | 그것으로부터 | 먹는 | 날 | |

**Gen.2:17 but of the tree of the knowledge of good and evil, thou shalt not eat of it; for in the day that thou eatest thereof thou shalt surely die.'**

**창2:17 선악을 알게 하는 나무의 실과는 먹지 말라 네가 먹는 날에는 정녕 죽으리라 하시니라**

מִמֶּנּוּ 밈멘누(민 : 5,737회) מִן 민 :~로 부터

문법사항 : 전치사에 붙는 인칭대명접미사

※ 원어를 보면서 익숙해지지 않은 상태에서는 한 눈에 잘 보이지 않는 형태입니다.

이 단어는 전치사 민+전치사에 붙는 대명사접미사로 구성되어 있습니다.

대명사접미사는 명사/전치사/기타불변화사/동사등 다양한 곳에 붙으며 형태도 정말 다양하고 복잡합니다. 하지만 정말 많이 나타나기 때문에 반드시 익숙해져야 합니다.

우리가 모두 아는 단어인 임마누엘은 전치사(임,함께)+마누(전치사에 붙는 대명사접미사,우리와)+엘(하나님)으로 '하나님이 우리와 함께 하신다' 또는 '우리와 함께 하시는 하나님'입니다. 이렇게 곳곳에 자주 나타나는 형태이니 자주 보고 익숙해져야 합니다. 어쩌면 이런 분해보다 각각을 단어처럼 외워두는 것도 성경읽기에 편한 방법입니다.

---

מוֹת תָּמוּת 모트 타무트(뭍 : 780회) מוּת 뭍: 죽다,꺼지다,사라지다,멸망하다

문법사항 : 부정사연계형/절대형용법

※ 여기서 부정사절대형의 경우도 부사적용법(강조,계속)으로 보면 될 것 같습니다.

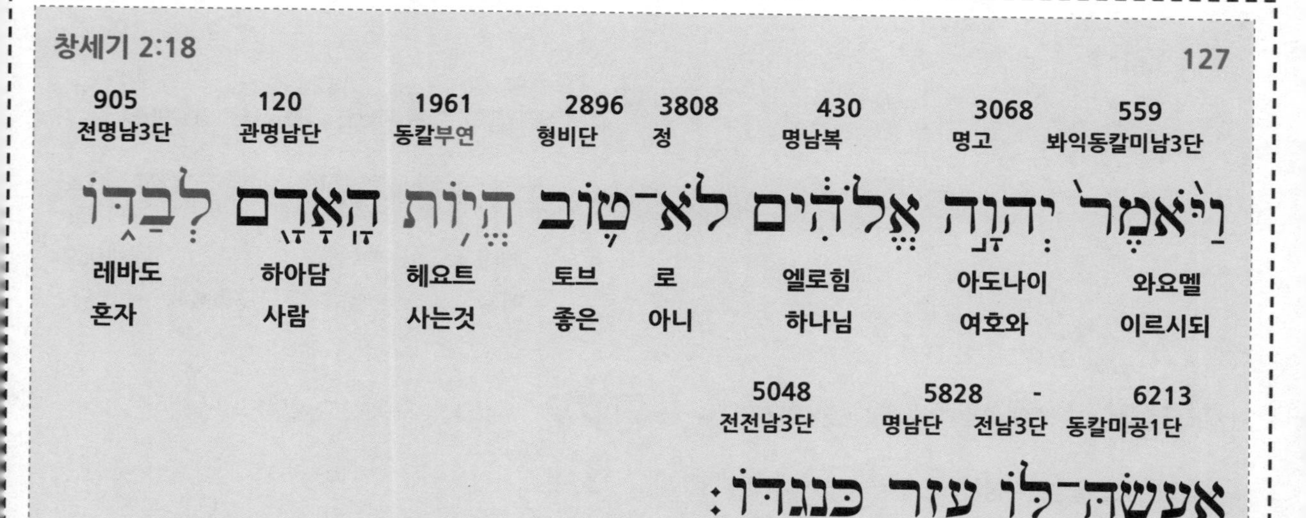


**Gen.2:18 And the LORD God said: 'It is not good that the man should be alone; I will make him a help meet for him.'**

**창2:18 여호와 하나님이 가라사대 사람의 독처하는 것이 좋지 못하니 내가 그를 위하여 돕는 베필을 지으리라 하시니라**

הֱיוֹת 헤요트

문법사항 : 부정사연계형/절대형용법

※ 계속 나오는 하야동사의 부정사연계형입니다. 하야동사는 '이다,있다,존재하다'등등의 의미로 사용되는데 여기서는 '사는 것'이라는 의미로 부정사연계형의 명사적용법으로 사용되었네요.

---

לְבַדּוֹ 레바도(바드 :158회)

בַּד 바드 : 한부분

בָּדַד 바다드 : 나누다,분리하다,고독하다

문법사항 : 아인중복동사,명사에 붙는 인칭대명접미사

※ 3인칭남성단수 명사에 붙는 인칭접미사 (홀렘바브)가 추가되었으니 '그 홀로'정도로 번역이 되겠네요.
기본형이 어근 두 자에 첫음절 모음이 파타이니.. 아인 중복냄새가 물씬 풍기지요?
유래된 원단어를 보면 2음절 달렛이 중복을 싫어하기에 사라지면서 흔적을 남기기 위해 1음절로 자신의 모음 파타를 전해주고 사라지며 3음절 달렛이 올라온거기에 2음절이고 1음절 파타면 ..ㅎㅎ

더 체크해 둘 사항은요.. 이처럼 사라지는 경우도 불가피하게 피해서 숨어있는 것이지 완전히 사라진 것은 아니라는 점입니다. 어미등이 붙거나 하는 경우는 언제든 끼어들 준비를 하고 떠다니던 자음이 복원되기에 위 '레바도'에서 보면 다게쉬가 붙은 것까지 보이셔야 합니다.

| 5048 | 5828 | - | 6213 |
|---|---|---|---|
| 전전남3단 | 명남단 | 전남3단 | 동칼미공1단 |

אֶֽעֱשֶׂהּ־לּ֥וֹ עֵ֖זֶר כְּנֶגְדּֽוֹ׃

| 케네그도 | 에젤 | 로 | 에에세흐 |
|---|---|---|---|
| 베필 | 돕다 | 그를위해 | 짓다 |

אֶֽעֱשֶׂה 에에세흐(아사 :2,627회) עָשָׂה 아사 : 노동하다, 일하다

문법사항 : 알렢-후음, 합성슈바, 라멘-헤(미완료 세골선호)

※ 계속 동일한 문법이지요? 힘들지만 몇 가지를 완전히 이해하시면 성경이 재밌어집니다.

익톨->1인칭 엑톨->라멘-후음?홀렘보다 세골선호->페-후음?단순슈바를 합성슈바로->합성슈바앞은 합성슈바의 단모음형태로..

결국 이 과정으로 만들어진 부분인데 모두 계속 나오는 부분입니다. 단어도 계속 보신 단어예요.

---

לּוֹ

문법사항 : 전치사에 붙는 대명접미사

※ 전치사에 남성3인칭단수 대명접미사가 붙은 형태입니다.

전치사 '레'의 경우 다양한 의미이지만 to,at,for정도의 의미로 여기는 for로 3인칭대명접미사가 붙었으므로 '그를 위해 또는 그를' 정도입니다.

---

כְּנֶגְדּוֹ 케네그도(네게드 :151회) נֶגֶד 네게드 : 앞, 앞에, 앞쪽에, (전치사와 함께)반대편에

문법사항 : 명사에 붙는 인칭대명접미사

※ 원형 네게드는 전치사와 함께 사용시 '반대편에'라는 의미를 가집니다.

역시 3인칭남성명사에 붙는 인칭대명접미사가 붙어있습니다. 그럼 '그의 반대편에'정도의 의미를 가지게 되는 것이겠네요. 한글번역은 베필이지요?

**※ 쉬어가는 이야기**

베필이 '반대편에'라는데 많이 놀라웠습니다. 반대편에가 '대항해서'의 의미는 당연히 아닐껍니다.

그러면 왜? 개인적으로는 반대편에 서는 것은 마주보는 것이고 .. 마주본다는 것은 서로 힘들 때 감싸 안아줄 수 있다는 것이 아닌가 합니다. 뒤에서 안을 수도 있지만 일방적이지 않고 동등한 서로를 품어줄 수 있는 관계가 아닌가 합니다.

또한 마주 보는 것은 눈을 마주 대하는 것으로 이해하고 서로에게 집중하는 것을 의미하지 않을까 하고 개인적으로는 묵상해 보았네요.

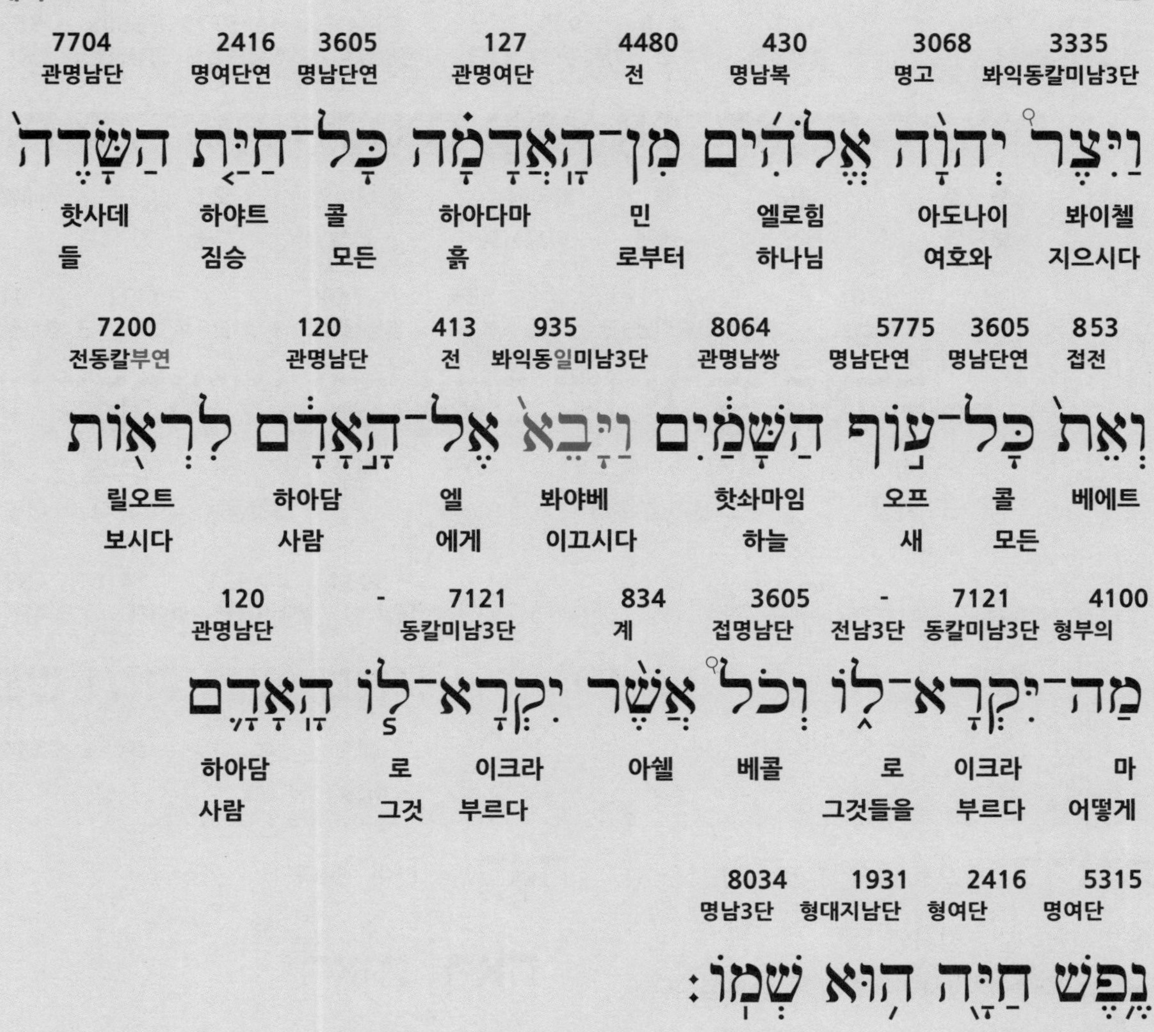

| 7704 | 2416 | 3605 | 127 | 4480 | 430 | 3068 | 3335 |
|---|---|---|---|---|---|---|---|
| 관명남단 | 명여단연 | 명남단연 | 관명여단 | 전 | 명남복 | 명고 | 봐익동칼미남3단 |

וַיִּצֶר יְהוָה אֱלֹהִים מִן־הָאֲדָמָה כָּל־חַיַּת הַשָּׂדֶה

| 핫사데 | 하야트 | 콜 | 하아다마 | 민 | 엘로힘 | 아도나이 | 봐이첼 |
|---|---|---|---|---|---|---|---|
| 들 | 짐승 | 모든 | 흙 | 로부터 | 하나님 | 여호와 | 지으시다 |

| 7200 | 120 | 413 | 935 | 8064 | 5775 | 3605 | 853 |
|---|---|---|---|---|---|---|---|
| 전동칼부연 | 관명남단 | 전 | 봐익동일미남3단 | 관명남쌍 | 명남단연 | 명남단연 | 접전 |

וְאֵת כָּל־עוֹף הַשָּׁמַיִם וַיָּבֵא אֶל־הָאָדָם לִרְאוֹת

| 릴오트 | 하아담 | 엘 | 봐야베 | 핫솨마임 | 오프 | 콜 | 베에트 |
|---|---|---|---|---|---|---|---|
| 보시다 | 사람 | 에게 | 이끄시다 | 하늘 | 새 | 모든 | |

| 120 | - | 7121 | 834 | 3605 | - | 7121 | 4100 |
|---|---|---|---|---|---|---|---|
| 관명남단 | | 동칼미남3단 | 계 | 접명남단 | 전남3단 | 동칼미남3단 | 형부의 |

מַה־יִּקְרָא־לוֹ וְכֹל אֲשֶׁר יִקְרָא־לוֹ הָאָדָם

| 하아담 | 로 | 이크라 | 아쉘 | 베콜 | 로 | 이크라 | 마 |
|---|---|---|---|---|---|---|---|
| 사람 | 그것 | 부르다 | | | 그것들을 | 부르다 | 어떻게 |

| 8034 | 1931 | 2416 | 5315 |
|---|---|---|---|
| 명남3단 | 형대지남단 | 형여단 | 명여단 |

נֶפֶשׁ חַיָּה הוּא שְׁמוֹ׃

| 쉐모 | 후 | 하야 | 네페쉬 |
|---|---|---|---|
| 이름 | 그 | 생 | 물 |

**Gen.2:19 And out of the ground the LORD God formed every beast of the field, and every fowl of the air; and brought them unto the man to see what he would call them; and whatsoever the man would call every living creature, that was to be the name thereof.**

**창2:19 여호와 하나님이 흙으로 각종 들짐승과 공중의 각종 새를 지으시고 아담이 어떻게 이름을 짓나 보시려고 그것들을 그에게로 이끌어 이르시니 아담이 각 생물을 일컫는 바가 곧 그 이름이라**

**וַיָּבֵא** 봐야베(보 :2,565회) **בּוֹא** 보 : 들어오다,오다,가다

문법사항 : 아인-바브동사,히필동사(사역형:들어오게 하다)

| יָבוֹא | → | וַיָּבֶא | → | וַיָּבֵא |
|---|---|---|---|---|
| 미완료 | | 아인-바브(요드) 바브연속법 중간형 | | 최종(라멜-후음) |

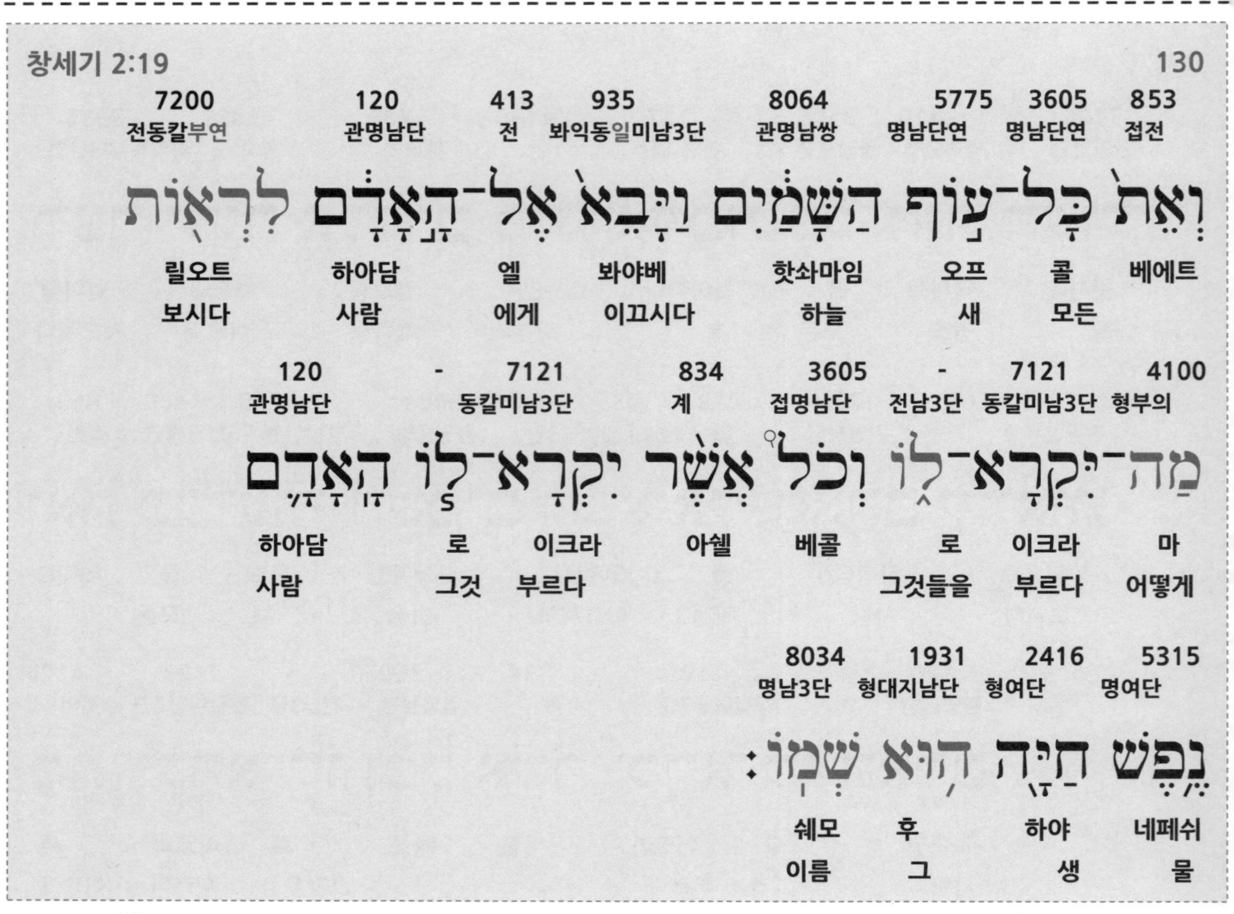

| 7200 | 120 | 413 | 935 | 8064 | 5775 | 3605 | 853 |
|---|---|---|---|---|---|---|---|
| 전동칼부연 | 관명남단 | 전 | 봐익동일미남3단 | 관명남쌍 | 명남단연 | 명남단연 | 접전 |
| לִרְאוֹת | הָאָדָם | אֶל | וַיָּבֵא | הַשָּׁמַיִם | עוֹף | כָּל | וְאֵת |
| 릴오트 | 하아담 | 엘 | 봐야베 | 핫샤마임 | 오프 | 콜 | 베에트 |
| 보시다 | 사람 | 에게 | 이끄시다 | 하늘 | 새 | 모든 | |

| 120 | - | 7121 | 834 | 3605 | - | 7121 | 4100 |
|---|---|---|---|---|---|---|---|
| 관명남단 | | 동칼미남3단 | 계 | 접명남단 | 전남3단 | 동칼미남3단 | 형부의 |
| הָאָדָם | לוֹ | יִקְרָא | אֲשֶׁר | וְכֹל | לוֹ | יִּקְרָא | מַה |
| 하아담 | 로 | 이크라 | 아쉘 | 베콜 | 로 | 이크라 | 마 |
| 사람 | 그것 | 부르다 | | | 그것들을 | 부르다 | 어떻게 |

| 8034 | 1931 | 2416 | 5315 |
|---|---|---|---|
| 명남3단 | 형대지남단 | 형여단 | 명여단 |
| שְׁמוֹ׃ | הוּא | חַיָּה | נֶפֶשׁ |
| 쉐모 | 후 | 하야 | 네페쉬 |
| 이름 | 그 | 생 | 물 |

לִרְאוֹת 릴오트(라아 :1,299회) רָאָה 라아 : 보다

문법사항 : 칼 부정사연계형

※ 이 단어는 부정사연계형이 두 종류입니다. רְאֹה רְאוֹת

---

מַה 마(554회) : 의문대명사(무엇), 부정대명사(어떤 것), 의문부사(왜) 등등

---

לוֹ 전치사+전치사에 붙는 인칭대명접미사

문법사항 : 전치사에 붙는 인칭대명접미사

※ 전치사에 남성3인칭단수 인칭대명접미사가 붙은 형태입니다.

전치사에 대명접미사를 붙이는 경우에는 명사가 연계형단수와 복수로 구분해서 붙이는 것과 달리 한 종류라고 보시면 됩니다. 대신 해석은 단/복수를 생각하셔야 하겠죠?

---

הוּא 후(1,386회) : 지시대명사3인칭남성단수

---

שְׁמוֹ 쉐모(셈 :1,386회) : 셈 + 지시대명사3인칭남성단수 שֵׁם 셈 : 이름

창세기 2:20



| 8064 | 5775 | 929 | 3605 | 8034 | 120 | 7121 |
|---|---|---|---|---|---|---|
| 관명남쌍 | 접전명남단연 | 관명여단 | 전명남단연 | 명남복 | 관명남단 | 봐익동칼미남3단 |
| הַשָּׁמָיִם | וּלְעוֹף | הַבְּהֵמָה | לְכָל־ | שֵׁמוֹת | הָאָדָם | וַיִּקְרָא |
| 핫샤마임 | 울오프 | 하베헤마 | 레콜 | 쉐모트 | 하아담 | 봐이크라 |
| 하늘 | 새 | 육축 | 모든 | 이름 | 아담 | 주다 |

| 5048 | 5828 | 4672 | 3808 | 120 | 7704 | 2416 | 3605 |
|---|---|---|---|---|---|---|---|
| 전전남3단 | 명남단 | 동칼완남3단 | 정 | 접전명남단 | 관명남단 | 명여단연 | 접전명남단연 |
| כְּנֶגְדּוֹ׃ | עֵזֶר | מָצָא | לֹא־ | וּלְאָדָם | הַשָּׂדֶה | חַיַּת | וּלְכֹל |
| 케네그도 | 에젤 | 마짜 | 로 | 울아담 | 핫사데 | 하야트 | 울콜 |
| 배필이 | 도움 | 발견하다 | 없다 | 아담이 | 들 | 짐승 | 모든 |

**Gen.2:20 And the man gave names to all cattle, and to the fowl of the air, and to every beast of the field; but for Adam there was not found a help meet for him.**
**창2:20 아담이 모든 육축과 공중의 새와 들의 모든 짐승에게 이름을 주니라 아담이 돕는 베필이 없으므로**

## שֵׁמוֹת 쉐모트(솀 :1,386회)

문법사항 : 명사복수어미변화

※ 앞 절의 셰모와는 다른 문법입니다. 이런게 익숙해지지 않으면 늘 헷갈리게 됩니다.
앞에는 명사+대명접미사가 어미로 붙은 형태이지만 여기는 단순하게 '이름들'이라는 남성복수어미가 붙은 형태랍니다.

---

## חַיַּת 하야트(하이: 239회) חַי 하이 : 살아있는 ,생기있는

문법사항 : 여성단수연계형

※ 명사의 연계형 여성단수는 '카메츠+헤'가 아닌 '파타+타우'입니다.

| 3462 | 120 | 5921 | 8639 | 430 | 3068 | 5307 |
|---|---|---|---|---|---|---|
| 봐익동칼미남3단 | 관명남단 | 전 | 명여단 | 명남복 | 명고 | 봐익동일미남3단 |
| וַיִּישָׁן | הָאָדָם | עַל־ | תַּרְדֵּמָה | אֱלֹהִים ׀ | יְהוָה | וַיַּפֵּל |
| 봐이솬 | 하아담 | 알 | 타르데마 | 엘로힘 | 아도나이 | 봐야펠 |
| 잠들다 | 아담 | 을 | 깊은 잠 | 하나님 | 여호와 | 하시다 |

| 8478 | 1320 | 5462 | 6763 | 259 | 3947 |
|---|---|---|---|---|---|
| 전,여3단 | 명남단 | 봐익동칼미남3단 | 전명여복,남3단 | 형수기여 | 봐익동칼미남3단 |
| תַּחְתֶּנָּה׃ | בָּשָׂר | וַיִּסְגֹּר | מִצַּלְעֹתָיו | אַחַת | וַיִּקַּח |
| 타흐텐나 | 바사르 | 봐이스고르 | 미찰오타브 | 아하트 | 봐이카흐 |
| 대신 | 살로 | 채우다 | 갈빗대들 | 하나 | 취하다 |

**Gen.2:21 And the LORD God caused a deep sleep to fall upon the man, and he slept; and He took one of his ribs, and closed up the place with flesh instead thereof.**

**창2:21 여호와 하나님이 아담을 깊이 잠들게 하시니 잠들매 그가 그 갈빗대 하나를 취하고 살로 대신 채우시고**

---

וַיַּפֵּל 봐야펠(나팔 :434회) נָפַל 나팔 : 떨어지다,출생하다,품에 안기다

문법사항 : 히필동사 바브연속법, 페-눈동사 바브연속법

※ 페-눈동사로 '눈'이 사라지며 중복점이 붙은 형태입니다.

---

תַּרְדֵּמָה 타르데마(7회) : 깊은잠 רָדַם 유래 : 라담(7290) : 깊이 잠들다,정신을 잃다

---

וַיִּישָׁן 봐이솬(야쉔 :25회) יָשֵׁן 야쉔 : 잠들다,무기력하다

문법사항 : 페-요드동사, 휴지부호

※ 페-요드와 페-바브에 대한 구분은 일단 칼형에서는 '요드+히렉+요드'인지 아니면 '요드+쩨레'인지로 구분이 됩니다.히필형에서는 페-요드동사도 '헤+쩨레'가 되지만요.

종음절도 차이가 나지요. 페-요드는 파타이고, 페-바브는 쩨레로 변화합니다.

형태적으로는 원래 종음절이 파타가 맞지요? 여기서 카메츠가 된 것은?? 휴지부호인 아트나흐나가 붙어있기 때문입니다.

---

וַיִּקַּח 봐이카흐(라카흐 :966회) לָקַח 라카흐 : 위하다, 받아들이다 ,수용하다

문법사항 :라멘의 자음동화, 페-눈처럼 변화하는 동사 라카흐

※ 일단 라멘의 경우 '눈'처럼 사라지려는 특성을 가진 자음입니다.

변화를 보시면 니팔형과 같이 다게쉬를 남기고 사라진 것을 보실 수 있습니다.

창세기 2:21



| 8478 | 1320 | 5462 | 6763 | 259 | 3947 |
|---|---|---|---|---|---|
| 전,여3단 | 명남단 | 봐익동칼미남3단 | 전명여복,남3단 | 수기여단 | 봐익동칼미남3단 |
| תַּחְתֶּֽנָּה׃ | בָּשָׂר | וַיִּסְגֹּר | מִצַּלְעֹתָיו | אַחַת | וַיִּקַּח |
| 타흐텐나 | 바사르 | 봐이스고르 | 미찰오타브 | 아하트 | 봐이카흐 |
| 대신 | 살로 | 채우다 | 갈빗대들 | 하나 | 취하다 |

אַחַת 아하트(에하드 :699회) אֶחָד 에하드 : 똑같은,바로 그, 첫째의,함께

문법사항 : 수사-기수

※ '욤 에하드' , '마콤 에하드'에서 기수로 '하나'의 의미를 가졌던 단어입니다.
수사의 경우는 형용사적인 역할도 합니다. 여기서는 여성형이 사용되었는데 연계형도 같이 볼께요

אַחַד 연계형

---

מִצַּלְעֹתָיו 미찰오타브(첼라 :40회) צֵלָע 첼라 : 갈빗대,측면 방

문법사항 : 전치사 민 축약형, 여성명사어미,인칭대명접미사

※ 일단 '차데'에 중복점은 전치사 '민'이 불분리전치사로 사용시 축약되며 '눈'의 흔적입니다.
길어서 어려워 보이는 단어이기도 하기에 아예 모두 분해해 보도록 할께요.

| יו | + | וֹת | + | צלע | + | מִן | 불분리전치사로 사용되며 |
|---|---|---|---|---|---|---|---|
| 복수명사에 붙는 인칭대명접미사남성단수 | | 여성명사복수어미 | | | | | '눈'탈락하고 중복점으로.. |

※ 여성명사 복수어미는 임/아/오트이니 간단한 부분입니다. (축약형)
인칭대명접미사가 잘 눈에 안보이는 형태입니다. 같은 3인칭남성단수어미가 붙을 때에도 복수명사에 붙는 인칭대명접미사와 단수명사에 붙는 인칭대명접미사가 차이가 있습니다.
보통 단수명사에 붙는 인칭대명접미사는 '홀렘바브'였지만 복수명사에 붙는 경우는 위와 같습니다.

이해를 위해 해석을 보도록 할께요.
갈빗대는 여성명사이고 복수어미가 붙으면 갈빗대들이 되구요.
3인칭 남성단수인칭대명접미사가 붙었으니 '그의 갈빗대들'이 해석이 됩니다.
만약 3인칭여성복수인칭대명접미사가 붙었다면 '그녀들의 갈빗대들'이 되는 것이구요.

결국 명사의 어미는 명사의 성과수에 맞추어 붙이는 것이지만 인칭대명접미사는 명사와는 관계가 없는 접미사가 붙을 수 있는 것이기에 이게 처음에는 좀 헷갈릴 수 있습니다.

## 창세기 2:21



| 8478 | 1320 | 5462 | 6763 | 259 | 3947 |
|---|---|---|---|---|---|
| 전,여3단 | 명남단 | 봐익동칼미남3단 | 전명여복,남3단 | 수기여단 | 봐익동칼미남3단 |
| תַּחְתֶּנָּה׃ | בָּשָׂר | וַיִּסְגֹּר | מִצַּלְעֹתָיו | אַחַת | וַיִּקַּח |
| 타흐텐나 | 바사르 | 봐이스고르 | 미찰오타브 | 아하트 | 봐이카흐 |
| 대신 | 살로 | 채우다 | 갈빗대 | 하나 | 취하다 |

וַיִּסְגֹּר 봐이스고르(싸가르 :91회) סָגַר 싸가르 :닫다,문(히필)붙이다,폐쇄하다

문법사항 : 바브연속법

※ 문법사항은 계속 봐 온 것인데 이 단어의 사용이 참 특이합니다.
원 단어의 의미가 '닫다'라는 의미인데 한국어 번역은 '채우다'이지요?

---

בָּשָׂר 바사르(270회) :
살,고기,육신

---

תַּחְתֶּנָּה 타흐텐나(타하트 :506회) תַּחַת 타하트 : 낮은 곳,아래쪽,아래

문법사항 :전치사 타하트, 인칭대명접미사

※ 일단 원 단어 자체가 전치사입니다. 여기서 '전여3단'을 보고 어두의 전치사 떼고 원형을 찾으시려는 분 계시다면.. 곤란합니다.ㅎㅎ

창세기 1:24절에 베하이토에서 부가접미사가 나왔었고 두번째 출현이네요.(세골+눈)

인칭대명접미사는 3인칭여성단수의 경우 카메츠+헤(맙픽)과 헤+카메츠 두 종류가 있는데 이렇게 맙픽이 빠지는 경우도 나타납니다.

**Gen.2:22 And the rib, which the LORD God had taken from the man, made He a woman, and brought her unto the man.**

**창2:22 여호와 하나님이 아담에게서 취하신 그 갈빗대로 여자를 만드시고 그를 아담에게로 이끌어 오시니**

וַיִּבֶן 바이벤(바나 :373회) בָּנָה 바나 : 세우다,짓다,회복하다,재건하다

문법사항 : 라멘헤 바브연속법

※ 라멘헤동사는 바브연속법 미완료에 축약형이고 세골사용입니다.

---

הַצֵּלָע 하첼라(첼라 :40회) צֵלָע 첼라 : 갈빗대,측면 방

문법사항 : 정관사

※ 21절에서 바로 본 단어입니다. 앞에서는 불분리전치사 '민'의 '눈'이 사라지며 흔적을 남겨서 다게쉬가 있었다면 여기서는 정관사가 붙으면서 사용된 다게쉬라는 점 정도의 차이입니다.

---

וַיְבִאֶהָ 바이비에하(보 : 2,565회) בּוֹא 보 : 들어오다, 들어가다,오다,가다

문법사항 : 아인-바브(요드)동사 히필형,동사에 붙는 인칭대명접미사, הֵבִיא 히필형

※ 동사를 다 익히고도 어려운 최고 난이도일 수 있는 동사에 붙는 인칭대명사입니다.
미완료와 완료, 자음,모음등 여러가지 구분할 것이 정말 많습니다. 일단 변화를 볼께요.

ֶ ָה (인/대/접) + יָבִיא (히필미완료) → יָבִיאֶהָ → יְבִאֶהָ (엑센트이동 모음조정) → וַיְבִאֶהָ (바브연속법)

| 1320 | 6106 | 6106 | 6471 | 2063 | 120 | 559 |
|---|---|---|---|---|---|---|
| 접명남단,접1단 | 전명여복,접1단 | 명여단 | 관명여단 | 형대지여단 | 관명남단 | 봐익동칼미남3단 |
| וּבָשָׂ֖ר | מֵֽעֲצָמַ֔י | עֶ֚צֶם | הַפַּ֗עַם | זֹ֣את | הָֽאָדָם֒ | וַיֹּאמֶר֮ |
| 우바사르 | 메아짜마이 | 에쩸 | 하파암 | 조오트 | 하아담 | 와요멜 |
| 살 | 내 뼈들 | 뼈 | | 이것 | 아담 | 이르다 |

| 2063 | 3947 | 376 | 3588 | 802 | 7121 | 2063 | 1320 |
|---|---|---|---|---|---|---|---|
| 형대지여단 | 동푸완여3단 | 전명남단 | 접 | 명여단 | 동닢미남3단 | 전형대지여단 | 전명남단접1단 |
| זֹּֽאת׃ | לֻֽקֳחָה־ | מֵאִ֖ישׁ | כִּ֥י | אִשָּׁ֔ה | יִקָּרֵ֣א | לְזֹאת֙ | מִבְּשָׂרִ֑י |
| 조오트 | 루코하 | 메이쉬 | 키 | 잇솨 | 약카레 | 레조트 | 미베사리 |
| 이 | 그녀는 취해졌다 | 남자 | | 여자 | 부르다 | 이것 | 살 |

Gen.2:23 And the man said: 'This is now bone of my bones, and flesh of my flesh; she shall be called Woman, because she was taken out of Man.'

창2:23 아담이 가로되 이는 내 뼈 중의 뼈요 살 중의 살이라 이것을 남자에게서 취하였은즉 여자라칭하리라 하니라

**הַפַּעַם** 하파암(파암 : 115회)

**פַּעַם** 파암 : 발자국

(6470)치다,두드리다에서 유래

문법사항 : 정관사,베가드케파트

※ 원형의 다게쉬와 성경의 다게쉬가 다른 것이란 것이 문법입니다.

문법보다 이 부분은 해석이 애매합니다. 자료들에도 '공백'도 있고 '때리다'로 된 곳도 있고..

왜, 이 단어가 쓰였고 어떤 부분을 말씀하시려 하신 것인지 ..

---

**עֶצֶם** 에쩸(126회) : 뼈, 몸

**עֲצָמִים** 복수형

**מֵעֲצָמַי** 메아짜마이(에쩸 : 126회)

문법사항 : 복수명사에 붙는 1인칭대명접미사,불규칙명사

※ 인칭대명접미사는 계속 나오고 있습니다. 어렵지만 이 부분을 이해하고 있지 않으면 성경읽기가 어렵다는 느낌이 드시나요?

또한 여성명사의 복수형임에도 불구하고 복수형이 남성형을 취한 모습의 불규칙명사입니다.

1인칭공성복수명사에 붙는 인칭대명접미사가 붙었으니 "내 뼈들"이란 해석이 되어야 합니다.

창세기 2:23

| 2063 | 3947 | 376 | 3588 | 802 | 7121 | 2063 | 1320 |
| --- | --- | --- | --- | --- | --- | --- | --- |
| 형대지여단 | 동푸완여3단 | 전명남단 | 접 | 명여단 | 동닢미남3단 | 전형대지여단 | 전명남단접1단 |
| 조오트 | 루코하 | 메이쉬 | 키 | 잇솨 | 약카레 | 레조트 | 미베사리 |
| 이 | 그녀는 취해졌다 | 남자 | | 여자 | 부르다 | 이것 | 살 |

מִבְּשָׂרִי לְזֹאת יִקָּרֵא אִשָּׁה כִּי מֵאִישׁ לֻקֳחָה־זֹּאת׃

וּבָשָׂר 우바사르(바사르 : 270회)

מִבְּשָׂרִי 미베사리(바사르 : 270회) בָּשָׂר 바사르 : 살,고기,육신

문법사항 : 불분리전치사,인칭대명접미사

※ 동일하게 인칭대명접미사가 붙은 단어입니다. 다게쉬만 구분하시구요..

---

אִשָּׁה 잇솨(782회) : 여자

מֵאִישׁ 메이쉬(이쉬 : 2,179회) אִישׁ 이쉬 : 사람,남자,남편..

---

לֻקֳחָה 루코하(라카흐 : 966회) לָקַח 라카흐 : 취하다,수용하다

문법사항 : 동사어미변화 לֻקַּח 푸알형

※ 인칭대명접미사가 계속 나오다가 일반형동사어미 붙고 하면 막 헷갈리지 않으시나요?

저는 그렇던데요..ㅎㅎ

여튼 푸알형은 수동이고 여성3인칭 단수이기에 “그녀는 취해졌다”라고 해석하시면 될 듯 합니다.

푸알형의 경우 위에 나온 형태입니다. 우리가 강조형의 특징이 2음절에 다게쉬(중복점)으로 알고 있지요?

이 형태는 뭔가 다르지요? **또한 랍비의 발음에서도 사실상 “룩카하”로 발음되고 있습니다만..**

실제 성경의 기록은 ‘하텝-카메츠’로 단모음 ‘오’입니다.

원래 라카흐라는 동사는 페-눈동사와 붙여서 보면서 강조형은 1자음에 슈바가 아니기에 신경 쓸 부분이 없는 동사입니다.

그런데 푸알형이니 규칙동사의 원리를 따라가면 될 듯 한데 이상한 변화를 보이고 있습니다.

푸알완료 3인칭여성단수의 변화가 특이하다는 것 기억하시면 될 것 같습니다.

마켑으로 연결된 부분까지 고려해 봐도 정확하게 딱 떨어지는 것 같지 않네요.ㅠㅠ

레쉬아래의 메텍은 천천히 장음으로 발음하는 목적 또는 슈바로 반모음화되는 것을 방지하는 목적으로 사용되는 부호입니다.

Gen.2:24 Therefore shall a man leave his father and his mother, and shall cleave unto his wife, and they shall be one flesh.

**창2:24 이러므로 남자가 부모를 떠나 그 아내와 연합하여 둘이 한 몸을 이룰찌로다**

יַֽעֲזָב 야아조브(아자브 : 208회) עָזַב 아자브 : 떠나다,놓아주다,끈을 늦추다

문법사항 : 마켑연결 폐음절

※ 칼 미완료는 '익톨' 그런데 홀렘이 아닌 카메츠가 온 것을 볼 수 있습니다.

원래 아자브의 칼미완료3인칭남성단수는 יַעֲזֹב 가 맞습니다.

단지 마켑으로 연결되면서 폐음절을 구성하게 되므로 엑센트 없는 폐음절로 장음 홀렘이 카메츠하툽(단모음)으로 변경된 것이구요.. 페-후음 합성슈바는 아시죠?

---

אָבִיו 아비우(아브 : 1,220회) אָב 아브 : 아버지,조상

문법사항 : 명사의 연계형,인칭대명접미사 אֲבִי 연계형

※ 명사에 붙는 인칭대명접미사는 명사의 연계형에 붙이지요. 동사는 별도로 기본형이 있구요.

하지만 많은 단어들에서 연계형이 동일한 형태였기에 크게 보이지 않았는데 여기는 특징적으로 볼 수 있네요. 연계형에 인칭대명접미사를 붙이고 나니 2음절이 되지요.

1음절은 엑센트 없는 개음절이니 엑센트법칙에 따라 장음인 카메츠로 변화되었습니다.

---

אִמּוֹ 임모(엠 : 220회) אֵם 엠 : 어머니,할머니

문법사항 : 명사의 연계형,인칭대명접미사

※ 이 단어는 연계형이 원형과 동일한 '엠'입니다. 인칭대명접미사를 붙이고 역시 단모음으로 엑센트법칙을 적용한 형태이네요.

| 517 | 853 | 1 | 853 | 376 | 5800 | 3651 | 5921 |
| --- | --- | --- | --- | --- | --- | --- | --- |
| 명여단,남3단 | 접,전 | 명남단,남3단 | 전 | 명남단 | 동칼미남3단 | 형부 | 전 |
| אִמּוֹ | וְאֶת־ | אָבִיו | אֶת־ | אִישׁ | יַעֲזָב־ | כֵּן | עַל־ |
| 임모 | 베엘 | 아비우 | 엘 | 이쉬 | 야아조브 | 켄 | 알 |
| 어머니 | - | 아버지 | | 남자 | 떠나다 | | |

| 259 | 1320 | 1961 | 802 | 1692 |
| --- | --- | --- | --- | --- |
| 형비단 | 전명남단 | 접동칼완공3복 | 전명여단,남3단 | 접동칼완남3단 |
| אֶחָד׃ | לְבָשָׂר | וְהָיוּ | בְּאִשְׁתּוֹ | וְדָבַק |
| 에하드 | 레바사르 | 베하이우 | 베이쉬토 | 베다바크 |
| 하나 | 몸 | 이루다 | 아내 | 연합 |

Gen.2:24 Therefore shall a man leave his father and his mother, and shall cleave unto his wife, and they shall be one flesh.

창2:24 이러므로 남자가 부모를 떠나 그 아내와 연합하여 둘이 한 몸을 이룰찌로다

וְדָבַק 베다바크(다바크 : 57회) דָּבַק 다바크 : 결합하다,집착하다

בְּאִשְׁתּוֹ 베이쉬토(잇샤 : 782회) אִשָּׁה 잇샤 : 여자

문법사항 : 명사의 연계형,인칭대명접미사 אֵשֶׁת 연계형(절대형도 자주 쓰임)

※ 계속 동일한 문법입니다.

어미를 붙이고 단모음으로 적용하고.. 단, 이 형태는 연계형이 있지만 연계형이 아닌 절대형에도 자주 인칭대명접미사를 붙이는 경우가 있습니다.

| 802 | 120 | 6174 | 8147 | 1961 |
| --- | --- | --- | --- | --- |
| 접명여단,남3단 | 관명남단 | 형비복 | 형수기남쌍,남3복 | 봐익동칼미남3복 |
| וְאִשְׁתּוֹ | הָאָדָם | עֲרוּמִּים | שְׁנֵיהֶם | וַיִּהְיוּ |
| 웨이쉬토 | 하아담 | 아룸밈 | 쉬네헴 | 봐이흐이후 |
| 아내 | 아담 | 벗은 | 두사람 | ~으나 |

| 954 | 3808 |
| --- | --- |
| 동히미남3복 | 접정 |
| יִתְבֹּשָׁשׁוּ׃ | וְלֹא |
| 이트보솨슈 | 베로 |
| 부끄러워 | 아니 |

**Gen.2:25 And they were both naked, the man and his wife, and were not ashamed.**

**창2:25 아담과 그 아내 두 사람이 벌거벗었으나 부끄러워 아니하니라**

שְׁנֵיהֶם 쉬네헴(쉐나임 : 516회) שְׁנַיִם 쉐나임 : 쉐니의 쌍수형

문법사항 : 수사-서수 שֵׁנִי 쉐니 : 둘째의 , 두번째

※ 둘째 날이니라에서 "욤 쉐니"로 본 적 있는 단어입니다.

남성 복수 연계형의 경우는 쩨레+요드로 바꾸고 멤은 탈락시킨 후 남성복수에 붙는 어미를 붙여주는 형태입니다.

---

עֲרוּמִּים 아룸밈(아롬 : 11회) עָרֹם 아롬 : 벗은(6191 아람에서 유래)

문법사항 : 형용사 성수일치 עָרַם 아람(6191) : 발가벗다,드러내다, 교활하다, 간사하다

※ 이 단어는 참고로 6191 아람도 꼭 봐두시기 바랍니다. 금방 나와요~

앞의 쉬네헴이 복수(쌍수)이기에 수식하는 형용사도 복수로 사용됩니다.

---

יִתְבֹּשָׁשׁוּ 이트보솨슈(부쉬 : 109회) בּוֹשׁ 부쉬 : 부끄러워하다,실망하다,낙담하다

문법사항 : 히트파엘 미완료, 아인-바브(요드)

※ 이 단어 원형을 기준으로 아인-바브(요드)동사이지요? 강조형이 아주 특이합니다.

피엘(폴렐),푸알(폴랄),히트파엘(히트폴렐)입니다. 쉰이 두번 나왔다고 '중복이었나?'하시면 안됩니다.

마지막으로 첫번째 쉰+쩨레여야 하는데 카메츠인 것이 아주 특이합니다.

# 창세기 3장

וְהַנָּחָשׁ הָיָה עָרוּם מִכֹּל חַיַּת הַשָּׂדֶה אֲשֶׁר

| 834 | 7704 | 2416 | 3605 | 6175 | 1961 | 5175 |
|---|---|---|---|---|---|---|
| 계 | 관명남단 | 명여단연 | 전명남단연 | 형비단 | 동칼완남3단 | 접관,명남단 |
| אֲשֶׁר | הַשָּׂדֶה | חַיַּת | מִכֹּל | עָרוּם | הָיָה | וְהַנָּחָשׁ |
| 아쉘 | 핫사데 | 하야트 | 미콜 | 아룸 | 하야 | 베한나하쉬 |
| - | 들 | 짐승 | 중에 가장 | 간교한 | 하다 | 그 뱀 |

עָשָׂה יְהוָה אֱלֹהִים וַיֹּאמֶר אֶל־הָאִשָּׁה

| 802 | 413 | 559 | 430 | 3068 | 6213 |
|---|---|---|---|---|---|
| 관명여단 | 전 | 봐익동칼미남3단 | 명남복 | 명고 | 동칼완남3단 |
| הָאִשָּׁה | אֶל־ | וַיֹּאמֶר | אֱלֹהִים | יְהוָה | עָשָׂה |
| 하잇솨 | 엘 | 봐요멜 | 엘로힘 | 아도나이 | 아사 |
| 여자 | 에게 | 말하다 | 하나님 | 여호와 | 만들다 |

אַף כִּי־אָמַר אֱלֹהִים לֹא תֹאכְלוּ מִכֹּל עֵץ הַגָּן׃

| 1588 | 6086 | 3605 | 398 | 3808 | 430 | 559 | 3588 | 637 |
|---|---|---|---|---|---|---|---|---|
| 관명남단 | 명남단연 | 전명남단연 | 동칼미남2복 | 정 | 명남복 | 동칼완남3단 | 접 | 접 |
| הַגָּן׃ | עֵץ | מִכֹּל | תֹאכְלוּ | לֹא | אֱלֹהִים | אָמַר | כִּי־ | אַף |
| 학간 | 에쯔 | 미콜 | 토켈루 | 로 | 엘로힘 | 아마르 | 키 | 아프 |
| 동산 | 나무 | 모든 | 먹지 | 말라 | 하나님 | 말하다 | - | 참으로 |

**Gen.3:1 Now the serpent was more subtle than any beast of the field which the LORD God had made. And he said unto the woman: 'Yea, hath God said: Ye shall not eat of any tree of the garden?'**

**창3:1 그런데 뱀은 여호와 하나님이 지으신 들짐승 중에 가장 간교하니라 뱀이 여자에게 물어 이르되 하나님이 참으로 너희에게 동산 모든 나무의 열매를 먹지 말라 하시더냐**

וְהַנָּחָשׁ 베한나하쉬(나하쉬 : 9회)  נָחָשׁ 나하쉬 : 뱀

※ 창세기 시작하면서 나오는 하늘과 땅에 정관사가 붙어 있다고 말씀드리면서 나중에 뱀을 이야기 할 때도 이런 것이 나온다고 말씀드린 부분이 여기입니다.

그런데 창세기 시작시에 정관사가 있는 부분과 뱀에 붙은 정관사는 살짝 느낌이 다른 듯 합니다.

<u>※ 쉬어가는 이야기</u>

처음 등장하는 뱀에 정관사를 붙인 것은 창세기 1:1 하늘과 땅과는 다른 개념 같아보이는 이유입니다. 정관사와 더불어 바로 앞에서 언급한 벌거벗다,교활하다의 단어를 이어서 다시 사용하는 표현이 아주 재밌다는 생각이 듭니다.

**창2:25 아담과 그 아내 두 사람이 벌거벗었으나 부끄러워 아니하니라**

בּוֹשׁ 부쉬 : 부끄러워하다,실망하다,낙담하다

위 단어도 함께 다양하게 묵상해 볼 수 있는 재밌는 부분이 창세기2:25~3:1인 것 같습니다.

## 창세기 3:1

וְהַנָּחָשׁ הָיָה עָרוּם מִכֹּל חַיַּת הַשָּׂדֶה אֲשֶׁר

| 834 | 7704 | 2416 | 3605 | 6175 | 1961 | 5175 |
|---|---|---|---|---|---|---|
| 계 | 관명남단 | 명여단연 | 전명남단연 | 형비단 | 동칼완남3단 | 접관,명남단 |
| אֲשֶׁר | הַשָּׂדֶה | חַיַּת | מִכֹּל | עָרוּם | הָיָה | וְהַנָּחָשׁ |
| 아쉘 | 핫사데 | 하야트 | 미콜 | 아룸 | 하야 | 베한나하쉬 |
| - | 들 | 짐승 | 중에 가장 | 간교한 | 하다 | 그 뱀 |

עָשָׂה יְהוָה אֱלֹהִים וַיֹּאמֶר אֶל־הָאִשָּׁה

| 802 | 413 | 559 | 430 | 3068 | 6213 |
|---|---|---|---|---|---|
| 관명여단 | 전 | 봐익동칼미남3단 | 명남복 | 명고 | 동칼완남3단 |
| הָאִשָּׁה | אֶל | וַיֹּאמֶר | אֱלֹהִים | יְהוָה | עָשָׂה |
| 하잇솨 | 엘 | 봐요멜 | 엘로힘 | 아도나이 | 아사 |
| 여자 | 에게 | 말하다 | 하나님 | 여호와 | 만들다 |

אַף כִּי־אָמַר אֱלֹהִים לֹא תֹאכְלוּ מִכֹּל עֵץ הַגָּן׃

| 1588 | 6086 | 3605 | 398 | 3808 | 430 | 559 | 3588 | 637 |
|---|---|---|---|---|---|---|---|---|
| 관명남단 | 명남단연 | 전명남단연 | 동칼미남2복 | 정 | 명남복 | 동칼완남3단 | 접 | 접 |
| הַגָּן | עֵץ | מִכֹּל | תֹאכְלוּ | לֹא | אֱלֹהִים | אָמַר | כִּי | אַף |
| 학간 | 에쯔 | 미콜 | 토켈루 | 로 | 엘로힘 | 아마르 | 키 | 아프 |
| 동산 | 나무 | 모든 | 먹지 | 말라 | 하나님 | 말하다 | - | 참으로 |

**עָרוּם** 아룸(9회) 교묘한,신중한

**עָרַם** 아람(6191) : 발가벗다,드러내다, 교활하다, 간사하다

문법사항 :

※ 창2:25에서 아룸밈(벌거벗은)에서 본 단어이지요?

---

**מִכֹּל** 미콜(콜 : 5,408회)

**כֹּל** 콜 : 모든,전체,전부

문법사항 : 전치사 '민'의 용법

※ 여기서 중요한 문법은 '전치사 민의 용법'입니다.

전치사 민의 경우는 비교급과 최상급으로도 사용되고 '일부','부분'을 표현하기도 합니다.

여기서는 최상급으로 사용되었습니다.

전치사 민의 용법을 모르고는 '모든 들짐승중에 가장 간교한'이라고 정확하게 해석이 되지 않습니다.

---

**אַף** 아프(277회) 심지어, 또한

| 5175 | 413 | 802 | 559 |
|---|---|---|---|
| 관명남단 | 전 | 관명여단 | 봐익동칼미남3단 |

וַתֹּאמֶר הָאִשָּׁה אֶל־הַנָּחָשׁ

| 한나하쉬 | 엘 | 하잇샤 | 와토멜 |
|---|---|---|---|
| 뱀 | 에게 | 여자 | 말하다 |

| 398 | 1588 | 6086 | 6529 |
|---|---|---|---|
| 동칼미공1복 | 관명남단 | 명남단연 | 전명남단연 |

מִפְּרִי עֵץ־הַגָּן נֹאכֵל׃

| 노켈 | 학간 | 에쯔 | 미페리 |
|---|---|---|---|
| 우리가 먹다 | 동산 | 나무 | 열매 |

**Gen.3:2 And the woman said unto the serpent: 'Of the fruit of the trees of the garden we may eat;**

**창3:2 여자가 뱀에게 말하되 동산나무의 실과를 우리가 먹을 수 있으나**

נֹאכֵל 노켈(아칼 : 807회)

אָכַל 아칼 : 먹다,맛보다,즐기다

אֱכֹל 연계형

문법사항 : 동사성/수변화,페-알렢

※ 1인칭공성복수인 '니'가 붙어있네요. '이티티티에 이티티티니 / 이 우나우나'

| 430 | 559 | 1588 | 8432 | 834 | 6086 | 6529 |
|---|---|---|---|---|---|---|
| 명남복 | 동칼완남3단 | 관명남단 | 전명남단연 | 계 | 관명남단 | 접전명남단연 |
| אֱלֹהִים | אָמַר | הַגָּן | בְּתוֹךְ־ | אֲשֶׁר | הָעֵץ | וּמִפְּרִי |
| 엘로힘 | 아마르 | 학간 | 베토크 | 아쉘 | 하에쯔 | 우미페리 |
| 하나님 | 말하다 | 동산 | 가운데에 | - | 나무 | 열매 |

וּמִפְּרִי הָעֵץ אֲשֶׁר בְּתוֹךְ־הַגָּן אָמַר אֱלֹהִים

| 4191 | 6435 | - | 5060 | 3808 | 4480 | 398 | 3808 |
|---|---|---|---|---|---|---|---|
| 동칼미남2복 | 접 | 전,남3단 | 동칼미남2복 | 접,정 | 전,남3단 | 동칼미남2복 | 정 |
| תְּמֻתוּן׃ | פֶּן־ | בּוֹ | תִגְּעוּ | וְלֹא | מִמֶּנּוּ | תֹאכְלוּ | לֹא |
| 테무툰 | 펜 | 보 | 티게우 | 베로 | 밈멘누 | 토켈루 | 로 |
| 죽다 | ~하지않도록 | 그것 | 만지다 | 말고 | 그것 | 먹다 | 말라 |

לֹא תֹאכְלוּ מִמֶּנּוּ וְלֹא תִגְּעוּ בּוֹ פֶּן־תְּמֻתוּן׃

**Gen.3:3 but of the fruit of the tree which is in the midst of the garden, God hath said: Ye shall not eat of it, neither shall ye touch it, lest ye die.'**

**창3:3 동산 중앙에 있는 나무의 실과는 하나님의 말씀에 너희는 먹지도 말고 만지지도 말라 너희가 죽을까 하노라 하셨느니라**

תִּגְּעוּ 티게우(나가 : 150회) נָגַע 나가 : 닿다,이르다

문법사항 : 페-눈동사

※ 2인칭남성복수인 '니'가 붙어있네요. '이티티티에 이티티티니 / 이 우나우나'

페-눈동사의 눈이 탈락하며 다게쉬입니다.

---

בּוֹ 보 : 전치사에 붙은 재서대명사

문법사항 : 재서대명사,인칭대명접미사

※ 우리말에는 없는 형태입니다.

히브리어는 관계절 맨 끝에 오고 앞의 명사와 일치하는 인칭대명접미사를 붙이는 형태를 보입니다.

여기서는 나무열매를 의미하는 것이기에 3인칭남성단수 인칭대명접미사 홀렘바브가 쓰였습니다.

---

פֶּן 펜(펜 : 132회) פֵּן 펜 : ~하지 않도록

문법사항 : 마켑전치사

※ 마켑연결시 엑센트 잃은 형태입니다.

---

תְּמֻתוּן 테무툰(뭍 : 780회) מוּת 뭍: 죽다,꺼지다,사라지다,멸망하다

문법사항 : 남성2인칭복수

※ 일반적인 변화와 달리 좀 특이한 형태를 보이는 단어입니다.

| 4191 | 4191 | 3808 | 802 | 413 | 5175 | 559 |
|---|---|---|---|---|---|---|
| 동칼미남2복 | 동칼부절 | 정 | 관명여단 | 전 | 관명남단 | 봐익동칼미남3단 |

וַיֹּאמֶר הַנָּחָשׁ אֶל־הָאִשָּׁה לֹא־מוֹת תְּמֻתוּן׃

| 테무툰 | 모트 | 로 | 하잇솨 | 엘 | 한나하쉬 | 봐요멜 |
|---|---|---|---|---|---|---|
| 죽다 | 결코 | 아니 | 여자 | 에게 | 뱀 | 말하다 |

**Gen.3:4 And the serpent said unto the woman: 'Ye shall not surely die;**

**창3:4 뱀이 여자에게 이르되 너희가 결코 죽지 아니하리라**

※ 쉬어가는 이야기

여긴 문법이 없어서..지나는 이야기입니다.지난 창세기 2:17에서 하신 말씀과 하와의 이야기가 다르지요.

**창2:17 선악을 알게 하는 나무의 실과는 먹지 말라 네가 먹는 날에는 정녕 죽으리라 하시니라**

**창3:3 동산 중앙에 있는 나무의 실과는 하나님의 말씀에 너희는 먹지도 말고 만지지도 말라 너희가 죽을까 하노라 하셨느니라**

**창3:4 뱀이 여자에게 이르되 너희가 결코 죽지 아니하리라**

※ 창세기 2:17 하나님의 말씀 원문을 보면 강조형용법으로 사용되어 있습니다.

מוֹת תָּמוּת 강조형 용법 : 정녕 죽으리라(남2단수)

※ 창세기 3:3 하와의 이야기를 보면

פֶּן-תְּמֻתוּן 죽지 않도록(한글번역기준으로는 죽을까 하노라, 남2복)

※ 창세기 3:4 뱀의 이야기를 보면

לֹא-מוֹת, תְּמֻתוּן 강조형용법(결코 죽지 아니하리라, 남2복)

※ 하와부분이 번역과 원본이 살짝 어감차이가 있어보이기도 합니다.

"먹는 날에는 정녕 죽으리라"를 "먹지도 만지지도.. 죽을까하노라"

이 부분은 부분 변개일수도.. 또는 하나님의 말씀에 대해 대수롭지 않게 생각했을 수도.. 또는 뱀이 건들자 의심이 싹트기 시작했을 수도 있을 겁니다.

또 한가지 위 단어를 보면 하나님이 말씀하실 때는 단수형이고 이후는 복수형으로 나옵니다.

창2:17절은 단수(아담)에게 하신 말씀입니다. 창세기가 시간순은 아니지만 묘하게 바로 뒤인2:18절에 하와를 지으십니다. 이 부분도 한번 묵상해 보시기 바랍니다.

반면에 뱀은 동일한 강조용법으로 하나님의 말씀을 정면 반박하고 있습니다.

또한 '죽지않음'이라는 대전제를 던지고 이후 "하나님과 같이"로 본격적인 유혹을 하는 전략적인 모습도 보입니다.

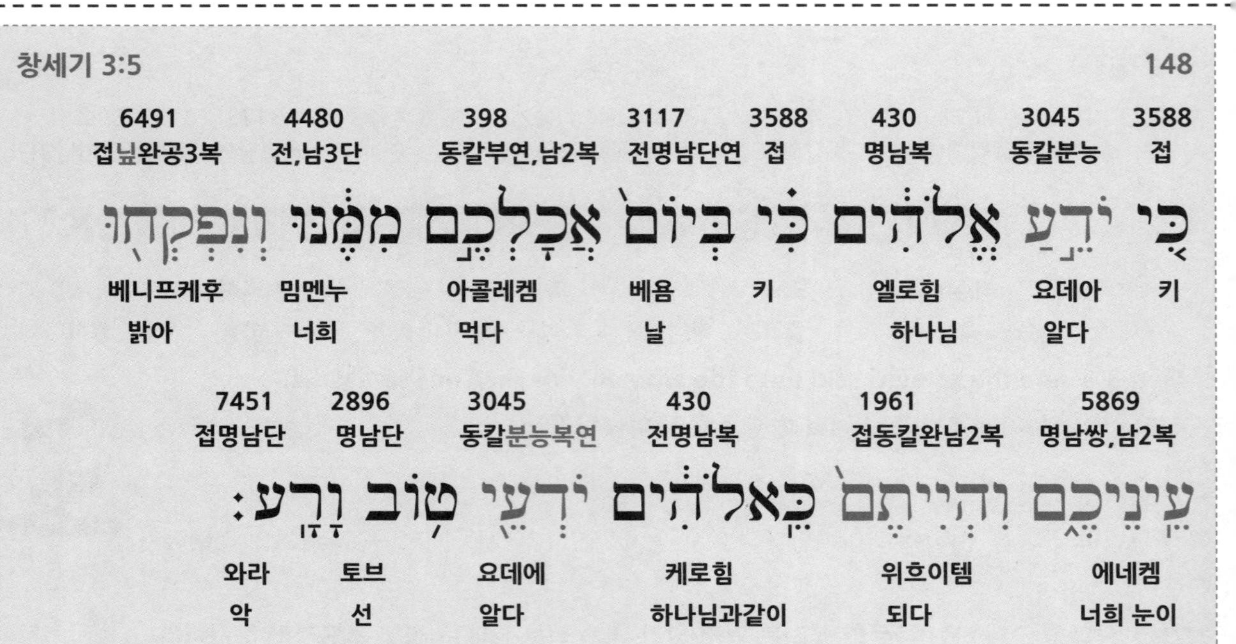


**Gen.3:5 for God doth know that in the day ye eat thereof, then your eyes shall be opened, and ye shall be as God, knowing good and evil.'**

**창3:5 너희가 그것을 먹는 날에는 너희 눈이 밝아 하나님과 같이 되어 선악을 알줄을 하나님이 아심이니라**

יֹדֵעַ 요데아(야다 : 940회) יָדַע 야다 : 경험적으로 알다

문법사항 : 칼 분사능동

※ 요드가 자음으로 사용시는 페-요드 약동사가 아닌 강동사처럼 행동합니다.

---

וְנִפְקְחוּ 베니프케우(파카흐 : 20회) פָּקַח 파카흐 : 열다,눈을 뜨다

문법사항 : 니팔동사완료

※ 니팔동사완료는 '닢알'인데 3인칭공통복수어미인 슈룩이 오면서 아몰랑법칙이 적용되었습니다.

---

עֵינֵיכֶם 에네켐(아인 : 868회) עַיִן 아인 : (명)눈, (동)흐르다,흘러나오다

문법사항 : 명사에 붙는 인칭대명접미사

※ 명사에 붙는 인칭대명접미사는 명사의 연계형을 기준으로 하지요. '쩨레로 변하며 멤 탈락' 이후 남성2인칭복수 인칭대명사가 추가로 붙은 형태입니다.

---

וִהְיִיתֶם 위흐아템

문법사항 : 라멘-헤,하야동사

※ 라멘-헤 하야동사 표 참고하시구요. 헤의 원형은 요드 또는 바브였기에 여기서도 변화된 모습입니다.

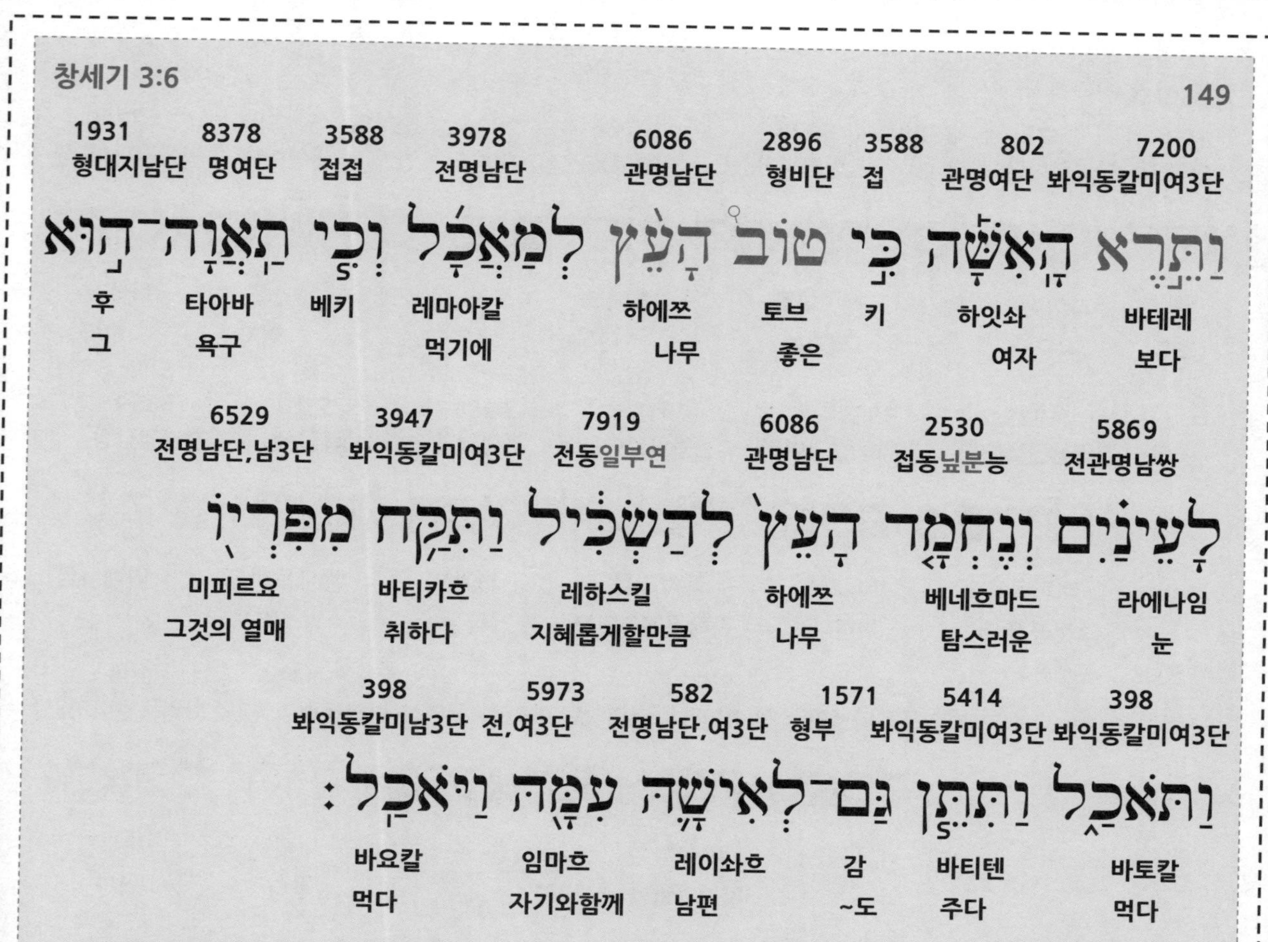


| 1931 | 8378 | 3588 | 3978 | 6086 | 2896 | 3588 | 802 | 7200 |
|---|---|---|---|---|---|---|---|---|
| 형대지남단 | 명여단 | 접접 | 전명남단 | 관명남단 | 형비단 | 접 | 관명여단 | 봐익동칼미여3단 |
| הוּא | תַאֲוָה־ | וְכִי | לְמַאֲכָל | הָעֵץ | טוֹב | כִּי | הָאִשָּׁה | וַתֵּרֶא |
| 후 | 타아바 | 베키 | 레마아칼 | 하에쯔 | 토브 | 키 | 하잇솨 | 바테레 |
| 그 | 욕구 | | 먹기에 | 나무 | 좋은 | | 여자 | 보다 |

| 6529 | 3947 | 7919 | 6086 | 2530 | 5869 |
|---|---|---|---|---|---|
| 전명남단,남3단 | 봐익동칼미여3단 | 전동일부연 | 관명남단 | 접동닢분능 | 전관명남쌍 |
| מִפִּרְיוֹ | וַתִּקַּח | לְהַשְׂכִּיל | הָעֵץ | וְנֶחְמָד | לָעֵינַיִם |
| 미피르요 | 바티카흐 | 레하스킬 | 하에쯔 | 베네흐마드 | 라에나임 |
| 그것의 열매 | 취하다 | 지혜롭게할만큼 | 나무 | 탐스러운 | 눈 |

| 398 | 5973 | 582 | 1571 | 5414 | 398 |
|---|---|---|---|---|---|
| 봐익동칼미남3단 | 전,여3단 | 전명남단,여3단 | 형부 | 봐익동칼미여3단 | 봐익동칼미여3단 |
| וַיֹּאכַל׃ | עִמָּהּ | לְאִישָׁהּ | גַּם־ | וַתִּתֵּן | וַתֹּאכַל |
| 바요칼 | 임마흐 | 레이솨흐 | 감 | 바티텐 | 바토칼 |
| 먹다 | 자기와함께 | 남편 | ~도 | 주다 | 먹다 |

**Gen.3:6 And when the woman saw that the tree was good for food, and that it was a delight to the eyes, and that the tree was to be desired to make one wise, she took of the fruit thereof, and did eat; and she gave also unto her husband with her, and he did eat.**

**창3:6 여자가 그 나무를 본즉 먹음직도 하고 보암직도 하고 지혜롭게 할만큼 탐스럽기도 한 나무인지라 여자가 그 실과를 따먹고 자기와 함께한 남편에게도 주매 그도 먹은지라**

**וַתֵּרֶא** 바테레(야다 : 940회) **רָאָה** 라아 : 보다

문법사항 : 라멘-헤동사 바브연속법미완료축약

---

## טוֹב הָעֵץ

문법사항 : 형용사의 서술적용법

※ 한정적용법으로 사용시는 명사에 관사가 있으면 무조건 형용사에도 관사가 붙습니다.

서술적용법에서는 명사에 관사가 없으면 당연히 형용사에도 없습니다. 하지만 명사에 관사가 있어도 형용사에는 관사가 절대로 붙지 않습니다.

그리고 보통의 경우는 서술적용법의 형용사는보통은 명사 앞에 형용사가 옵니다.(절대 아님)

**סוּס טוֹב** 좋은 말(한정적용법) 또는 말이 좋다(서술적용법) 모두 가능

**הַסּוּס טוֹב** 그 좋은 말(x) 그 말은 좋다(o) **טוֹב הַסּוּס** 그 좋은 말(x) 그 말은 좋다(o)

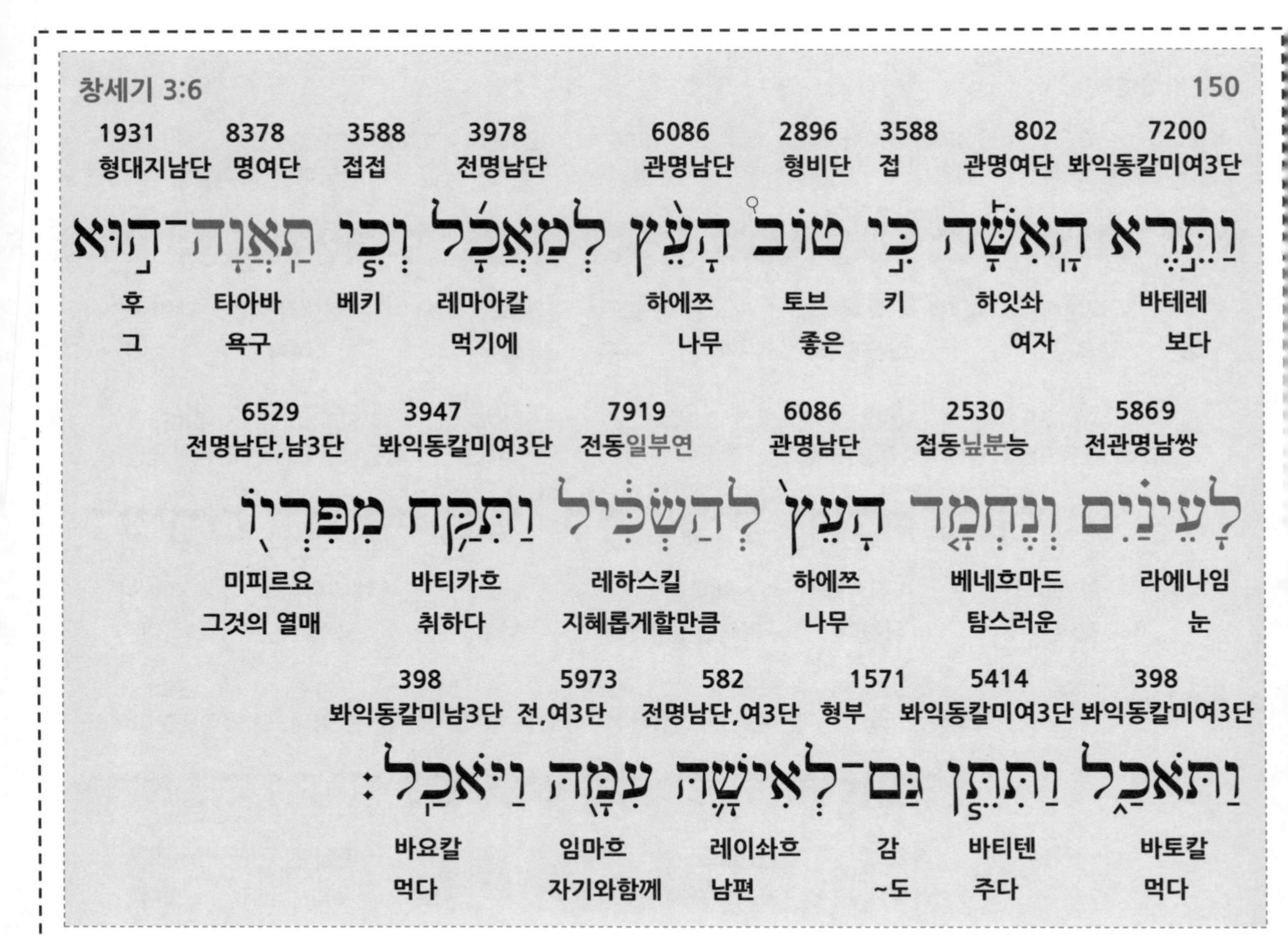


| 1931 | 8378 | 3588 | 3978 | 6086 | 2896 | 3588 | 802 | 7200 |
|---|---|---|---|---|---|---|---|---|
| 형대지남단 | 명여단 | 접접 | 전명남단 | 관명남단 | 형비단 | 접 | 관명여단 | 봐익동칼미여3단 |
| הוּא | תַאֲוָה־ | וְכִי | לְמַאֲכָל | הָעֵץ | טוֹב | כִּי | הָאִשָּׁה | וַתֵּרֶא |
| 후 | 타아바 | 베키 | 레마아칼 | 하에쯔 | 토브 | 키 | 하잇솨 | 바테레 |
| 그 | 욕구 | | 먹기에 | 나무 | 좋은 | | 여자 | 보다 |

וַתֵּרֶא הָאִשָּׁה כִּי טוֹב הָעֵץ לְמַאֲכָל וְכִי תַאֲוָה־הוּא

| 6529 | 3947 | 7919 | 6086 | 2530 | 5869 |
|---|---|---|---|---|---|
| 전명남단,남3단 | 봐익동칼미여3단 | 전동일부연 | 관명남단 | 접동닢분능 | 전관명남쌍 |
| מִפִּרְיוֹ | וַתִּקַּח | לְהַשְׂכִּיל | הָעֵץ | וְנֶחְמָד | לָעֵינַיִם |
| 미피르요 | 바티카흐 | 레하스킬 | 하에쯔 | 베네흐마드 | 라에나임 |
| 그것의 열매 | 취하다 | 지혜롭게할만큼 | 나무 | 탐스러운 | 눈 |

לָעֵינַיִם וְנֶחְמָד הָעֵץ לְהַשְׂכִּיל וַתִּקַּח מִפִּרְיוֹ

| 398 | 5973 | 582 | 1571 | 5414 | 398 |
|---|---|---|---|---|---|
| 봐익동칼미남3단 | 전,여3단 | 전명남단,여3단 | 형부 | 봐익동칼미여3단 | 봐익동칼미여3단 |
| וַיֹּאכַל׃ | עִמָּהּ | לְאִישָׁהּ | גַּם־ | וַתִּתֵּן | וַתֹּאכַל |
| 바요칼 | 임마흐 | 레이솨흐 | 감 | 바티텐 | 바토칼 |
| 먹다 | 자기와함께 | 남편 | ~도 | 주다 | 먹다 |

וַתֹּאכַל וַתִּתֵּן גַּם־לְאִישָׁהּ עִמָּהּ וַיֹּאכַל׃

תַאֲוָה 타아바(타아바 : 20회) — תַאֲוָה 타아바 : 갈망,소원,욕구,탐욕,정욕

---

לָעֵינַיִם 레에나임(아인 : 868회) — עַיִן 아인 : (명)눈, (동)흐르다,흘러나오다

문법사항 : 쌍수명사 아임 타임

※ 쌍수명사의 경우 임아오트 외에 별도입니다. 아임(타임)으로 변합니다.

---

וְנֶחְמָד 베네흐마드(하마드 : 18회) — חָמַד 하마드 : 바라다,기뻐하다,탐내다

문법사항 : 니팔 분사 완료에서 장음으로만

※ 니팔동사분사는 아주 쉽지요.. 닢알에서 장음으로만 변합니다. 분사는 모두 장음인것도 기억하세요.

---

לְהַשְׂכִּיל 레하스킬(사칼 : 61회) — שָׂכַל 사칼 : 바라보다,보다,신중하다,지혜롭다

문법사항 : 히필동사 부정사연계형

※ 니팔동사분사는 아주 쉽지요.. 닢알에서 장음으로만 변합니다. 분사는 모두 장음인것도 기억하세요.

**※ 쉬어가는 이야기**

'보암직도 하고'로 번역된 부분에 사용된 단어 '타아바'가 욕구,정욕,탐욕이라는 의미입니다.

| 6529 | 3947 | 7919 | 6086 | 2530 | 5869 |
|---|---|---|---|---|---|
| 전명남단,남3단 | 봐익동칼미여3단 | 전동일부연 | 관명남단 | 접동닢분능 | 전관명남쌍 |
| מִפִּרְיוֹ | וַתִּקַּח | לְהַשְׂכִּיל | הָעֵץ | וְנֶחְמָד | לָעֵינַיִם |
| 미피르요 | 바티카흐 | 레하스킬 | 하에쯔 | 베네흐마드 | 라에나임 |
| 그것의 열매 | 취하다 | 지혜롭게할만큼 | 나무 | 탐스러운 | 눈 |

| 398 | 5973 | 582 | 1571 | 5414 | 398 |
|---|---|---|---|---|---|
| 봐익동칼미남3단 | 전,여3단 | 전명남단,여3단 | 형부 | 봐익동칼미여3단 | 봐익동칼미여3단 |
| וַיֹּאכַל׃ | עִמָּהּ | לְאִישָׁהּ | גַּם־ | וַתִּתֵּן | וַתֹּאכַל |
| 바요칼 | 임마흐 | 레이솨흐 | 감 | 바티텐 | 바토칼 |
| 먹다 | 자기와함께 | 남편 | ~도 | 주다 | 먹다 |

**וַתִּקַּח** 바티카흐(라카흐 : 966회) **לָקַח** 라카흐 : 취하다,가지다

문법사항 : 페-눈동사처럼 변하는 라카흐

※ 라카흐동사 미완료/명령/부정사연계형은 라멛이 사라지며 다게쉬를 찍는 페-눈처럼 변합니다.

<u>※ 연속되는 바브연속법 미완료</u>

(하와가)취하고 계속이어져 먹고 / 주고 계속이어져 먹고

---

**וַתִּתֵּן** 바티텐(나탄 : 2,011회) **נָתַן** 나탄 : 주다

문법사항 : 페-눈동사 (홀렘/쩨레/파타형중 쩨레형)

※ 나탄은 페-눈동사입니다. 페-눈동사 문법편에 보시면 <u>나탄이란 동사는 미완료에서 쩨레형으로 변하는 동사</u>라는 것을 보실 수 있습니다. 보통 칼 미완료가 홀렘인데 쩨레나 파타로 변하는 형태가 있는 것 다시 한번 기억해 두셔야 합니다.

---

**גַּם** 감(772회) : 또한,역시,심지어,~조차, 진실로,참으로, 그러나

문법사항 : 부사

※ 다양한 의미를 가진 부사입니다. 여기서는 '(남편에게)도' 정도로 볼 수 있습니다.

---

**לְאִישָׁהּ** 레이솨흐(에노쉬 :42회) **אִישׁ** 이쉬 : 남편,남자

문법사항 : 인칭대명접미사

※ 원형 에노쉬보다 그냥 '이쉬(남편,남자)'로 기억하시는 것이 좋습니다, 그리고 인칭대명접미사입니다.

---

**עִמָּהּ** 임마흐(임 :42회) **עִם** 임 : 함께

문법사항 : 인칭대명접미사

※ 임마누엘도 임마누(우리와 함께하시는)+엘(하나님)로 동일하게 전치사+인칭대명접미사입니다.

| 1992 | 5903 | 3588 | 3045 | 8147 | 5869 | 6491 |
|---|---|---|---|---|---|---|
| 명인남3복 | 형비복 | 접 | 봐익동칼미남3복 | 형수기남쌍,남3복 | 명여쌍연 | 봐익동닢미여3복 |
| הֵם | עֵירֻמִּם | כִּי | וַיֵּדְעוּ | שְׁנֵיהֶם | עֵינֵי | וַתִּפָּקַחְנָה |
| 헴 | 에룸밈 | 키 | 봐예데우 | 쉬네헴 | 에네 | 바티파카흐나 |
| 자신들 | 벗은 | | 알다 | 그들의 | 눈 | 밝아지다 |

| 2290 | - | 6213 | 8384 | 5929 | 8609 |
|---|---|---|---|---|---|
| 명여복 | 전,남3복 | 봐익동칼미남3복 | 명여단 | 명남단연 | 봐익동칼미남3복 |
| חֲגֹרֹת׃ | לָהֶם | וַיַּעֲשׂוּ | תְאֵנָה | עֲלֵה | וַיִּתְפְּרוּ |
| 하고로트 | 라헴 | 바야아수 | 테에나 | 아레 | 바이트페루 |
| 치마 | 그들을 위해 | 하다 | 무화과나무 | 잎 | 엮어 |

**Gen.3:7 And the eyes of them both were opened, and they knew that they were naked; and they sewed fig-leaves together, and made themselves girdles.**

**창3:7 이에 그들의 눈이 밝아 자기들의 몸이 벗은 줄을 알고 무화과나무 잎을 엮어 치마를 하였더라**

וַתִּפָּקַחְנָה 바티파카흐나(파카흐 : 20회) פָּקַח 파카흐 : 열다,눈을 뜨다

문법사항 : 라멜-후음 미완료

※ 라멜-후음동사는 규칙동사의 '익카텔'이 되지 않고 파타를 좋아하는 후음의 특성을 따라 파타로 변합니다. 인칭어미가 붙은 형태이고 바브연속법이 추가된 부분이구요.

---

עֵינֵי 에네(아인 : 868회) עַיִן 아인 : (명)눈, (동)흐르다,흘러나오다

문법사항 : 명사 연계형

※ 명사의 연계형입니다. '파타+요드히렉'이 연계형으로 변할 때 '쩨레+요드'로 변하는 부분은 바이트(집)이라는 명사에서도 사용되는 형태입니다.

---

שְׁנֵיהֶם 쉬네헴(셰나임 : 516회) שְׁנַיִם 셰나임 : 샤네(8141)의 쌍수형, 둘,한쌍

문법사항 : 복수명사에 붙는 인칭대명접미사 שָׁנֶה 샤네: 해,년샤네(8141)의 쌍수형

※ 언젠가부터 인칭대명접미사가 거의 문법의 전부인가 싶을 정도로 많이 나옵니다.

어렵고 복잡해 보이는 특히,동사에 붙는 인칭대명접미사는요.. 동사는 보고 파악할 지라도 명사나 전치사에 붙는 인칭대명접미사까지는 어느정도의 룰을 알면 파악이 가능하니 거기까지는 꼭 아셔야 해요..

| 1992 | 5903 | 3588 | 3045 | 8147 | 5869 | 6491 |
|---|---|---|---|---|---|---|
| 명인남3복 | 형비복 | 접 | 봐익동칼미남3복 | 형수기남쌍,남3복 | 명여쌍연 | 봐익동닢미여3복 |
| הֵם | עֵירֻמִּם | כִּי | וַיֵּדְעוּ | שְׁנֵיהֶם | עֵינֵי | וַתִּפָּקַחְנָה |
| 헴 | 에룸밈 | 키 | 봐예데우 | 쉬네헴 | 에네 | 바티파카흐나 |
| 자신들 | 벗은 | | 알다 | 그들의 | 눈 | 밝아지다 |

| 2290 | - | 6213 | 8384 | 5929 | 8609 |
|---|---|---|---|---|---|
| 명여복 | 전,남3복 | 봐익동칼미남3복 | 명여단 | 명남단연 | 봐익동칼미남3복 |
| חֲגֹרֹת׃ | לָהֶם | וַיַּעֲשׂוּ | תְאֵנָה | עֲלֵה | וַיִּתְפְּרוּ |
| 하고로트 | 라헴 | 바야아수 | 테에나 | 아레 | 바이트페루 |
| 치마 | 그들을 위해 | 하다 | 무화과나무 | 잎 | 엮어 |

**עֵירֻמִּם** 에룸밈(에롬 : 10회) **עֵירֹם** 벗은,벌거벗은

문법사항 : 요드탈락

※ 형용사의 성수변화는 명사와 동일합니다. 복수가 되면 '히렉+요드+멤'이데 요드가 이탈한 형태입니다.

멤은 중복점이고 레쉬는 엑센트를 잃으면서 단음화 된 형태입니다.

---

**הֵם** 헴(237회) : 남성복수 인칭대명사

문법사항 : 인칭대명사

※ 아래의 인칭대명접미사와 구분하셔야 합니다.

---

**לָהֶם** 라헴 : 전치사+인칭대명접미사

문법사항 : 전치사에 붙는 인칭대명접미사

※ 위 인칭대명사와 인칭대명접미사를 구분하셔야 해요

---

**וַיִּתְפְּרוּ** 바이트페루(타파르 : 4회) **תָּפַר** 타파르 : 바느질하다,엮다

문법사항 : 칼 바브연속법 ,인칭어미 엑센트이동(아몰랑)

※ 이제 문법사항에 적은걸로도 보이시지요?

---

**עֲלֵה** 아레(알레 : 18회) **עָלֶה** 알레: 나뭇잎,잎사귀

문법사항 : 명사의 연계형

※ 남성단수명사는 연계형에서 엑센트법칙만 조정하면 됩니다. 특별한 단어를 제외하고는요..

| 1992 | 5903 | 3588 | 3045 | 8147 | 5869 | 6491 |
|---|---|---|---|---|---|---|
| 명인남3복 | 형비복 | 접 | 봐익동칼미남3복 | 형수기남쌍,남3복 | 명여쌍연 | 봐익동닢미여3복 |
| הֵם | עֵירֻמִּם | כִּי | וַיֵּדְעוּ | שְׁנֵיהֶם | עֵינֵי | וַתִּפָּקַחְנָה |
| 헴 | 에룸밈 | 키 | 봐예데우 | 쉬네헴 | 에네 | 바티파카흐나 |
| 자신들 | 벗은 | | 알다 | 그들의 | 눈 | 밝아지다 |

וַתִּפָּקַחְנָה עֵינֵי שְׁנֵיהֶם וַיֵּדְעוּ כִּי עֵירֻמִּם הֵם

| 2290 | - | 6213 | 8384 | 5929 | 8609 |
|---|---|---|---|---|---|
| 명여복 | 전,남3복 | 봐익동칼미남3복 | 명여단 | 명남단연 | 봐익동칼미남3복 |
| חֲגֹרֹת׃ | לָהֶם | וַיַּעֲשׂוּ | תְאֵנָה | עֲלֵה | וַיִּתְפְּרוּ |
| 하고로트 | 라헴 | 바야아수 | 테에나 | 아레 | 바이트페루 |
| 치마 | 그들을 위해 | 하다 | 무화과나무 | 잎 | 엮어 |

וַיִּתְפְּרוּ עֲלֵה תְאֵנָה וַיַּעֲשׂוּ לָהֶם חֲגֹרֹת׃

---

תְאֵנָה 테에나(39회) : 무화과나무,무화과열매

---

וַיַּעֲשׂוּ 바야아수(아사 : 2,627회) עָשָׂה 아사 : 만들다,노동하다,일하다

문법사항 : 페-후음동사 , 라멜-헤동사 바브연속법 축약

※ 라멜헤 축약형과 후음파타선호로 인한 합성슈바 & 접두사 합성슈바 단모음으로..

---

חֲגֹרֹת 하고로트(하고라 : 5회) חֲגֹרָה 하고라 : 치마,띠,갑옷,동이다

문법사항 : 여성명사의 복수형어미

※ 임아오트의 '오트'입니다

| 1980 | 430 | 3068 | 6963 | 853 | 8085 |
|---|---|---|---|---|---|
| 봉히분능 | 명남복 | 명고 | 명남단연 | 전 | 봐익동칼미남3복 |
| מִתְהַלֵּךְ | אֱלֹהִים | יְהוָה | קוֹל־ | אֶת | וַיִּשְׁמְעוּ |
| 미트할레크 | 엘로힘 | 아도나이 | 콜 | 엩 | 바이쉬메우 |
| 걷다 | 하나님 | 여호와 | 음성 | 을 | 듣다 |

| 802 | 120 | 2244 | 3117 | 7307 | 1588 |
|---|---|---|---|---|---|
| 접명여단,남3단 | 관명남단 | 봐익동히미남3단 | 관명남단 | 전명여단연 | 전관명남단 |
| וְאִשְׁתּוֹ | הָאָדָם | וַיִּתְחַבֵּא | הַיּוֹם | לְרוּחַ | בַּגָּן |
| 베이쉬토 | 하아담 | 바이트하베 | 하욤 | 레루아흐 | 바간 |
| 아내 | 아담 | 숨다 | 날 | 서늘하다 | 동산에 |

| 1588 | 6086 | 8432 | 430 | 3068 | 6440 |
|---|---|---|---|---|---|
| 관명남단 | 명남단연 | 전명남단연 | 명남복 | 명고 | 전명남복연 |
| הַגָּן׃ | עֵץ | בְּתוֹךְ | אֱלֹהִים | יְהוָה | מִפְּנֵי |
| 학간 | 에쯔 | 베토크 | 엘로힘 | 아도나이 | 미페네 |
| 동산 | 나무 | 가운데에 | 하나님 | 여호와 | 낯을 피해 |

**Gen.3:8 And they heard the voice of the LORD God walking in the garden toward the cool of the day; and the man and his wife hid themselves from the presence of the LORD God amongst the trees of the garden.**

**창3:8 그들이 날이 서늘할 때에 동산에 거니시는 여호와 하나님의 음성을 듣고 아담과 그 아내가 여호와 하나님의 낯을 피하여 동산나무 사이에 숨은지라**

וַיִּשְׁמְעוּ 바이쉬메우(샤마: 1,159회) **שָׁמַע** 샤마 : 듣다

---

קוֹל 콜(505회) : 음성,소리,소문

---

מִתְהַלֵּךְ 미트할레크(할라크 : 1,549회) **הָלַךְ** 할라크 :걷다,가다

문법사항 : 페-바브처럼 변하는 동사 할라크

※ 페-바브처럼 변한다는 것은 요드대체,바브유지,축약등의 경우가 있는데 위 단어는 자음이 모두 들어있는 것이 신기하지 않으신가요?

페-바브동사가 약동사의 형태를 취하는 곳은 칼형을 중심으로 큰 변화 나머지 보통 축약(니팔일부제외)인데요.. 더 중요한 건 강조형에서는 규칙동사처럼 변화하지요.
여기서는 히트파엘이기에 전형적인 규칙동사의 형태를 취하고 다른 문제가 없답니다.

| 802 | 120 | 2244 | 3117 | 7307 | 1588 |
|---|---|---|---|---|---|
| 접명여단,남3단 | 관명남단 | 봐익동히미남3단 | 관명남단 | 전명여단연 | 전관명남단 |
| וְאִשְׁתּ֗וֹ | הָֽאָדָ֜ם | וַיִּתְחַבֵּ֨א | הַיּ֑וֹם | לְר֣וּחַ | בַּגָּ֖ן |
| 베이쉬토 | 하아담 | 바이트하베 | 하욤 | 레루아흐 | 바간 |
| 아내 | 아담 | 숨다 | 날 | 서늘하다 | 동산에 |

| 1588 | 6086 | 8432 | 430 | 3068 | 6440 |
|---|---|---|---|---|---|
| 관명남단 | 명남단연 | 전명남단연 | 명남복 | 명고 | 전명남복연 |
| הַגָּֽן׃ | עֵ֥ץ | בְּת֖וֹךְ | אֱלֹהִ֔ים | יְהוָ֣ה | מִפְּנֵי֙ |
| 학간 | 에쯔 | 베토크 | 엘로힘 | 아도나이 | 미페네 |
| 동산 | 나무 | 가운데에 | 하나님 | 여호와 | 낯을피해 |

לְר֣וּחַ 레루아흐(루아흐 378회) ר֫וּחַ 루아흐 : 성령,바람,호흡,생기,바람이 불 때

문법사항 : 라멛-헤 숨은파타

※ 숨은 파타와 라멛-헤는 보이실꺼구요. 우리가 앞에서 “하나님의 영은 수면 위를 운행” 이 부분에서는 “베루아흐 엘로힘”으로 사용되며 ‘하나님의영’이라는 의미로 사용되었는데 여기서는 ‘서늘하다’입니다. 워래 의미가 바람,영등으로 사용되는 단어이지만 다른 의미도 꽤 나옵니다.

의심,생명,노여움,광풍등.. 이건 모두 암기하시기보다는 나올 때마다 기억하시는 편이 좋아보이네요.

---

וַיִּתְחַבֵּא 바이트하베(하바 : 34회) חָבָא 하바 : 숨다,숨기다

문법사항 : 히트파엘 바브연속법,페-후음동사

※ <u>페-후음동사의 경우는 주로 칼형이 문제이고 히트파엘은 해당되지 않지요</u>

---

מִפְּנֵי 미페네(파님 2,038회) פָּנִים 파님(복수로만 사용됨) : 얼굴,표면,인간

문법사항 : 연계형명사,베가드케파트,경강점

※ 전에 나온 연계형입니다.

창세기 3:9



| 335 | - | 559 | 120 | 413 | 430 | 3068 | 7121 |
|---|---|---|---|---|---|---|---|
| 형부의,남2단 | 전,남3단 | 봐익동칼미남3단 | 관명남단 | 전 | 명남복 | 명고 | 봐익동칼미남3단 |
| אַיֶּכָּה׃ | לוֹ | וַיֹּאמֶר | הָאָדָם | אֶל־ | אֱלֹהִים | יְהוָה | וַיִּקְרָא |
| 아옠카 | 로 | 봐요멜 | 하아담 | 엘 | 엘로힘 | 아도나이 | 봐이크라 |
| 어디 | 그 | 말하다 | 아담 | 을 | 하나님 | 여호와 | 부르다 |

**Gen.3:9 And the LORD God called unto the man, and said unto him: 'Where art thou?'**

**창3:9 여호와 하나님이 아담을 부르시면 그에게 이르시되 네가 어디 있느냐**

אַיֶּכָּה 아예카(아이 : 31회) אַי 아이 : (의문부사) 어디에

문법사항 : 의문부사,불변화사에 붙는 인칭대명접미사

※ 아주 색다른 형태의 인칭대명접미사가 붙은 형태입니다.

불변화사에 붙는 인칭대명접미사의 경우는 대표적으로 세골+헤로 볼 수 있는데 특이한 형태이고..

이런건 그냥 그때 그때 봐두시면서 넘어가세요.

명사/전치사/동사에 붙는 인칭대명접미사까지만 아시는 것도 정말 어렵습니다.

**※ 쉬어가는 이야기**

지금까지 원어로 보시면서 뱀의 이야기부터 좀 신기한 부분이 보이셨나요?

뱀이 말을 거는 부분에서 부터 3:7 그들이 치마를 엮어서 입는 부분까지 아주 공통적으로 '아도나이 엘로힘'이 아닌 '엘로힘'으로 기록되어 있는 것을 볼 수 있습니다.

| 1588 | 8085 | 6963 | 853 | 559 |
|---|---|---|---|---|
| 전관명남단 | 동칼완공1단 | 명남단,남2단 | 전 | 봐익동칼미남3단 |

וַיֹּאמֶר אֶת־קֹלְךָ שָׁמַעְתִּי בַּגָּן

| 바간 | 솨마티 | 콜레카 | 엘 | 봐요멜 |
|---|---|---|---|---|
| 동산에 | 듣다 | 하나님의 소리 | | 말하다 |

| 2244 | 595 | 5903 | 3588 | 3372 |
|---|---|---|---|---|
| 봐익동닢미공1단 | 명인공1단 | 형비단 | 접 | 봐익동칼미공1단 |

וָאִירָא כִּי־עֵירֹם אָנֹכִי וָאֵחָבֵא׃

| 봐에하베 | 아노키 | 에롬 | 키 | 봐이라 |
|---|---|---|---|---|
| 숨다 | 내가 | 벗다 | | 두려워하다 |

**Gen.3:10 And he said: 'I heard Thy voice in the garden, and I was afraid, because I was naked; and I hid myself.'**

**창3:10 가로되 내가 동산에서 하나님의 소리를 듣고 내가 벗었으므로 두려워하여 숨었나이다**

※ 쉬어가는 이야기

여기도 신기하지요? 보통 "봐요멜 엘로힘" 이렇게 동사뒤에 주어가 붙어서 문장이 되는데 주어가 생략되어 있습니다. 다음절인 11절도 동일하게 생략되어 있으니 이 부분도 생각해 보시면 좋겠네요.

קֹלְךָ 콜레카(콜 : 505회) קוֹל 콜 : 소리,소문,음성

문법사항 : 명사에붙는 인칭대명접미사

---

וָאִירָא 봐이라(야레 : 293회) יָרֵא 야레 : 두려워하다, 걱정하다

문법사항 : 페-바브/페-요드혼합형 , 라멛-후음

※ '야레'라는 동사는 페-요드와 페-바브의 변화가 패턴에 따라 다르게 나타나는 특이한 동사입니다.

어찌되었든 둘 중의 하나를 따르는 변화인데 접두의 변화가 '요드+히렉+요드'인 것을 볼 때 여기서는 페-요드형이네요.(요드가 1인칭공통이 되며 알렢이 된 형태지요)

라멛-후음이기에 파타선호이고, 알렢이 묵음으로 모음보상이 일어난 모습입니다.

---

עֵירֹם 에롬(10회) : 벗은

| 1588 | 8085 | 6963 | 853 | 559 |
|---|---|---|---|---|
| 전관명남단 | 동칼완공1단 | 명남단,남2단 | 전 | 봐익동칼미남3단 |

וַיֹּאמֶר אֶת־קֹלְךָ שָׁמַעְתִּי בַּגָּן

| 바간 | 솨마티 | 콜레카 | 엘 | 봐요멜 |
|---|---|---|---|---|
| 동산에 | 듣다 | 하나님의 소리 | | 말하다 |

| 2244 | 595 | 5903 | 3588 | 3372 |
|---|---|---|---|---|
| 봐익동닢미공1단 | 명인공1단 | 형비단 | 접 | 봐익동칼미공1단 |

וָאִירָא כִּי־עֵירֹם אָנֹכִי וָאֵחָבֵא׃

| 봐에하베 | 아노키 | 에롬 | 키 | 봐이라 |
|---|---|---|---|---|
| 숨다 | 내가 | 벗다 | | 두려워하다 |

**Gen.3:10 And he said: 'I heard Thy voice in the garden, and I was afraid, because I was naked; and I hid myself.'**

**창3:10 가로되 내가 동산에서 하나님의 소리를 듣고 내가 벗었으므로 두려워하여 숨었나이다**

אָנֹכִי 아노키(359회) : 1인칭공성 - 나

문법사항 : 인칭대명사 주격

---

וָאֵחָבֵא 봐에하베(하바 : 34회)

חָבָא 하바 : 숨다,숨기다

칼형으로 사용되지 않음

문법사항 : 니팔동사 1인칭공성단수, 페-후음

※ 니팔형으로 '자신을 숨기다'라는 의미를 가지는 단어입니다. 접두 장음화는 모음보상이구요.

| 859 | 5903 | 3588 | - | 5046 | 4310 | 559 |
|---|---|---|---|---|---|---|
| 명인남2단 | 형비단 | 접 | 전,남2단 | 동일완남3단 | 형대의 | 봐익동칼미남3단 |
| אָתָּה | עֵירֹם | כִּי | לְךָ | הִגִּיד | מִי | וַיֹּאמֶר |
| 앝타 | 에롬 | 키 | 레카 | 히기드 | 미 | 봐요멜 |
| 너의 | 벗다 | | 너에게 | 고하다 | 누가 | 말하다 |

| 398 | 4480 | 398 | 1115 | 6680 | 834 | 6086 | 4480 |
|---|---|---|---|---|---|---|---|
| 동칼완남2단 | 전남3단 | 동칼부연 | 전,정 | 동피완공1단,남2단 | 계 | 관명남단 | 의전 |
| אָכָלְתָּ׃ | מִמֶּנּוּ | אֲכָל־ | לְבִלְתִּי | צִוִּיתִיךָ | אֲשֶׁר | הָעֵץ | הֲמִן־ |
| 아칼타 | 밈멘누 | 아콜 | 레비레티 | 찌비티카 | 아쉘 | 하에츠 | 하민 |
| 먹다 | 그것 | 먹지 | 말라 | 명령하다 | - | 나무 | ~로부터 |

**Gen.3:11 And He said: 'Who told thee that thou wast naked? Hast thou eaten of the tree, whereof I commanded thee that thou shouldest not eat?'**

**창3:11 가라사대 누가 너의 벗었음을 네게 고하였느냐 내가 너더러 먹지 말라 명한 그 나무 실과를 네가 먹었느냐**

מִי　　미(423회) : 의문대명사 - 누구 , 부정대명사 - 누구나,누구든지,누구를 막론하고

문법사항 : 의문대명사

---

הִגִּיד　　히기드(나가드 : 369회)

נָגַד　　나가드 : 앞에 두다,보이다,나타나다
칼형으로 사용되지 않음

문법사항 : 히필동사

---

אָתָּה　　앝타(나가드 : 369회)

אַתָּה　　아타 : 당신

문법사항 : 인칭대명사,휴지부호

※ 알렢은 휴지부호로 인한 장음화입니다.

---

הֲמִן

문법사항 : 의문문

※ 히브리어에 이렇게 '하'를 붙여서 의문문을 만듭니다. 정관사와 구별할 필요가 있습니다.

결국 두 번째 줄은 의문문이 되는 형태입니다.

한글번역에 끼워 맞춰 '대강 그렇구나'라고 바라보시면 이런 부분을 보실 수 없습니다.

왜 의문문으로 해석이 되는지 등에 대해 하나 하나 의문을 가지고 바라보셔야 늘어요~

| 859 | 5903 | 3588 | - | 5046 | 4310 | 559 |
|---|---|---|---|---|---|---|
| 명인남2단 | 형비단 | 접 | 전,남2단 | 동일완남3단 | 형대의 | 봐익동칼미남3단 |
| אָתָּה | עֵירֹם | כִּי | לְךָ | הִגִּיד | מִי | וַיֹּאמֶר |
| 앝타 | 에롬 | 키 | 레카 | 히기드 | 미 | 봐요멜 |
| 너의 | 벗다 | | 너에게 | 고하다 | 누가 | 말하다 |

| 398 | 4480 | 398 | 1115 | 6680 | 834 | 6086 | 4480 |
|---|---|---|---|---|---|---|---|
| 동칼완남2단 | 전남3단 | 동칼부연 | 전,정 | 동피완공1단,남2단 | 계 | 관명남단 | 의전 |
| אָכָלְתָּ׃ | מִמֶּנּוּ | אֲכָל־ | לְבִלְתִּי | צִוִּיתִיךָ | אֲשֶׁר | הָעֵץ | הֲמִן־ |
| 아칼타 | 밈멘누 | 아콜 | 레비레티 | 찌비티카 | 아쉘 | 하에츠 | 하민 |
| 먹다 | 그것 | 먹지 | 말라 | 명령하다 | - | 나무 | ~로부터 |

**Gen.3:11 And He said: 'Who told thee that thou wast naked? Hast thou eaten of the tree, whereof I commanded thee that thou shouldest not eat?'**

**창3:11 가라사대 누가 너의 벗었음을 네게 고하였느냐 내가 너더러 먹지 말라 명한 그 나무 실과를 네가 먹었느냐**

צִוִּיתִיךָ 찌비티카(차바 : 496회) צִוָּה 짜바 : 지명하다,명령하다

문법사항 : 라멜-헤동사 자음연결시 요드 복원, 동사에 붙는 인칭대명접미사

※ 원형의 바브는 자음의 역할을 하기 때문에 아인-바브동사에 해당하지 않습니다. 즉, 규칙변화를 합니다. 이동사는 주로 피엘형으로 '명령하다'라는 의미로 사용됩니다.
또한 명사형으로 사용되는 것도 꼭 기억해 두시면 좋습니다. מִצְוָה 미쯔바 : 명령
결국 그러면 남는 약동사는 하나입니다. 라멜-헤입니다.
라멜-헤동사에서 종합표를 보시면 확인하실 수 있지만 1인칭공성단수의 경우는 다음과 같이 변화합니다.

'헤'가 원형 '요드'로 변경되며
앞 모음도 변경(능동:히렉,수동: 쩨레)

능동 : תָּ ה → תָּ י ִ

수동 : תָּ ה → תָּ י ֵ

옆의 표를 기준으로 한번 변화를 그려보겠습니다.

צִוָּה 원래 피엘 완료 형태

צִוִּיתִי 히렉요드로 변하며 어미 추가

צִוִּיתִיךָ 동사용 인칭대명접미사 추가

※ 피엘형인데 뭔가 이상하고 복잡해 보이니 포기하지 마시고 이렇게 분해해서 보시면 정말 어려운 것이 하나도 없고 너무 간단한 변화입니다. 늘 이렇게 체크해보시기 바랍니다.

וַיֹּאמֶר מִי הִגִּיד לְךָ כִּי עֵירֹם אָתָּה

| 번호 | 문법 | 히브리어 | 발음 | 뜻 |
|---|---|---|---|---|
| 559 | 봐익동칼미남3단 | וַיֹּאמֶר | 봐요멜 | 말하다 |
| 4310 | 형대의 | מִי | 미 | 누가 |
| 5046 | 동일완남3단 | הִגִּיד | 히기드 | 고하다 |
| - | 전,남2단 | לְךָ | 레카 | 너에게 |
| 3588 | 접 | כִּי | 키 | |
| 5903 | 형비단 | עֵירֹם | 에롬 | 벗다 |
| 859 | 명인남2단 | אָתָּה | 앝타 | 너의 |

הֲמִן־הָעֵץ אֲשֶׁר צִוִּיתִיךָ לְבִלְתִּי אֲכָל־מִמֶּנּוּ אָכָלְתָּ׃

| 번호 | 문법 | 히브리어 | 발음 | 뜻 |
|---|---|---|---|---|
| 4480 | 의전 | הֲמִן | 하민 | ~로부터 |
| 6086 | 관명남단 | הָעֵץ | 하에츠 | 나무 |
| 834 | 계 | אֲשֶׁר | 아쉘 | - |
| 6680 | 동피완공1단,남2단 | צִוִּיתִיךָ | 찌비티카 | 명령하다 |
| 1115 | 전,정 | לְבִלְתִּי | 레비레티 | 말라 |
| 398 | 동칼부연 | אֲכָל | 아콜 | 먹지 |
| 4480 | 전남3단 | מִמֶּנּוּ | 밈멘누 | 그것 |
| 398 | 동칼완남2단 | אָכָלְתָּ | 아칼타 | 먹다 |

**Gen.3:11 And He said: 'Who told thee that thou wast naked? Hast thou eaten of the tree, whereof I commanded thee that thou shouldest not eat?'**

**창3:11 가라사대 누가 너의 벗었음을 네게 고하였느냐 내가 너더러 먹지 말라 명한 그 나무 실과를 네가 먹었느냐**

לְבִלְתִּי 레비레티(빌티 : 111회) בִּלְתִּי 빌티 : (부정)아니다

문법사항 : 부정사절대형/연계형의 용법

※ 문법편에서 부정사절대형과 연계형의 용법중 '부정사 절대형/연계형의 부정' 부분이 있습니다.

לֹא אַל 보다는 בְּלִי בִּלְתִּי לְבִלְתִּי 를 사용합니다.

하지만 אֵין לֹא 도 사용됩니다.

אֲכָל 아콜(아칼 : 807회) אָכַל 아칼 : 먹다,맛보다,즐기다

문법사항 : 카메츠-하툽, 부정사연계형

※ 여기서는 '아콜'입니다. 부정사연계형으로 사용되었기에 엑센트가 사라지며 폐음절입니다.

| 5978 | 5414 | 834 | 802 | 120 | 559 |
|---|---|---|---|---|---|
| 전,접1단 | 동칼완남2단 | 계 | 관명여단 | 관명남단 | 봐익동칼미남3단 |
| עִמָּדִי | נָתַתָּה | אֲשֶׁר | הָאִשָּׁה | הָאָדָם | וַיֹּאמֶר |
| 임마디 | 나타타 | 아쉘 | 하잇솨 | 하아담 | 봐요멜 |
| 나와 함께 하게 하신 | 주셔서 | | 여자 | 아담 | 말하다 |

וַיֹּאמֶר הָאָדָם הָאִשָּׁה אֲשֶׁר נָתַתָּה עִמָּדִי

| 398 | 6086 | 4480 | - | 5414 | 1931 |
|---|---|---|---|---|---|
| 봐익동칼미공1단 | 관명남단 | 전 | 전,접1단 | 동칼완여3단 | 명인여3단 |
| וָאֹכֵל׃ | הָעֵץ | מִן | לִּי | נָתְנָה | הִוא |
| 봐오켈 | 하에쯔 | 민 | 리 | 나테나 | 히 |
| 먹다 | 나무 | | 내게 | 주다 | 그녀 |

הִוא נָתְנָה־לִּי מִן־הָעֵץ וָאֹכֵל׃

**Gen.3:12 And the man said: 'The woman whom Thou gavest to be with me, she gave me of the tree, and I did eat.'**

**창3:12 아담이 가로되 하나님이 주셔서 나와 함께하게 하신 여자 그가 그 나무 실과를 내게 주므로 내가 먹었나이다**

**עִמָּדִי** 임마디(임마드 : 7회) **עִמָּד** 임마드 : 나와 함께, 내 곁에

문법사항 : 전치사에 붙는 인칭대명접미사

※ 임마드 자체도 전치사이지만 앞의 '임' 자체도 전치사입니다. '임'이라는 전치사의 의미가 '함께'입니다.

---

**הִוא** 히

문법사항 : 인칭대명사 주격

※ 사실 이 단어는 문법적으로 이상한 단어입니다. 원래 올바른 형태는 다음과 같습니다.

**הוּא** 후 :그 **הִיא** 그녀

일반적인 형태와 달리 섞어서 사용된 모습입니다. 별 수 없지요.. 이런 경우는 불가피하게 '그렇구나'하고 넘어가시면 됩니다.

인칭대명사 주격 표에도 넣어두었지만 이 부분은 크게 중요한 부분은 아닙니다.

---

**וָאֹכֵל** 바오켈(아칼 : 807회) **אָכַל** 아칼 : 먹다

문법사항 : 페-알렢특수동사

※ 대표적인 페-알렢특수동사 6개에 속하는 단어입니다.

이 외에 1음절 알렢동사는 페-후음과 동일하게 처리하기에 아예 페-알렢특수동사로 기억하세요.

창세기 3:13



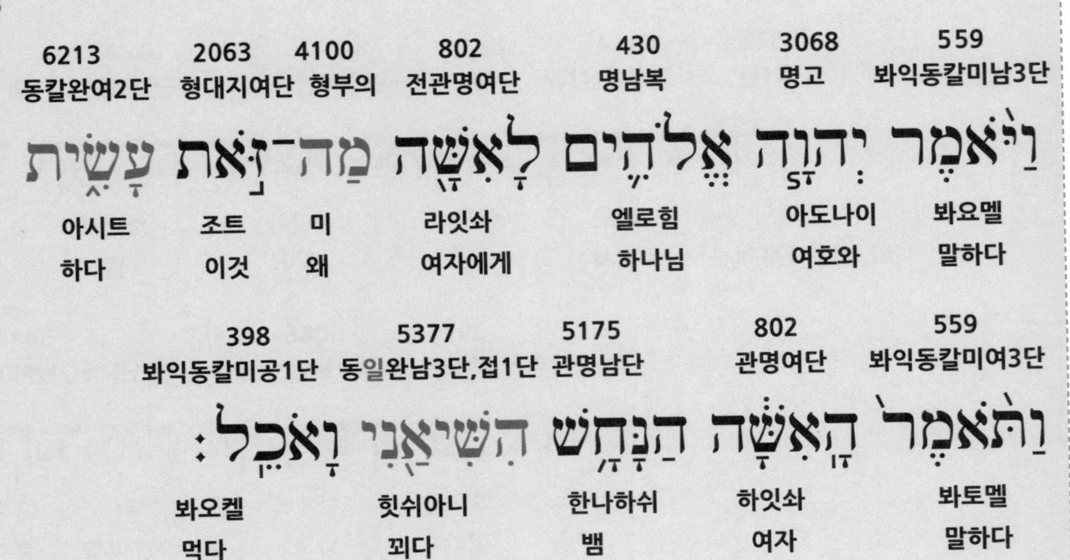


**Gen.3:13 And the LORD God said unto the woman: 'What is this thou hast done?' And the woman said: 'The serpent beguiled me, and I did eat.'**

**창3:13 여호와 하나님이 여자에게 이르시되 네가 어찌하여 이렇게 하였느냐 여자가 가로되 뱀이 나를 꾀므로 내가 먹었나이다**

מַה　　마(554회) : 무엇

문법사항 : 의문사

※ 이 단어는 다양한 형태로 사용되는 것만 보시고 나오면 알아볼 정도면 될 듯 합니다.

מַה מֶה מַ מָ מַה־מָה

---

עָשִׂית　　아시트(아사 : 2,627회)　　עָשָׂה　　아사 : 일하다,노동하다,만들다

문법사항 : 라멜-헤동사 요드복원

※ 단어는 계속 본 단어이지만 다시 올린 이유는 <u>라멜-헤동사에서 요드가 복원되면서 폐음절이 아니게 되므로 "아타트티~"에서 다게쉬도 빠지는 것</u> 기억하셔야 하기 때문입니다.

---

הִשִּׁיאַנִי　　힛쉬아니(나샤 : 16회)　　נָשָׁא　　나샤 : 길을 잃게 하다,속이다

문법사항 : 페-눈동사 히필형,동사에 붙는 인칭대명접미사

※ 전에 말씀드린 대로 동사에 붙는 인칭대명접미사는 엄청 난이도가 높지만 히필형은 반면에 아주 쉽다고 말씀드렸지요? 편안하게 넘어갑니다.

| 6213 | 2063 | 4100 | 802 | 430 | 3068 | 559 |
|---|---|---|---|---|---|---|
| 동칼완여2단 | 형대지여단 | 형부의 | 전관명여단 | 명남복 | 명고 | 봐익동칼미남3단 |
| עָשִׂית | זֹּאת | מַה־ | לָאִשָּׁה | אֱלֹהִים | יְהוָה | וַיֹּאמֶר |
| 아시트 | 조트 | 미 | 라잇솨 | 엘로힘 | 아도나이 | 봐요멜 |
| 하다 | 이것 | 왜 | 여자에게 | 하나님 | 여호와 | 말하다 |

| 398 | 5377 | 5175 | 802 | 559 |
|---|---|---|---|---|
| 봐익동칼미공1단 | 동일완남3단,접1단 | 관명남단 | 관명여단 | 봐익동칼미여3단 |
| וָאֹכֵל׃ | הִשִּׁיאַנִי | הַנָּחָשׁ | הָאִשָּׁה | וַתֹּאמֶר |
| 봐오켈 | 힛쉬아니 | 한나하쉬 | 하잇솨 | 봐토멜 |
| 먹다 | 꾀다 | 뱀 | 여자 | 말하다 |

**Gen.3:13 And the LORD God said unto the woman: 'What is this thou hast done?' And the woman said: 'The serpent beguiled me, and I did eat.'**

**창3:13 여호와 하나님이 여자에게 이르시되 네가 어찌하여 이렇게 하였느냐 여자가 가로되 뱀이 나를 꾀므로 내가 먹었나이다**

※ 쉬어가는 이야기

하나님께서 먼저 아담에게 질문하시자 아담의 대답은..

**창3:12 아담이 가로되 하나님이 주셔서 나와 함께 하게 하신 여자 그가 그 나무 실과를 내게 주므로 내가 먹었나이다**

보통 많은 여성분들이 분개하시는 장면입니다만.. 다른 시각으로 한 번 바라보면 ..

**"하나님이 주셔서 나와 함께 하게 하신 여자"**입니다.

어쩌면 **"하나님 때문에"**처럼 들리기도 하는 장면입니다.

두번째로 여자에게 질문하시자 여자가 대답합니다.

**창3:13 여호와 하나님이 여자에게 이르시되 네가 어찌하여 이렇게 하였느냐 여자가 가로되 뱀이 나를 꾀므로 내가 먹었나이다**

내용으로 보면 다음은 뱀에게 질문해야 하는 단계인데 뱀에게는 질문하시지 않으시는 것을 볼 수 있습니다.

어쩌면 아담과 하와에게는 회개할 수 있는 기회를 주신 것일수도 있다는 생각을 해 봅니다.

| 2063 | 6213 | 3588 | 5175 | 413 | 430 | 3068 | 559 |
|---|---|---|---|---|---|---|---|
| 형대지여단 | 동칼완남2단 | 접 | 관명남단 | 전 | 명남복 | 명고 | 봐익동칼미남3단 |
| זֹּאת | עָשִׂיתָ | כִּי | הַנָּחָשׁ | אֶל־ | אֱלֹהִים | יְהוָה | וַיֹּאמֶר |
| 조트 | 아시타 | 키 | 한나하쉬 | 엘 | 엘로힘 | 아도나이 | 봐요멜 |
| 이렇게 | 하다 | | 뱀 | 에게 | 하나님 | 여호와 | 말하다 |

| 7704 | 2416 | 3605 | 929 | 3605 | 859 | 779 |
|---|---|---|---|---|---|---|
| 관명남단 | 명여단연 | 접전명남단연 | 관명여단 | 전명남단연 | 명인남2단 | 동칼분수 |
| הַשָּׂדֶה | חַיַּת | וּמִכֹּל | הַבְּהֵמָה | מִכָּל־ | אַתָּה | אָרוּר |
| 핫사데 | 하야트 | 우미콜 | 하베헤마 | 미콜 | 얕타 | 아루르 |
| 들 | 육축 | 모든 | 짐승 | 모든 | 너 | 저주받다 |

| 2416 | 3117 | 3605 | 398 | 6083 | 1980 | 1512 | 5921 |
|---|---|---|---|---|---|---|---|
| 명남복,남2단 | 명남복연 | 명남단연 | 동칼미남2단 | 접명남단 | 동칼미남2단 | 명남단,남2단 | 전 |
| חַיֶּיךָ׃ | יְמֵי | כָּל־ | תֹּאכַל | וְעָפָר | תֵּלֵךְ | גְּחֹנְךָ | עַל־ |
| 하예카 | 예메 | 콜 | 토칼 | 베아팔 | 텔렉 | 게호네카 | 알 |
| 살아있는 | 날 | 모든 | 먹다 | 흙 | 다니고 | 배 | 로 |

**Gen.3:14 And the LORD God said unto the serpent: 'Because thou hast done this, cursed art thou from among all cattle, and from among all beasts of the field; upon thy belly shalt thou go, and dust shalt thou eat all the days of thy life.**

**창3:14 여호와 하나님이 뱀에게 이르시되 네가 이렇게 하였으니 네가 모든 육축과 들의 모든 짐승보다 더욱 저주를 받아 배로 다니고 종신토록 흙을 먹을지니라**

עָשִׂיתָ 아시타(아사 : 2,627회) עָשָׂה 아사 : 일하다,노동하다,만들다

문법사항 : 라멜-헤동사 요드복원

※ 라멜-헤동사에서 요드가 복원되면서 폐음절이 아니게 되므로 "아타트티~"에서 다게쉬도 빠짐

---

אָרוּר 아루르(아라르 : 63회) אָרַר 아라르 : 저주하다

문법사항 : 칼동사 분사수동

※ 칼동사는 분사능동과 분사수동 두가지로 구분됩니다.

분사능동은 코텔, 분사수동은 카툴이지요. 여기서는 카툴의 형태로 사용된 분사 수동입니다.

'저주하다'의 수동이니 '저주받다'가 되는거구요.

מִכָּל　　미콜(콜 : 5,408회)　　　　כָּל　　콜 : 모든,전체,전부

문법사항 : 전치사 '민'의 용법

※ 콜이 카메츠-하툽과 홀렘으로 쓰이는 두 가지인것 확인하시구요.

그보다 중요한 것은 '전치사 민의 용법'입니다.

전치사 민의 경우는 비교급과 최상급으로도 사용되고 '일부','부분'을 표현하기도 합니다.

여기서는 '미콜'과 '우미콜'에서 최상급으로 사용되었습니다.

모든 육축보다, 모든 육축보다 저주를 받아(비교급이지만 결국 최상급)

---

גְּחֹנְךָ　　게호네카(가혼 : 2회)　　　　גָּחוֹן　　가혼 : 배

문법사항 : 명사에 붙는 인칭대명접미사

※ 동사에 붙는 것 보다가 명사형보니 아주 쉽지요?ㅎㅎ

---

תֵלֵךְ　　텔렉(할라크 : 1,549회)　　　　הָלַךְ　　할라크 : 걷다,가다

문법사항 : 페-바브동사처럼 변하는 동사 할라크

※ 텔렉을 보고 할라크인 것을 바로 아셨으면 대충 짐싸서 하산 준비하시면 되실듯 하네요.

페-바브동사에서 바브가 탈락하는 것은 칼 미완료/명령/부정사연계형으로 여기서는 보상장음화가 발생합니다. 할라크도 페-바브처럼 변하는 동사입니다.

보상장음화를 통해 접두어가 장음화 된 부분 보이셔야 합니다.

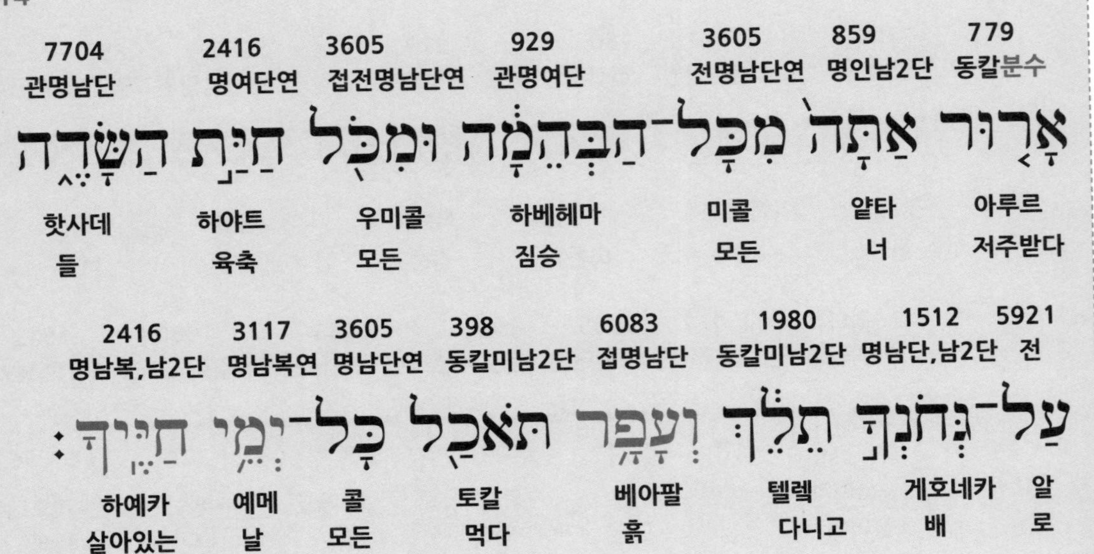

창세기 3:14

אָרוּר אַתָּה מִכָּל־הַבְּהֵמָה וּמִכֹּל חַיַּת הַשָּׂדֶה

| 단어 | 번호 | 문법 | 발음 | 뜻 |
|---|---|---|---|---|
| אָרוּר | 779 | 동칼분수 | 아루르 | 저주받다 |
| אַתָּה | 859 | 명인남2단 | 얕타 | 너 |
| מִכָּל | 3605 | 전명남단연 | 미콜 | 모든 |
| הַבְּהֵמָה | 929 | 관명여단 | 하베헤마 | 짐승 |
| וּמִכֹּל | 3605 | 접전명남단연 | 우미콜 | 모든 |
| חַיַּת | 2416 | 명여단연 | 하야트 | 육축 |
| הַשָּׂדֶה | 7704 | 관명남단 | 핫사데 | 들 |

עַל־גְּחֹנְךָ תֵלֵךְ וְעָפָר תֹּאכַל כָּל־יְמֵי חַיֶּיךָ׃

| 단어 | 번호 | 문법 | 발음 | 뜻 |
|---|---|---|---|---|
| עַל | 5921 | 전 | 알 | 로 |
| גְּחֹנְךָ | 1512 | 명남단,남2단 | 게호네카 | 배 |
| תֵלֵךְ | 1980 | 동칼미남2단 | 텔렉 | 다니고 |
| וְעָפָר | 6083 | 접명남단 | 베아팔 | 흙 |
| תֹּאכַל | 398 | 동칼미남2단 | 토칼 | 먹다 |
| כָּל | 3605 | 명남단연 | 콜 | 모든 |
| יְמֵי | 3117 | 명남복연 | 예메 | 날 |
| חַיֶּיךָ׃ | 2416 | 명남복,남2단 | 하예카 | 살아있는 |

**וְעָפָר** 베아팔(아팔 : 110회) **עָפָר** 아팔 : 먼지,마른 땅,흙

※ 단어는 보던 단어이기에.. 사람을 지으실 때 사용한 것이 아다마의 아팔이었던 것 기억하시죠?

---

**יְמֵי** 예메(욤 : 2,291회) **יוֹם** 욤 : 날,낮,시간

문법사항 : 명사의 연계형

※ 남성복수이기에 어미변화가 생기고 엑센트를 잃으니 변화를 한 모습입니다.

---

**חַיֶּיךָ** 하예카(하이 : 239회) **חַי** 하이 : 살아있는,생존하는,생기있는

| 2233 | 996 | 802 | 996 | 996 | 7896 | 342 |
|---|---|---|---|---|---|---|
| 명남단,남2단 | 접전 | 관명여단 | 접전 | 전,남2단 | 동칼미공1단 | 접명여단 |
| זַרְעֲךָ | וּבֵין | הָאִשָּׁה | וּבֵין | בֵּינְךָ | אָשִׁית | וְאֵיבָה |
| 자르아카 | 우베인 | 하잇솨 | 우베인 | 베네카 | 아쉬트 | 베에바 |
| 너의후손 | | 여자 | 사이 | 너 사이 | 될것이다 | 원수 |

| 6119 | 7779 | 859 | 7218 | 7779 | 1931 | 2233 | 996 |
|---|---|---|---|---|---|---|---|
| 명남단 | 동칼미남2단,남3단 | 접명인남2단 | 명남단 | 동칼미남3단,남2단 | 명인남3단 | 명남단,여3단 | 접전 |
| עָקֵב׃ | תְּשׁוּפֶנּוּ | וְאַתָּה | רֹאשׁ | יְשׁוּפְךָ | הוּא | זַרְעָהּ | וּבֵין |
| 아켑 | 테슈펜누 | 베앝타 | 로쉬 | 예슈페카 | 후 | 자르아흐 | 우베인 |
| 발꿈치 | 상하게하다 | 너(뱀) | 머리 | 상하게하다 | 여자의후손 | 여자후손 | 사이 |

**Gen.3:15 And I will put enmity between thee and the woman, and between thy seed and her seed; they shall bruise thy head, and thou shalt bruise their heel.'**

**창3:15 내가 너로 여자와 원수가 되게 하고 너희 후손도 여자의 후손과 원수가 되게 하리니 여자의 후손은 네 머리를 상하게 할 것이요 너는 그의 발꿈치를 상하게 할 것이니라 하시고**

וְאֵיבָה 베에바(에바 : 5회) אֵיבָה 에바 : 원수,악의,한

אָשִׁית 아쉬트(쉬트 : 85회) שִׁית 쉬트 : 놓다,두다,~이 되게 하다

בֵּינְךָ 베네카(벤 : 403회) בֵּין 벤 : ~사이,~안에

문법사항 : 전치사에 붙는 인칭대명접미사

※ 전치사중 레와 베는 간단한 유형이지요.. 전치사는 기본적으로 단수형 인칭대명접미사를 사용합니다.

זַרְעֲךָ 자르아카(제라 : 229회) זֶרַע 제라 : 씨,후손

문법사항 : 세골명사에 붙는 인칭대명접미사

※ 명사에 인칭대명접미사가 붙는 경우는 아몰랑법칙이 적용되지 않지요.

그런데 언뜻 위 변화를 보면 슈바로 변한 모습이 아주 신기하지 않나요?

명사중에 세골명사의 경우는 연계형으로 변할 때 원형이 복원되는 형태를 가집니다. '아Type'이네요.

ךָ + זַרְע → זַרְעְךָ → זַרְעֲךָ

세골명사연계형은 원형을 기준으로..

후음의 단순슈바 비선호로 합성슈바로 변함

| 2233 | 996 | 802 | 996 | 996 | 7896 | 342 |
|---|---|---|---|---|---|---|
| 명남단,남2단 | 접전 | 관명여단 | 접전 | 전,남2단 | 동칼미공1단 | 접명여단 |
| זַרְעֲךָ | וּבֵין | הָאִשָּׁה | וּבֵין | בֵּינְךָ | אָשִׁית | וְאֵיבָה׀ |
| 자르아카 | 우베인 | 하잇솨 | 우베인 | 베네카 | 아쉬트 | 베에바 |
| 너의후손 | | 여자 | 사이 | 너 사이 | 될것이다 | 원수 |

| 6119 | 7779 | 859 | 7218 | 7779 | 1931 | 2233 | 996 |
|---|---|---|---|---|---|---|---|
| 명남단 | 동칼미남2단,남3단 | 접명인남2단 | 명남단 | 동칼미남3단,남2단 | 명인남3단 | 명남단,여3단 | 접전 |
| עָקֵב׃ | תְּשׁוּפֶנּוּ | וְאַתָּה | רֹאשׁ | יְשׁוּפְךָ | הוּא | זַרְעָהּ | וּבֵין |
| 아켑 | 테슈펜누 | 베앝타 | 로쉬 | 예슈페카 | 후 | 자르아흐 | 우베인 |
| 발꿈치 | 상하게하다 | 너(뱀) | 머리 | 상하게하다 | 여자의후손 | 여자후손 | 사이 |

**Gen.3:15 And I will put enmity between thee and the woman, and between thy seed and her seed; they shall bruise thy head, and thou shalt bruise their heel.'**

**창3:15 내가 너로 여자와 원수가 되게 하고 너희 후손도 여자의 후손과 원수가 되게 하리니 여자의 후손은 네 머리를 상하게 할 것이요 너는 그의 발꿈치를 상하게 할 것이니라 하시고**

※ 3:15 상반부

지금까지중 해석이 제일 어려운 부분인 것 같아 한번 정리해 봅니다.

וְאֵיבָה׀ אָשִׁית בֵּינְךָ וּבֵין הָאִשָּׁה וּבֵין זַרְעֲךָ וּבֵין זַרְעָהּ

위와 같이 세 부분으로 나누어서 해석하시면 될 것 같습니다.
우베인이 계속되면서 헷갈릴 수 있기에 나눈 것인데요.
상반부 : 원수가 될 것이다.
중반부 : 너와 여자 사이에
후반부 : 너의 후손과 여자의 후손 사이에
후반부의 시작 우베인은 다른 것과 달리 '사이에'라고 해석을 하려고 하면 정말 헷갈리는 문장이 됩니다.

3장 15절은 전반부와 후반부를 잘 나누고 인칭대명사등을 정말 유의하시면서 바라보셔야 하는 중요한 구절입니다.
전혀 다른 느낌이 드실 수 있는 부분이니 집중해서 보시면서 다음절로 넘어가세요~

| 2233 | 996 | 802 | 996 | 996 | 7896 | 342 |
|---|---|---|---|---|---|---|
| 명남단,남2단 | 접전 | 관명여단 | 접전 | 전,남2단 | 동칼미공1단 | 접명여단 |
| זַרְעֲךָ | וּבֵין | הָאִשָּׁה | וּבֵין | בֵּינְךָ | אָשִׁית | וְאֵיבָה |
| 자르아카 | 우베인 | 하잇솨 | 우베인 | 베네카 | 아쉬트 | 베에바 |
| 너의후손 | | 여자 | 사이 | 너 사이 | 될것이다 | 원수 |

| 6119 | 7779 | 859 | 7218 | 7779 | 1931 | 2233 | 996 |
|---|---|---|---|---|---|---|---|
| 명남단 | 동칼미남2단,남3단 | 접명인남2단 | 명남단 | 동칼미남3단,남2단 | 명인남3단 | 명남단,여3단 | 접전 |
| עָקֵב׃ | תְּשׁוּפֶנּוּ | וְאַתָּה | רֹאשׁ | יְשׁוּפְךָ | הוּא | זַרְעָהּ | וּבֵין |
| 아켑 | 테슈펜누 | 베앝타 | 로쉬 | 예슈페카 | 후 | 자르아흐 | 우베인 |
| 발꿈치 | 상하게하다 | 너(뱀) | 머리 | 상하게하다 | 여자의후손 | 여자후손 | 사이 |

**Gen.3:15 And I will put enmity between thee and the woman, and between thy seed and her seed; they shall bruise thy head, and thou shalt bruise their heel.'**

**창3:15 내가 너로 여자와 원수가 되게 하고 너희 후손도 여자의 후손과 원수가 되게 하리니 여자의 후손은 네 머리를 상하게 할 것이요 너는 그의 발꿈치를 상하게 할 것이니라 하시고**

יְשׁוּפְךָ 예슈베카(슈프 : 4회) שׁוּף 슈프 : 입을 크게 벌리다,숨어서 기다리다 공격하다

문법사항 : 동사에 붙는 인칭대명접미사

※ 동사에 붙는 인칭대명접미사는 기본형을 가지는데 3남단의 경우는 어미추가는 없습니다.
2인칭 남성단수어미가 왔는데 여기서는 뱀을 지칭하기에 '뱀의 머리를 상하게 하는'이 됩니다.
그리고 주체가 '후'인데 여기서는 **"여자의 후손"**이 됩니다.

תְּשׁוּפֶנּוּ 타슈펜누(슈프 : 4회) נּוּ

※ 원형은 동일합니다. 그리고 3남단 인칭대명접미사가 온 형태입니다. 그런데 이상하지요?
원래는 자음으로 끝난 단어이기에 '홀렘바브'가 와야 하는데 이상한 형태가 되어 있습니다.
위 단어와 같은 것인데 왜 그럴까요?

※ 동사에 붙는 인칭대명접미사중에 5개의 유형(3ms,3fs,2ms,1cs,1cp)의 미완료와 명령의 경우는 인칭대명사를 강조하기 위하여 '세골+눈(다게쉬)' 형태를 취하기도 합니다. 즉, 강조의 의미입니다.
**그럼 또 이상합니다. 동일단어이지만 '베슈페카'에는 강조형이 아니고 '테슈펜누'에만 강조형이 사용되었습니다. 이런 부분은 정확한 문법을 알지 못하면 안보이는 부분입니다.**

---

עָקֵב 아켐(아케브 : 14회) עָקֵב 아케브 :발꿈치, 대열의 후미

| 2233 | 996 | 802 | 996 | 996 | 7896 | 342 |
|---|---|---|---|---|---|---|
| 명남단,남2단 | 접전 | 관명여단 | 접전 | 전,남2단 | 동칼미공1단 | 접명여단 |
| זַרְעֲךָ | וּבֵין | הָאִשָּׁה | וּבֵין | בֵּינְךָ | אָשִׁית | וְאֵיבָה |
| 자르아카 | 우베인 | 하잇샤 | 우베인 | 베네카 | 아쉬트 | 베에바 |
| 너의후손 | | 여자 | 사이 | 너 사이 | 될것이다 | 원수 |

| 6119 | 7779 | 859 | 7218 | 7779 | 1931 | 2233 | 996 |
|---|---|---|---|---|---|---|---|
| 명남단 | 동칼미남2단,남3단 | 접명인남2단 | 명남단 | 동칼미남3단,남2단 | 명인남3단 | 명남단,여3단 | 접전 |
| עָקֵב׃ | תְּשׁוּפֶנּוּ | וְאַתָּה | רֹאשׁ | יְשׁוּפְךָ | הוּא | זַרְעָהּ | וּבֵין |
| 아켑 | 테슈펜누 | 베앝타 | 로쉬 | 예슈페카 | 후 | 자르아흐 | 우베인 |
| 발꿈치 | 상하게하다 | 너(뱀) | 머리 | 상하게하다 | 여자의후손 | 여자후손 | 사이 |

**Gen.3:15 And I will put enmity between thee and the woman, and between thy seed and her seed; they shall bruise thy head, and thou shalt bruise their heel.'**

**창3:15 내가 너로 여자와 원수가 되게 하고 너희 후손도 여자의 후손과 원수가 되게 하리니 여자의 후손은 네 머리를 상하게 할 것이요 너는 그의 발꿈치를 상하게 할 것이니라 하시고**

※ 쉬어가는 이야기

앞에서 말씀드린 강조형인칭대명사에 대해 어떤 생각을 하시나요? 둘째줄 '후'부터 볼께요.

일반형 : 여자의 후손(3인칭)은 네(2인칭, 뱀) 머리를 상하게 할 것이요.

강조형 : 너(2인칭,뱀)는 그(3인칭,여자의 후손 : 강조형 사용 바로 '그')의 발꿈치를 상하게 할 것이니라.

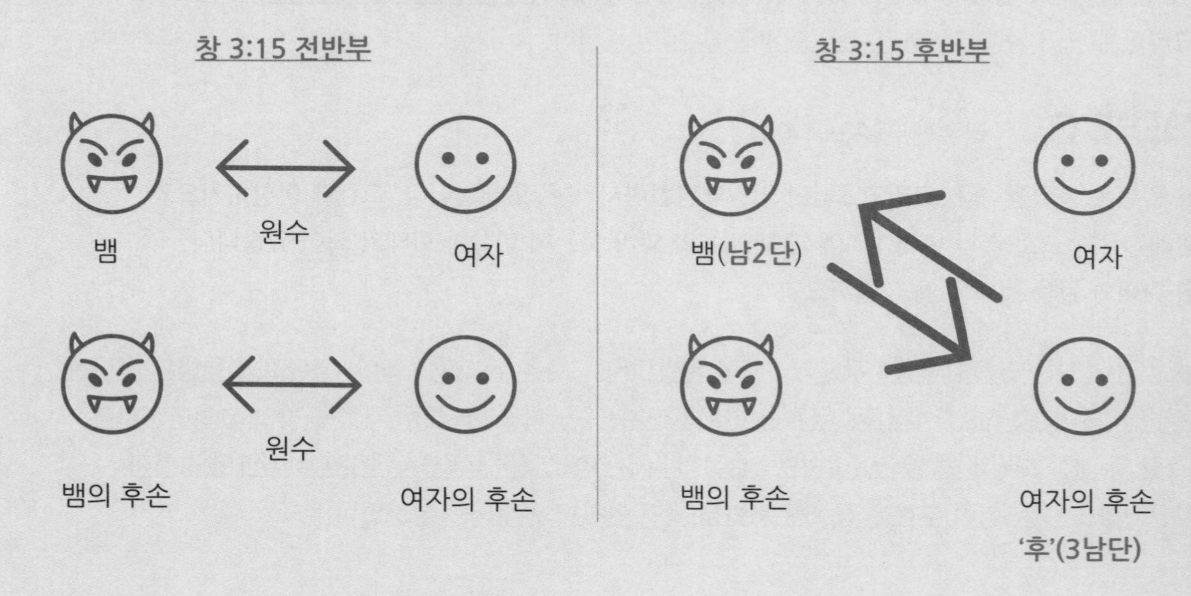

| 2233 | 996 | 802 | 996 | 996 | 7896 | 342 |
|---|---|---|---|---|---|---|
| 명남단,남2단 | 접전 | 관명여단 | 접전 | 전,남2단 | 동칼미공1단 | 접명여단 |
| זַרְעֲךָ | וּבֵין | הָאִשָּׁה | וּבֵין | בֵּינְךָ | אָשִׁית | וְאֵיבָה |
| 자르아카 | 우베인 | 하잇샤 | 우베인 | 베네카 | 아쉬트 | 베에바 |
| 너의후손 | | 여자 | 사이 | 너 사이 | 될것이다 | 원수 |

| 6119 | 7779 | 859 | 7218 | 7779 | 1931 | 2233 | 996 |
|---|---|---|---|---|---|---|---|
| 명남단 | 동칼미남2단,남3단 | 접명인남2단 | 명남단 | 동칼미남3단,남2단 | 명인남3단 | 명남단,여3단 | 접전 |
| עָקֵב׃ | תְּשׁוּפֶנּוּ | וְאַתָּה | רֹאשׁ | יְשׁוּפְךָ | הוּא | זַרְעָהּ | וּבֵין |
| 아켑 | 테슈펜누 | 베앝타 | 로쉬 | 예슈페카 | 후 | 자르아흐 | 우베인 |
| 발꿈치 | 상하게하다 | 너(뱀) | 머리 | 상하게하다 | 여자의후손 | 여자후손 | 사이 |

**Gen.3:15 And I will put enmity between thee and the woman, and between thy seed and her seed; they shall bruise thy head, and thou shalt bruise their heel.'**

**창3:15 내가 너로 여자와 원수가 되게 하고 너희 후손도 여자의 후손과 원수가 되게 하리니 여자의 후손은 네 머리를 상하게 할 것이요 너는 그의 발꿈치를 상하게 할 것이니라 하시고**

뱀과 여자의 '후손들'이라는 복수형이 아닌 단수형 '후손'이라는 점도 보셔야 합니다.
또한 순서도 이상하지 않나요?

여기서 '여자의 후손'은 마태복음에서도 여자를 족보에 끼워 넣으며 언급한 예수님이시고 '사단은 예수님을 십자가에 달리신 것으로 승리한 것으로 생각했지만 부활하셔서 머리를 밟으신다' 정도로 생각을 했는데 순서가 반대입니다.
즉, 예수님이 오심 자체가 사단의 머리를 밟기 위해 오신 것임도 명확하게 보여주고 있습니다.

강조형 인칭대명사의 부분도 예수님을 의미하는 부분에만 특히 강조함으로 뚜렷하게 보여주고 있습니다.

마지막으로 단수로 후손을 표현한 부분도 결국 마지막 시대의 영적 전투의 주체가 누구인지도 명확하게 보여주는 구절이라는 생각이 듭니다.

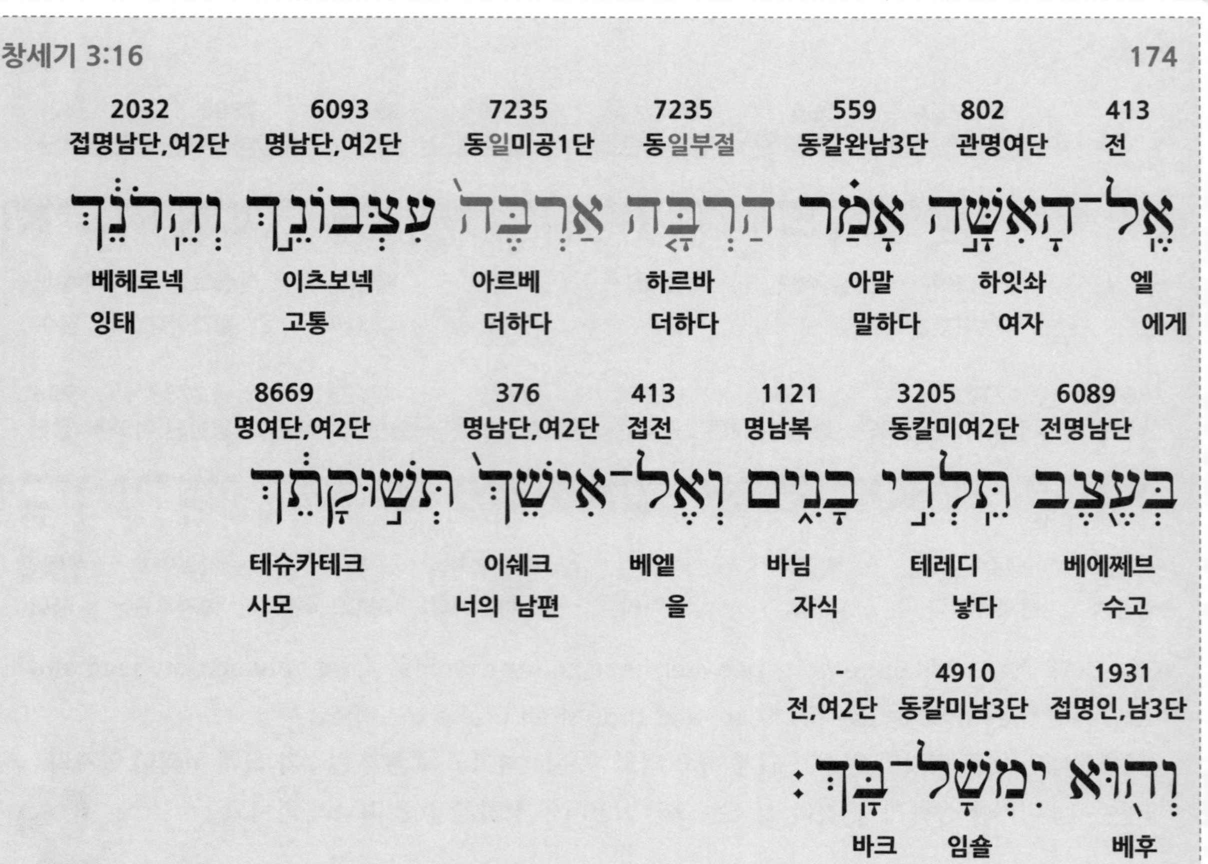

| 2032 | 6093 | 7235 | 7235 | 559 | 802 | 413 |
|---|---|---|---|---|---|---|
| 접명남단,여2단 | 명남단,여2단 | 동일미공1단 | 동일부절 | 동칼완남3단 | 관명여단 | 전 |
| וְהֵרֹנֵךְ | עִצְּבוֹנֵךְ | אַרְבֶּה | הַרְבָּה | אָמַר | הָאִשָּׁה | אֶל־ |
| 베헤로넥 | 이츠보넥 | 아르베 | 하르바 | 아말 | 하잇솨 | 엘 |
| 잉태 | 고통 | 더하다 | 더하다 | 말하다 | 여자 | 에게 |

| 8669 | 376 | 413 | 1121 | 3205 | 6089 |
|---|---|---|---|---|---|
| 명여단,여2단 | 명남단,여2단 | 접전 | 명남복 | 동칼미여2단 | 전명남단 |
| תְּשׁוּקָתֵךְ | אִישֵׁךְ | וְאֶל־ | בָנִים | תֵּלְדִי | בְּעֶצֶב |
| 테슈카테크 | 이쉐크 | 베엘 | 바님 | 테레디 | 베에쩨브 |
| 사모 | 너의 남편 | 을 | 자식 | 낳다 | 수고 |

| - | 4910 | 1931 |
|---|---|---|
| 전,여2단 | 동칼미남3단 | 접명인,남3단 |
| בָּךְ׃ | יִמְשָׁל־ | וְהוּא |
| 바크 | 임숄 | 베후 |
| 너 | 다스리다 | 남편 |

Gen.3:16 Unto the woman He said: 'I will greatly multiply thy pain and thy travail; in pain thou shalt bring forth children; and thy desire shall be to thy husband, and he shall rule over thee.'

창3:16 또 여자에게 이르시되 내가 네게 잉태하는 고통을 크게 더하리니 네가 수고하고 자식을 낳을 것이며 너는 남편을 사모하고남편은 너를 다시릴 것이니라 하시고

הַרְבָּה 하르바(라바 : 176회) רָבָה 라바 : 증가하다,늘어나다

문법사항 : 히필동사 부정사절대형,라멘-헤동사

※ 히트파엘을 기준으로 부정사절대형이 앞은 홀렘, 뒤는 쩨레입니다.

그러면 히필형은 원형이 쩨레가 되지요. 라멘-헤동사의 특성이 더해진 형태입니다.

부정사절대형은 인칭어미를 취하지 않는다는 것도 기억하셔야 합니다.

동사적/명사적/부사적용법중 여기서는 뒤에 나오는 동일단어의 반복으로 부사적용법으로 강조(계속)의 의미로 보시면 됩니다.

אַרְבֶּה 아르베(라바 : 176회)

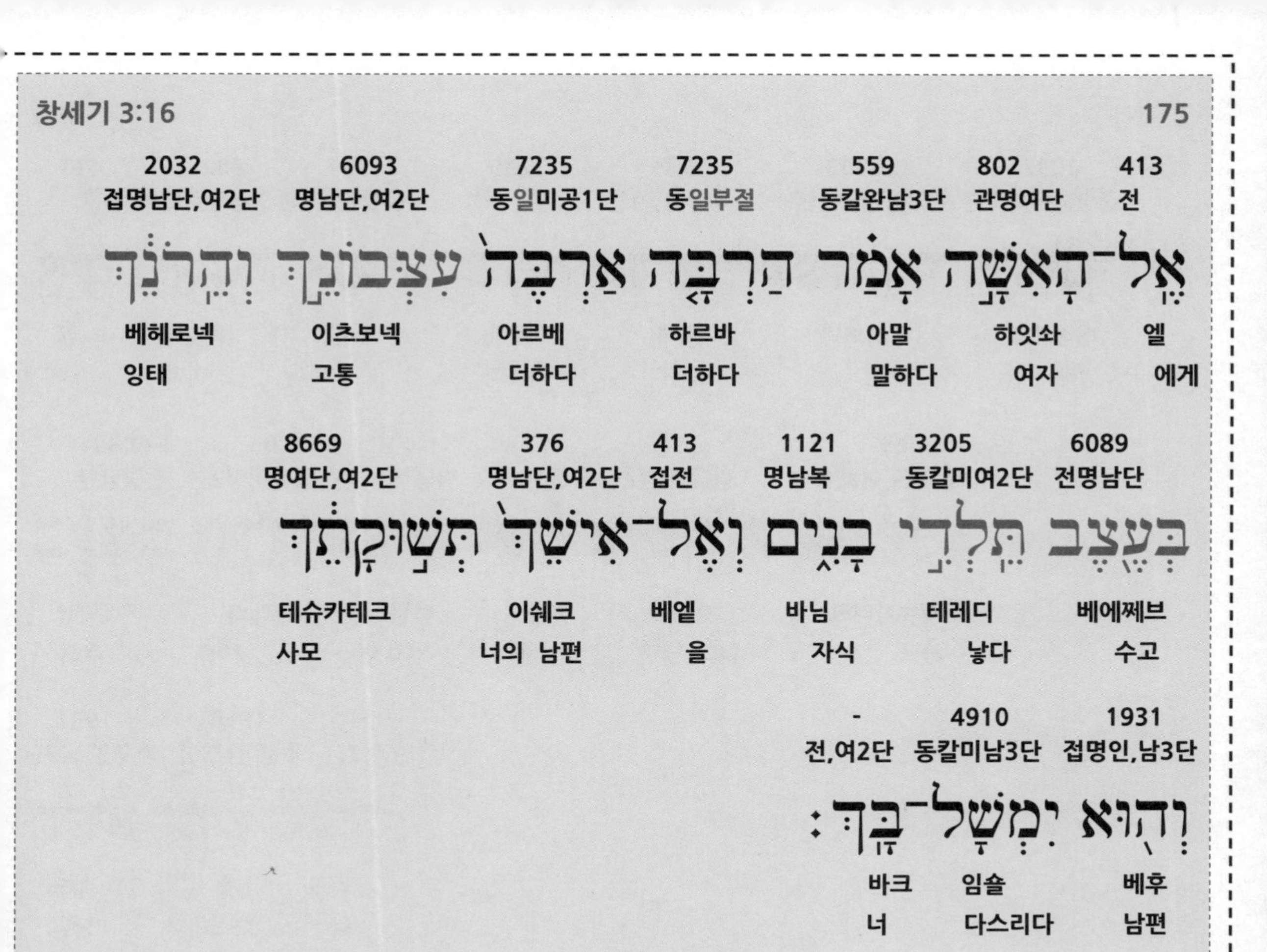


| 413 | 802 | 559 | 7235 | 7235 | 6093 | 2032 |
|---|---|---|---|---|---|---|
| 전 | 관명여단 | 동칼완남3단 | 동일부절 | 동일미공1단 | 명남단,여2단 | 접명남단,여2단 |
| אֶל־ | הָאִשָּׁה | אָמַר | הַרְבָּה | אַרְבֶּה | עִצְּבוֹנֵךְ | וְהֵרֹנֵךְ |
| 엘 | 하잇솨 | 아말 | 하르바 | 아르베 | 이츠보넥 | 베헤로넥 |
| 에게 | 여자 | 말하다 | 더하다 | 더하다 | 고통 | 잉태 |

| 6089 | 3205 | 1121 | 413 | 376 | 8669 |
|---|---|---|---|---|---|
| 전명남단 | 동칼미여2단 | 명남복 | 접전 | 명남단,여2단 | 명여단,여2단 |
| בְּעֶצֶב | תֵּלְדִי | בָנִים | וְאֶל־ | אִישֵׁךְ | תְּשׁוּקָתֵךְ |
| 베에쩨브 | 테레디 | 바님 | 베엘 | 이쉐크 | 테슈카테크 |
| 수고 | 낳다 | 자식 | 을 | 너의 남편 | 사모 |

| 1931 | 4910 | - |
|---|---|---|
| 접명인,남3단 | 동칼미남3단 | 전,여2단 |
| וְהוּא | יִמְשָׁל־ | בָּךְ׃ |
| 베후 | 임숄 | 바크 |
| 남편 | 다스리다 | 너 |

עִצְּבוֹנֵךְ 이츠보넥(잇차본 : 3회) עִצָּבוֹן 잇차본 : 고통,다툼

문법사항 : 명사에 붙이는 대명사접미사

※ 여자에게 말씀하시는 부분으로 너(여자)의 고통으로 2인칭 여성단수 인칭대명접미사가 사용되었습니다.

---

וְהֵרֹנֵךְ 베헤로넥(헤론 : 2회) הֵרוֹן 헤론 : 임신,수태

문법사항 : 명사에 붙이는 대명사접미사

---

בְּעֶצֶב 베에쩨브(에쩨브 : 20회) עֶצֶב 에쩨브 : 흙으로 만든 그릇,토기 고통

문법사항 : 세골명사

---

תֵּלְדִי 테레디(얄라드 : 468회) יָלַד 얄라드 : 낳다,생기다,보다

문법사항 : 페-바브동사

※ 페-바브동사의 대표적 특징이 접두사 장음화이고 칼 미완료/명령/부정사연계형은 바브가 탈락하는 형태입니다. 슈바는 아몰랑법칙이 적용된 부분입니다.

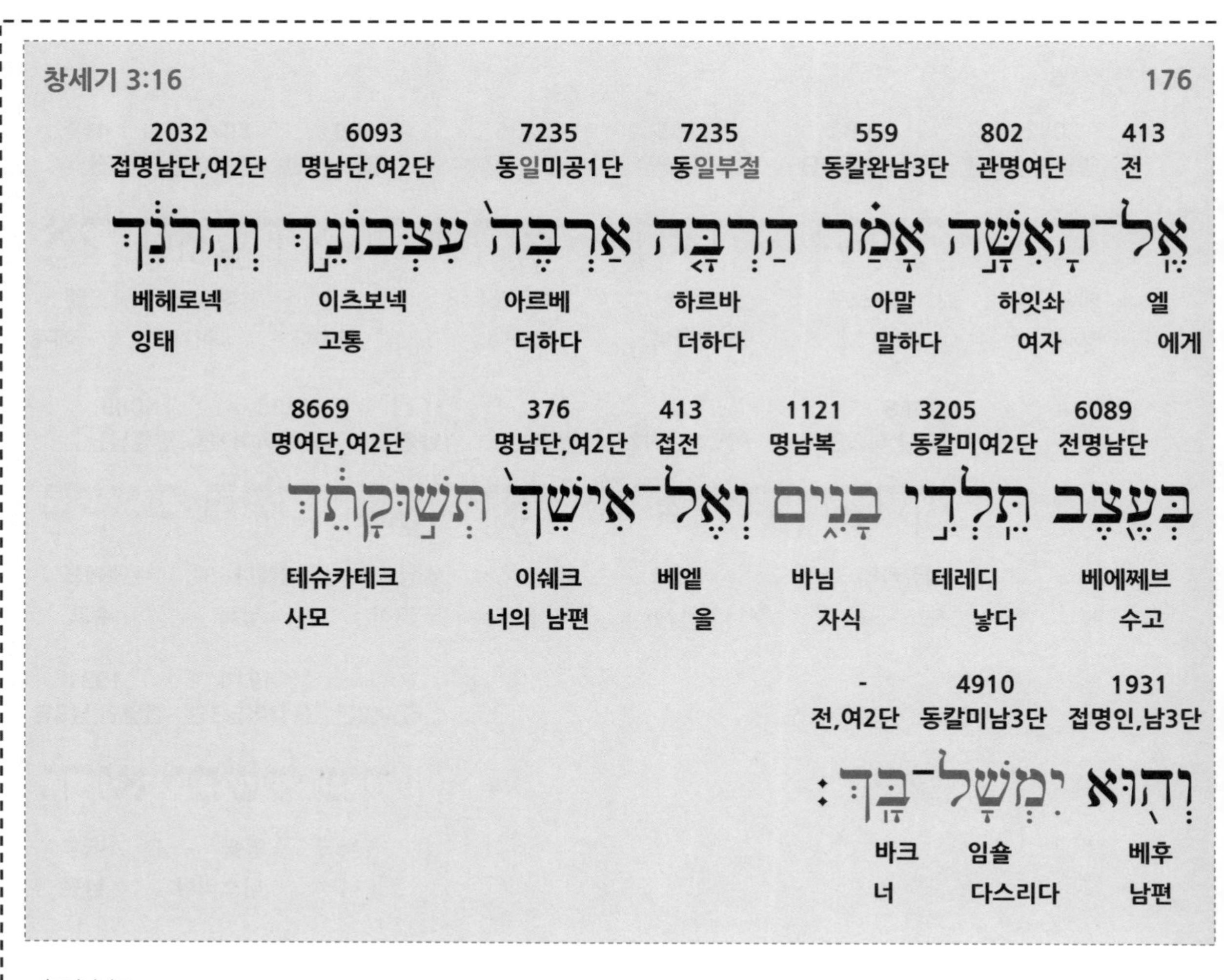

창세기 3:16 176

| 2032 | 6093 | 7235 | 7235 | 559 | 802 | 413 |
|---|---|---|---|---|---|---|
| 접명남단,여2단 | 명남단,여2단 | 동일미공1단 | 동일부절 | 동칼완남3단 | 관명여단 | 전 |
| וְהֵרֹנֵךְ | עִצְּבוֹנֵךְ | אַרְבֶּה | הַרְבָּה | אָמַר | הָאִשָּׁה | אֶל־ |
| 베헤로넥 | 이츠보넥 | 아르베 | 하르바 | 아말 | 하잇솨 | 엘 |
| 잉태 | 고통 | 더하다 | 더하다 | 말하다 | 여자 | 에게 |

| 8669 | 376 | 413 | 1121 | 3205 | 6089 |
|---|---|---|---|---|---|
| 명여단,여2단 | 명남단,여2단 | 접전 | 명남복 | 동칼미여2단 | 전명남단 |
| תְּשׁוּקָתֵךְ | אִישֵׁךְ | וְאֶל־ | בָנִים | תֵּלְדִי | בְּעֶצֶב |
| 테슈카테크 | 이쉐크 | 베엘 | 바님 | 테레디 | 베에쩨브 |
| 사모 | 너의 남편 | 을 | 자식 | 낳다 | 수고 |

| - | 4910 | 1931 |
|---|---|---|
| 전,여2단 | 동칼미남3단 | 접명인,남3단 |
| בָּךְ׃ | יִמְשָׁל־ | וְהוּא |
| 바크 | 임숄 | 베후 |
| 너 | 다스리다 | 남편 |

בָנִים 바님(벤 : 4,891회) בֵּן 벤 : 아들,소년,신하

문법사항 : 명사의 복수형

※ 임/아/오트 아임(타임)

---

תְּשׁוּקָתֵךְ 테슈카테크(테슈카 : 53회) תְּשׁוּקָה 테슈카 : 갈망

문법사항 : 명사에 붙는 인칭대명접미사

※ 명사는 연계형에 붙는 형태인데 이미 여성명사이고 단수인 경우는 그대로 붙이면 됩니다.

---

יִמְשָׁל 임숄(마샬 : 81회) מָשַׁל 마샬 : 다스리다,통치하다

문법사항 : 명사의 연계형

※ 원래기준인 '익톨'에서 마켑으로 연결되면서 엑센트를 잃고 단음화 된 '카메츠-하툽'으로 '오'입니다.

---

בָּךְ 바크 : 전치사+인칭대명접미사

문법사항 : 전치사에 붙는 인칭대명접미사

※ 전치사+인칭대명접미사의 특징중 하나가 2fs와 모든 복수형에서 카메츠를 취하는 것 기억하세요.

Gen.3:17 And unto Adam He said: 'Because thou hast hearkened unto the voice of thy wife, and hast eaten of the tree, of which I commanded thee, saying: Thou shalt not eat of it: cursed is the ground for thy sake; in toil shalt thou eat of it all the days of thy life.

창3:17 아담에게 이르시되 네가 네 아내의 말을 듣고 내가 너더러 먹지 말라한 나무 실과를 먹었은즉 땅은 너로 인하여 저주를 받고 너는 종신토록 수고하여야 그 소산을 먹으리라

לְקוֹל 레콜(콜 : 505회) קוֹל 콜 : 소리,소문

문법사항 : 명사의 연계형

※ 쉬어가는 이야기

뱀은 저주하시고 여자에게는 고통을 더하시고 아담은 수고해야 소산을 먹게 하십니다.

땅이 저주를 받는 부분도 잘 보아두셔야 합니다. 사람을 저주하지 않으신 것도요.. (아담 = 아다마)

אִשְׁתֶּךָ 이쉬테카(잇샤 : 782회)

אִשָּׁה 잇샤 : 여자,아내

אֵשֶׁת 연계형

אִשְׁתִּי 어미변화형

문법사항 : 여성명사의 연계형, 여성명사에 붙는 인칭대명접미사

※ 인칭대명접미사를 붙일 때 조심할 것이 여성명사단수의 연계형은 '카메츠+헤'가 '파타+타우'로 변합니다.

사실 이 단어는 이 외에는 딱히 설명할 방법이 없습니다.

게제니우스사전에도 어미변화와 연계형이 나와 있고 또 로고스사전에에서는 연계형대신 절대형을 사용하기도 한다고 나와 있고..

또 원형의 쉰에 다게쉬가 없는 타입과 있는 타입등 여러 의견도 있으며 원형에 대해서도 많은 이견이 있습니다.

이 단어는 어미변화형을 따라 변화하며 헤가 타우와 동화된 형태로 보면 정확히 일치하지만

어미변화형이 불규칙하게 변하는 단어들도 있습니다.

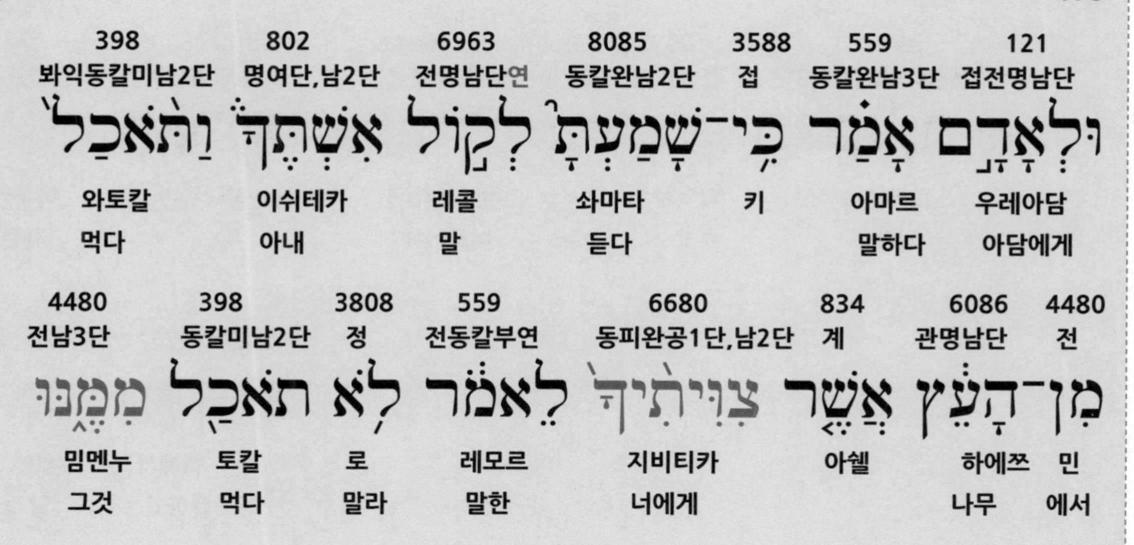

| 398 | 802 | 6963 | 8085 | 3588 | 559 | 121 |
|---|---|---|---|---|---|---|
| 봐익동칼미남2단 | 명여단,남2단 | 전명남단연 | 동칼완남2단 | 접 | 동칼완남3단 | 접전명남단 |
| וַתֹּאכַל | אִשְׁתֶּךָ | לְקוֹל | שָׁמַעְתָּ | כִּי־ | אָמַר | וּלְאָדָם |
| 와토칼 | 이쉬테카 | 레콜 | 쇄마타 | 키 | 아마르 | 우레아담 |
| 먹다 | 아내 | 말 | 듣다 | | 말하다 | 아담에게 |

| 4480 | 398 | 3808 | 559 | 6680 | 834 | 6086 | 4480 |
|---|---|---|---|---|---|---|---|
| 전남3단 | 동칼미남2단 | 정 | 전동칼부연 | 동피완공1단,남2단 | 계 | 관명남단 | 전 |
| מִמֶּנּוּ | תֹאכַל | לֹא | לֵאמֹר | צִוִּיתִיךָ | אֲשֶׁר | הָעֵץ | מִן־ |
| 밈멘누 | 토칼 | 로 | 레모르 | 지비티카 | 아쉘 | 하에쯔 | 민 |
| 그것 | 먹다 | 말라 | 말한 | 너에게 | | 나무 | 에서 |

צִוִּיתִיךָ 찌비티카(차바 : 496회) צִוָּה 짜바 : 지명하다,명령하다

문법사항 : 라멜-헤동사 자음연결시 요드 복원, 동사에 붙는 인칭대명접미사

※ 원형의 바브는 자음의 역할을 하기 때문에 아인-바브동사에 해당하지 않습니다. 즉, 규칙변화를 합니다. 이동사는 주로 피엘형으로 '명령하다'라는 의미로 사용됩니다.
또한 명사형으로 사용되는 것도 꼭 기억해 두시면 좋습니다. מִצְוָה 미쯔바 : 명령
결국 그러면 남는 약동사는 하나입니다. 라멜-헤입니다.
라멜-헤동사에서 종합표를 보시면 확인하실 수 있지만 1인칭공성단수의 경우는 다음과 같이 변합니다.

'헤'가 원형 '요드'로 변경되며
앞 모음도 변경(능동:히렉,수동: 쩨레)

능동 : תָּ ה → תָּ י ִ

수동 : תָּ ה → תָּ י ֵ

옆의 표를 기준으로 한번 변화를 그려보겠습니다.

צִוָּה 원래 피엘 완료 형태

צִוִּיתִי 히렉요드로 변하며 어미 추가

צִוִּיתִיךָ 동사용 인칭대명접미사 추가

※ 피엘형인데 뭔가 이상하고 복잡해 보이니 포기하지 마시고 이렇게 분해해서 보시면 정말 어려운 것이 하나도 없고 너무 간단한 변화입니다. 늘 이렇게 체크해보시기 바랍니다.

---

מִמֶּנּוּ 밈멘누(민 : 5,737회) מִן 민 :~로 부터

문법사항 : 전치사에 붙는 인칭대명접미사

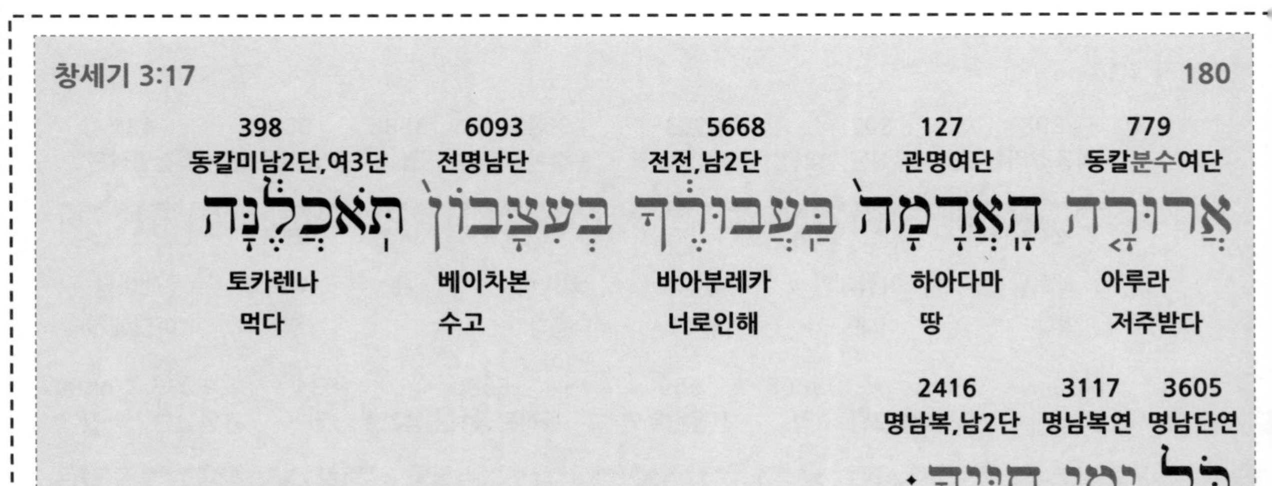
창세기 3:17 180

| 779 | 127 | 5668 | 6093 | 398 |
| --- | --- | --- | --- | --- |
| 동칼분수여단 | 관명여단 | 전전,남2단 | 전명남단 | 동칼미남2단,여3단 |
| אֲרוּרָה | הָאֲדָמָה | בַּעֲבוּרֶךָ | בְּעִצָּבוֹן | תֹּאכְלֶנָּה |
| 아루라 | 하아다마 | 바아부레카 | 베이차본 | 토카렌나 |
| 저주받다 | 땅 | 너로인해 | 수고 | 먹다 |

| 3605 | 3117 | 2416 |
| --- | --- | --- |
| 명남단연 | 명남복연 | 명남복,남2단 |
| כֹּל | יְמֵי | חַיֶּיךָ׃ |
| 콜 | 예메 | 하예카 |
| 종 | 날 | 살아있는 |

אֲרוּרָה 아루라(아라르 : 63회) אָרַר 아라르 : 저주하다

문법사항 : 칼동사 분사수동

※ 칼동사는 분사능동과 분사수동 두가지로 구분됩니다.

분사능동은 코텔, 분사수동은 카툴이지요. 여기서는 카툴의 형태로 사용된 분사 수동입니다.

저주하다의 수동이니 '저주받다'이구요.

---

בַּעֲבוּרֶךָ 바아부레카(아부르 : 8회) עָבוּר 아부르 : ~때문에, 위하여, ~하는동안

문법사항 : 전치사,전치사에 붙는 인칭대명사

---

בְּעִצָּבוֹן 베이차본(잇차본 : 3회) עִצָּבוֹן 잇차본 : 고통,다툼

문법사항 : 전치사

※ 전치사는 문법사항이랄 것이 없어 넘어가지만 주요 사용되는 전치사들은 의미를 꼭 암기하셔야 합니다. 언제까지 해석된 것으로 끼워 맞추기를 할 수는 없잖아요..

---

יְמֵי 예메(욤 : 2291회) יוֹם 욤 : 날,낮,시간

문법사항 : 명사의 연계형

※ 남성복수이기에 어미변화가 생기고 엑센트를 잃으니 변화를 한 모습입니다.

---

חַיֶּיךָ 하예카(하이 : 239회) חַי 하이 : 살아있는,생존하는,생기있는

| - | 6779 | 1863 | 6975 |
|---|---|---|---|
| 전,남2단 | 동일미여3단 | 접명남단 | 접명남단 |
| לָךְ | תַּצְמִיחַ | וְדַרְדַּר | וְקוֹץ |
| 라크 | 타츠미아흐 | 베다르다르 | 베코쯔 |
| 네게 | 싹이 나다 | 엉겅퀴 | 가시덤불 |

| 7704 | 6212 | 853 | 398 |
|---|---|---|---|
| 관명남단 | 명남단연 | 전 | 접동칼완남2단 |
| הַשָּׂדֶה׃ | עֵשֶׂב | אֶת־ | וְאָכַלְתָּ |
| 핫싸데 | 에세브 | 엘 | 베아칼타 |
| 밭 | 채소 | | 먹다 |

**Gen.3:18 Thorns also and thistles shall it bring forth to thee; and thou shalt eat the herb of the field.**

**창3:18 땅이 네게 가시덤불과 엉겅퀴를 낼 것이라 너의 먹을 것은 밭의 채소인즉**

| | | | |
|---|---|---|---|
| וְקוֹץ | 배코쯔(코쯔 : 11회) | קוֹץ | 코쯔 :가시덤불,가시 |
| וְדַרְדַּר | 베다르다르(다르다르 : 2회) | דַּרְדַּר | 다르다르 : 쓸모없는 식물,엉겅퀴 |
| תַּצְמִיחַ | 타츠미아트(차마흐 : 33회) | צָמַח | 짜마흐 : 싹이 나다 |

문법사항 : 히필동사,라멜-후음동사,숨은파타

※ 히필동사는 접두어가 파타가 되기도 해서 하필로도 불리는 특성이 있지요.

전형적인 히필동사의 특성에 라멜-후음동사의 특징인 숨은 파타도 보이네요.

후음이 '아'를 선호해서 바꾸려 했지만 순장모음이라 힘에서 밀리고 삐지면? 숨은 파타가 나옵니다. ㅎ

※ 쉬어가는 이야기

에세브(채소)는 원래 먹던 음식입니다. 또한 아담을 에덴동산에 두어 '경작하며 지키게'하신 것도 창2:15절에 나옵니다. 달라보이지 않지요..

땅 이야기에서 싸데와 아다마가 다르다고 한 부분 기억나시나요?

싸데는 풀이 자라는 땅으로 좀 차이가 있었지요.. 가만두어도 자라는 쓸모없는 식물이 자라는 땅..

가시덤불과 엉겅퀴를 보시면서 연결해 보시면 또 재밌게 성경을 묵상해 볼 수 있을 것 같습니다.

| 127 | 413 | 7725 | 5704 | 3899 | 398 | 639 | 2188 |
|---|---|---|---|---|---|---|---|
| 관명여단 | 전 | 동칼부연,남2단 | 형부 | 명남단 | 동칼미남2단 | 명남복,남2단 | 전명여단연 |
| הָאֲדָמָה | אֶל־ | שׁוּבְךָ | עַד | לֶחֶם | תֹּאכַל | אַפֶּיךָ | בְּזֵעַת |
| 하아다마 | 엘 | 슈베카 | 아드 | 레헴 | 토칼 | 아페카 | 베제아트 |
| 흙 | | 돌아가다 | 필경 | 식물 | 먹다 | 얼굴 | 땀흘리다 |

בְּזֵעַת אַפֶּיךָ תֹּאכַל לֶחֶם עַד שׁוּבְךָ אֶל־הָאֲדָמָה

| 7725 | 6083 | 413 | 859 | 6083 | 3588 | 3947 | 4480 | 3588 |
|---|---|---|---|---|---|---|---|---|
| 동칼미남2단 | 명남단 | 접전 | 명인남2단 | 명남단 | 접 | 동푸완남2단 | 전,여3단 | 접 |
| תָּשׁוּב׃ | עָפָר | וְאֶל־ | אַתָּה | עָפָר | כִּי־ | לֻקָּחְתָּ | מִמֶּנָּה | כִּי |
| 타슈브 | 아팔 | 베엘 | 앝타 | 아팔 | 키 | 루카흐타 | 밈멘나 | 키 |
| 돌아가다 | 흙 | 으로 | 너 | 흙 | | 취하다 | 그것 | |

כִּי מִמֶּנָּה לֻקָּחְתָּ כִּי־עָפָר אַתָּה וְאֶל־עָפָר תָּשׁוּב׃

**Gen.3:19 In the sweat of thy face shalt thou eat bread, till thou return unto the ground; for out of it wast thou taken; for dust thou art, and unto dust shalt thou return.'**

**창3:19 네가 얼굴에 땀을 흘려야 식물을 먹고 필경은 흙으로 돌아가리니 그 속에서 네가 취함을 입었음이라 너는 흙이니 흙으로 돌아갈 것이니라 하시니라**

## בְּזֵעַת 베제아트(제아 : 1회) זֵעָה 제아 : 땀

문법사항 : 명사의 연계형(여성)

※ 전치사 + 여성명사의 연계형(파타+타우)입니다. 1회 출연하는데 이 단어 기억하면 성경에 나온 모든 형태를 본 거네요..ㅎㅎ

---

## אַפֶּיךָ 아페카(아프 : 134회) אַף 아프 : 코, 분노,얼굴,용모

문법사항 : 명사의 연계형(남성복수) , 명사에 붙는 인칭대명접미사

※ 이건 변화를 봐야 합니다.

ֵי + אַף → אַפֵּי → ךָ ְ + אַפֵּי → אַפֶּיךָ

명사연계어미 인칭대명접미사

---

## לֶחֶם 레헴(297회) : 음식,양식, 빵

※ 베들레헴이 '바이트'+'레헴'으로 빵의 집이기도 하거든요..ㅎㅎ

안 잊으시겠지요?

여기서는 당시 식량을 의미하기에 한글번역본에서는 식물로 되어 있습니다만.. 영문을 보면 Bread인 것을 확인하실 수 있어요..

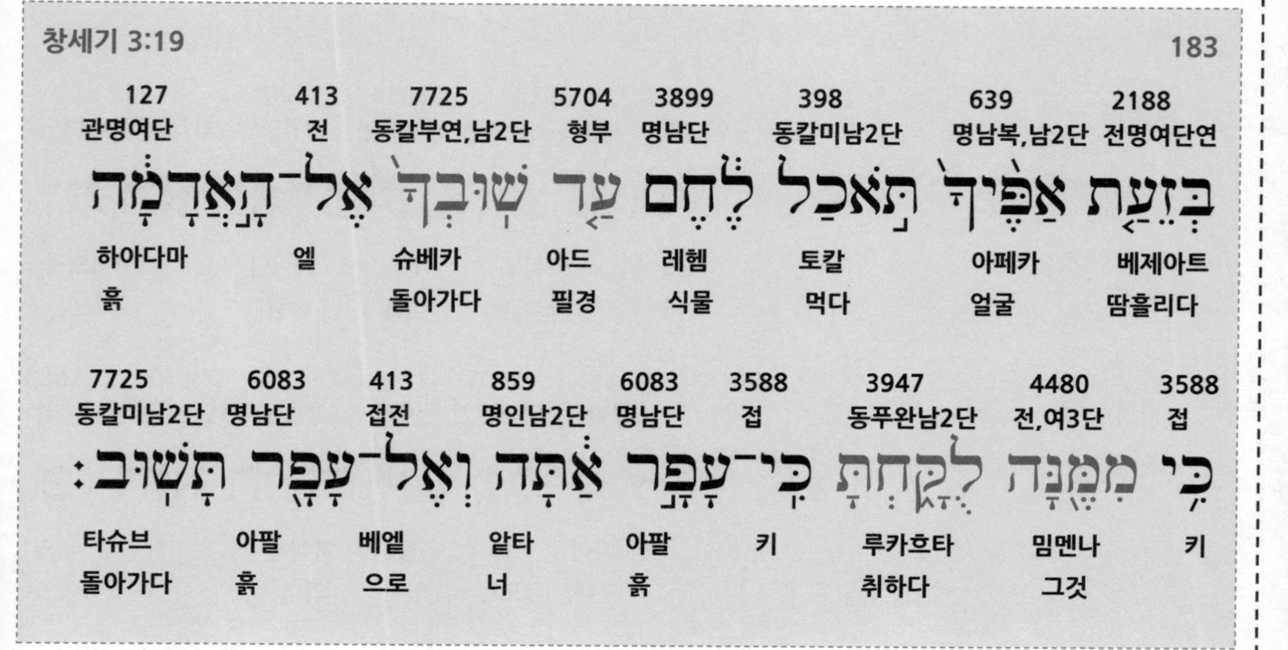


| 2188 | 639 | 398 | 3899 | 5704 | 7725 | 413 | 127 |
|---|---|---|---|---|---|---|---|
| 전명여단연 | 명남복,남2단 | 동칼미남2단 | 명남단 | 형부 | 동칼부연,남2단 | 전 | 관명여단 |
| בְּזֵעַת | אַפֶּיךָ | תֹּאכַל | לֶחֶם | עַד | שׁוּבְךָ | אֶל־ | הָאֲדָמָה |
| 베제아트 | 아페카 | 토칼 | 레헴 | 아드 | 슈베카 | 엘 | 하아다마 |
| 땀흘리다 | 얼굴 | 먹다 | 식물 | 필경 | 돌아가다 | | 흙 |

| 3588 | 4480 | 3947 | 3588 | 6083 | 859 | 413 | 6083 | 7725 |
|---|---|---|---|---|---|---|---|---|
| 접 | 전,여3단 | 동푸완남2단 | 접 | 명남단 | 명인남2단 | 접전 | 명남단 | 동칼미남2단 |
| כִּי | מִמֶּנָּה | לֻקָּחְתָּ | כִּי־ | עָפָר | אַתָּה | וְאֶל־ | עָפָר | תָּשׁוּב׃ |
| 키 | 밈멘나 | 루카흐타 | 키 | 아팔 | 앝타 | 베엘 | 아팔 | 타슈브 |
| | 그것 | 취하다 | | 흙 | 너 | 으로 | 흙 | 돌아가다 |

**עַד** 아드(35회) : ~하는 동안, ~까지

---

**שׁוּבְךָ** 슈베카(수브 : 1,059회) **שׁוּב** 수브 : 돌아서다,돌아오다,회복하다

문법사항 : 동사에 붙는 인칭대명접미사(부정사연계형)

※ 동사에 붙는 인칭대명사중에 부정사는 명사적역할을 하기에 명사에 붙는 인칭대명사를 사용하고.. 분사는 다른 역할도 하기에 명사적 용법으로 사용되는 경우만 인칭대명접미사를 붙일 수 있다는 점 기억하시고 지나갑니다.

---

**מִמֶּנָּה** 밈멘나

※ 밈멘누로 자주 보던 형태에서 인칭대명접미사만 변경된 형태입니다.

---

**לֻקָּחְתָּ** 루카흐타(라카흐 : 966회) **לָקַח** 라카흐 : 취하다,수용하다

**לֻקַּח** 푸알형

문법사항 : 푸알동사변화,라멘-후음

※ 지난 번 '루코하'로도 보신 적 있는 단어입니다. 그 형태는 영 이상한 변화를 보였는데 여기서는 푸알형의 사용법을 준수하고 있습니다. 라멘-후음으로 장음만 추가입니다.

| 2332 | 802 | 8034 | 120 | 7121 |
|---|---|---|---|---|
| 명고여 | 명여단,남3단 | 명남단연 | 관명남단 | 봐익동칼미남3단 |
| חַוָּה | אִשְׁתּוֹ | שֵׁם | הָאָדָם | וַיִּקְרָא |
| 하와 | 이쉬토 | 쉠 | 하아담 | 바이크라 |
| 하와 | 아내 | 이름 | 아담 | 부르다 |

| 2416 | 3605 | 517 | 1961 | 1931 | 3588 |
|---|---|---|---|---|---|
| 형비단 | 명남단연 | 명여단연 | 동칼완여3단 | 명인여3단 | 접 |
| חָי׃ | כָּל־ | אֵם | הָיְתָה | הִוא | כִּי |
| 하이 | 콜 | 엠 | 하예타 | 히 | 키 |
| 산자 | 모든 | 어미 | 되다 | 그 | |

**Gen.3:20 And the man called his wife's name Eve; because she was the mother of all living.**
**창3:20 아담이 그 아내를 하와라 이름하였으니 그는 모든 산 자의 어미가 됨이더라**

שֵׁם 쉠(864회) : 이름

---

חַוָּה 합바(14회) : 하와

※ 하와의 이름이 처음 나오는 구절입니다. 계속 여자,아내등으로 나오다가 처음 출연합니다.

---

אֵם 엠(220회) : 어머니

---

חָי 하이(239회) : 살아있는,생명있는,생기있는

※ 쉬어가는 이야기

재밌는 부분이 있습니다. 여기서 하와의 이름이 처음 등장한다고 말씀드렸습니다.
그런데 다음 절에서 보시면

**창3:21 여호와 하나님이 아담과 그 아내를 위하여 가죽 옷을 지어 입히시니라**

여기에서 하와라는 이름은 아담이 '모든 산  자의 어미'라는 의미로 지은 부분입니다.
다음절에서 하나님이 가죽옷을 지어입히는 표현에서는 하와라는 명칭을 사용하지 않고 잇샤(아내)라는 단어를 사용합니다.

| 6213 | 3068 | 430 | 120 | 802 |
|---|---|---|---|---|
| 봐익동칼미남3단 | 명고 | 명남복 | 전명남단 | 접전명여단,남3단 |
| וַיַּעַשׂ | יְהוָה | אֱלֹהִים | לְאָדָם | וּלְאִשְׁתּוֹ |
| 봐야아스 | 아도나이 | 엘로힘 | 레아담 | 우레이쉬토 |
| 만들다 | 여호와 | 하나님 | 아담 | 아내를 위해 |

| 3801 | 5785 | 3847 |
|---|---|---|
| 명여복연 | 명남단 | 봐익동일미남3단,남3복 |
| כָּתְנוֹת | עוֹר | וַיַּלְבִּשֵׁם׃ |
| 코트노트 | 오르 | 봐얄비쉠 |
| 옷 | 가죽 | 입히시다 |

**Gen.3:21 And the LORD God made for Adam and for his wife garments of skins, and clothed them.**

**창3:21 여호와 하나님이 아담과 그 아내를 위하여 가죽 옷을 지어 입히시니라**

**כָּתְנוֹת** 코트노트(케토네트 : 29회) **כֻּתֹּנֶת** 케토네트 : 옷,의복

문법사항 : 명사의 연계형(여성복수)

---

**עוֹר** 오르(99회) : 가죽

---

**וַיַּלְבִּשֵׁם** 바얄비쉠(라바쉬 : 112회) **לָבַשׁ** 라바쉬 : 입다,임하다,행하다

문법사항 : 히필동사변화, 동사에 붙는 인칭대명접미사

※ 히필동사에 인칭대명사는 그나마 간단한 변화입니다. 단지 엑센트가 이동하면서 '히렉+요드'가 '히렉'이 된 부분만 확인하고 넘어가세요

<u>※ 쉬어가는 이야기</u>

가죽옷을 입히시는데요. 가죽이라함은 취하기 위하여 피(희생)가 필요한 부분도 새롭습니다.

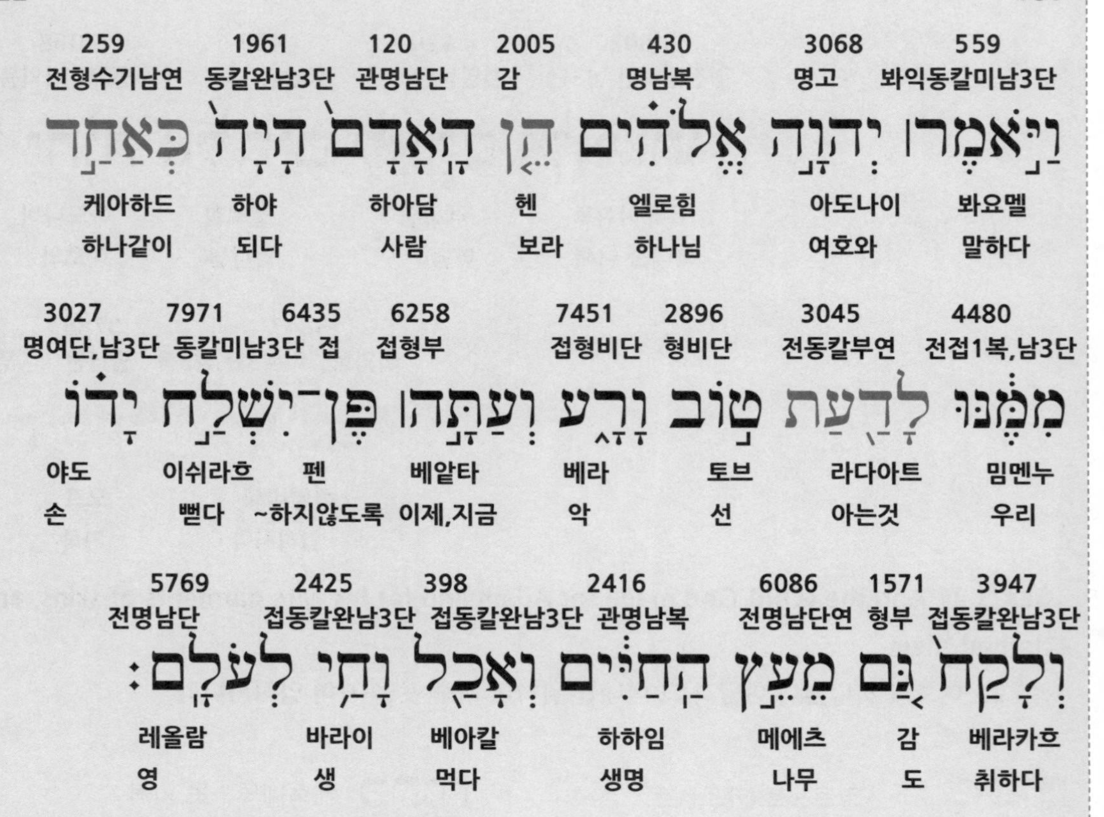

| 259 | 1961 | 120 | 2005 | 430 | 3068 | 559 |
|---|---|---|---|---|---|---|
| 전형수기남연 | 동칼완남3단 | 관명남단 | 감 | 명남복 | 명고 | 봐익동칼미남3단 |
| כְּאַחַד | הָיָה | הָאָדָם | הֵן | אֱלֹהִים | יְהוָה | וַיֹּאמֶר |
| 케아하드 | 하야 | 하아담 | 헨 | 엘로힘 | 아도나이 | 봐요멜 |
| 하나같이 | 되다 | 사람 | 보라 | 하나님 | 여호와 | 말하다 |

| 3027 | 7971 | 6435 | 6258 | 7451 | 2896 | 3045 | 4480 |
|---|---|---|---|---|---|---|---|
| 명여단,남3단 | 동칼미남3단 | 접 | 접형부 | 접형비단 | 형비단 | 전동칼부연 | 전접1복,남3단 |
| יָדוֹ | יִשְׁלַח | פֶּן־ | וְעַתָּה | וָרָע | טוֹב | לָדַעַת | מִמֶּנּוּ |
| 야도 | 이쉬라흐 | 펜 | 베앝타 | 베라 | 토브 | 라다아트 | 밈멘누 |
| 손 | 뻗다 | ~하지않도록 | 이제,지금 | 악 | 선 | 아는것 | 우리 |

| 5769 | 2425 | 398 | 2416 | 6086 | 1571 | 3947 |
|---|---|---|---|---|---|---|
| 전명남단 | 접동칼완남3단 | 접동칼완남3단 | 관명남복 | 전명남단연 | 형부 | 접동칼완남3단 |
| לְעֹלָם׃ | וָחַי | וְאָכַל | הַחַיִּים | מֵעֵץ | גַּם | וְלָקַח |
| 레올람 | 바라이 | 베아칼 | 하하임 | 메에츠 | 감 | 베라카흐 |
| 영 | 생 | 먹다 | 생명 | 나무 | 도 | 취하다 |

**Gen.3:22 And the LORD God said: 'Behold, the man is become as one of us, to know good and evil; and now, lest he put forth his hand, and take also of the tree of life, and eat, and live for ever.'**

**창3:22 여호와 하나님이 가라사대 보라 이 사람이 선악을 아는 일에 우리 중 하나 같이 되었으니 그가 그 손을 들어 생명나무 실과도 따먹고 영생할까 하노라 하시고**

הֵן 헨(16회) 보라, 자~,만약~이면

---

כְּאַחַד 케아하드(에하드 : 699회) אֶחָד 에하드 : 똑같은,첫째의,유일함

문법사항 : 수사-기수

※ 첫째날이니라의 '욤 에하드'에도 나온 단어입니다. 기수로 하나의 의미였던 것 기억하시죠?

---

לָדַעַת 라다아트(에야다 : 940회) יָדַע 야다 : 경험적으로 알다

문법사항 : 페-바브동사

※ 야다는 페-바브동사이기도 하지만 부정사연계형이 좀 다르기에 기억하셔야 합니다.

일반적인 칼 부정사연계형은 '케톨'이지만 아래처럼 다른 모양이 됩니다.

| יֵדַע | דַּעַת |
|---|---|
| 미완료 | 부정사연계형 |

וְעַתָּה 베앝타(앗타 : 433회) עַתָּה 앝타 :지금,바로 지금

---

פֶּן 펜(16회) : ~하지 않도록

---

יִשְׁלַח 이쉬라흐(샬라흐 : 846회) שָׁלַח 샬라흐 : 보내다,뻗다,물리치다

문법사항 : 라멛-후음동사 미완료

---

יָדוֹ 야도(야드 : 1,617회) יָד 야드 : 손,권능,힘

문법사항 : 명사에 붙는 인칭대명접미사

---

גַּם 감( 772회) : 또한,심지어 ~조차

---

וָחַי 바라이(하야이 : 160회) חָיַי 하야이 : 살다,살리다

문법사항 : 아인중복동사

※ 거슬러 올라가면 동사 '하야'를 원형으로 하지만, '하야이'라는 원형으로 보면 아인중복에 해당하지요. 아인중복동사는 자신의 모음을 앞으로 넘겨 흔적을 남기고 사라지는 특성을 가집니다.

---

לְעֹלָם 레올람(올람 : 940회) עוֹלָם 올람 : 영원,영구

문법사항 : 라멛-후음동사 미완료

※ 야다는 페-바브동사이기도 하지만 부정사연계형이 좀 다르기에 기억하셔야 합니다.
일반적인 칼 부정사연계형은 '케톨'이지만 아래처럼 다른 모양이 됩니다.

| 5731 | 1588 | 430 | 3068 | 7971 |
|---|---|---|---|---|
| 명고 | 전명남단연 | 명남복 | 명고 | 봐익동피미남3단,남3단 |
| עֵדֶן | מִגַּן־ | אֱלֹהִים | יְהוָה | וַיְשַׁלְּחֵהוּ |
| 에덴 | 미간 | 엘로힘 | 아도나이 | 바예쌀레헤후 |
| 에덴 | 동산으로부터 | 하나님 | 여호와 | 내보내다 |

| 8033 | 3947 | 834 | 127 | 853 | 5647 |
|---|---|---|---|---|---|
| 전형부 | 동푸완남3단 | 계 | 관명여단 | 전 | 전동칼부연 |
| מִשָּׁם׃ | לֻקַּח | אֲשֶׁר | הָאֲדָמָה | אֶת־ | לַעֲבֹד |
| 미솸 | 루카흐 | 아쉘 | 하아다마 | 엘 | 라아보드 |
| 거기 | 근본된 | | 땅 | 을 | 갈게하시다 |

**Gen.3:23 Therefore the LORD God sent him forth from the garden of Eden, to till the ground from whence he was taken.**

**창3:23 여호와 하나님이 에덴동산에서 그 사람을 내어 보내어 그의 근본된 토지를 갈게 하시니라**

וַיְשַׁלְּחֵהוּ 베예살레헤후(샬라흐 : 846회) שָׁלַח 샬라흐 : 보내다,뻗다,물리치다

문법사항 : 피엘동사, 라멧-후음동사 미완료,동사에 붙는 인칭대명접미사

※ 앞에서 본 단어입니다. "손을 뻗다"의 의미로 사용되었었지요. 여기서는 대표적의미인 '보내다'입니다.

---

לַעֲבֹד 라아보드(아바드 : 289회) עָבַד 아바드 : 일하다,노동하다,봉사하다

문법사항 : 부정사연계형, 페-후음동사

※ 부정사연계형은 '케톨'이고 후음이기에 단순슈바 못취하고 합성슈바로 변하며 선호하는 파타를 취합니다.

---

לֻקַּח 루카흐(라카흐 : 966회) לָקַח 라카흐 : 취하다,수용하다

문법사항 : 푸알동사-강조형수동

---

מִשָּׁם 미솸(샴 : 831회) שָׁם 샴 : 거기,그때

| 1644 | 853 | 120 | 7931 | 6924 | 1588 | 5731 |
|---|---|---|---|---|---|---|
| 봐익동피미남3단 | 전 | 관명남단 | 봐익동일미남3단 | 전명남단 | 전명남단연 | 명고 |
| וַיְגָרֶשׁ | אֶת־ | הָאָדָם | וַיַּשְׁכֵּן | מִקֶּדֶם | לְגַן־ | עֵדֶן |
| 바예가레쉬 | 엘 | 하아담 | 바야쉬켄 | 미케뎀 | 레간 | 에덴 |
| 쫓아내다 | 을 | 그 사람 | 두다 | 동편에 | 동산 | 에덴 |

| 853 | 3742 | 853 | 3858 | 2719 | 2015 | 8104 |
|---|---|---|---|---|---|---|
| 전 | 관명남복 | 접전 | 명남단연 | 관명여단 | 관동히분능여단 | 전동칼부연 |
| אֶת־ | הַכְּרֻבִים | וְאֵת | לַהַט | הַחֶרֶב | הַמִּתְהַפֶּכֶת | לִשְׁמֹר |
| 엘 | 하케루빔 | 베엘 | 라하트 | 하헤렙 | 함미트하페케트 | 리쉬모르 |
|  | 그룹들과 |  | 화염 | 검 | 두루 도는 | 지키게하다 |

| 853 | 1870 | 6086 | 2416 |
|---|---|---|---|
| 전 | 명남단연 | 명남단연 | 관명남복 |
| אֶת־ | דֶּרֶךְ | עֵץ | הַחַיִּים׃ |
| 엘 | 데렉 | 에쯔 | 하하임 |
|  | 길 | 나무 | 생명 |

**Gen.3:24 So He drove out the man; and He placed at the east of the garden of Eden the cherubim, and the flaming sword which turned every way, to keep the way to the tree of life.**

**창3:24 이같이 하나님이 그 사람을 쫓아 내시고 에덴동산 동편에 그룹들과 두루 도는 화염검을 두어 생명나무의 길을 지키게 하시니라**

וַיְגָרֶשׁ 바예가레쉬(가라쉬 : 47회) גֵּרַשׁ 가라쉬 : 몰아내다 ,쫓아내다

문법사항 : 피엘동사

※ 피엘동사와 푸알동사는 접두어가 슈바인 "예"인지요.

피엘은 '예캍텔'로 마지막이 쩨레입니다. 바브연속법에서는 특이하게 이 단어는 세골로 변합니다.

---

וַיַּשְׁכֵּן 바야쉬켄(샤칸 : 129회) שָׁכַן 샤칸 : 앉다,정착하다.거주하다

문법사항 : 히필동사 사역형

※ 히필동사는 바브연속법 총정리표에서 보시듯 바브연속법에서 쩨레를 사용합니다.

약동사부분이 없어서 정확히 규칙변화 하고 있습니다.

카프의 다게쉬는 중복점이 아닌 베가드케파트에 사용된 다게쉬레네(연강점)입니다.

| 8104 | 2015 | 2719 | 3858 | 853 | 3742 | 853 |
|---|---|---|---|---|---|---|
| 전동칼부연 | 관동히분능여단 | 관명여단 | 명남단연 | 접전 | 관명남복 | 전 |
| לִשְׁמֹר | הַמִּתְהַפֶּכֶת | הַחֶרֶב | לַהַט | וְאֵת | הַכְּרֻבִים | אֶת־ |
| 리쉬모르 | 함미트하페케트 | 하헤렙 | 라하트 | 베엘 | 하케루빔 | 엘 |
| 지키게하다 | 두루 도는 | 검 | 화염 | | 그룹들과 | |

| 2416 | 6086 | 1870 | 853 |
|---|---|---|---|
| 관명남복 | 명남단연 | 명남단연 | 전 |
| הַחַיִּים׃ | עֵץ | דֶּרֶךְ | אֶת־ |
| 하하임 | 에쯔 | 데렉 | 엘 |
| 생명 | 나무 | 길 | |

הַכְּרֻבִים 하케루빔(케루브 : 91회) כְּרוּב 케루브 : 그룹

---

לַהַט 라하트(2회) : 불꽃,화염

---

הַחֶרֶב 하헤렙(헤레브 : 411회) חֶרֶב 헤레브 : 칼,검

문법사항 : 세골명사

---

הַמִּתְהַפֶּכֶת 함미트하페케트(하파크 : 94회) הָפַךְ 하파크 : 돌리다,회전시키다,왜곡시키다

문법사항 : 히트파엘분사

※ 분사형은 피엘부터 호팔까지 모두 멤이 접두되지요.또한 모두 마지막이 장음이구요.

여기는 여성단수형 어미가 붙으면서 엑센트법칙이 적용된 것이며, 다게쉬는 이중점입니다.

---

דֶּרֶךְ 데렉(706회) : 길,통로,방법

**※ 쉬어가는 이야기**

위에 '리쉬모르'의 원형이 '샤마르'로 '지키다'의 의미입니다.

아담을 에덴동산에 두시며 시키신 일이 '경작하고 지키게' 하신 일입니다.

범죄함으로 인하여 지키는 자에서 지킴을 당하는 자가 된 모습입니다.

프로그래머가 원리로 설명하는

# 히브리어 성경읽기

(창세기 1~3장)

## 2부

## 히브리어 문법정리

# 2부

# 히브리어 문법 정리

## Part 1. 문법전반 정리

# 1. 히브리어 자음

| # | 자음 | | 이름 | 소릿값 | 의미 |
|---|---|---|---|---|---|
| | 일반 | 미형 | | | |
| 1 | א | | **알렢** (Aleph) | 묵음(ㅇ) | 황소 |
| 2 | ב | | **베트**(bet) | ㅂ | 집 |
| 3 | ג | | **김멜**(gimmel) | ㄱ | 낙타 |
| 4 | ד | | **달렛**(dalet) | ㄷ | 문 |
| 5 | ה | | **헤**(he) | ㅎ | 창문,숨구멍 |
| 6 | ו | | **바우와우**(vav,wav) | ㅂ | 갈고리 |
| 7 | ז | | **자인**(zain) | ㅈ | 무기 |
| 8 | ח | | **헤트**(het) | ㅎ | 울타리 |
| 9 | ט | | **테트**(tet) | ㅌ | 뱀 |
| 10 | י | | **요드**(yod) | ㅇ | 손 |
| 11 | כ | ך | **카프**(kaph) | ㅋ | 손바닥<br>구부린 손 |
| 12 | ל | | **라멘**(lamed) | ㄹ | 소몰이막대 |

| # | 자음 | | 이름 | 소릿값 | 의미 |
|---|---|---|---|---|---|
| | 일반 | 미형 | | | |
| 13 | מ | ם | **멤**(mem) | ㅁ | 물 |
| 14 | נ | ן | **눈**(nun) | ㄴ | 물고기 |
| 15 | ס | | **싸멕**(sameq) | ㅅ | 버팀목 |
| 16 | ע | | **아인**(ain) | ㅇ | 눈 |
| 17 | פ | ף | **페**(pe) | ㅍ | 입 |
| 18 | צ | ץ | **짜데**(sade) | ㅊ | 낚시바늘 |
| 19 | ק | | **코프**(qoph) | ㅋ | 바늘귀,뒤통수 |
| 20 | ר | | **레쉬**(resh) | ㄹ | 머리 |
| 21 | שׂ | | 신(sin) | ㅅ | 치아 |
| 22 | שׁ | | **쉰**(shin) | ㅅ (sh) | 치아 |
| 23 | ת | | **타우**(taw) | ㅌ | 십자가 기호 |

# 2. 히브리어 모음

| # | 장모음 | 단모음 | 반모음<br>급단모음 | 순장모음 |
|---|---|---|---|---|
| 아 | 카메츠 | 파타흐 | 하텝-파타 | אָ הָ |
| 에 | 쩨레 | 세골 | 하텝-세골 | יֵ יֶ הֵ הֶ |
| 이 | 히렉-요드 | 히렉 | | |
| 오 | 홀렘 | 카메츠-하툽 | 하텝-카메츠 | וֹ הֹ 홀렘바브 |
| 우 | 슈룩 | 키부츠 | | |
| 기타 | 슈바 | ※슈바 : 기본 묵음<br>그러나 유성으로 사용될 때는 "에/으" 정도의 발음을 가진다. | | |

[중요] 홀렘은 홀렘바브의 축약형처럼 사용시 표기는 장모음이지만 순장모음의 기준을 따릅니다.

순장모음은 액센트규칙에 의한 모음변화시 예외처리됩니다. 즉, 절대 변하지 않습니다

※카메츠와 카메츠-하툽은 표기는 동일하지만, 액센트가 없는 폐음절에서 사용될 때는 카메츠가 아닌 카메츠-하툽이라고 하며 "오"발음을 합니다.

# 3. 모음의 발음의 특성



히브리어 자음은 알파벳처럼 암기하여야 하는 부분입니다.
그런데 모음의 경우는 조금 편법?을 가미하면 좀 더 쉽게 접근이 가능한 것 같아요.

## 1. "아" 발음 나는 모음 부호

모음중 "아"발음을 모아봤어요. 어떤 특징이 보이시나요?

네.. 맞아요. 가로선이든 세로선이든 bar형태가 들어갑니다. 하텝-파타처럼 점이 추가된 형태도 있지만 이 역시 선이 들어가 있습니다.
선은 수 많은 점들이 모인 것이잖아요? 대규모 군사인 '선'이 독불장군인 '점'을 이깁니다. ㅎㅎ
정리합니다. 선이 들어가 있는 형태는 선이 하나든 두개든 무조건 "아" 발음이구나..
"오"발음에도 선이 있는데요? 맞습니다. 이건 아래에서 정리할 예정입니다.

## 2. "에" 발음 나는 모음 부호

이번에는 모음중 "에"발음을 모아봤어요. 어떻게 규칙을 정해 정리할 수 있을까요?
점이 두개든 세개든 다섯개든 점이 두개 이상이면 무조건 "에" 발음이구나..

## 3. "이" 발음 나는 모음 부호

이번에는 개수도 적고 단순하죠?
점이 하나이면 무조건 "이" 발음입니다..

이번에 “오”발음을 분석하는 것이 순서이지만 이해를 위해서 슈바를 먼저 확인하도록 할께요.

## 4. 급단모음(반모음)을 표시하는 “슈바”

아래는 모음표에서 정리한 슈바의 내용입니다.

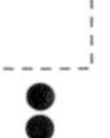

슈바

※슈바 : 기본 묵음
그러나 유성으로 사용될 때는 “에/으” 정도의 발음을 가진다.

점이 하나면 “이” 발음이고 점이 두개 이상이면 “에” 발음이라고 정리했는데 이 슈바도 점이 두 개입니다. 단, 아래로 늘어져 있지요. 이건 슈바라는 독특한 부호입니다.
슈바는 히브리어 읽기와 액센트등에서 매우 중요한 역할을 하기에 별도로 뒤에서 정리를 하게 됩니다.
이 페이지에서 기억할 부분은 점 두개가 세로로 놓인 슈바는 **묵음** 또는 “**에/으**”로 발음한다입니다.

그런데 이보다 더 중요한 슈바의 특징은 슈바는 급단모음(매우 짧게 발음,반모음)이라는 점입니다.슈바는 단독으로 쓰이기도 하지만 아래처럼 합성슈바로 사용되기도 합니다.
모두 급단모음(반모음)으로 짧아진다는 점입니다.
하텝세골의 경우도 점 다섯개가 아니라 사실상은 점 세개에 슈바가 붙은 것이랍니다.

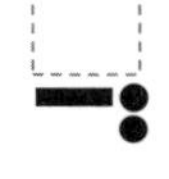

하텝-파타

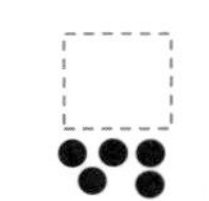

하텝-세골

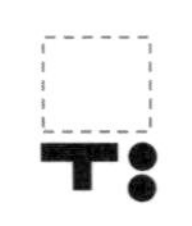

하텝-카메츠

여기서 하텝은 영어로 hurried정도로 급하게 발음한다는 의미입니다.

모음표에서 급단모음(반모음)으로 구분된 이유가 여기에 있습니다.

[특징] 슈바는 기본 묵음이다. 합성되어 쓰이면 앞모음의 특성을 지니되 급단모음이 된다.
하텝-파타는 앞의 파타가 선이고 선은 “아”발음이니 아주 짧은 “아” (○)
하텝-세골은 세골이 세 개의 점이고 점 두개 이상은 “에” 발음이니 아주 짧은 “에” (○)
하텝-카메츠는 앞의 파타가 선이고 선은 “아”발음이니 아주 짧은 “아” (X)
모음표 맨 하단 을 보시면 선 두개는 카메츠(장모음 아)와 카메츠하툽(단모음 오)이 있습니다. 장모음 카메츠에 급단모음 슈바가 붙으면 충돌이나겠죠? “오”로 발음하는 카메츠 하툽에 슈바가 붙은 형태입니다..

## 4. "오" 발음 나는 모음 부호 첫번째

모음중 "오"발음을 모아봤어요. 뭔가 복잡하기도 하고 선인데 "아"발음이 아닌게 나왔네요.

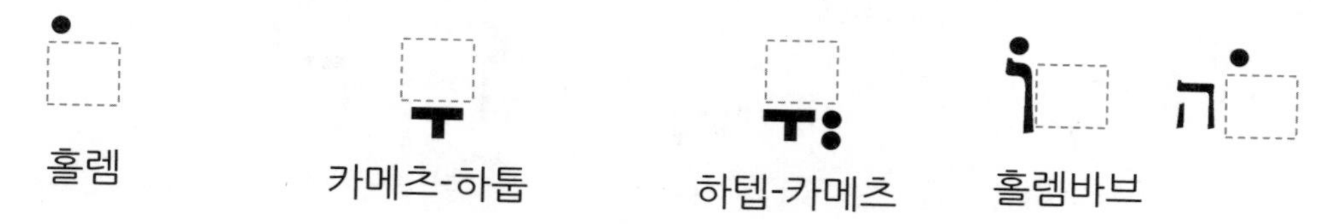


일단 "아"발음이 아닌 선이 들어간 카메츠-하툽과 하텝-카메츠부터 정리해 보도록 할께요.
앞 페이지에서 슈바를 설명하며서 카메츠는 장모음 "아"이고, 카메츠-하툽은 단모음 "오"라는 부분은 확인했습니다.
하텝-카메츠는 급단모음인 슈바가 붙었으니 무조건 카메츠-하툽인 것을 파악할 수 있지요?
그러면 카메츠와 카메츠-하툽은 모양이 동일한데 어떻게 구분할 수 있을까요?
모음표 하단의 설명을 다시 적고 설명해 보도록 할께요.

※카메츠와 카메츠-하툽은 표기는 동일하지만, 액센트가 없는 폐음절에서 사용될 때는 카메츠가 아닌 카메츠-하툽이라고 하며 "오"발음을 합니다.

설명만으로는 어려우니 실제 히브리어 단어로 확인해보도록 하겠습니다.

※하캄 (형)지혜로운,솜씨 좋은, 경험 많은 / (명) 지혜자 기술자

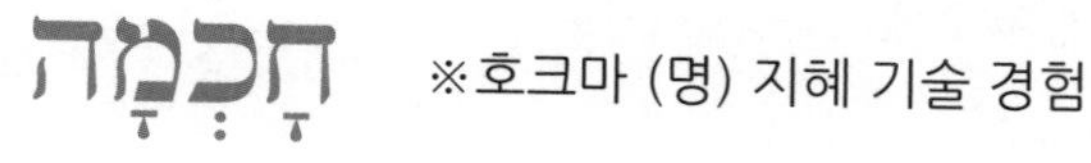
※호크마 (명) 지혜 기술 경험

하캄이라는 단어에 여성단수형어미를 붙여서 만든(이 부분은 지금 모르시는 게 당연하니 스트레스 받지 마시고요) 호크마라는 단어를 적어보았습니다.
동일하게 선 두개로 이루어져 있기에 카메츠인지 카메츠-하툽인지를 알 수 없죠?
호크마는 두 음절로 구성되어 있고 히브리어의 액센트는 거의 끝음절이니 앞 음절은 액센트가 없고 자음+모음+자음으로 구성된 폐음절입니다.
선 두개인 카메츠의 형태이지만 액센트가 없는 폐음절에서는 하텝-카메츠로 "오"로 발음해주어야 한다는 점입니다.

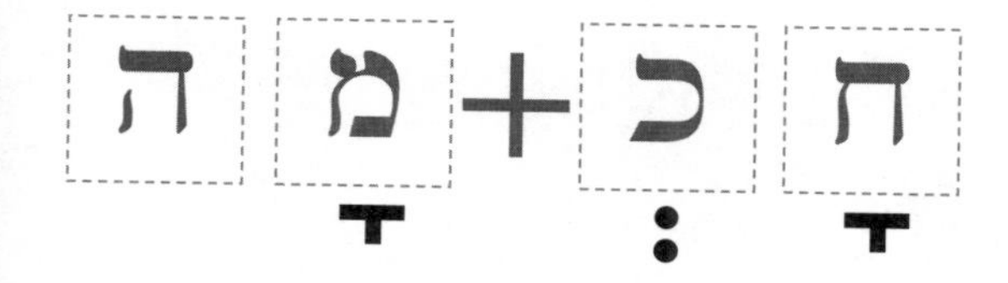

## 5. “오” 발음 나는 모음 부호 두번째

이번에는 “오”발음중 나머지 세개를 정리합니다.

홀렘은 홀렘바브의 축약형이다라고 생각하시면 간단하게 모든것이 해결됩니다.
점 하나가 위에 찍히는 경우는 “이” 발음이 아닌 “오”로 발음하고 여기에 무언가가 붙어도 발음이 동일하다고 생각하시면 끝입니다.

## 6. “우” 발음 나는 모음 부호

마지막 남은 “우”발음입니다.

슈룩과 키부츠는 암기할 수 밖에 없어요. ㅠㅠ
단하나 슈룩은 한국어에서 “우”를 쓸 때 “ㅜ”처럼 보이고, 위에 있는 홀렘바브는 “오”를 쓸 때 “ㅗ”와 순서가 같아보이지 않나요?
저는 이 두개가 처음에 많이 헷갈려서 이렇게 기억을 해 두었습니다.

# 4. 장모음 / 단모음의 구분



장모음인지 단모음인지는 사실 원어민들도 구분을 하지 않는다고 합니다. 제가 앞에도 쓴 적이 있잖아요. 저도 지금까지 한국에서 살아오면서 맹구외에는 눈(eye)와 눈(snow)를 구분해서 발음하는 사람을 못 본 것 같다구요..기억나시죠? "하늘에서 누~~운이 와요~" ㅎㅎ
하지만 문법적으로는 중요한 구분이 되기 때문에 꼭 학습해 두어야 하는 내용입니다.
모음표에서 보시듯 순장모음은 무언가가 추가로 붙는 형태이기에 구분이 쉽지만 일반 장모음과 단모음은 구별할 수 있어야 합니다.

## 1. 장모음

카메츠 쩨레 히렉-요드 홀렘 슈룩

이것도 규칙을 찾자고 하면 애매해 보이는데요.. 이렇게 정리합니다.
점이든 선이든 무엇이든 상관없이 두개이면 장모음이다.
그런데 이상하지요? 홀렘의 경우는 위에 점 하나이기에 이 규칙에 맞지 않지요?

그런데 이것도 이상할 것 없습니다.
제가 앞에서 홀렘은 홀렘바브의 축약형이라고 생각하자고 했지요? 기억 나시나요?
홀렘이 홀렘바브의 축약형이라고 머리속에 담아두시면 하나로 통합이되지요?
다시 말씀드리지만 문법학자가 목적이 아니고 성경읽기가 목표잖아요.

홀렘바브

## 2. 단모음

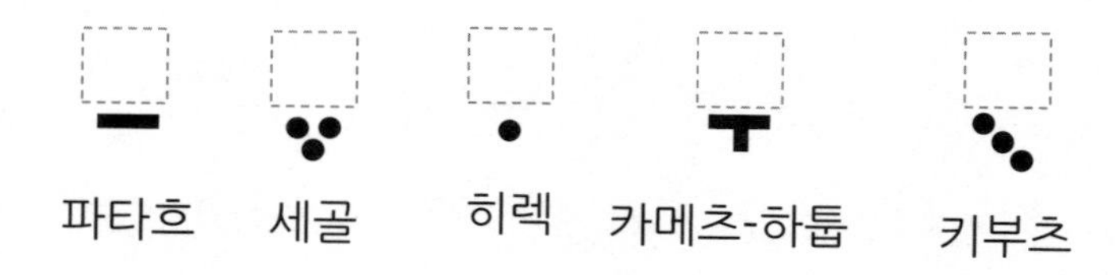

파타흐 세골 히렉 카메츠-하툽 키부츠

단모음은 장모음만 구분할 줄 알면 자동입니다. 그 나머지이니까요.
위에서 장모음의 특성이 '점이든 선이든 무엇이든 두 개이면 장모음이다'라고 정리했잖아요?
그리니 점이든 선이든 무엇이든 하나 또는 세개이면 단모음이 됩니다.

# 연습문제 - 자음과 모음

지금까지 학습한 자음과 모음을 기준으로 읽는 연습을 해 보도록 하겠습니다.
문법사항은 배우지 않았기에 단어 중간에 점이 찍힌 부분은 없다고 생각하시고,
단순히 읽고 발음을 단어아래에 적어보세요!

| | | |
|---|---|---|
| אֱלֹהִים | אָדָם | יִשְׂרָאֵל (무성슈바) |
| הָאָרֶץ | שְׁמוּאֵל (유성슈바) | הַשָּׁמַיִם |
| מְרַחֶפֶת (유성슈바) | חֹשֶׁךְ (무성슈바) | עַל-פְּנֵי (유성슈바) |
| בָּרָא | תְּהוֹם (유성슈바) | וְאֵת (유성슈바) |

| | | |
|---|---|---|
| 엘로힘 | 아담 | 있(으)라엘 |
| 하아레츠 | 쉐무엘 | 핫솨마임 |
| 메라헤페트 | 호쉐크 | 알-페네이 |
| 바라 | 테홈 | 베엩 |

# 6. 음절



음절은 히브리어 학습에서 정말 중요합니다. 아주 간단한 부분으로 보이기에 처음에 대충 넘어갔다가는 나중에 중요한 엑센트법칙에서 많이 헷갈리는 현상이 발생하니 한번 꼼꼼히 확인해 보세요.

“은혜”란 단어는 자음 ‘ㅇ’ 모음 ‘ㅡ’ 자음 ‘ㄴ’ 으로 첫음절이
구성되고 자음 ‘ㅎ’ 모음 ‘ㅖ’로 두번째 음절이 구성되어 2음절입니다.

히브리어도 자음+모음  또는 자음+모음+자음으로 각 음절이 구성됩니다.
여기서 자음+모음 으로 구성되는 음절을 **개음절**이라고 하고..
자음+모음+자음 으로 구성되는 음절을 **폐음절**이라고 합니다.

여기까지는 쉽게 이해가 되실꺼예요. 그러면 실제 히브리어로 음절을 구분을 해 볼까요?

앞에서 모음중 슈바라는 것을 보았습니다. 이 슈바의 용법은 다음에 나오게 되지만, 여기서는 음절을 설명하기 위해 일단 폐음절을 만드는 무성슈바를 한번 보겠습니다.
우리가 학습한 자음에서 “ㅁ”은 멤이고, 모음에서 “이”발음을 가지는 단모음은 히렉이지요?

여기서 사용된 무성슈바는 “모음없음”을 의미하며 발음하지 않습니다. 결국 위에 달렛은 앞음절의 받침으로 사용된다는 의미가 됩니다.
어떠신가요? “믿”이라는 것이 이해가 되시나요?

그럼 이스라엘이라는 실제 히브리어 단어를 한번 볼께요.. 이스라엘은 몇음절인가요?
한국어로 4음절입니다. 그럼 히브리어로는 몇 음절일까요? 한번 확인해 볼까요?

자음 신 아래에 무성슈바가 붙어있습니다. 그럼 위와 동일한 내용이겠지요?
결국 있/라/엘 3음절로 구성된 단어입니다.

있 : 자음 + 모음 + 자음 : 폐음절
라 : 자음 + 모음 : 개음절
엘 : 자음 + 모음 + 자음 : 폐음절

처음에는 자음과 모음을 모르실 수 있으니 자음과 모음표를 옆에 펼쳐두고 찾아가며 확인해 보세요. 앞으로 반복하며 알게되시면 되니 처음에 스트레스 받지 마세요.

음절 자체가 중요문법이라기보다는 이 음절을 이해해야 나중에 진짜 중요한 문법인 엑센트규칙을 이해하실수 있으니 꼭 확인해 두세요

# 7. 베가드케파트 & 다게쉬

일단 자음 중간에 점이 찍히는 단어들이 있는데 이 점을 다게쉬라고 합니다.
형태는 동일하지만 다게쉬는 다게쉬레네(경강점)와 다게쉬포르테(이중점)로 다시 구분됩니다.
자음 23개중 6개의 자음을 베가드케파트라고 하여 다게쉬레네를 사용하는데 6개의 자음은 다음과 같습니다.

בּ גּ דּ כּ פּ תּ    베트 , 김멜, 달렛, 카프 , 페, 타우

베가드케파트라고 하는 이유는 6개의 단어 음가를 외우기 쉽게 연결한 것이지 다른 기능은 없어요.

## 1. 다게쉬레네(경강점)

בְּרֵאשִׁית, בָּרָא

베가드케파트 문자가 단어 처음에 올 때(정확히는 음절의 처음에 올 때)는 다게쉬레네를 찍습니다.
창세기 1:1의 베레쉬트와 바라를 보시면 경강점이 사용되었습니다. 경강점은 이게 끝이예요. ㅎ
용법이 이해가 안 갈수 있으니 예를 들어 보도록 할께요.
"버스(Bus)"를 발음해보세요. 버스로 읽히는 것이 아닌 "뻐쓰"로 강하게 읽힙니다.
여기서 '버' 가 '뻐'로 발음된다는 것을 알려주는 역할을 하는 것이 다게쉬레네라고 보시면 됩니다.

## 2. 다게쉬포르테(이중점,중복점)

다게쉬레네가 발음과 관련된 부분이라고 정리했는데요. 다게쉬포르테는 다게쉬레네의 원리와 조금 다릅니다.한국어로 "예뻐"라는 단어는 중간에 쌍비읍이 들어갑니다. 히브리인들은 중복적으로 동일한 자음이 반복되는 것이 싫어했어요. 그래서 히브리어 식으로 쓰면 "예버"로 쓰고 ㅂ에 다게쉬 포르테를 찍어주어 비읍이 두 개라는 것을 표시했습니다. . 이럴때 ㅂ에 점을 찍는 것을 다게쉬포르테라고 합니다.
실제 두개의 자음이므로 첫 자음은 앞음절의 받침으로 갑니다.(옙버와 예뻐는 발음이 같죠?)
따라서 다게쉬포르테는 폐음절(자음+모음+자음으로 구성, 받침이 있는 음절)뒤에는 사용될 수 없습니다.
앞음절에 받침이 있으면 두개로 분리된 앞자음이 들어갈 곳이 없잖아요?
또한 단어 첫 자음에 사용될 수 없습니다. 왜요? 역시 들어갈 곳이 없어요.. 외우지 말고 이해~~
또 하나, 기억할 것은 다게쉬(레네/포르테 모두)는 후음에는 붙지 못한다는 점 입니다.(맢픽제외 )
좀 더 이야기 하면 다게쉬포르테는 후음문자 4개와 반후음문자 1개에는 붙이지 못합니다.
일단 후음문자 4개와 반후음문자 1개는 아래와 같습니다.
후음문자의 자세한 설명은 별도 파트에서 진행하기에 후음문자에는 다게쉬가 붙지 못한다만 기억하세요.

א ע ה ח ר    알렙, 아인, 헤, 헤트, 레쉬(반후음)

# 8. 맢픽(=활점)



앞 페이지에 설명한 대로 후음문자에는 다게쉬포르테를 붙이지 못합니다.
그럼 다게쉬레네는 붙일수 있나요? ㅎㅎ 말이 안되는 질문이란 것 눈치채셨나요? 왜요?
다게쉬레네는 베가드케파트 자음이 음절에 처음에 나올때 붙이는 다게쉬잖아요?
당연히 후음문자는 베가드케파트에 속하지 않으니 다게쉬레네는 붙을 수가 없습니다.
결국 모든 다게쉬(다게쉬포르테 & 다게쉬레네)은 후음문자에는 붙을 수 없습니다.

그런데 가끔 특이한 경우에는 다게쉬포르테가 후음문자에 붙는 현상이 발생하기도 하기에 설명해 보려합니다. 흔하지는 않습니다. 이게 바로 맢픽입니다.
더 중요한 것은 후음에 점이 찍혔다? 다게쉬포르테일 수 밖에 없다!!

## 1. 맢픽(=활점)

א ה ו י　　알렢, 헤, 바우와우, 요드

소위 약자음이라고 불리는 4개의 문자는 모음기호가 발명되기 전부터 사용되었던 자음입니다.
역대기가 열왕기보다 내용이 긴 것이 이렇게 약자음이란 것이 맛소라학자들이 모음기호 확정하기 전에 디아스포라용으로 일부 모음이 사용되었기 때문이라고 말씀드린 것 기억하시죠?

창1:1 바라에서도 묵음인 알렢이 붙어 있는 것을 보셨지요? 이런 약자음은 단어의 마지막에 올 때는 자음의 역할을 하지 못합니다. (즉,발음하지 않습니다)
그런데 가끔 발음을 하는 경우가 있습니다. 즉, 약자음에 다게쉬가 붙으면 강자음으로 변화하면서 자음의 역할이 살아나며 음가를 가지게 된다는 얘기입니다.

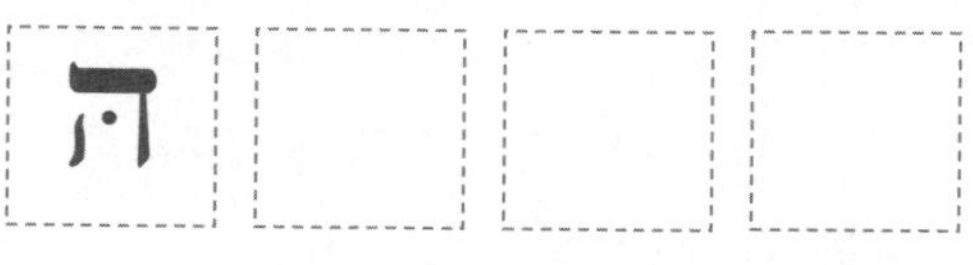

# 9. 숨은 파타(Furtive patakh)

히브리어의 문자를 읽는 순서는 자음을 읽고 다음에 모음을 읽는 방식입니다. 우리도 동일하죠?
그런데 가끔 모음을 먼저 읽어야 하는 특이한 경우를 정리합니다.
이것을 숨은파타라고 하는데 단어에서 발음이 이상할 때 떠올릴 수 있을 정도로만 기억해 두세요.

## 1. 숨은파타(Furtive patakh)

일단 공식? 암기보다 실제 단어를 통해 한번 보도록 하겠습니다. 창세기1장 “하나님의 영은 수면 위에 운행하시니라”에서 나오는 ‘영’이라는 의미를 가진 루아흐입니다.

루아흐 : 바람(wind), 영(spirit), 성령

숨은 파타란 걸 모르고 읽으면 당연히 ‘루~하’로 읽어야 되겠지요? 그런데 루아흐로 읽는다고 했습니다.
또 다른 단어를 봅니다. 엘로아흐입니다.

엘로아흐 : 하나님,신

숨은 파타외에 또하나의 문법사항 기억하시죠? “뭐였더라??”정도라면 지금 다시 돌아가서 확인하세요.
여기서는 숨은 파타만 설명합니다. 숨은 파타를 다게쉬설명 뒤에 붙인 것도 이유가 있습니다.

## 2. 요약정리

맢픽의 경우는 묵음이어야 하는 약자음에 다게쉬를 붙여 발음하게 하는 기능인 반면에, 숨은파타의 경우는 단어 마지막에 헤트와 아인 헤가 오며 모음 파타를 취할 때 파타를 먼저 발음하는 특성을 가집니다.

후음문자가 뭔지 기억하시죠? 모르시면 돌아갑니다.
①후음문자중 알렙과 레쉬를 제외한 3개의 후음문자가 단어끝에 오고
②음가를 가지는 경우 (헤에는 맢픽: 약자음 헤가 음가를 가지려고 맢픽을 찍고 자음이 되려 할 때)
③발음의 편의성을 위해 후음이 좋아하는 파타흐(-,단모음 ‘ㅏ’)를 적고 모음부터 읽는다.

그런데 숨은 파타는 생각해보면 발음의 변의를 위해 사용되는 것이기에 위 기준보다 앞세울 원칙이 하나 있습니다.
“ㅏ”발음 계통의 모음뒤에서는 사용되지 않습니다. 아니 사용될 필요가 없다는 것이 더 맞는 표현이겠죠?

# 10. 후음문자



아래 5개의 문자를 후음문자라고 합니다.
목구멍 깊은 곳에서 나는 소리들이라 후음문자라고 합니다.
정확히는 레쉬는 후음문자가 아니지만 후음문자와 유사하게 적용되어 반후음문자라고 합니다.
이 책은 히브리어 원어 성경읽기를 위함이지 히브리어 문법학자가 되려는 분들이 대상으로 쓴 것은 아니기에 반후음문자인 레쉬도 후음문자와 동일하게 보아 저는 후음문자 5개라고 통칭해서 사용하도록 하겠습니다.
하지만 레쉬가 원래의 후음문자와 구분되는 부분이 합성슈바가 아닌 단순슈바를 거의 사용한다는 점입니다. ר ח ה ע א 알렢, 아인, 헤, 헤트, 레쉬(반후음)

## 1. 후음문자의 특징

① 후음문자는 중복점을 찍을 수 없다. 대신 앞 모음을 장음으로 변화 시키는 모음보상을 한다.
② 후음문자는 "아" 발음을 선호한다.
③ 후음문자는 단순슈바 대신 합성슈바를 취한다.(레쉬는 단순슈바 선호)

## 2. 후음이 합성슈바를 취할 때 특징

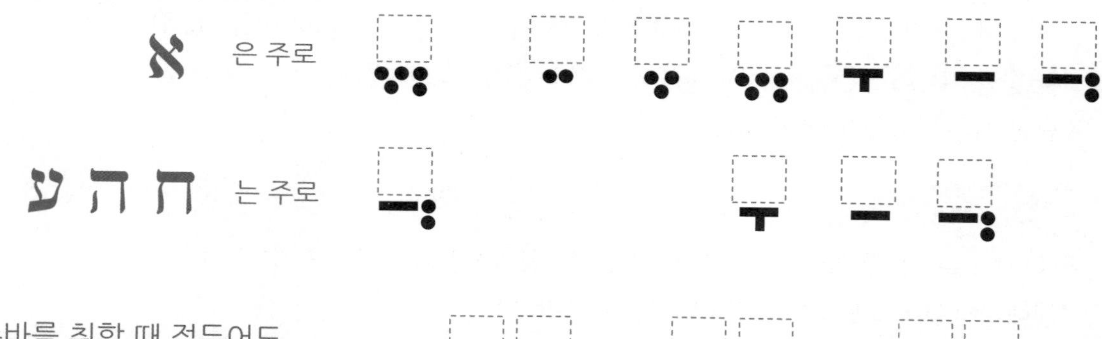


합성슈바를 취할 때 접두어도
합성슈바와 동일계열 단모음 적용

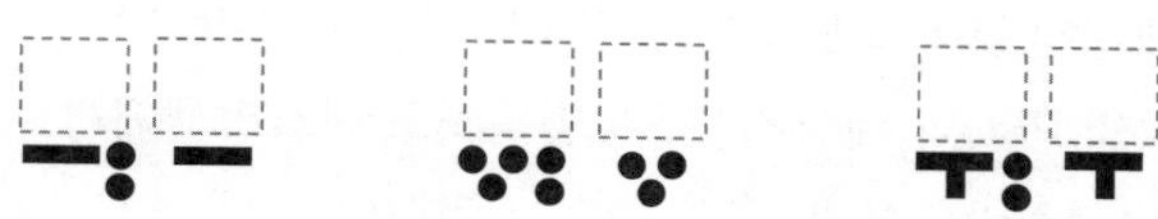

알렙은 '에'도 선호합니다
위에서는 앞 모음이 합성슈바의 영향을 받는 부분이구요. 뒷 모음에 따른 변화도 발생합니다.
합성슈바는 유성슈바이기에 다음 음절에 유성슈바가 오면 다시 온전한 모음으로 변화합니다.

앞으로 슈바를 배울 때 알게되는 사항을 몇 가지 미리 추가해 둘께요.
위에서 언급한 것 처럼 합성슈바는 후음에 슈바가 붙어야 하는 경우 후음이 단순슈바를 꺼리기 때문에 사용되는 형태입니다.즉, 후음아래에서만 사용될 수 있는 것이 합성슈바입니다.
다시 말하면 후음외의 문자에서는 합성슈바를 취할 수 없습니다.
또한 합성슈바와 단순유성슈바는 연속해서 사용되지 못합니다. 이건 슈바에서 좀 더 알아보겠습니다.

# 11. 유성슈바/무성슈바

모음을 설명하며 슈바에 대한 기본적인 설명을 했지만, 슈바는 그 외에도 여러가지 특징이 있습니다.
이 특징을 정리해 보도록 하겠습니다. 슈바는 유성슈바와 무성슈바로 구분됩니다.
유성슈바와 무성슈바의 모든 원칙을 다 암기하면 좋겠지만 일단 꼭 기억해야 할 큰 기능만 구분하고 하단에 "알아도그만 몰라도 그만"으로 구분하는 방법을 추가하도록 하겠습니다.

ְ ※무성슈바 : 묵음으로 발음하지 않는다.
※유성슈바 : "에/으" 중간정도의 발음을 가진다.

그런데 아주 재밌는 것이 있어요. 실제 무성슈바와 유성슈바를 예를 들어 보도록 하겠습니다.

דִּבַּר 다바르 : (동) 말하다,명령하다,약속하다,경고하다,노래하다…

דָּבָר 다바르 : (명) 말씀

דְּבָרִים 드바림(데바림) : 명사 다바르의 복수형

히브리어 단어는 세 개의 자음이 원칙이고 동사의 경우는 카메츠와 파타, 명사의 경우는 카메츠와 카메츠가 기본이라고 일단 기억해 두시구요..
단어의 마지막에 오는 슈바는 무성슈바로 생략된다는 원칙이 있습니다.(예외 있음)
또한 음절 처음에 오는 슈바는 유성슈바로 "에 또는 으"로 발음됩니다.
지난번 배운 단어중 이스라엘도 볼까요?

יִשְׂרָאֵל

'신'아래의 슈바는 무성슈바이기에 잇/라/엘로 3음절이라고 했던것 기억하시죠?
그런데 발음을 해보면 실제는 잇(스)라엘이 되지요?
다바르의 마지막 레쉬도 '으'기 빌음되고 이스라엘에서도 발음이 되는 것이 느껴지시나요?
실제 무성슈바도 '으'발음이 난다는 겁니다.

저는 이 단어는 드바림이라고 발음하는데 이 단어도 데바림으로 발음하는 사람들이 있습니다. '에 또는 으'이고 당연히 둘 다 맞지요.. 그럼 머리 좋으신 분들은 여기서 이런 생각 들지 않으시나요?
"아! 그럼 유성슈바와 무성슈바를 구분할 필요 없이 그냥 모두 '으'로 발음하면 되겠네"
"그럼 유성슈바와 무성슈바는 딱히 구분할 필요가 없는것 아닐까??"

그런데 절대 그렇지 않습니다. 유성슈바와 무성슈바 구분을 하지 못하면 사실상 히브리어 성경읽기는 포기하셔야 할 정도로 중요한 부분이니 꼭 숙지하셔야 하는 사항입니다.
그리고 창세기 시작인 베레쉬트에서 베는 베트+유성슈바인데 랍비분도 베레쉬트로 발음하시더라구요.

그럼 본격적으로 유성슈바와 무성슈바를 구분하는 방법을 정리해 보도록 하겠습니다.
여러가지 원칙들이 있는데 이걸 다 외우려면 저같은 경우는 못합니다. 암기하는 걸 싫어해서요..ㅎㅎ
일단 대원칙으로 끝내고 추가사항은 이해를 위한 설명을 하도록 하겠습니다.

## 1. 무성슈바

① 슈바 앞이 단모음이면 무성슈바
② 다게쉬 앞 슈바는 무성슈바

## 2. 유성슈바

① 슈바 앞이 장모음이면 유성슈바
② 다게쉬 뒤 슈바는 유성슈바

사실 문자보다는 무성슈바의 원칙을 그림으로 이해하는 것이 빠르고 유성슈바는 반대입니다.

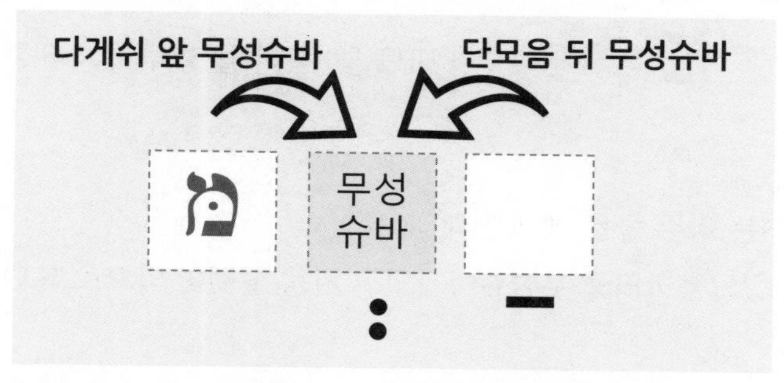


## 3. 무성슈바 제1원칙 - 슈바앞이 단모음이며 무성슈바

'이스라엘'의 경우 슈바 앞이 히렉으로 단모음입니다.(선이든 점이든 두개만 장모음, 기억하셔야 해요)
슈바 앞이 단모음이면? 무성슈바입니다.
이젠 좀 더 이해하실 수준에 오셨으니 조금 더 나가보려 합니다.
모든 음절은 자음+모음을 최소한 갖추어야 합니다. 폐음절은 자음+모음+자음이구요.
그런데 무성슈바 다른 말로 '모음없음'이 되면 최소한의 음절에 맞지 않게 되지요?

이런 상황이 오면 자음은 살아남기 위해 노력을 합니다.
뒤에는 레쉬라는 자음이 버티고 있으니 갈 곳이 없어요. 그래서 앞쪽의 개음절에 붙어서 폐음절을 만들어줍니다.('잇'이 되는 원리입니다.)
무성슈바는 다른 표현으로 모음없음이라고 했는데요.. 또 다른 말로 '폐음절을 만드는 슈바'가 됩니다.
왜요? 자음이 살아남으려구요..

다른 관점에서 볼까요?
슈바앞이 단모음이면 무성슈바이고 슈바앞이 장모음이면 유성슈바라고 했습니다.
우리가 '은혜'라는 단어를 발음할 때 '으~~~ㄴ혜'라고 발음하지 않지요?
폐음절은 당연히 단모음으로 짧게 발음합니다. 즉, 장모음에는 받침이 들어가지 못하기에 장모음 뒤에서는 유성슈바가 되고 오직 단모음 뒤에서만 무성슈바가 가능하다는 점입니다.
무성슈바의 두 원칙만 외우는 것이랬는데 이것 조차도 이해하면 외우지 않아도 되는 당연사항입니다.

일단 무성슈바의 원칙 “슈바앞이 단모음이면 무성슈바”는 이해하셨으리라 생각되구요.
다음으로 무성슈바의 두번째 원칙인 “다게쉬 앞의 슈바는 무성슈바”부분을 살펴보도록 할께요.

## 4. 무성슈바 제2원칙 - 다게쉬 앞 슈바는 무성슈바

이 원칙도 말이 원칙이지 논리로 충분히 이해가 되는 당연사항입니다.
우리가 이미 다게쉬를 학습했어요. 베가드케파트에 붙는 다게쉬레네와 자음의 중복을 싫어해서 자음을 중복해서 쓰는 대신 자음에 점을 찍어주는 다게쉬포르테 두 가지가 있다는 것 기억하시죠?

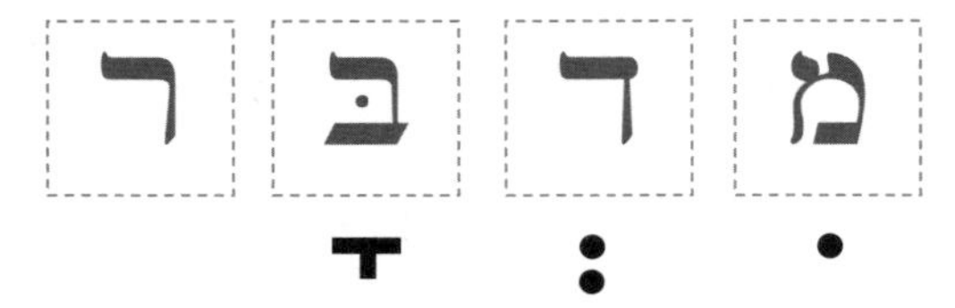

미드발 : 광야 들 황무지 황폐한

앞의 무성슈바 1원칙과도 연결되는 아주 좋은 예제 단어입니다.
일단 1원칙으로 보면 슈바 앞이 단모음이므로 무성슈바가되고 자음 달렛이 앞으로 도망가 ‘믿’이 되어 한 음절을 이룹니다.
무성슈바 제1원칙을 배제하고 무성슈바 제2원칙으로 한번 볼까요?
다게쉬 앞 슈바는 무성슈바 맞지요? 1원칙과 2원칙을 모두 확인할 수 있습니다.

그럼 미드발의 다게쉬는 다게쉬레네와 포르테중 어느것일까요?
베가드케파트에 사용되는 것은 다게쉬레네 뿐인 것은 맞지만 베가드케파트에 다게쉬포르테도 가능하다는 것을 잊으시면 안됩니다.
단, 위 단어는 앞의 무성슈바로 ‘믿’이라는 폐음절이 되었지요? 폐음절 다음에는 중복점인 다게쉬포르테는 절대로 오지 못합니다. 왜요? 중복된 자음중 하나가 앞 개음절의 받침으로 쓰이는 것이 다게쉬포르테인데 앞 음절이 폐음절이면 갈 곳이 없으니까요.. 즉, 여기서는 다게쉬레네입니다.

무성슈바 원칙 두개를 기억하면 되고 유성슈바도 외우려면 혼란만 오기에 유성슈바의 경우는 단어 예제로 두개만 보여드리니 보시고 잊으세요.(무성슈바원칙만 기억하면 되니까요..)

הָיְתָה 하예타 : 영어의 be동사의 변화형으로 장모음 뒤의 슈바이므로 유성슈바

דְבָרִים 드바림(데바림) : 명사 다바르의 복수형으로 다게쉬 뒤이므로 유성슈바

유성슈바와 무성슈바를 구분하는 방법중 가장 중요한 원칙은 앞에서 설명했습니다.
하지만 몇가지 추가적으로 기억하면 좋을 내용을 살펴보겠습니다.

## 5. 유성슈바 추가 규칙들

① 단어 처음에 사용된 슈바는 유성 (단, 첫자음이 ז,ס,שׂ,שׁ(S,Z)발음이면 무성)
② 슈바가 단어 중간에서 연속 사용되면 두번째가 유성
③ 합성슈바는 유성
④ 다게쉬포르테 자음아래 슈바는 유성
⑤ 동일한 자음이 연속되는 경우 동일 첫자음 아래 슈바는 유성

## 6. 무성슈바 추가 규칙들

① 슈바가 단어중간에서 연속사용되면 첫번째가 무성
② 단어끝에 오는 슈바는 무성
③ 단어 끝에 슈바가 연속으로 나온 경우는 둘 다 무성

단어 처음에 사용된 슈바는 유성슈바란 부분은 이중 중요한 부분입니다.(첫음절 포함)
그런데 이것도 당연한 부분이지요? 최소한 자음과 모음이 이루어져야 음절이 구성되는데 첫음절이 무성이면 자음만 남는 형태기에 문제가 되겠지요..
단서조항도 보면.. 영어에서 Strong같은 단어를 보면 S는 자음만인데 발음이 되잖아요?
S,Z발음은 무성이란 부분도 이와 같은 원리라고 이해하시면 됩니다.

슈바가 단어 중간에 연속사용시 첫번째가 무성슈바 두번째가 유성슈바인 부분은 첫번째 슈바는 폐음절을 구성하게 되고 두 번째는 첫 음절의 구성하는 슈바로 유성이 됩니다.

다게쉬포르테 자음아래 슈바는 유성이란 부분은 다게쉬포르테는 이중점으로 자음 두개를 축약한 것이지요? 당연히 그 중 하나의 자음은 앞 음절의 받침으로 가는 것이고 두 번째 자음은 첫음절을 구성하게 되기에 역시 위 원칙들과 동일한 내용의 예 중 하나를 풀어쓴 것에 불과합니다.

이렇게 암기를 하지 않고 이해를 하면 암기를 할 내용이 많이 줄어들게 된답니다.
참고로 그러면 단어 중간 말고 진짜 단어의 처음에 다게쉬포르테가 올 수 있나요?
못오지요? 왜요? 중복자음중 첫번째가 들어갈 자리가 없어요..
즉, 단어 처음에 오는 다게쉬는 무조건 다게쉬레네일 수 밖에 없고 당연히 베가드케파트에만 다게쉬가 붙겠구나라는 식으로 이해하면 암기할 부분이 많이 줄어들게 됩니다.

슈바를 정리하면서 추가로 더 언급할 사항이 있습니다.

## 7. 합성슈바는 후음아래에서만 사용된다.

이것도 원칙적으로 암기가 필요한 사항이 아닙니다.
합성슈바가 사용되는 때가 언제이지요?
합성슈바는 후음에 슈바가 붙어야 하는 경우 후음이 단순슈바를 꺼리기 때문에 사용되는 형태입니다.
즉, 후음아래에서만 사용될 수 있는 것이 단순슈바입니다.
다시 말하면 후음외의 문자에서는 합성슈바를 취할 수 없습니다.

## 8. 합성슈바와 단순유성슈바는 연속해서 올 수 없다.

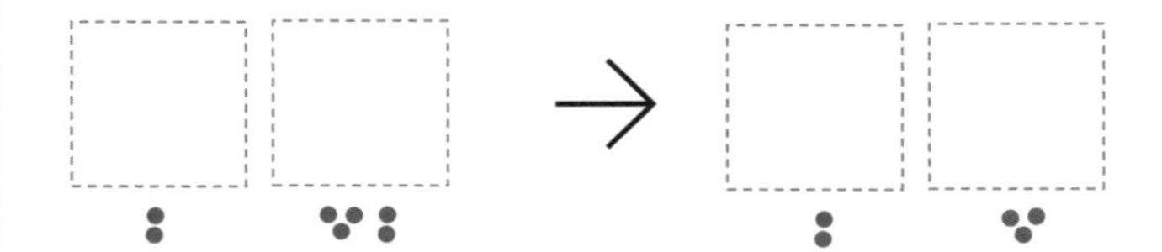

합성슈바는 모두 유성슈바입니다. 유성슈바는 연속적으로 사용할 수 없습니다.
반대로 합성슈바가 뒤쪽에 위치하는 경우는 앞 모음에 영향을 끼칩니다. 9번입니다.

## 9. 슈바연속시 단순슈바와 합성슈바의 변화 정리

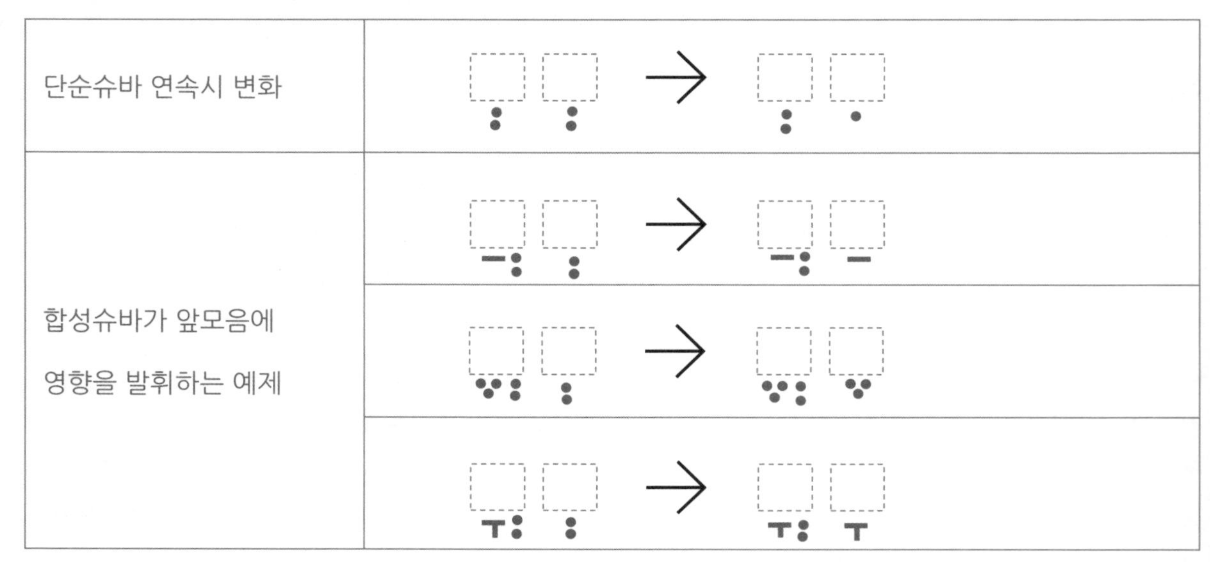

# 12. 정관사



히브리어의 정관사는 오로진 1개입니다. 부정관사는 없구요..
영어의 정관사처럼 지정된 것이기도 하고 특별한 것이기도 합니다.(the world)
사용법은 다음과 같습니다.

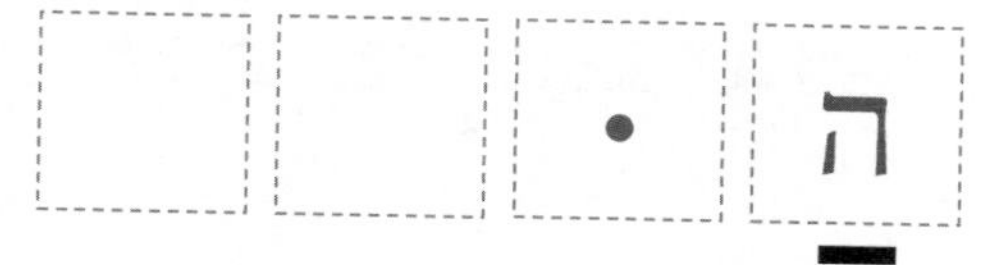

정관사의 기본형은 단어 처음에 헤(파타)+ 다게쉬입니다. 이것만 아셔도 충분합니다.
실제로 정관사 하면 앞에 헤가 붙는것을 주로 기억하시는데 다게쉬가 정말 중요한 특징입니다.

בּ גּ דּ כּ פּ תּ 베트 , 김멜, 달렛, 카프 , 페, 타우

우리가 배운 베가드케파트는 기본적으로 단어 처음에 올 때는 경강점으로 다게쉬가 붙어있지요..
이런 경우는 어떻게 될까요? 잠시 생각해 보세요~답이 나오시나요?
이것도 이해를 바탕으로 하면 아주 간단한 논리입니다.
많은 설명에서 이렇게 되어 있습니다.
"베가드케파트로 시작하는 단어는 이미 다게쉬가 찍혀있으니 정관사 헤+파타만 찍어주면 된다."

그런데 사실은 위 설명이 결과적으로는 맞지만 내용 자체는 틀립니다. 한번 볼까요?
베가드케파트가 단어 처음에 올 때 붙는 다게쉬는 다게쉬레네입니다.
그런데 다게쉬레네라는 것도 중요하지만 단어 처음(정확히는 첫음절)이라는 조건이 있다는 점이지요.

베가드케파트로 시작하는 단어에 정관사 헤가 붙으면 더 이상 베가드케파트 문자가 단어의 첫자음이 아닌 것이 되지요?
그러면 어떻게 되야 하지요? 당연히 다게쉬레네는 사라지게 됩니다.
그리고 정관사의 특징인 다게쉬를 찍어주게 됩니다..여기서의 다게쉬는 모든 자음에 찍는 다게쉬포르테이구요.

즉, 결과적으로는 동일해보이지만 다게쉬가 있으니 안찍고 정관사만 붙이는 것이 아닌 동일하게 다게쉬를 찍어주는 틀을 유지한다는 점입니다.
다게쉬로 통칭해서 부르지만 사실 다게쉬레네가 다게쉬포르테로 변경됩니다.

우리가  전에 연습문제에서 본 단어를 볼께요

הַשָּׁמַיִם 핫솨마임 : 그(정관사) + 하늘(솨마임) 다게쉬포르테이기에 '하솨마임'이 아닌 '핫솨마임' 입니다. 다게쉬포르테의 특징인 중복자음의 앞쪽이 앞음절 받침으로..

단어 처음에 헤는 거의 정관사다. 사실 이걸로 충분합니다. 하지만 추가적인 변화도 언급은 할께요.

한가지만 더 말씀드리면..
정관사는 다게쉬가 붙어야하고 못 붙으면 모음 보상이 일어나야 하는데 그렇지 않은 경우가 있습니다.
'헤'와 '헤트'의 경우 파타가 카메츠로 모음보상이 일어나지 않고 파타로 유지됩니다.
이 두 자음은 다게쉬를 포함한 것으로 간주되기 때문이랍니다.
앞으로 지시대명사의 후,히에서 이 현상이 또 일어납니다.

## 1.알아도 그만 몰라도 그만

**정관사 변화형은 베가드케파트외엔 모두 다게쉬 사라지는 점도 확인하세요!!**

후음 5개중 알렙,아인,레쉬는 모음보상이 잘 되지만 헤와 헤트는 잘 안되는 경향이 있어요.
특히 약동사에서는요..

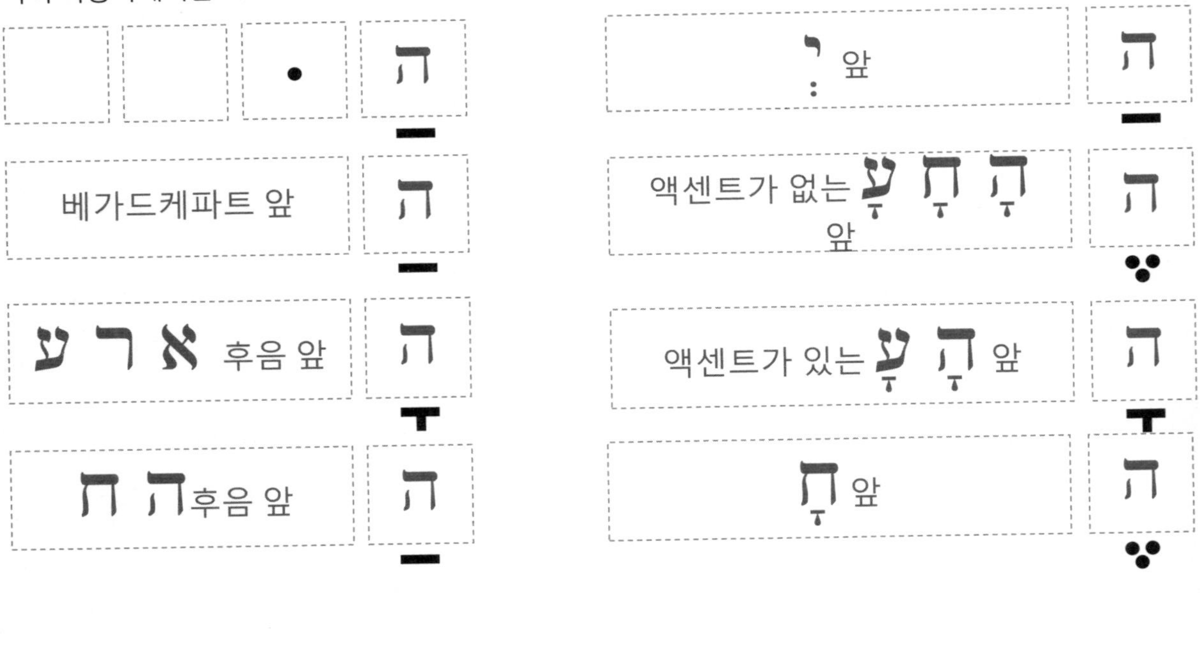

| 정관사 | 조건 |
|---|---|
| הַ | • |
| הַ | 베가드케파트 앞 |
| הָ | ע ר א 후음 앞 |
| הַ | ח ה 후음 앞 |
| הַ | יְ 앞 |
| הֶ | 액센트가 없는 עָ חָ הָ 앞 |
| הָ | 액센트가 있는 עָ הָ 앞 |
| הֶ | חָ 앞 |

# 13. 엑센트변화규칙



엑센트규칙은 정말 중요합니다. 어쩌면 지금까지 학습한 순서가 이 부분을 확인하기 위해서이니까요. 몇 가지의 규칙을 알면 되는 부분이지만 이 부분을 확실하게 숙지하셔야 앞으로가 편안해집니다.

## 1. 엑센트 변화 규칙정리

① [1법칙] 엑센트 전 개음절은 장모음

② [2법칙] 엑센트 전전 개음절은 슈바

③ [3법칙] 엑센트가 없는 폐음절은 단모음

④ [4법칙] **아몰랑규칙** : 동사어미에 모음으로 시작되는 어미가 오는 경우 앞음절은 슈바(동사법칙)

⑤ [5법칙] 엑센트는 기본적으로 끝음절이다.(세골명사는 첫음절)

⑥ [6법칙] 바브연속법에서의 엑센트는 접두어인 요드에 오기도 한다.

위 규칙은 거의 언제나 물어보면 생각 없이 나올 수 있어야 합니다.
그리고 엑센트의 규칙은 아니지만 중요한 모음변화를 추가로 정리후 상세 설명을 하도록 하겠습니다.

## 2. 추가적인 모음변화 규칙

① 단어 처음에 슈바가 연속으로 나오면 앞슈바는 히렉('이'발음)으로 변경된다

② 정관사가 결합된 경우 첫음절은 정관사 규칙이 우선한다.

③ 순장모음은 불변이다.

일단 이 규칙들을 꼼꼼히 확인해 보시고 다음 페이지에서 다시 한번 설명하도록 하겠습니다.

## 3. 엑센트법칙 설명(1법칙 & 2법칙 & 5법칙)

דָּבָר 다바르 : (명) 말씀

דְּבָרִים 드바림(데바림) : 명사 다바르의 복수형

위 '드바림'이란 단어는 '다바르'라는 명사에 남성복수어미가 붙어서 만들어지는 남성복수명사입니다.

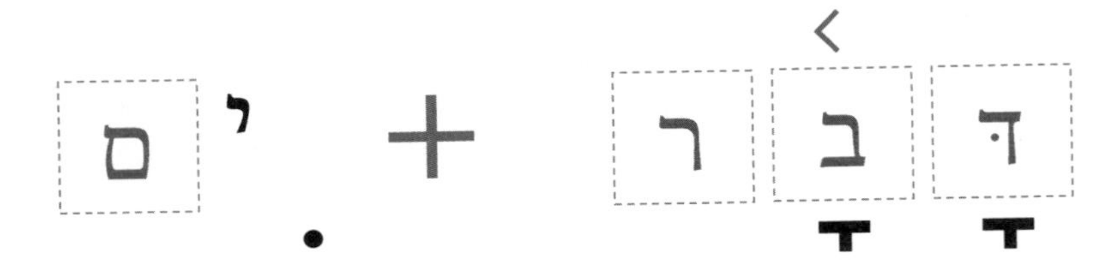


원래 다바르는 엑센트5법칙에 의해 기본적으로 끝음절에 엑센트가 있었겠죠?
그런데 어미가 붙으면서 엑센트가 맨 뒤로 다시 옮겨갑니다.

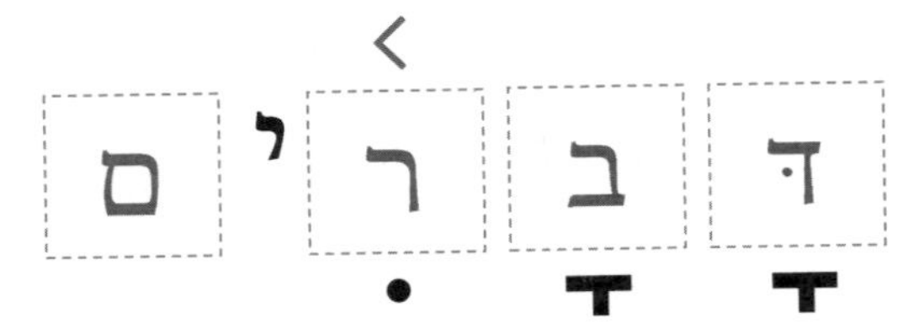


엑센트가 옮겨갔으니 엑센트법칙으로 모음조정이 필요합니다.

엑센트 2법칙에 따라 액센트 전전 개음절은 슈바이기에 카메츠가 슈바로 변경됩니다.

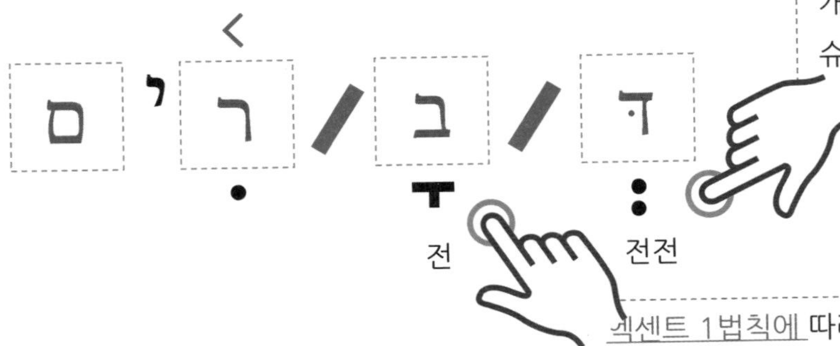


엑센트 1법칙에 따라 액센트 전 개음절은 장모음인데 카메츠로 장모음이니 모음조정이 불필요하지요?

① [1법칙] 엑센트 전 개음절은 장모음

② [2법칙] 엑센트 전전 개음절은 슈바

③ [3법칙] 엑센트가 없는 폐음절은 단모음

④ [4법칙] **아몰랑규칙 : 동사어미**에 모음으로 시작되는 어미가 오는 경우 앞음절은 슈바

⑤ [5법칙] 엑센트는 기본적으로 끝음절이다.(세골명사는 첫음절)

## 4. 엑센트법칙 설명(2법칙 & 3법칙)

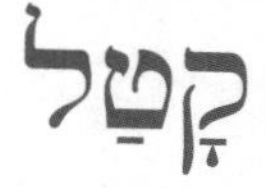

카탈 : 죽이다(그가 죽였다) , 3인칭 남성 단수동사

이번에는 동사 카탈의 변화형을 한번 보도록 하겠습니다.
3인칭남성단수동사에 아래처럼 어미가 붙으면 2인칭 남성복수동사가 됩니다.(이건 지금 모르셔도 되요~)

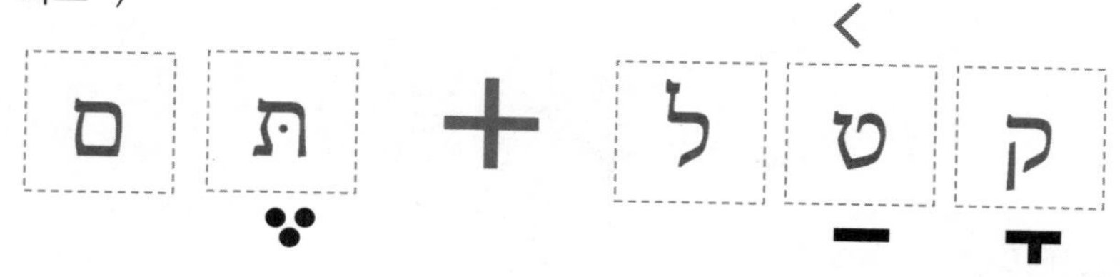

역시 엑센트가 맨 뒤로 다시 옮겨갑니다.

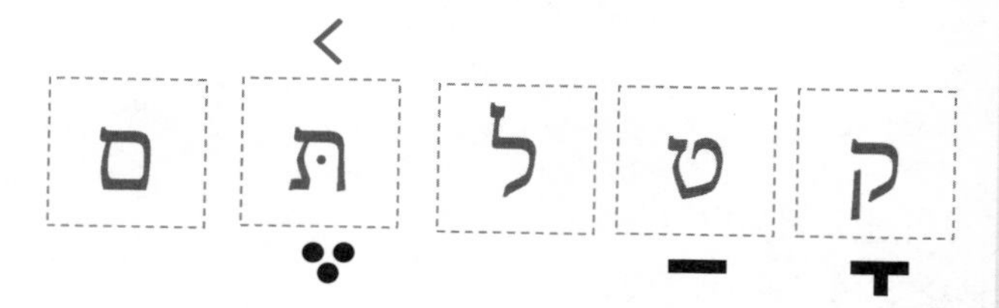

① [1법칙] 엑센트 전 개음절은 장모음
② [2법칙] 엑센트 전전 개음절은 슈바
③ [3법칙] 엑센트가 없는 폐음절은 단모음
④ [4법칙] **아몰랑규칙 :동사어미**에 모음으로 시작되는 어미가 오는 경우 앞음절은 슈바
⑤ [5법칙] 엑센트는 기본적으로 끝음절 (세골명사는 첫음절)

액센트가 옮겨갔으니 엑센트법칙으로 모음조정이 필요합니다.

엑센트 2법칙에 따라 액센트 전전 개음절은 슈바이기에 카메츠가 슈바로 변경됩니다.

엑센트 3법칙에 따라 엑센트가 없는 폐음절은 단모음으로 모음조정이 필요하지 않네요.

이건 엑센트법칙이라기보다는..
히브리어에서 모음없음을 의미하는 무성슈바가 들어가야 하는데 단어의 마지막이면 슈바를 생략합니다.(예외있음)

그런데 어미가 붙으며 단어의 마지막이 아니게 되며 슈바가 살아난 모습입니다

※ 일반적으로 단자음어미는 엑센트를 유지하지만, 어미에 자음이 두 개가 오는 중자음어미는 엑센트를 뺏어간다는 점 기억해 주세요!!

## 5. 엑센트법칙 설명(4법칙 아몰랑~)

마지막으로 4법칙인 아몰랑법칙을 알아볼게요.(아몰랑법칙은 공식명칭이 아닌 제가 지은 법칙명입니다)

카탈동사에 여성형어미가 붙은 형태입니다.

아몰랑법칙은 동사어미에서 발생하는 예외적인 엑센트법칙입니다.

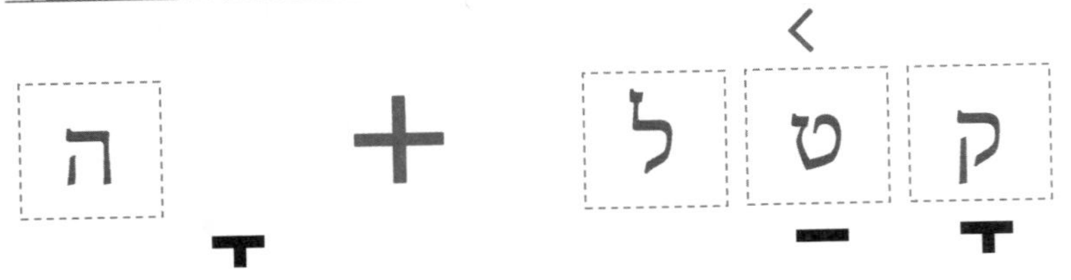

역시 엑센트가 맨 뒤로 다시 옮겨갑니다.

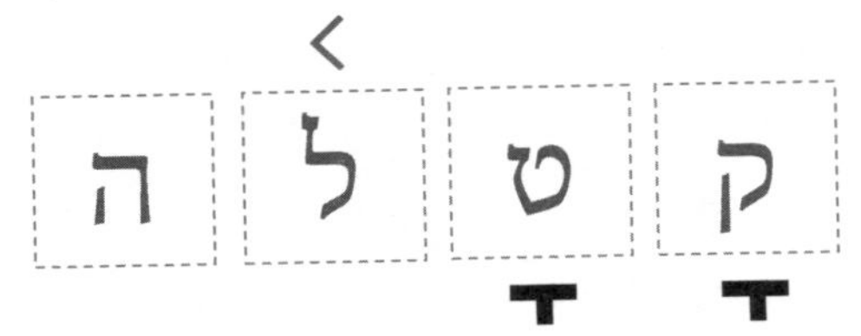

액센트가 옮겨갔으니 엑센트법칙으로 모음조정이 필요합니다.

아래 전전음절은 동사를 학습하며 정리할 부분으로 일단 넘어갑니다.

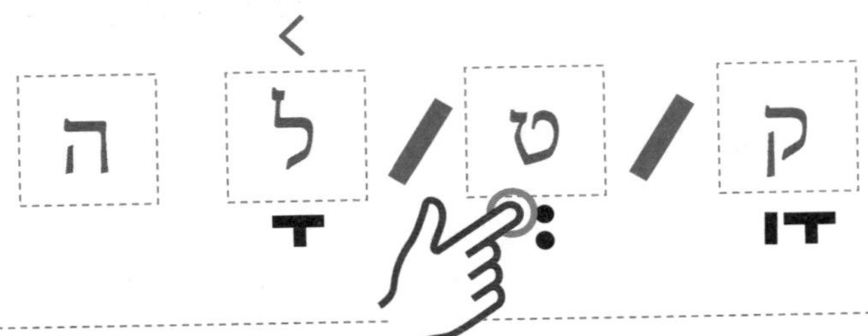

원래라면 엑센트 1법칙에 따라 엑센트 앞 개음절이므로 장모음이 되어야 합니다.

그런데 슈바가 왔습니다. 이게 바로 제가 이름한 "엑센트 4법칙 아몰랑법칙"입니다.

원래 카탈에서 라메드는 '탈'이란 발음의 폐음절을 이루는 받침이었습니다.

그런데 모음부터 시작되는 어미가 오면서 '탈'의 입장에서는 라메드라는 받침을 빼앗겨버리는 현상이 나타납니다. 동사에서 이런 상황이 오면 빼앗긴 음절에서는 "아몰라~배째~"를 외치며 단모음도 아닌 슈바로 바꿔버리는 현상을 아몰랑법칙이라고 합니다.

① [1법칙] 엑센트 전 개음절은 장모음

② [2법칙] 엑센트 전전 개음절은 슈바

③ [3법칙] 엑센트가 없는 폐음절은 단모음

④ [4법칙] **아몰랑규칙 : 동사어미**에 모음으로 시작되는 어미가 오는 경우 앞음절은 슈바

⑤ [5법칙] 엑센트는 기본적으로 끝음절이다.(세골명사는 첫음절)

# 14. 전치사 & 비교급/최상급



히브리어에는 불분리(접두)전치사와 분리(독립)전치사, 그리고 마켑(-)전치사가 있습니다.
일단 이것이 무엇인지 살펴보고 넘어갈께요.

## 1. 전치사의 종류

| | | |
|---|---|---|
| **불분리전치사(접두전치사)** | 명사앞에 붙어 사용 | 명사와 한 단어로 취급하기에 엑센트가 없다!!! |
| **마켑전치사(-로연결)** | 명사와 –로 연결 | |
| **분리전치사** | 명사와 분리되어 사용 | |
| **결합전치사** | 전치사끼리 결합 | |

## 2. 불분리전치사(Only 3개 + 1개) : 베,케,레,(미)

~(안)에 , ~로 in, by, with

~처럼 like, as, accorging to

~에게, ~를 위하여 to, for, at

다음페이지에 별도 정리(일단 무시)

① 기본형은 슈바이다

② 전치사 뒤에 오는 명사의 첫모음이 슈바인 경우 히렉(.)으로 변경되어 "이"발음이 된다.

(이건 외울 필요 없죠? 두 개의 유성슈바가 연속되는 경우는 앞 슈바가 "이"로 변한다고 기억하시죠?)

③ 뒤에 명사가 후음문자이면서 복합슈바로 시작하면 슈바를 제거한 단모음을 취한다.

④ 전치사 뒤에 정관사가 함께 오는 경우는 정관사의 모음을 전치사에 붙이고 정관사는 사라진다.

그 왕에게(정관사가 안보이지만 있다는 것을 파악할 수 있어야 한다는 점이 중요합니다.)
다게쉬 또는 전치사 모음 변화로 확인할 수 있지요?

정관사 규칙 기억나시나요? 다른 것은 없고 파타가 카메츠나 세골로 변할 수 있다 정도 되지요?
다게쉬가 사라지는 부분도 있구요.. 기억 못하셔도 됩니다. 다시 한번 보면 되지요..ㅎㅎ

여튼 불분리전치사+정관사+명사의 경우는 정관사가 사라지는 점이 중요합니다.
이때 정관사규칙이 우선되기에 정관사의 모음을 전치사에 넘겨주고 정관사가 사라집니다.
정관사가 있게 해석할 것이냐 아니냐가 중요한 포인트입니다.

불분리전치사중 다음에 보자고 한 것이 하나 있지요? 여기서 한번 살펴보도록 하겠습니다.

## 3. 불분리전치사중 (미) - 비분리/분리 모두 가능한 전치사

불분리전치사 מִ 는 분리전치사 מִן 의 축약형입니다.

원래 "민"이라는 전치사는 ~로부터의 의미를 지니는 분리전치사입니다. 축약형이 "미"이구요.
그런데 특이하게 원래 분리전치사이지만 축약형으로 사용될 때는 불분리전치사가 되어 명사와 붙어서 사용되는 특성을 가집니다. 그래서 원래 불분리전치사는 베,게,레 3종이지만 (+1)로 표시했던 것입니다.

מִכֹּל = מִ + כֹּל (모든) 모든 것으로 부터

사실 이 단어는 특이한 기능이 더 있어요. ~보다라는 비교급을 표현할 때도 사용되는 단어입니다.
영어의 more than정도.. 이 기능도 중요한 기능입니다. 이것은 형용사에서 추가 설명할 예정입니다.

מִן ~로부터 from

① 분리전치사로 사용될 경우는 모음변화가 일어나지 않는다.(당연사항이죠?)
② 후음앞에서 사용되는 경우엔 멤 아래의 히렉(.)이 쩨레(..)로 변경되기도 한다
③ 뒤 명사가 יְ 로 시작되는 경우는 요드만 남고 모음이 사라진다.

위 ②,③은 불분리전치사로 사용되는 경우의 특징일 것이라는 것 역시 아시겠죠?

## 4. 마켑전치사

עַל-פְּנֵי תְהוֹם

창세기에서 보시 내용 기억나시나요? 이렇게 마켑(-)으로 연결된 전치사를 마켑전치사라고 합니다.
하나 기억하실 부분은 마켑으로 연결되거나 불분리전치사로 사용되는 단어의 경우는 엑센트가 없어집니다. 이것 역시 당연한 부분이지요.
한 단어로 취급되는 단어이기에 접두어정도의 개념으로 들어가기에 원 단어에 엑센트가 있고 사라지는 겁니다. 분리전치사는 엑센트가 유지되는 것과 비교됩니다.

마켑전치사는 엑센트외에 큰 문법이 없어 보이지만 다음 분리전치사를 언급하며 생각해볼 재미있는 내용이 하나 있습니다. 마켑전치사의 개념을 머리에 담아두고 잘 따라오세요.

## 5. 분리전치사

위에 대표적인 분리전치사를 한번 올려보았습니다.
이건 분리되어 사용된다가 끝이니 단어를 암기하는 정도가 끝이겠네요.

그러면 앞에서 마켑전치사를 이야기하며 생각할 꺼리가 있다고 한 부분을 설명할께요.
이게 전치사가 아니고 격을 나타내주는 단어인데요.. 여기서 언급하는 이유는 마켑전치사처럼 사용되기도 해서 헷갈릴 수 있기에 추가 언급합니다.
창세기 1:1의 구절중 끝부분입니다.

אֵת הַשָּׁמַיִם, וְאֵת הָאָרֶץ.

여기서 אֵת 와 וְאֵת 에서 אֵת 가 보이시죠?

그런데 אֵת 를 보시면 쩨레(점 두 개)로 사용된 것을 보실 수 있습니다.
하지만 불분리전치사처럼 단어와 분리되어 사용될 때 에트는 쩨레(점 두 개)인 반면에, 마켑전치사처럼 마켑으로 사용될 경우에는 세골(점 세 개)로 변한다는 특성을 가지고 있다는 점을 기억해 두셔야 합니다.

즉, 에트의 경우는 אֵת , אֶת־ 두 가지 모음의 형태로 쓰인다는 점입니다.
사실 에트는 정관사를 반드시 필요로 하는 형태이지만 고유명사등의 경우는 생략되기도 합니다
이 부분 창세기 시작부터 나오는 문법이니 꼭 기억해 두세요~

## 6. 결합전치사

결합전치사는 전치사가 결합하여 사용되는 것을 의미합니다.
추가적인 설명보다는 예제 단어를 한번 살펴보고 전치사를 마무리하도록 하겠습니다.

מֵעַל 위로 부터

בְּתוֹךְ ~가운데

기본적인 전치사에 대한 내용은 정리되었습니다.
전치사는 사실 문법적인 개념으로는 어렵다고 할 부분이 없지만 전치사에 대한 부분은 단어가 여러가지 의미로 사용되기도 하기에 단어를 잘 기억해야 합니다.

또한 히브리어에는 비교급이나 최상급이 없지만 전치사를 통해서 표현을 합니다.
결국 성경을 해석없이 직접 해석하기 위해서는 전치사들의 의미를 최소한 기본적인 대표의미라도 기억을 할 수 있어야 하며 비교급과 최상급도 보실 수 있어야 합니다.

이어서 비교급과 최상급, 그리고 다시 한 번 많이 사용되는 전치사의 대표의미를 정리해 보도록 할 테니 잘 기억해 두세요~

## 7. 비교급과 최상급 - 비교급

불리전치사 또는 불분리 전치사로도 사용되는 전치사 '민'의 용법입니다.
'민'은 보통 '~으로 부터'의 의미를 가지고 있습니다.

טוֹבָה חָכְמָה מִזָּהָב

민 +자하브(금) 호크마(지혜) 토브(좋은)

형용사가 명사의 앞이고 명사에만 관사가 있으니 형용사의 서술적 용법입니다
앞 을 보면 '지혜는 좋다'가 됩니다.
그런데 뒤에 전치사 '민 + 금'의 해석이 문제가 됩니다.
대표 의미로 보면 '금으로부터'가 되는 거지요. 하지만 여기서는 해석이 이상합니다.
결국 문맥상 '금보다'라는 비교급으로 해석해야 하는 거지요.
문맥을 보고 판단해야 하는 문법사항입니다.

## 8. 비교급과 최상급 - 최상급

창세기 3:1절의 전반부입니다.
"그 뱀은 들 짐승중에 가장 간교하더라"

이렇게 비교급과 마찬가지로 해석을 하시면서 구분해야 하는 문법사항이 비교급과 최상급입니다.
전치사 '민'이 출현하면 꼭 의미를 한번 살펴보는 습관을 가지셔야 합니다.

참고로 전치사 민의 경우는 또 한가지로도 사용되는데요.
"우리들로부터"가 아닌 "우리중에 일부"로 해석하는 경우가 있습니다.
즉, 일부를 의미할 때도 있다는 점을 추가로 기억하여 주시면 됩니다.

## 9. 많이 사용하는 전치사

בְּ ~(안)에 , ~로 in, by, with

כְּ ~처럼 like, as, accorging to

לְ ~에게, ~를 위하여 to, for, at

מִן ~로 부터, 비교급/최상급/일부분

עַד ~까지 until

עַל ~위에,대하여 On, about

עִם ~와 함께 with

אֵת ~~을, ~와 함께 with

אֶל ~향하여 toward, to

בֵּין ~사이에 between

לִפְנֵי ~앞에 In front of

תַּחַת ~아래 under

אַחֲרֵי ~뒤에 after

אַחַר ~뒤에 after

לְמַעַן ~을 위하여, ~때문에, ~에 따라서

נֶגֶד ~앞에 In front of

בַּעַד ~뒤에 after

# 15. 접속사 & 바브연속법



히브리어에서 접속사는 "바브" 하나라고 보셔도 됩니다.
"와 암기할 것 없으니 좋다" 그쵸? ㅎㅎ 그런데 이게 어떤 의미일까요?

그리고, 그러나, 그런데, 그 당시에, 그럼에도 불구하고..등등의 다양한 의미로 사용됩니다.
즉, 암기할 것은 없고 너무 간단하지만 문맥상에서 잘 판단할 수 있어야 한다는 어려움도 있답니다.

일단, 성경에서 단어의 처음이 바브로 시작된 경우는 무조건 둘 중의 하나라고 생각하시면 됩니다.
접속사 또는 바브연속법..
"바브로 시작하는 단어일 수도 있지 않나요?"라고 의문을 가지실 수 있으니 추가적으로 설명드리면 제가 가지고 있는 게제니우스 사전을 기준으로 바브로 시작하는 단어는 10개미만입니다.

즉, 모음은 아예 신경쓰지 말고 성경을 읽으며 "단어가 바브로 시작하면 무조건 접속사 또는 바브연속법 둘 중 하나구나"라는 원칙을 일단 기억하여 두세요.
참고로 접속사든 바브연속법이든 모두 불분리형으로 다음 단어와 붙어서 사용됩니다.

## 1. 접속사

창세기1:1에서 "웨엘(베엘)"이라는 부분에 사용된 베가 접속사입니다. 기본형은 다음과 같이 바브 아래 슈바를 찍어 주는 형태(베)입니다.
웨엘으로도 베엘으로도 읽으니 이 부분은 일단 무시하세요.

접속사 베 +목적격 엩

에트 기억하시죠?
세골과 쩨레 두 가지가 있다. 다시 한번 기억하세요~

이렇게 단어 처음에 바브가 있으면 뭐라구요?
"접속사 또는 바브연속법이고, 다음 나오는 단어 앞에 붙여서 사용한다"

단, 접속사 바브아래 모음은 여러가지로 변할 수 있습니다.
그러나 바브 아래 뭐가 들어갔는지 보다 더 중요한 것은 히브리어 접속사는 바브 하나라는 점입니다.
접속사는 이게 끝입니다. 하지만 위에서 말한 모음 변화형도 추가로 언급해 두도록 할께요. "알아도 몰라도 그만" 아시죠?

## 2. 알아도 그만 몰라도 그만 - 접속사 모음변화

접속사의 변화형은 5가지가 있습니다. 물론 예외들이 있으므로 아래 표에는 6가지로 나옵니다.
여기가 어디요? 알아도 그만 몰라도 그만..

| # | 조건 | 변화 | 특징 |
|---|---|---|---|
| 1 | 기본형 | וְ | |
| 2 | 입술로 내는 소리 앞에서 | וּ | ב פ מ |
| 3 | 단순슈바 앞에서 | וּ | |
| 4 | 요드슈바앞에서 | וִ | 슈바가 바브에 동화(뷔) |
| 5 | 복합슈바들 앞에서 | אֱמֶת → וֶאֱמֶת | 슈바 뺀 형태로 변화 |
| 6 | 예외 | וְאֱלֹהִים → וֵאֱלֹהִים | 예외들.. |

## 3. 바브연속법(wow consecutive)

바브연속법에서 consecutive는 연속된 이라는 의미이지요..그럼 바브연속법이면 바브가 무언가랑 연속되어 사용되었다는 의미겠네요.. 현대 히브리어에는 없는 문법입니다.

그럼 여기서의 무언가는 무엇일까요? 동사입니다. 다르게 말하면 "동사 앞이 아니면 바브연속법은 아니다"라는 의미입니다..
동사앞이 아니고 바브가 단어처음이다? 접속사구나!!! 이해 되시죠?
단어 첫머리 바브-> 뒤에 명사이면 접속사, 단어 첫머리 바브-> 뒤에 동사이면 접속사/바브연속법 가능
단어첫머리 바브에 파타->바브연속법

바브연속법은 간단히 '시제를 뒤집는다"이라고 생각하세요..
즉 미완료동사 앞에 바브가 붙어서 연속으로 쓰이면 완료로 해석하고, 완료동사앞에 바브가 놓이면 미완료로 해석합니다.
바브연속법은 정확히는 다게쉬도 뒤에 있어야 하고 등등이 있지만 단어처음에 바브아래 파타는 그냥 완료로 해석하는 바브연속법이라고 기억하시면 일단 편합니다.

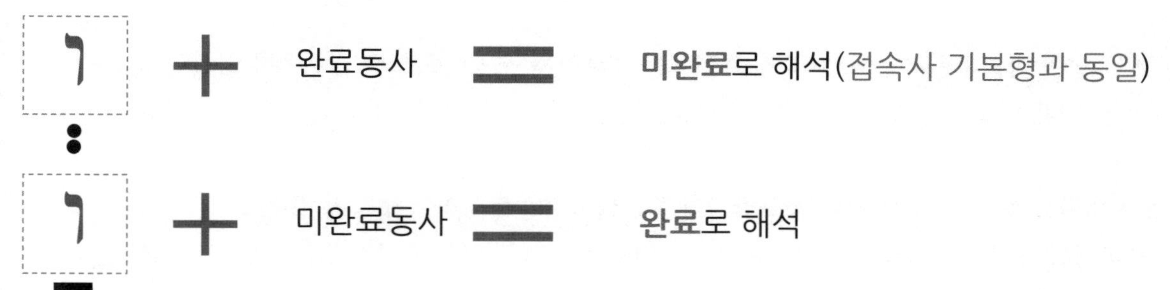


창세기 1:3

| 216 | 1961 | 216 | 1961 | 430 | 559 |
|---|---|---|---|---|---|
| 명남단 | 동칼미남3단 | 명남단 | 동칼미남3단 | 명남복 | 접와,동칼미남3단 |
| אוֹר | וַיְהִי | אוֹר | יְהִי | אֱלֹהִים | וַיֹּאמֶר |
| 오르 | 와예히 | 오르 | 예히 | 엘로힘 | 와요멜 |
| 빛 | 있었다 | 빛 | 있으라 | 하나님 | 말씀하셨다 |

וַיֹּאמֶר אֱלֹהִים, יְהִי אוֹר; וַיְהִי-אוֹר.

창세기 1:3의 빛이있으라 그리고 빛이 있었다 라는 부분을 보시면
예히 오르 접속사(바브) + 예히 오르로 접속사 앞 뒤가 동일한 문장인데 성경 해석이 다르지요?
이것이 바브연속법입니다.
다음페이지에서 다른 구절을 참고로 조금만 더 추가해 보도록 하겠습니다.

추가적으로 바브연속법이 사용된 다른 구절을 예를 들어 보겠습니다.

삼상3:6

וַיָּקָם שְׁמוּאֵל וַיֵּלֶךְ אֶל-עֵלִי

엘리 엘 바엘렉 쉐무엘 바야콤

엘리에게 가다 사무엘 일어나다

위 구절을 보면 짧은 구절속에 바브+파타로 두 군데가 나오고 있습니다.
바브+파타로 시작하면 완료로 해석하는 바브연속법이다!!! 아시죠?

그리고 히브리어에서 시제는 완료와 미완료라는 것 기억하시죠?
바브뿐만 아니라 미완료를 의미하는 요드에 다게쉬가 붙어서 두 곳 모두 바브+미완료구문이네요.

그럼 한글 개역개정판은 어떻게 번역되어 있을까요?
**“사무엘이 일어나 엘리에게로 가서”**

바브연속법을 학습하면서 완료는 과거, 미완료는 미래라는 개념으로 보면 많이 헷갈립니다.
미완료는 현재 완료되지 않은 상태(현재진행,미래등)을 모두 포함하는 것을 일단 다시 기억하시구요.

**바브 + 미완료가 되면 이 상태(미완료상태)가 종결되어 계속된다라고 보시면 됩니다.**
즉, 사무엘이 일어나는 상태가 바브연속법이 되면서 종결되고(일어난 상태:과거) 계속되는 상태입니다.

뒷 부분도 동일하게 보면 엘리에게 가는 것이 종결되지 않은 상태(갈 것이다 : 미완료)에서 종결되어 지속되는 상태(다시 말하면 과거 즉, 완료)입니다.

이런 부분을 모두 생각할 필요가 없이 그냥 해석하는 기법으로 보면 그냥 시제를 뒤집는다라고 보시는 것이 가장 편안합니다.

**바브연속법 미완료가 미완료상태의 종결을 의미한다면,**
**바브연속법 완료가 완료상태의 종결을 의미한다고 보면 시제를 뒤집는다는 부분에 대해 대충 감이 잡히실 껍니다.**

## 4. 바브연속법 주의할 부분

약동사인 라멜-헤동사와 아인-바브, 아인-요드에서는 바브연속법이 사용될 때 축약형이 사용됩니다.
이 축약형은 지시형에서 일어나는 변화이기에 지시형으로 보기도 합니다만..
우리가 기억할 부분은 축약형이 사용된다는 점입니다.
즉, 라멜-헤동사의 경우 '헤'가 탈락하는 현상이 발생합니다.
아인-바브와 아인-요드도 동일한 현상이 일어납니다.

이는 바브연속법 미완료에서 강세가 (항상은 아니지만) 앞에 접두된 요드로 옮겨가게 되는데 이렇게 옮겨가게되면 엑센트를 잃어버리고 단모음으로 변하는 과정에서 더 짧아지면서 축약이 일어난다고 보시면 됩니다.

영어에서도 엑센트가 없는 부분은 뭉개서?발음하는 것처럼 뭉개서 단모음을 만드는데 거기서 또 더 줄여서 라멜-헤와 아인-바브, 아인-요드는 바브연속법에서 축약형을 쓰게 됩니다.

그런데 이렇게 축약이 되면 원래 어근이 무언지 알 수가 없잖아요?
뭔가 부족한 어근의 바브연속법이라고 느껴지시면 요드아래의 모음을 확인하시면 됩니다.

요드아래의 모음이 카메츠이면 아인-바브 또는 아인-요드동사의 축약형이고,
아닌 경우는 라멜-헤동사의 축약형이라고 보시면 됩니다.

## 5. 바브연속법 미완료 라멜-헤 / 아인-바브(요드)동사 축약형

| # | 미완료 | 지시형 | 바브연속법 |
|---|---|---|---|
| 라멜-헤 | יִבְנֶה | יִבֶן | וַיִבֶן |
| 아인-요드바브 | יָקוּם | יָקֹם | וַיָקָם |

# 16. 명사

히브리어는 세 개의 자음이 기본이라는 것 기억하시지요?
이번 단원에서는 명사의 어미의 변화를 살펴보도록 하겠습니다.

## 1. 명사의 어미변화(feat. 형용사의 어미변화) : 임/아/오트(쑤쓰,쑤심,쑤사,쑤솟)

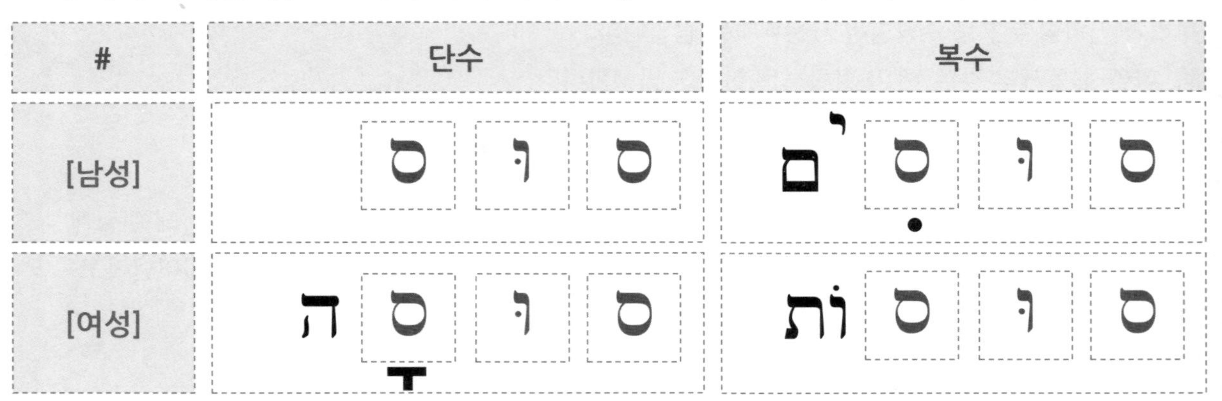


즉, 단어가 세개로 구성되어 있으면 명사는 거의 남성명사이고 동사이면 거의 3인칭남성단수동사입니다.
또한, 명사와 형용사의 어미변화는 완전히 동일합니다.
명사는 위의 규칙과 다른 불규칙명사가 존재하기도 하지만 형용사는 정확한 위 어미변화 원칙을
준수하기 때문에 형용사가 있는 경우 형용사를 통해 성과 수를 판단하는 것이 좀 더 정확합니다.

히브리어에는 우리말에는 없는 쌍수도 있습니다. 간단하게는 한 쌍을 의미합니다.
보통 쌍을 이루는 눈,귀,손,입술(위 아래),치아(위아래) 등..
쌍수의 경우 각각 남성/여성 단수 기본형에 **아임/타임**이 추가됩니다.

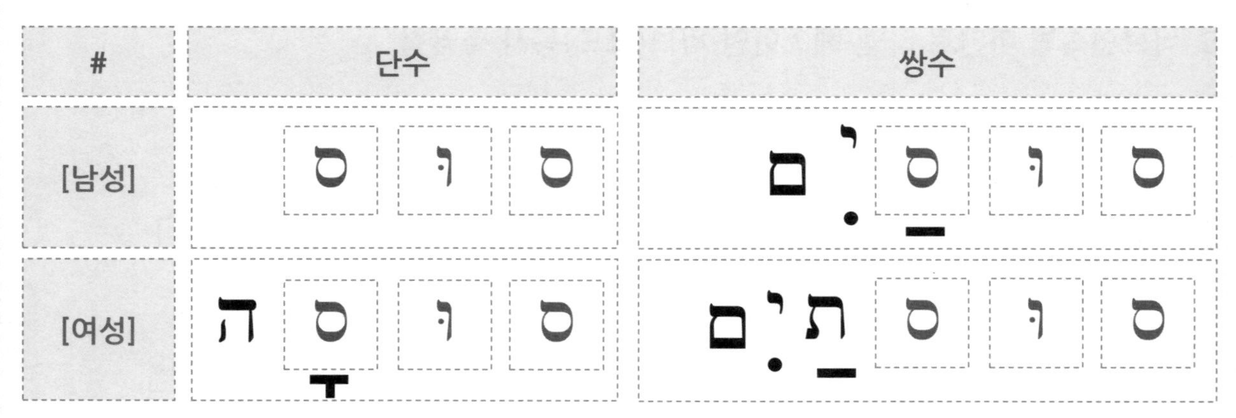


히브리어 쌍수중 성경에 나오는 단어는 몇 개 되지 않습니다.
하지만 횟수 자체는 적지 않으니 변화형만 언급하고 쌍수부분은 복잡해지지 않도록 이후에 나오는
별도의 단원인 명사의 연계형에서 조금 더 다루도록 하겠습니다.

## 2.불규칙명사

앞에서 명사의 어미변화를 살펴보았습니다.
어근 3개로 구성된 명사는 일반적으로 3인칭남성단수명사로 보면 되고
남성복수/여성단수/여성복수에서 임/아/오트가 붙어서 명사의 성과 수를 표현한다고 했습니다.
참고로 추가적으로 단어의 마지막이 타우로 끝나는 경우도 보통 여성명사로 보시면 됩니다.
우리가 아는 이름인 밧세바의 "밭"도 딸을 의미하는 단어입니다. 타우로 끝나는 형태를 취하고 있습니다.

모든 명사가 이런 규칙적인 형태이면 좋겠지만 명사의 경우 좀 다른 변화를 취하는 형태가 많이 있습니다.
그래서 앞에서 명사보다는 명사를 수식하는 형용사가 있으면 이것으로 판단하는 것이 쉽다고 했습니다.
불규칙적인 변화를 보이는 명사를 한번 보도록 하겠습니다.

| | | | |
|---|---|---|---|
| אֵם | 엠(어머니, 여성명사) | יָד | 야드(손, 여성명사) |
| אָב | 아브(아버지,남성명사) | אָבוֹת | 아봇(아버지들,남성인데 여성복수형) |
| עִיר | 이르(도시,여성명사) | עָרִים | 아림(도시들,여성명사인데 남성형) |
| אֶרֶץ | 에레쯔(땅,여성명사) | אֲרָצוֹת | 아라조트(변화형은 여성형) |

모든 단어를 처음부터 다 알려고 하면 지칩니다.
처음에는 기본적인 흐름과 이해를 하고 점점 더 많이 알아가면 되니 "불규칙명사가 있구나" 정도로 충분합니다.

# 17. 세골명사

모음에 세골이 들어간 명사를 기본적으로 세골명사라라고 합니다.

히브리어 액센트가 끝음절이라고 했는데 특이하게 세골명사는 첫음절이라는 특징을 우선 기억하세요.

그런데 세골명사는 모음이 위 처럼 모두 세골이 아닌 형태도 있습니다.

아예 세골이 없는 세골명사도 있구요.

일단 이 부분을 살펴보겠습니다.

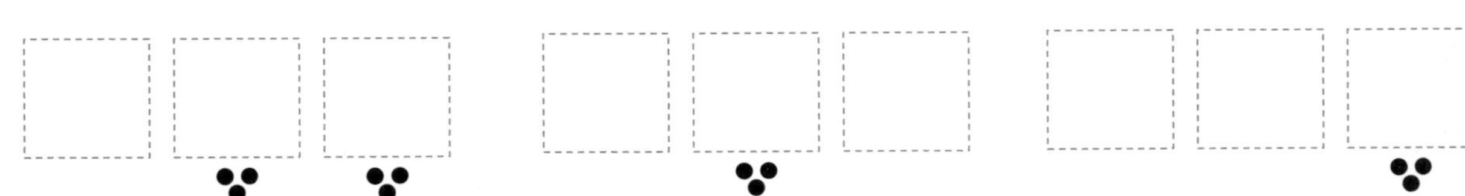

이렇게 첫자음 ,두번째 자음 아래 또는 첫번째와 두번째 모두에 세골이 포함되어 있으면 세골명사입니다.

세골이 없는 세골명사는 후음과 관련이 있습니다.

이렇게 세골명사에 후음이 있는 경우 후음의 위치에 따라 모음이 파타로 변하는 현상이 발생을 하기에 세골이 없는 세골명사도 존재합니다.

이것 역시 세골이 없는 세골명사를 모두 처음부터 외우는 것이 아니라 차근차근 더해가시면 됩니다.

세골명사의 독특한 변화는 세골명사가 기본적으로 외래어이기 때문입니다.

한국어로 버스가 영어의 Bus인 것처럼 외래어가 정착한 과정을 거친 이유로 기존의 히브리어와는 다른 변화들을 보인다는 특징이 있습니다.

제일 큰 특징이 세골명사는 엑센트가 첫음절에 온다는 점이구요.

(단, 주의하실 부분이 있습니다. 세골명사의 복수형어미가 붙는 경우는 엑센트가 규칙형처럼 뒤로 또 넘어갑니다. 복수연계형이나 단수형어미는 세골의 원형을 사용합니다. 세골명사 마지막 참고)

세골명사의 대표격인 '왕'이라는 의미인 '멜렉'이란 단어를 한번 볼께요.

멜렉의 원래 어원 단어를 적어볼께요.

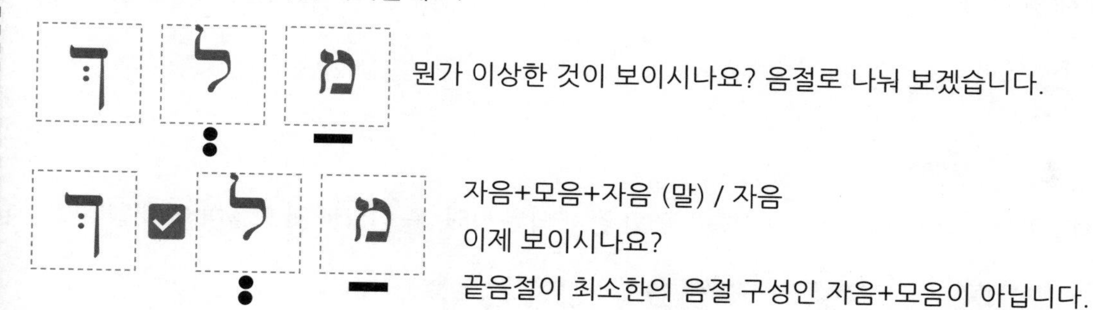

뭔가 이상한 것이 보이시나요? 음절로 나눠 보겠습니다.

자음+모음+자음 (말) / 자음
이제 보이시나요?
끝음절이 최소한의 음절 구성인 자음+모음이 아닙니다.

세골명사가 외래어에서 유래된 것을 생각하면 히브리어의 규칙에 맞지 않는 것이 당연할 수 있겠죠? 이런 문제를 해결하기 위해 레쉬아래 세골을 넣어주면 받침으로 사용되던 레쉬가 첫자음이 되면서 정상적인 두개의 음절로 재편됩니다.

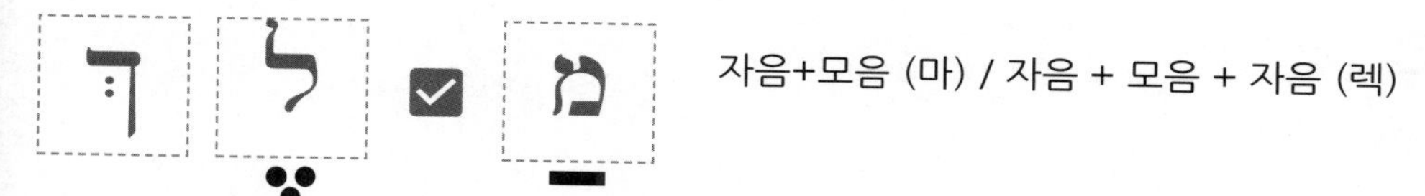

자음+모음 (마) / 자음 + 모음 + 자음 (렉)

그리고 나서 발음의 편의를 위해 앞 파타도 세골을 붙여주게 되면서 세골명사가 탄생합니다.
세골명사의 특징은 뭐라고요? 첫음절에 엑센트를 가진다!!

이게 끝이면 좋겠는데 우리가 언급한 세골명사의 기본형을 뒤흔드는 변화도 기억해야 합니다.
첫 모음이 '아'계열인 경우는 기본형으로 발음을 위해 세골로 첫모음이 변화되어 기본형태를 유지해요.
하지만 '첫모음이 '에' 또는 '이'인 경우는 첫모음이 '에'로
첫모음이 '오' 또는 '우'인 경우는 첫모음이 '오'로 변화합니다.

히브리어 책을 보신 분이라면 거의 모든 책에서 아래와 같은 그림을 보셨을 껍니다.

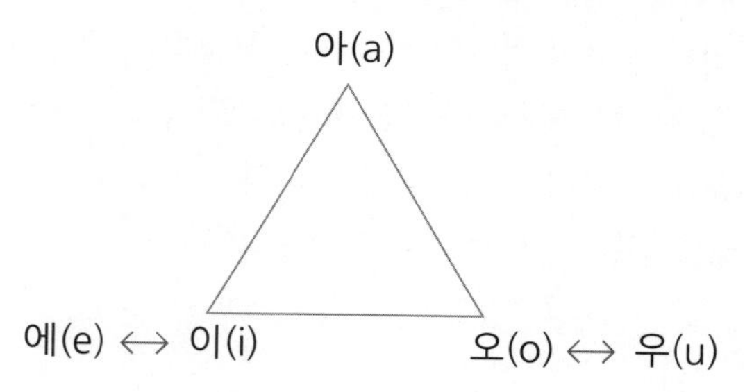


이 그림처럼 변화되는 경우들이 발생합니다.
위에서 멜렉의 원형이 멤 아래에 파타, 즉 "아"였죠?
이게 맨 위 꼭지점 아(a)의 형태입니다.

## 1.아(a)형 세골명사

아(a)의 형 세골명사는 앞에서 본 것처럼 원형이 위와 같이 되는 형태, 즉 원형의 첫 모음이 아(a)입니다.

מֶלֶךְ עֶבֶד נֶפֶשׁ אֶרֶץ דֶּרֶךְ

데렉(길) 에레쯔(땅) 네페쉬(영혼/목숨) 에베드(종,하인) 멜렉(왕)

## 2.에(e)형 세골명사

בֶּגֶד סֵפֶר

쎄펠(책) 베게드(옷)

## 3.오(o)형 세골명사

오헬(장막) 코데쉬(거룩)

## 4. 아(a)형 , 에(e)형, 오(o)형을 구분하는 이유

그냥 세골명사이니 첫음절 엑센트만 기억하면 되지 왜 이렇게 원형을 기억해야 할까요?
게다가 베게드라는 단어는 모양도 기본형타입인데요..

우리가 명사를 배우면서 명사 뒤에 어미가 붙어서 명사의 성과수를 구분하는 것을 보았습니다.
이와 유사하게 각 타입별로 뒤에 나오게 될 복수명사의 연계형이나 대명사접미사를 붙이는 경우가 나오는데 이 때 세골명사의 원형을 기준으로 붙이게 되기 때문입니다.
배우지 않은 부분이지만 변화되는 형태를 한번 미리 보도록 하겠습니다.

קָדְשֵׁי סִפְרֵי מַלְכֵי

말케이 씨프리 코드쉬(단모음인 카메츠 하툽이기에 '오'로 발음되며 단모음 뒤 슈바는 무성)

앞 페이지 삼각형이 이해 되시나요? 아형은 '아'를 유지하고, 에형은 '단모음 이'로, 오형은 '단모음 오'입니다. 즉 e,i가 한 묶음이고 o,u가 한 묶음으로 호환된다는 의미입니다.

## 5.세골명사의 발음상 일어나는 특이한 변화

실제 창세기1:1에레쯔(땅)이라는 세골명사를 한번 볼께요.(마지막 차데는 미형인거 아시죠?)

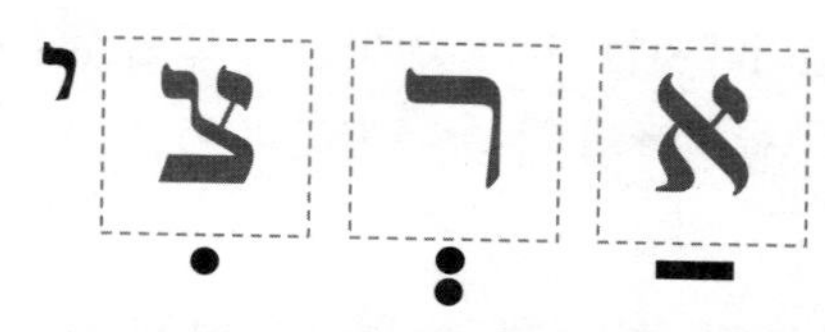

에레쯔의 어원 단어(아형 세골명사)

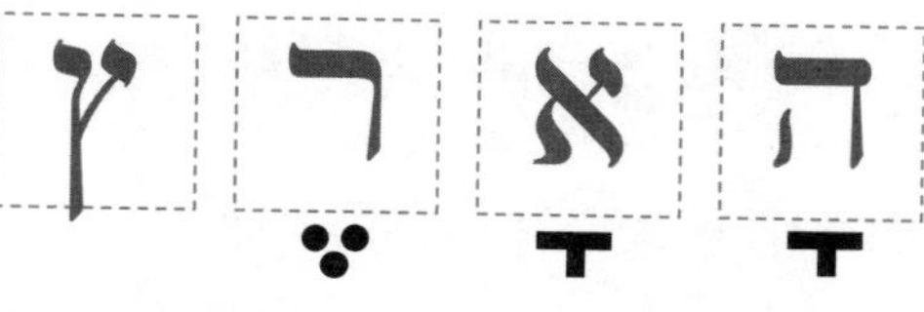

창세기1:1에 기록된 형태

창세기1:1에서는 정관사가 붙어서 하에레쯔로 사용됩니다. 그런데 대부분 "여기서 '하'는 정관사고 아레츠의 원형이 '에레쯔'이다. 그래서 그 땅으로 번역한다"라고만 설명이 되어 있어서 저는 처음에 정말 어려웠거든요..

에레쯔는 세골명사로 하아레쯔로 변하는 부분은 '아Type', '에Type', '오Type'세골명사중 '아'타입에 속하기 때문입니다. .

**그리고 후음앞이기에 정관사가 붙을 때 필요한 다게쉬가 붙지 못하고 보상으로 정관사가 장모음 카메츠로 된 것은 기억하셔야 하는 거 아시지요?**

## 6.세골이 없는 세골명사

נַעַר 나알(소년) זֶבַח 제바흐(희생)

위 나알이란 단어는 세골로 구성된 모음이 없습니다. 하지만 세골명사랍니다.
단어를 보면 가운데 자음이 아인으로 후음이 사용되어 있습니다.
세골명사인 경우 가운데 후음이 오면 첫번째 두번째 모음이 모두 파타가 되는 것 기억하시죠?
제바흐의 경우는 마지막 자음이 후음 헤트가 온 형태입니다.

## 7.(주의)세골명사 복수형어미변화

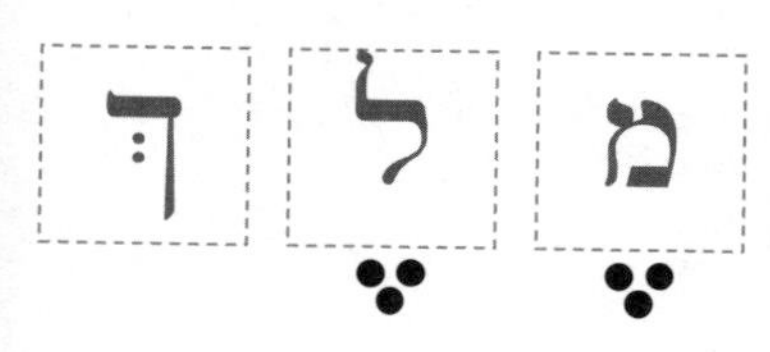

복수형어미가 붙으면 엑센트가 규칙명사처럼 뒤로 가는 특징이 있지요? 그럼 마지막음절 '킴'에 엑센트가 있으니 2음절은 엑센트 없는 개음절은 장모음, 1음절도 엑센트 없는 전전음절 슈바, 이건 결국 하나를 기억하시면 되는 겁니다.

מְלָכִים 멜라킴

세골명사는 1음절 강세이지만 복수형어미가 붙을 때는 규칙명사처럼 엑센트가 마지막이다.복수의 연계형과 단수형어미는 세골명사특성을 유지하니 구분하셔야 해요..

# 18. 명사의 연계형



## 1.명사의 연계형 개념

명사의 연계형은 영어로는 of의 개념입니다. 영어의 경우는 of라는 단어를 통해서 소유격을 표시하지만 히브리어에서는 이런 것이 없이 그냥 명사를 나열하는 형태를 취합니다.
창세기 설명에서 말씀드린 적이 있는 부분입니다.(알 페네이~)

## 2.명사의 연계형 해석- 소유관계

일단 영어의 of의 개념이니 "~의 ~"이란 의미를 가지며 일반적으로 소유관계를 나타냅니다.

אַרְמוֹן הַמֶּלֶךְ　아르몬(궁전) + 하+다게쉬(정관사) + 멜렉(왕) : 그 왕의 궁전

## 3.명사의 연계형 해석- 새로운 의미

물론 소유의 관계만 표현하는 것은 아니라 전혀 다른 새로운의미로 사용되는 경우도 있습니다.

בֵּית סֵפֶר　베이트(연계형 ,집) + 쎄펠(절대형,책) : 이 경우 일반적인 소유관계로 따지면 '책의 집'이 되는 형태이지만 "학교"라는 단어입니다. (베이트는 마지막 불규칙참고하세요~)

## 4.여러 개의 명사가 연계형으로 사용될 때

일단 여러 개의  명사가 연계형으로 사용되는 경우도 간단합니다.

| 절대형 | 연계형 1 | 연계형 2 | 연계형 3 | .. |
|---|---|---|---|---|

해석도 그냥 뒤에서부터 해석하면 되서 아주 쉽습니다. 예를 들어 보도록 할께요.

שְׁמוֹת בְּנֵי יִשְׂרָאֵל　이스라엘 자손들의 이름들

①이스라엘　②아들들　③이름들

뒤에서부터 순서대로 전진하면서 해석하시면 끝납니다.

## 5.주의할 부분

간단하지만 꼭 기억하실 부분이 있습니다.
위에 절대형과 연계형의 명사들중에 유일하게 절대형에만 정관사를 붙일 수 있습니다.
즉, 연계형에는 관사가 붙지 못하고 연계형은 모두 절대형과 한 단어로 취급해서 엑센트가 없습니다.

## 6.명사의 연계형 변화

명사의 성수에 따른 변화는 기억하시죠? **(임/아/오트(쑤쓰,쑤심,쑤사,쑤솟)**

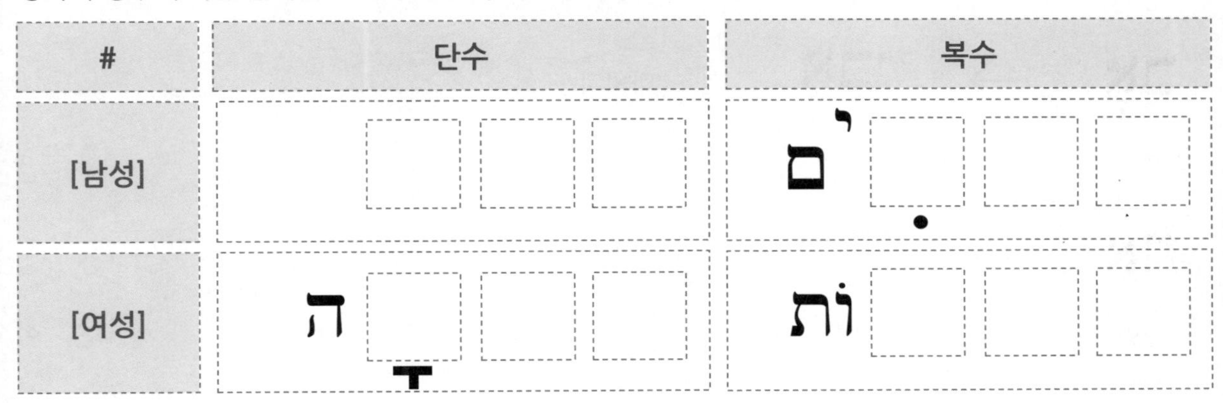


원래 절대형인 경우는 위의 성과 수에 맞춰 명사의 어미가 변한 모습으로 사용해야 합니다.
그런데 연계형의 경우는 꼭 그렇지 않고 변화되는 형태를 가집니다.
단, 위에 4가지 중 두가지만 변화를 하니 그래도 정말 감사하지요.. 게다가 변화도 쉽구요.

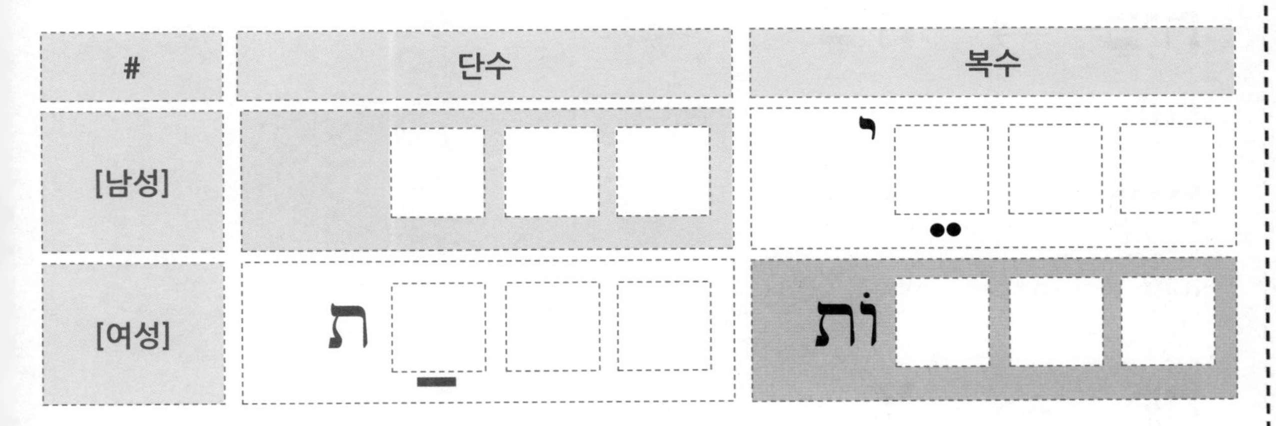


그레이로 칠해진 남성단수와 여성복수의 경우는 절대형과 연계형의 형태가 동일합니다.

1. 남성복수의 경우는 절대형의 변화에서 '멤'이 탈락한다.
2. 여성단수의 경우는 '카메츠 + 헤' 가 '파타 + 타우'로 변화한다

단, 그레이로 칠해진 부분은 원칙적으로 어미의 변화는 없지만 모음이 변화하는 일은 발생하기도 합니다.

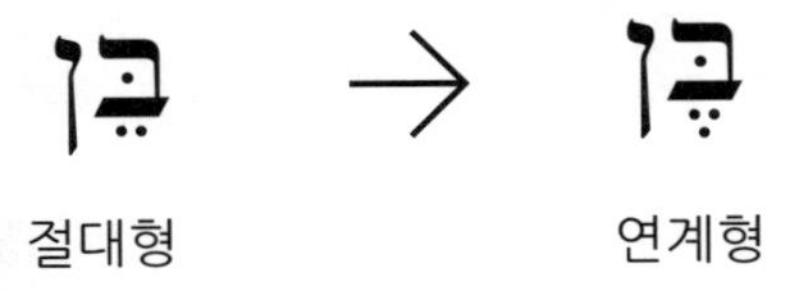

절대형 연계형

## 7.불규칙 연계형

마지막으로 불규칙하게 변화하는 연계형을 가지는 단어들입니다.

| 절대형 | | 연계형 | |
|---|---|---|---|
| אָב | → | אֲבִי | 아버지 |
| אָח | → | אֲחִי | 형제 |
| אִשָּׁה | → | אֵשֶׁת | 여자/아내 |
| בַּיִת | → | בֵּית | 집(house) |
| מָוֶת | → | מוֹת | 죽음 |
| פֶּה | → | פִּי | 입(mouse) |

# 19. 형용사



형용사는 변화자체만으로는 더 학습할 부분이 없습니다.
아직 학습한 적이 없는데 무슨 소리일까요? 어미변화는 명사와 완벽히 동일합니다.
사실 좀 더 정확하게 이야기하자면 명사의 경우는 불규칙도 있고 형태가 달라지는 것들이 있습니다.
하지만 형용사의 경우는 기존에 학습한 명사의 어미변화규칙을 그대로 따릅니다,
성경을 읽다가 명사가 잘 모르겠다 싶은데 다행히 형용사가 있다면 형용사로 명사의 성과수를 파악하는 것이 오히려 편할 수도 있다는 점이지요~

## 1. 형용사의 어미변화(feat. 명사의 어미변화) : 임/아/오트

| # | 단수 | 복수 |
| --- | --- | --- |
| [남성] | | ים |
| [여성] | ָה | וֹת |

어쩌면 당연한 이야기이지만 형용사는 수식하는 명사의 성과 수와 반드시 일치시켜주어야 합니다.
그렇기 때문에 우리가 성경을 읽을때는 오히려 이 점이 반대로 불규칙명사를 모를 때 파악할 수 있는 기회가 되는 것이지요.
또 한가지의 형용사의 특징중 하나는 쌍수가 존재하지 않습니다. 그럼 어떻게 일치시킬까요?
쌍수 역시 복수의 개념이기에 복수를 사용합니다.

## 2. 형용사의 용법

형용사의 변화는 문제 될 부분이 없으니 이제 형용사의 용법으로 들어가 보도록 할께요.
형용사의 경우는 크게 한정적 용법과 서술적용법으로 사용됩니다.
말 그대로 한정적 용법은 명사를 꾸며주는 역할을 하게 되며 서술적용법의 경우는 술어적인 역할을 합니다.
또한 명사적용법과 비교급용법도 있습니다.

다음 페이지에서 각 용법의 실제 예제를 보도록 하겠습니다.

### 3. 형용사의 한정적용법

명사의 절대형과 연계형에서 절대형에만 관사가 붙을 수 있고 연계형에는 붙지 못한다고 한 것 기억하시죠? 여기서 구분할 것이 하나 출현합니다.
한정적용법의 경우 명사에 정관사가 있는 경우 형용사에도 무조건 정관사가 붙습니다.
우리말로 하면 "그 좋은 남자" 또는 "좋은 그 남자"로 사용하고 "그 좋은 그 남자"로 사용하지 않으니 좀 헷갈릴 수 있어요.
하지만 명사의 연계형의 경우는 사실상 한 단어로 취급해서 엑센트도 잃어버린다고 했잖아요?
당연히 한 단어 취급하니 정관사도 한번 붙으면 끝인겁니다.
하지만 형용사는 독립된 단어이지요? 명사의 정관사 유무에 따라 일치시켜 주셔야 합니다.
보통은 명사의 뒤에서 명사를 수식합니다.

סוּס טוֹב 좋은 말
좋은 말

הַסּוּס הַטּוֹב 그 좋은 말
그 좋은 그 말

הַסּוּסִים הַטּוֹבִים 그 좋은 말들 : 명사와 성수일치

הַסּוּסָה הַטּוֹבָה 그 좋은 암말들 : 명사와 성수일치

### 4. 형용사의 서술적용법

헷갈릴 만한 것 하나 더 던집니다.ㅎㅎ
한정적용법에서 관사는 명사에 있으면 있고 없으면 없고 동일하게 따르지요?
서술적용법에서는 명사에 관사가 없으면 당연히 형용사에도 없습니다. 하지만 명사에 관사가 있어도 형용사에는 관사가 절대로 붙지 않습니다.
그리고 보통의 경우는 서술적용법의 형용사는보통은 명사 앞에 형용사가 옵니다.(절대 아님)

סוּס טוֹב 좋은 말(한정적용법) 또는 말이 좋다(서술적용법) 모두 가능

הַסּוּס טוֹב 그 좋은 말(x) 그 말은 좋다(o)

טוֹב הַסּוּס 그 좋은 말(x) 그 말은 좋다(o)

## 5. 형용사의 명사적용법

형용사의 명사적용법은 말 그대로 형용사를 명사화 하는 것을 의미합니다.

חָכָם (형)지혜로운 / (명)지혜로운 것 , 지혜로운 자

## 6. 형용사의 비교급용법

히브리어에는 비교급을 표현하는 방법을 살펴보도록 할께요

| | | | | |
|---|---|---|---|---|
| 명사/대명사 | מִן | 명사/대명사 | 형용사 | 분리전치사 사용 |
| 명사/대명사 | מִן־ | 명사/대명사 | 형용사 | 마켑전치사 사용 |
| 명사/대명사 מִ | | 명사/대명사 | 형용사 | 불분리전치사 사용 |

전치사 מִן 이 분리형전치사 또는 마켑전치사로 쓰일 때와 달리 불분리전치사로 사용될 때는 축약형으로 사용되는 것 기억하시지요?

**창세기 3:1**

불분리전치사 비교급 + 명사
미콜(모든것보다)

וְהַנָּחָשׁ, הָיָה עָרוּם, מִכֹּל חַיַּת הַשָּׂדֶה

정관사+명사 하싸데(그 들판)
하야 연계형명사 하야트(살아있는)
절대형 야룸(간교한)
하야동사
접속사 + 정관사 + 명사 베하나하쉬(그리고 그 뱀은)

위에 하야트는 네페쉬 하야라고 우리가 이미 창세기 1:20절에서 본 단어입니다.
"하나님이 이르시되 물들은 **생물**을 번성하게 하라"에서 생물을 의미할 때 네페쉬 하야라고 나와있지요.
네페쉬는 영혼을 의미합니다. 여기에 하야가 함께하면서 생물이 된 것이지요.
위에 살아있는 이라고 표시는 했지만 생명체 또는 짐승을 의미한다고 보시면 됩니다.
네페쉬에 대한 부분은 신학적인 부분이라 제가 감히 더 설명하지 않겠습니다.

נֶפֶשׁ חַיָּה

# 20. 인칭대명사 - 주격

주격인칭대명사를 알아볼께요.

앞으로 나오는 인칭대명사/소유대명사/지시대명사/의문대명사/수사(기수,서수)등은 사실상 크게 언급할 부분이 없는 부분입니다.

기본적인 표를 제시해 드리고 필요한 부분만 추가로 언급하도록 하겠습니다.

## 1.주격 인칭대명사

| # | 단수 | 복수 |
|---|---|---|
| 1인칭공통 | אֲנִי / אָנֹכִי<br>나(i) | אֲנַחְנוּ<br>우리(we) |
| 2인칭 남성 | אַתָּה<br>너(남자, you) | אַתֶּם<br>너희(남자, you) |
| 2인칭여성 | אַתְּ<br>너(여자, you) | אַתֶּן<br>너희(여자,you) |
| 3인칭 남성 | הוּא<br>그(he) | הֵם / הֵמָּה<br>그들(남자, they) |
| 3인칭 여성 | הִיא / הִוא<br>그녀(she) | הֵן / הֵנָּה<br>그들(여자, they) |

# 21. 인칭대명사 - 목적격

목적격 인칭대명사를 알아볼께요. (나를,우리를..)

## 1. 목적격 인칭대명사

| # | 단수 | 복수 |
|---|---|---|
| 1인칭공통 | אֹתִי | אֹתָנוּ |
| 2인칭 남성 | אֹתְךָ | אֶתְכֶם |
| 2인칭여성 | אֹתָךְ | אֶתְכֶן |
| 3인칭 남성 | אֹתוֹ | אֹתָם |
| 3인칭 여성 | אֹתָהּ | אֹתָן |

# 22. 인칭대명사 - 소유격

아래 표는 남성명사를 기준으로 한 것으로 여성명사의 경우도 접미어는 동일합니다. 다만, 여성명사의 경우는 접미어를 붙일 때 여성명사의 연계형을 기준으로 붙인다는 점이 차이점입니다.

## 1.단수를 의미하는 소유대명사(나의 말 / 우리의 말...)

| # | 단수 | 복수 |
|---|---|---|
| 1인칭공통 | סוּסִי | סוּסֵנוּ |
| 2인칭 남성 | סוּסְךָ | סוּסְכֶם |
| 2인칭여성 | סוּסֵךְ | סוּסְכֶן |
| 3인칭 남성 | סוּסוֹ | סוּסָם |
| 3인칭 여성 | סוּסָהּ | סוּסָן |

## 2.복수를 의미하는 소유대명사(나의 말들 / 우리의 말들...)

| # | 단수 | 복수 |
|---|---|---|
| 1인칭공통 | סוּסַי | סוּסֵינוּ |
| 2인칭 남성 | סוּסֶיךָ | סוּסֵיכֶם |
| 2인칭여성 | סוּסַיִךְ | סוּסֵיכֶן |
| 3인칭 남성 | סוּסָיו | סוּסֵיהֶם |
| 3인칭 여성 | סוּסֶיהָ | סוּסֵיהֶן |

# 23. 지시대명사



지시대명사를 알아볼께요.

## 1. 지시대명사

| # | 단수 | 복수 |
|---|---|---|
| 이것 남성 | זֶה | אֵלֶּה |
| 이것 여성 | זֹאת | |

아래는 저것을 의미하는 지시대명사인데 뭔가 본 것 같죠?
인칭대명사 3인칭과 동일합니다.

| | | |
|---|---|---|
| 저것 남성 | הוּא | הֵם / הֵמָּה |
| 저것 여성 | הִיא | הֵן / הֵנָּה |

정관사가 없이 사용되는 지시대명사는 주어 역할을 담당하며 술어보다 앞에 위치합니다.
정관사를 가지는 지시대명사의 경우는 형용사적 용법으로 형용사가 먼저 나오고 지시대명사가 나옵니다.

지시대명사중 위 '후'와 '히'의 경우는 정관사와 함께 사용될 때 주의할 부분이 있습니다.

הַהִיא הַהוּא

뭔가 이상하지요? 정관사+다게쉬에서 다게쉬를 찍지 못하면 모음보상을 해야 하는데 그렇지가 않습니다. 이 두가지의 경우는 정관사가 찍힌 것으로 보아 모음보상이 발생하지 않습니다.
하지만 복수형등에서는 모음보상이 그대로 일어나는 부분이 차이가 있습니다.

# 24. 의문대명사 & 의문문

## 1. 의문대명사

| # | 의문사 |
|---|---|
| 누가<br>(Who) | מִי |
| 언제<br>(When) | מָתַי |
| 어디서<br>(Where) | אֵי / אָן / אָנָה / אַיֵּה / אֵיפֹה |
| 무엇을<br>(What) | מָה |
| 어떻게<br>(How) | אֵיךְ / אֵיכָה |
| 왜<br>(Why) | מַדּוּעַ / לָמָּה |

## 2. 의문문

앞에서 살펴본 의문대명사를 사용하는 의문문의 경우는 알아보기가 쉽습니다.
이렇게 의문대명사를 사용하는 의문문도 있지만 전혀 다른 경우가 있습니다.
또한 평서문과 동일하지만 문맥으로 파악해야 하는 경우도 있습니다.
평서문을 해석하는 부분은 설명할 부분이 없지만 앞의 의문대명사외에 중요하게 다룰 의문기호를
살펴볼께요.

문장에 숨겨져있어서 정관사로 헷갈리시면 안되는 의문기호는 아래와 같습니다.

הֲ 일단 모양이 특이하니 알아볼 것 같지만 문장에 나오면 생각보다 잘 안보여요..ㅠㅠ
게다가 후음앞에 위치하면 아래처럼 파타 또는 세골이 되어서 파타는 정관사 같죠..

הַ 레쉬를 제외한 후음 앞 & 유성슈바 앞에서의 형태

הֶ 레쉬를 제외한 카메츠 또는 카메츠-하툽을 지닌 후음 앞

창세기 3:11 후반부입니다.

הֲמִן־הָעֵץ אֲשֶׁר צִוִּיתִיךָ לְבִלְתִּי אֲכָל־מִמֶּנּוּ אָכָלְתָּ׃

| 398 | 4480 | 398 | 1115 | 6680 | 834 | 6086 | 4480 |
|---|---|---|---|---|---|---|---|
| 동칼완남2단 | 전남3단 | 동칼부연 | 전,정 | 동피완공1단,남2단 | 계 | 관명남단 | 의전 |
| אָכָלְתָּ | מִמֶּנּוּ | אֲכָל | לְבִלְתִּי | צִוִּיתִיךָ | אֲשֶׁר | הָעֵץ | הֲמִן |
| 아칼타 | 밈멘누 | 아콜 | 레비레티 | 찌비티카 | 아쉘 | 하에츠 | 하민 |
| 먹다 | 그것 | 먹지 | 말라 | 명령하다 | - | 나무 | ~로부터 |

**Gen.3:11 And He said: 'Who told thee that thou wast naked? Hast thou eaten of the tree, whereof I commanded thee that thou shouldest not eat?'**
**창3:11 가라사대 누가 너의 벗었음을 네게 고하였느냐 내가 너더러 먹지 말라 명한 그 나무 실과를 네가 먹었느냐**

의문부호에 표시를 해 두었습니다. 이렇게 의문사가 없지만 의문문으로 해석합니다.
창세기 4:9에도 나오지요? 가인이 살해후 내가 아우를 지키는 자이니이까?

וַיֹּאמֶר יְהוָה אֶל־קַיִן אֵי הֶבֶל אָחִיךָ וַיֹּאמֶר לֹא יָדַעְתִּי הֲשֹׁמֵר אָחִי אָנֹכִי׃

# 25. 수사 - 기수

## 1. 수사 - 기수(보통 남성형에 여성어미인데 이건 반대결이네요~)

기수의 경우는 주의할 부분이 있습니다.

2~10의 경우는 수식하는 명사의 앞이나 뒤에 모두 올 수 있지만 기수1의 경우는 무조건명사 뒤에 옵니다. 창세기에서 첫째 날은 사실 기수를 사용한 표현으로 '한 날'이 맞는데 이 때 기억나시나요? 욤 에하드로 끝납니다. 즉, 뒤에 위치하고 있습니다. 욤 에하드만 반드시 뒤이다고 기억하시면 됩니다.

| # | 남성 | 여성 |
|---|---|---|
| 1 | אֶחָד | אַחַת |
| 2 | שְׁנַיִם | שְׁתַּיִם |
| 3 | שְׁלֹשָׁה | שָׁלֹשׁ |
| 4 | אַרְבָּעָה | אַרְבַּע |
| 5 | חֲמִשָּׁה | חָמֵשׁ |
| 6 | שִׁשָּׁה | שֵׁשׁ |
| 7 | שִׁבְעָה | שֶׁבַע |
| 8 | שְׁמֹנָה | שְׁמֹנֶה |
| 9 | תִּשְׁעָה | תֵּשַׁע |
| 10 | עֲשָׂרָה | עֶשֶׂר |

# 26. 수사 - 서수

## 1. 수사 - 서수

서수의 경우는 좀 편안하게 기존의 방식대로 대충 이해가 가능합니다.

남성형을 기억하면 여성형은 마지막에 타우가 붙는 형태 또는 여성형인 카메츠+헤입니다.

| # | 남성 | 여성 |
|---|---|---|
| 첫째 | רִאשׁוֹן | רִאשׁוֹנָה |
| 둘째 | שֵׁנִי | שֵׁנִית |
| 셋째 | שְׁלִישִׁי | שְׁלִישִׁית |
| 넷째 | רְבִיעִי | רְבִיעִית |
| 다섯째 | חֲמִישִׁי | חֲמִישִׁית |
| 여섯째 | שִׁשִּׁי | שִׁשִּׁית |
| 일곱째 | שְׁבִיעִי | שְׁבִיעִית |
| 여덟째 | שְׁמִינִי | שְׁמִינִית |
| 아홉째 | תְּשִׁיעִי | תְּשִׁיעִית |
| 열째 | עֲשִׂירִי | עֲשִׂירִית |

# 27. 동사를 들어가기 전

일단 동사를 제외한 기본적인 문법은 앞에서 정리를 했습니다.
하지만 추가로 몇 가지 동사전에 알아둘 부분을 정리하려고 합니다.

앞으로 보게 될 동사에서 부정사절대형/부정사연계형등의 말이 나옵니다.
이것이 무엇인지를 모르고 그냥 형태만을 보는 것은 어쩌면 정말 의미없는 일일 수 있습니다.

앞으로 보게 될 부분들에 대해서 어떤 것들인지를 정리하고 기본 문법편을 마무리 하도록 할께요.

부정사절대형/부정사연계형과 분사에 대한 부분을 기본정리하도록 할께요.

## 1. 부정사

부정사란 동사를 명사화하여 사용하는 것을 말합니다.
절대형과 연계형으로 나누어지는데요.
부정사절대형은 이름 그대로 인칭어미등이 붙지 않는 절대적인 형태입니다.
부정사연계형은 보통 전치사를 붙여서 사용하게 되며 인칭어미도 붙을 수 있습니다.

## 2. 분사

분사는 동사가 형용사 또는 명사화 하는 것을 말합니다.
우리가 앞으로 동사를 학습하면서 동사의 분사형태를 배우게 되는 데 분사형태에 어미의 변화가
명사/형용사와 동일합니다. 즉, 같은 기능을 한다는 이야기가 될 꺼예요.

# 28. 부정사연계형/절대형

## 1. 부정사절대형/연계형 용법

부정사절대형은 인칭어미를 취하지 않고 연계형은 보통 전치사와 함께 사용된다는 점을 기억하시구요.
두 가지 모두 아래처럼 사용됩니다.

① **동사적 용법** : 보통 동사적용법으로 사용되는 경우에는 명령으로 해석합니다.
② **명사적 용법** : 목적어기능을 하는 영어의 동명사정도의 기능입니다.
③ **부사적 용법** : 강조나 계속을 의미합니다.(너희가 정녕~ / 계속해서~)

연계형의 경우 명사적용법으로 사용되는 예문이 우리가 창세기2장에서 만날 수 있습니다.
창2:4에서는 부정사연계형이 명사적용법인 소유격으로 사용되었습니다.
"여호와 하나님께서 땅과 하늘을 만드시던(소유격) 날에~~"
창2:18에서는 부정사연계형이 명사적용법중 주격으로 사용되었습니다.
"사람이 홀로 있는 것(주격)이 좋지 아니하나~"

부정사연계형이 부사적용법으로 사용되는 경우는 거의 전치사와 함께합니다.

## 2. 부정사연계형의 부정

אַל לֹא 보다는 בְּלִי בִּלְתִּי לְבִלְתִּי 를 사용합니다.

하지만 לֹא אֵין 도 사용됩니다.

## 3. 부정사연계형 + 인칭접미사

부정사연계형이 인칭대명사 접미어를 취하는 경우에는 "~가 ", "~를"처럼 주격이나 목적격으로
해석합니다.

# 29. 분사의 부정



## 1. 분사의 부정

분사의 부정시에는

אַיִן 의 연계형인 אֵין 을 사용하지만 가끔 לֹא 도 사용됩니다.

분사는 출신성분이 동사이기에 동사의 모음변화를 따르지만 성과 수를 표시하는 어미의 변화는 명사 또는 형용사의 변화를 그대로 준수합니다.

형용사의 역할을 하는 경우는 명사를 수식하는 기능을 담당하며
독립적으로 주어나 목적어가 될 수도 있습니다.

주의하실 부분은..
칼동사의 경우는 능동분사와 수동분사로 나누어지는데요..
칼동사는 능동의 형태이지만 수동분사의 형태를 자주 취한다는 특징이 있습니다.

또한 마지막3음절의 자음이 후음인 경우에 분사는 숨은파타를 취하는 특성이 있습니다.

# 30. 알아두면 유용한 기호



히브리어에는 정말 많은 휴지부호가 있습니다.
이 중 성경읽기에서 중요한 몇 가지만 알아보도록 하겠습니다.

## 1. 휴지부호(=쉼표?)

◆◆ 또는 ∶ 일단 절 끝에 붙어 있는 이 기호는 소프파숙이란 기호인데 마침표로 이해하시면 됩니다.

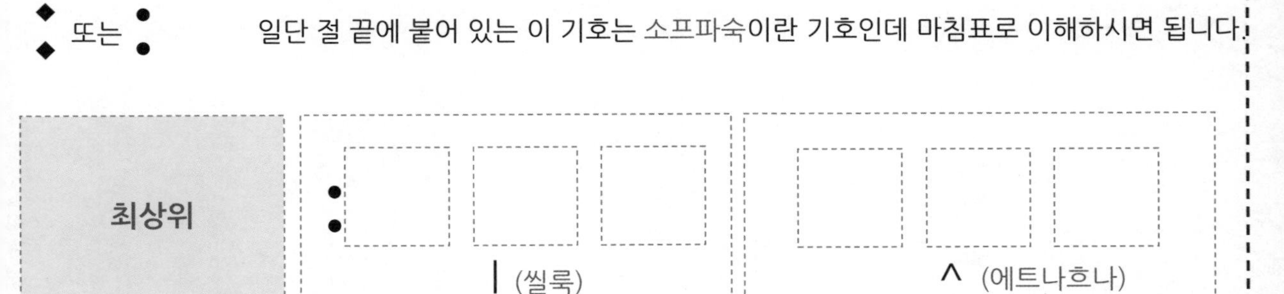


문장이 긴 경우 첫번째로는 씰룩과 에트나흐나로 구분합니다.
즉, 문장 처음부터 에트아흐나까지가 하나로 묶이고 이후부터 씰룩까지가 하나라는 의미입니다,
문장을 해석할 때 구성이 헷갈릴 경우 제일 먼저 확인할 사항입니다.

나머지도 각각 이런 식으로 또 세분인데 일단 하나만 더 알아볼께요.
씰룩과 에트나흐나가 지배하는 구간에서 아래와 같은 부호가 나오면 그곳에서 끊어 읽으시면 됩니다.
의미적으로도 나눌 수 있습니다. 아래는 모두 차상위라 동일한 권한입니다.

# 2부

# 히브리어 문법 정리

## Part 2. 인칭대명접미사

# 1. 인칭대명접미사 개요

어쩌면 원어성경을 읽기 위해서 가장 중요한 문법일 수 있을 듯 합니다.
특히나 문법 자체보다 이 인칭대명접미사를 정확하게 이해하면 성경해석이 풍부해집니다.

인칭대명접미사는 다음과 같은 경우 사용됩니다.

1. 명사에 붙는 인칭대명접미사
2. 전치사에 붙는 인칭대명접미사
3. 불변화사(감탄사등)에 붙는 인칭대명접미사
4. 동사에 붙는 인칭대명접미사

앞에서 인칭대명사-소유격으로 학습한 적이 있는 문법사항이 정확하게는 명사에 붙는 인칭대명접미사입니다.
하지만 전체적으로 모두 다시 한번 정리할 정도로 중요한 문법입니다.

일단 히브리어 명사와 동사는 성과 수를 포함하고 있지요.
수스라는 단어에 1인칭 인칭대명접미사를 붙이면 다음과 같습니다.

| | | |
|---|---|---|
| סוּס | סוּסִי | 단수명사에 붙이는 형태로 나의 말 |
| | סוּסַי | 복수명사에 붙이는 형태로 나의 말들 |

즉, 명사+인칭대명접미사는 소유격을 표현합니다.

반면 동사를 보면 보통 '카탈'이란 단어는 '죽이다'라고 단어를 암기하지만 정확한 표현은 칼완료 3인칭남성단수동사이므로 "그가 죽였다"입니다.
여기에 인칭대명접미사를 붙이면 어떻게 될까요?
3인칭여성인칭대명접미사가 더해진 형태라면 이렇게 될 꺼예요. "그가 그녀를 죽였다"
즉, 기본적으로 동사에 붙는 인칭대명접미사는 목적격을 표현합니다.

이런 다양한 기능이 있기에 정말 어렵고도 중요한 문법사항입니다.
이 부분들을 그나마 간단한 명사에 붙는 형태부터 차례로 살펴보도록 할께요.
정말 잘 따라오셔야 하는 중요한 문법이고.. 제가 다른 교재에서 인칭대명접미사를 자세하게 정리한 것을 본 적이 없어서 힘들게 학습한 부분이라 어쩌면 앞으로 두고두고 보실 보물상자가 될 수도 있어요..ㅎ

# 2. 명사/단음절/전치사 인칭대명접미사 종합표

| # | ~의(소유격) | | | | 전치사에 따라 | |
|---|---|---|---|---|---|---|
| | 일반**명사** | | **단음절명사** | | **전치사** | |
| | 단수명사 | 복수명사 | 단수명사 | 복수명사 | 1형 | 2형 |
| 3ms | ֹו / ֵהוּ | ָיו | ִיו | ָיו | ֹו | ָיו |
| 3fs | ָהּ / ָהָ | ֶיהָ | ִיהָ | 좌동 | ָהּ | 일반명사 복수형과 동일 |
| 2ms | ְךָ | ֶיךָ | ִיךָ | | ְךָ | |
| 2fs | ֵךְ | ַיִךְ (히렉유일) | ִיךְ | | ָךְ | ַיִךְ |
| 1cs | ִי / ַנִי | ַי | ִי | | ִי | 일반명사 복수형과 동일 |
| 3mp | ְהֶם / ָם | ֵיהֶם | ִיהֶם | | ָהֶם | |
| 3fp | ְהֶן / ָן | ֵיהֶן | ִיהֶן | | ָהֶן | |
| 2mp | ְכֶם | ֵיכֶם | ִיכֶם | | ָכֶם | |
| 2fp | ְכֶן | ֵיכֶן | ִיכֶן | | ָכֶן | |
| 1cp | ֵנוּ | ֵינוּ | ִינוּ | | ָנוּ | |

# 3. 일반명사에 붙는 인칭대명접미사

| # | ~의(소유격) | | | | 전치사에 따라 | |
|---|---|---|---|---|---|---|
| | 일반**명사** | | **단음절명사** | | **전치사** | |
| | 단수명사 | 복수명사 | 단수명사 | 복수명사 | 1형 | 2형 |
| 3ms | ֹו / ֵהוּ | ָיו | | | | |
| 3fs | ָהּ / ֶהָ | ֶיהָ | | | | |
| 2ms | ְךָ | ֶיךָ | | | | |
| 2fs | ֵךְ | ַיִךְ | | | | |
| 1cs | ִי / ַנִי | ַי | | | | |
| 3mp | ְהֶם / ָם | ֵיהֶם | | | | |
| 3fp | ְהֶן / ָן | ֵיהֶן | | | | |
| 2mp | ְכֶם | ֵיכֶם | | | | |
| 2fp | ְכֶן | ֵיכֶן | | | | |
| 1cp | ֵנוּ | ֵינוּ | | | | |

뒤에 나오는 동사어미와 한번 비교해 볼까요?
동사완료어미 : 無아타트티 우~ 템텐누
명사인칭대명 : 우하카크이 헴헨켐켄누

많이 복잡해보이지만 실상 어미는 크게 문제될 부분이 없어요. 단지 자음으로 끝나는 명사와 어미를 연결하기 위한 연결모음의 변화가 더 중요하고 어렵습니다.

동사편을 다 학습후 이 부분을 보는것이 좋긴 한데.. 일단 읽기 위하여 어미형태라도 미리 보셔야 하기에 순서를 당깁니다.

또 하나.. 단수명사에 두 개씩 사용된 것은 두 가지가 모두 가능하기 때문인데요..
3mp,3fp는 사실 뒤에 '마', '안'이 기본입니다.
순서를 변경한 것은 전치사와 연결하기 위함입니다.
대체형 5가지도 모두 기억하셔야 합니다.

어쩌면 제일 중요한 것 ..
우리가 동사는 몰라도 슈바와 엑센트법칙은 봤는데 중자음어미만 엑센트 끌어가는 것에 부합합니다.
단, 슈바가 문제입니다.

ְךָ ְהֶם ְהֶן ְכֶם ְכֶן

위에서 첫번째 '카' 앞의 슈바는 유성으로 간주합니다. 나머지 중자음어미앞의 슈바는 무성이지만 유성적인 부분도 있다는 점이 특이합니다.

근거를 볼께요.
무성슈바(폐음절)뒤 베가드케파트는 다게쉬레네가 찍혀야합니다만.. '켐','켄'에 다게쉬가 없어요.
하지만 기본적으로 중자음 인칭대명사 앞의 슈바는 무성슈바로 기억해 두시면 됩니다.
단복수명사형은 요드추가 빼면 어미는 거의 같지요?

# 4. 단음절명사에 붙는 인칭대명접미사

| # | ~의(소유격) | | | | 전치사에 따라 | |
|---|---|---|---|---|---|---|
| | 일반**명사** | | **단음절명사** | | **전치사** | |
| | 단수명사 | 복수명사 | 단수명사 | 복수명사 | 1형 | 2형 |
| 3ms | וֹ / ֵהוּ | ָיו | ִיו | ָיו | | |
| 3fs | ָהּ / ֶהָ | ֶיהָ | ִיהָ | 좌동 | | |
| 2ms | ְךָ | ֶיךָ | ִיךָ | 좌동 | | |
| 2fs | ֵךְ | 히렉유일 ַיִךְ | ִיךְ | 좌동 | | |
| 1cs | ִי / ַנִי | ַי | ִי | 좌동 | | |
| 3mp | ֵהֶם / ָם | ֵיהֶם | ִיהֶם | 좌동 | | |
| 3fp | ֵהֶן / ָן | ֵיהֶן | ִיהֶן | 좌동 | | |
| 2mp | ְכֶם | ֵיכֶם | ִיכֶם | 좌동 | | |
| 2fp | ְכֶן | ֵיכֶן | ִיכֶן | 좌동 | | |
| 1cp | ֵנוּ | ֵינוּ | ִינוּ | 좌동 | | |

단음절명사는 더 쉽네요. 그냥 일반명사의 단수형을 그대로 사용합니다.

단/복수도 공통입니다..

연결모음만 앞에 '히렉요드'를 붙이면 됩니다.

단, '3ms의 경우만 단/복수 명사형이 별도로 존재하는데 카메츠로 되는 구나'

이게 전부입니다.

어떠신가요?
처음 종합표의 무시무시함이 사라지고 별거 없지요? 그냥 "우하카크이 헴헨켐켄누"입니다.

# 5. 전치사에 붙는 인칭대명접미사

| # | ~의(소유격) | | | | 전치사에 따라 | |
|---|---|---|---|---|---|---|
| | 일반**명사** | | **단음절명사** | | **전치사** | |
| | 단수명사 | 복수명사 | 단수명사 | 복수명사 | 1형 | 2형 |
| 3ms | וֹ / ֵהוּ | ָיו | 전치사는 단/복수가 없지요?<br><br>하지만 일반명사가 단수명사/복수명사에 붙는 인칭대명접미사가 구분되는 것처럼 두 종류가 있는 것은 왜일까요?<br><br>기본적으로는 1형이 많이 사용됩니다.<br>하지만 2형을 택하거나 하는 형태도 나타납니다.<br><br>1형은 모두 연결모음만 명사형과 다른 약간의 변화만 있답니다.<br><br>동사보다 앞에 해도 되는 것이 연결모음은 결국 알게 될 것이고 이렇게 어미구분만 해도 인칭과 성/수를 구분해서 해석할 수 있기 때문이랍니다. | | וֹ | ָיו |
| 3fs | ָהּ / ֶהָ | ֶיהָ | | | ָהּ | 일반명사 복수형과 동일 |
| 2ms | ְךָ | ֶיךָ | | | ְךָ | |
| 2fs | ֵךְ | ַיִךְ | | | ָךְ | ַיִךְ |
| 1cs | ִי / ַנִי | ַי | | | ִי | |
| 3mp | ֵהֶם / ָם | ֵיהֶם | | | ָהֶם | |
| 3fp | ֵהֶן / ָן | ֵיהֶן | | | ָהֶן | 일반명사 복수형과 동일 |
| 2mp | ְכֶם | ֵיכֶם | | | ָכֶם | |
| 2fp | ְכֶן | ֵיכֶן | | | ָכֶן | |
| 1cp | ֵנוּ | ֵינוּ | | | ָנוּ | |

# 6. 명사에 인/대/접을 붙이기 위한 작업



지금까지 명사와 단음절명사 전치사에 붙는 인칭대명접미사의 형태를 알아봤어요.
그런데 명사는 "임아오트아임"처럼 성/수에 따른 변화를 가집니다.
그럼 이 형태에 따라서 어떻게 붙여야 하는지 알아보도록 하겠습니다.

## 1. 인칭대명접미사를 붙이기 위한 명사의 기본형

일단 명사에 인칭대명접미사를 붙이기 위해서는 '명사의 연계형에 붙인다'는 대전제가 있습니다.
그런데 이게 저는 정말 헷갈렸어요. 이 대전제를 기억하면 오히려 어려웠다??정도 될까요??
명사의 기본 변화와 연계형 변화를 보면 다음과 같습니다.

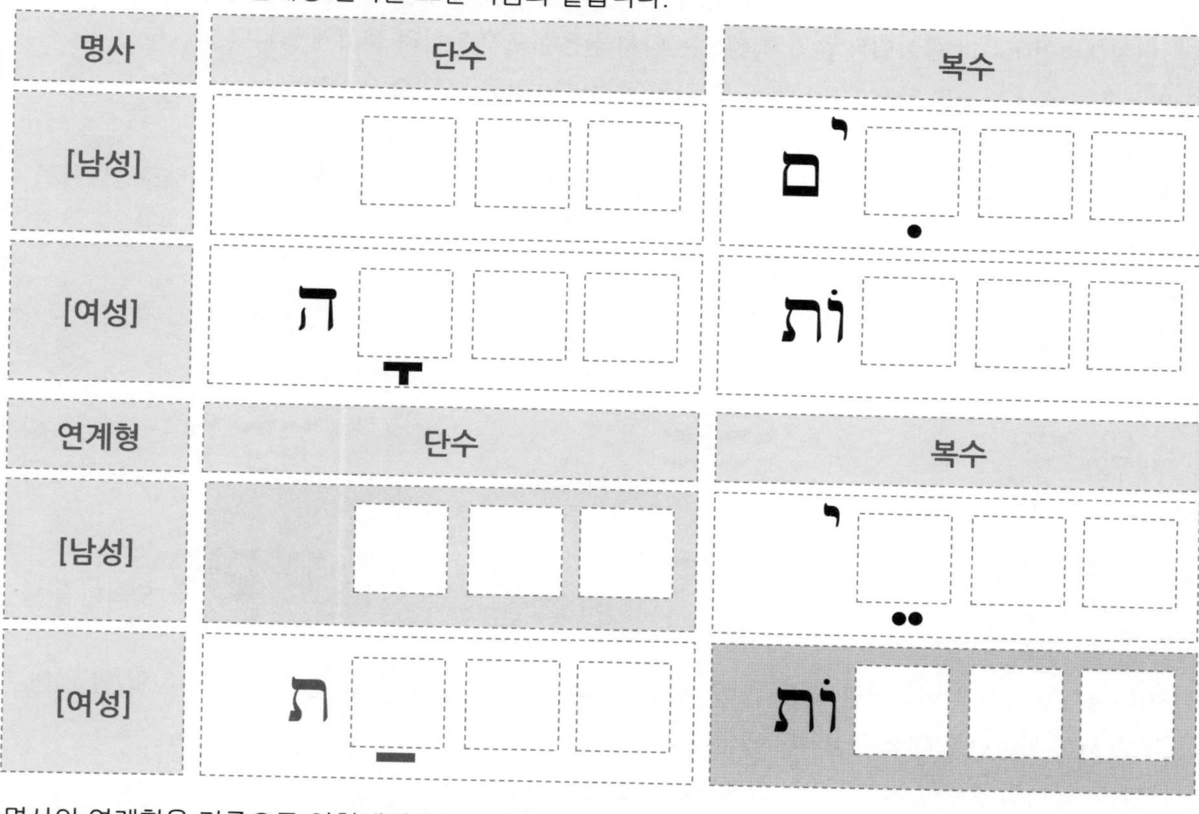

| 명사 | 단수 | 복수 |
| --- | --- | --- |
| [남성] | | ִים |
| [여성] | ָה | וֹת |

| 연계형 | 단수 | 복수 |
| --- | --- | --- |
| [남성] | | ֵי |
| [여성] | ַת | וֹת |

명사의 연계형을 기준으로 인칭대명접미사를 붙이는 것이니 아래 표의 변화형에 인칭대명접미사를 붙이면 될 것 같은데 그렇지 않다는 점이 헷갈리는 부분입니다. 기본형은 아래와 같습니다.

| 기본형 | 단수 | 복수 |
| --- | --- | --- |
| [남성] | 모두 남성단수연계형을 사용<br>(꼭 남성단수와 동일한 것은 아닙니다.) | |
| [여성] | ַת | וֹת |

결국 남성의 경우는 3남단의 연계형을 기준으로 모든 인칭대명접미사를 붙이고, 여성의 경우만 단수와 복수를 구부한 연계형에 인칭대명접미사를 붙이는 겁니다.

남성단수와 남성단수연계형은 다릅니다.
명사의 연계형에서도 본 것 처럼 기본적으로는 연계형은 엑센트를 잃어버리는 현상이 발생을 합니다.
특이한 변화를 제외하면 엑센트 잃는 모음변화작업을 한 형태가 연계형이 되는 것이랍니다.
단, 인칭대명접미사가 추가되는 순간 엑센트는 다시 끝음절로 이동하며 생기게 됩니다.
앞의 종합표에서 보시면 엑센트표시가 모두 뒤로 몰려있는 것을 보실 수 있습니다.

또한 인칭대명접미사의 경우는 단수명사에 붙는 인칭대명접미사와 복수명사에 붙는 인칭대명접미사로 구분이 되고 있지요?
'말'이라는 수스란 단어를 가져와 볼께요.

| # | 단수 | 복수 |
|---|---|---|
| 단수명사용<br>1인칭공통 | סוּסִי 나의 말 | סוּסֵנוּ 우리의 말 |
| 복수명사용<br>1인칭공통 | סוּסַי 나의 말들 | סוּסֵינוּ 우리의 말들 |

인칭대명사는 이렇게 인칭대명사 자체만으로도 주체의 단/복수(나/우리)와 명사의 단/복수(말/말들)이 모두 표현이 가능한 형태로 구성되어 있습니다.
그렇기에 남성의 경우는 남성단수의 연계형을 사용하게 되는 것이랍니다.
즉, 남성 복수명사에 인칭대명접미사를 붙이는 경우 남성복수 연계형 어미인 "쩨레+요드"를 떼어준 후에 붙이는 형태가 되는 것이지요..

여성명사도 사실 가만 바라보면 동일하게 적용해도 전혀 문제가 없습니다.
그런데 여성명사는 단수는 단수의 연계형, 복수는 복수의 연계형을 사용한다는 점이 아주 특이합니다.
여성분입장에서는 억울할 수도 있지만 한편으로는 학습하는 입장에서는 이 명사가 남성인지 여성인지를 인칭대명사앞의 형태로도 구분할 수 있다는 장점도 있는 것 같습니다.
단어 암기할 때 그냥 많이 접하며 남성/여성이 구분되는 것이지 단어를 암기하며 남성/여성 구분해서 암기하는 분은 많지 않잖아요? 저만 그런가요??ㅎㅎ

# 7. 세골명사에 인/대/접을 붙이기 위한 작업



세골명사는 또 다른 형태가 있기에 카테고리를 아예 나누어서 정리합니다.

세골명사의 특징은 ?

1. 원시형이 따로 있다(아/이/오Type)
2. 엑센트가 첫음절에 있다.
3. 연계형을 만들때 원시형을 기준으로 변화한다.
4. 후음이 오는 경우 파타형의 변화를 하며, 세골이 없는 세골명사도 있다.

이정도로 기본적인 것을 정리할 수 있겠지요?

인칭대명접미사를 붙이기 위해 연계형을 만드는 경우 차이를 한번 살펴보도록 할께요.

## 1. 인칭대명접미사를 붙이기 위한 세골명사의 연계형 만들기

"세골명사에 인칭대명접미사를 붙이기 위해 연계형을 만들 때도 원시형을 기준으로 변화한다."라는 기준은 동일하지만 많이 다른 형태를 보입니다.

일단 일반명사기준을 다시 가져와 볼께요.

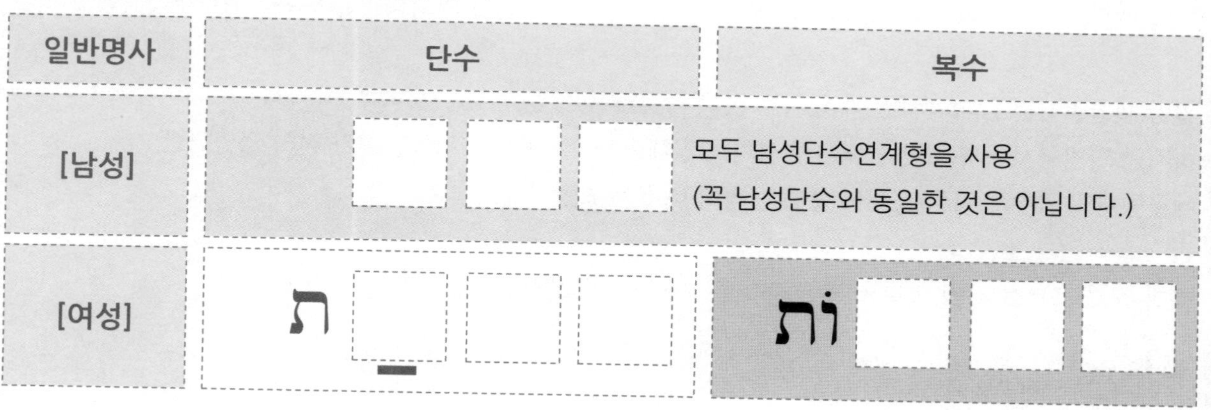

| 일반명사 | 단수 | 복수 |
| --- | --- | --- |
| [남성] | 모두 남성단수연계형을 사용 (꼭 남성단수와 동일한 것은 아닙니다.) | |
| [여성] | ת | ות |

일반 명사의 경우는 결국 3가지인 거죠? 남성형과 여성단수/여성복수

이렇게만 구분하여 나온 단어에 인칭대명사만 단수명사용과 복수명사용을 구분해서 붙이는 것으로 모두 마무리가 되었습니다.

즉, 앞의 단어의 형태는 인칭대명사의 성/수에 따른 변화는 전혀 보이지 않고 명사의 성/수에 따라 결정된 친구들을 그대로 붙여주는 형태였습니다.

하지만 세골명사의 경우는 이런 형태가 아니라는 점에서 머리가 좀 아픕니다.

비교를 위해 다시 일반명사표도 가져왔습니다.

| 일반명사 | 단수 | 복수 |
|---|---|---|
| [남성] | 모두 남성단수연계형을 사용 (꼭 남성단수와 동일한 것은 아닙니다.) | |
| [여성] | ת ַ | ות |

| 세골명사 | 단수 | 복수 |
|---|---|---|
| [공통] | 남여공통으로 세골명사의 원시형에 인칭대명접미사를 붙인다. | 인칭과성수에 따라 원시형과 슈바+파타형 두가지가 있다. |

일단 세골명사는 남녀의 구분이 없다는 점이 특징입니다.
하지만 일반명사에서는 앞에 오는 명사가 인칭대명사의 성/수에 따른 변화가 전혀 없었지만,
세골명사의 경우는 다른 형태를 보이는 점이 아주 특별합니다.

많이 예로 사용하는 멜렉(왕)이라는 단어를 예를 들어 보겠습니다.

מֶלֶךְ 세골명사

מַלְכְּ 세골명사의 원형(아Type)

위 세골명사의 표에서 보시듯이 단수형명사에 붙는 인칭대명접미사의 경우는 "세골명사의 원형"을 그대로 사용합니다.
즉, 나의 왕, 너의 왕, 우리의 왕등을 표현할 때에는 '원시형+단수명사에 붙는 인칭대명접미사'입니다.
하지만 복수명사에 붙는 인칭대명접미사가 붙는 경우는 3mp,3fp,2mp,2fp의 경우는 세골명사의 원시형을 사용하지만, 1cp,3ms,3fs,2ms,2fs,1cs의 경우는 모두 슈바+파타형을 사용합니다.

글로 보는 것보다 표로 보시는 것이 좋기에 다음페이지에 표로 만들어 보겠습니다.

<table>
<tr><th rowspan="3">#</th><th colspan="4">~의(소유격)</th></tr>
<tr><th colspan="2">일반명사</th><th colspan="2">세골명사</th></tr>
<tr><th>단수명사</th><th>복수명사</th><th>단수명사</th><th>복수명사</th></tr>
<tr><td>3ms</td><td>וֹ / הוּ</td><td>ָיו</td><td rowspan="10">인칭<br>대명<br>접미사 + מַלְךְ<br>세골명사<br>원시형</td><td rowspan="5">인칭<br>대명<br>접미사 + מְלַךְ<br>슈바 +<br>파타형</td></tr>
<tr><td>3fs</td><td>ָהּ / ָה</td><td>ֶיהָ</td></tr>
<tr><td>2ms</td><td>ְךָ</td><td>ֶיךָ</td></tr>
<tr><td>2fs</td><td>ֵךְ</td><td>ַיִךְ</td></tr>
<tr><td>1cs</td><td>ִי / ַנִי</td><td>ַי</td></tr>
<tr><td>3mp</td><td>ֵהֶם / ָם</td><td>ֵיהֶם</td><td rowspan="4">인칭<br>대명<br>접미사 + מַלְךְ<br>세골명사<br>원시형</td></tr>
<tr><td>3fp</td><td>ֵהֶן / ָן</td><td>ֵיהֶן</td></tr>
<tr><td>2mp</td><td>ְכֶם</td><td>ֵיכֶם</td></tr>
<tr><td>2fp</td><td>ְכֶן</td><td>ֵיכֶן</td></tr>
<tr><td>1cp</td><td>ֵנוּ</td><td>ֵינוּ</td><td>인칭<br>대명<br>접미사 + מְלַךְ<br>슈바+파타형</td></tr>
</table>

# 8. 전치사 + 인칭대명접미사 상세

전치사에 인칭대명접미사를 붙이는 부분은 앞의 표에서 살펴본 내용과 같지만 추가로 말씀드릴 부분이 있습니다.

전치사에 따라 1형과 2형을 사용하는 형태로 나누어지고 이상한 형태도 있습니다.

하지만 큰 크림에서는 거의 1형을 사용하고 단수명사용 인칭대명접미사의 추가형태도 많이 사용됩니다.

제일 많이 사용되는 전치사를 보면..

| | |
|---|---|
| לְ בְּ | 이 두 전치사는 1형을 그대로 사용합니다. |
| כְּ | 이 전치사는 1형을 사용하지만 단수명사용 인칭대명접미사 대체형의 형태를 몇 군데에서 사용합니다(3ms,3fs,1cs) 하지만 형태만 알고 구분하면 되는 거니 문제 없습니다. |
| עַל אֶל אַחַר | 이 세 전치사는 2형을 그대로 사용합니다. |
| אֵת | 이 단어는 전치사 또는 직/목기호이기도 하지요? 1형을 그대로 사용합니다만 .. 전치사로 사용시는 1모음이 모두 히렉이고, 직/목기호인 경우는 모두 홀렘이지만 중자음어미가 오는 경우만 세골로 변합니다. |

마지막으로 좀 특이하게 봐야 할 전치사를 두 개 소개하려고 합니다.

아주 많이 나오는 전치사이기에 자주 접하게 되는 부분입니다.

사실 변화형을 보기는 하지만 이게 원어성경을 자주 접하다보면 전치사+인칭대명접미사가 아닌 한 단어처럼 익숙해지는 것이기 때문에 어려워하실 필요 없습니다.

말도 안되는 것 같지요?

우리가 모두 아는 단어인 "임마누엘(하나님이 우리와 함께 하신다, 우리와 함께 하시는 하나님)"에서 마지막 엘은 하나님을 의미하는 단어인 것 아실꺼구요.

앞의 "임마누"가 결국은 전치사(임) + 인칭대명접미사(1인칭공성복수)입니다.

우리가 '임마누엘'하면 단어로 기억하지 이걸 분석하고 쪼개고 지지고 볶고..

이러지는 않잖아요?

이렇게 익숙해지는 겁니다. 단지 원리와 변화과정을 이해하기 위한 과정을 지나고 있는 것일 뿐이랍니다.

앞에서 말씀드린 전치사 두 개입니다.
두 가지는 원형변화를 이해해 두는 것이 필요해서 추가로 언급하네요.

עִם מִן

임(함께) 민(~부터)

## 1. 전치사 '임'

이 형태는 변화가 특이한 것이 아니라 단어의 원형을 이해해야 하는 부분이라 ..
일단 변화는 기본변화를 따라가기에 큰 문제가 없습니다.
그런데 이 전치사는 원래 아인중복형이었다는 점을 아셔야 합니다.
히브리어에서 아인중복 즉, 2자음과 3자음이 동일한 경우 중복을 싫어하기에 하나로 만드는데 단어의 마지막에는 다게쉬를 붙이지 못합니다.
원래 중복점이 들어가야 하지만 못들어가고 있는 형태인거죠.
하지만 완전히 사라지지 않고 틈만나면 다시 들어가기 위해 대기하고 있는 형태랍니다.
그런데 뒤에 인칭대명접미사가 추가되면 단어의 마지막이 아니게 되기에 바로 복원되는 형태를 가집니다. 그래서 전치사에서 안보이던 다게쉬(중복점)가 나타나는 변화를 보입니다.

עִמם → עִם

| | | |
|---|---|---|
| 3ms(3인칭남성단수) | עִמּוֹ | 임모(그와 함께) |
| 1cp(1인칭공성복수) | עִמָּנוּ | 임마누(우리와 함께) |

אֵת 전치사 에트 (함께)도 역시 동일하게 뒤의 타우가 중복형이었던 아인중복형이었습니다.
따라서 임과 마찬가지로 인칭대명접미사가 뒤에 붙을 경우 동일하게 다게쉬가 붙는 형태를 가지는 점도 같이 확이해 두시면 될 듯 하네요.

## 1. 전치사 ‘민’ מִן

이 형태는 전치사 민이 중복적으로 사용되며 인칭대명접미사가 붙는 특이한 형태입니다.
그런데 이 단어는 원리를 이해하고 생각하는 것이 더 어렵습니다.
창세기1~3장에도 여러 번 출현하는 단어이기도 하기에 그냥 표를 보시고 기억하시는 편이 훨씬 편한 학습방법입니다.

| | | |
|---|---|---|
| 3ms | מִמֶּנּוּ | 밈멘누(그로부터) |
| 3fs | מִמֶּנָּה | 밈멘나(그녀로부터) |
| 2ms | מִמְּךָ | 밈메카(너(남자)로부터) |
| 2fs | מִמֵּךְ | 밈메크(너(여자)로부터) |
| 1cs | מִמֶּנִּי | 밈멘니(나로부터) |
| 3mp | מֵהֶם | 메헴(그들로부터) |
| 3fp | מֵהֶן | 메헨(그녀들로부터) |
| 2mp | מִכֶּם | 믹켐(너희(남자)로부터) |
| 2fp | מִכֶּן | 믹켄(너희(여자)로부터) |
| 1cp | מִמֶּנּוּ | 밈멘누(우리로부터) |

원래 ‘켐’,’켄’은 다게쉬가 없지요?
여기서는 이중점이 들어갑니다.
베가드케파트의 연강점이 아닌 중복점입니다.

# 9. 동사에 붙는 인칭대명접미사 기초



동사에 붙는 인칭대명접미사를 이해하기 위해서는 종합적인 지식이 필요합니다.
앞에서 학습한 엑센트법칙은 물론 모두 아셔야 하는 내용이며, 연계형등에 대한 지식도 필요합니다.

## 1. 동사와 명사에 부착하는 인칭대명사의 차이

명사에 붙는 인칭대명접미사 : 명사의 연계형에 붙인다.
동사에 붙는 인칭대명 접미사 : 기본형을 별도로 만든 후에 인칭대명접미사를 붙인다..
위 차이가 가장 중요한 부분입니다. 모두 기본형이 아니라는 점을 기억하셔야 합니다.

## 2. 동사에 부착하는 인칭대명사의 특징

동사의 경우는 완료/미완료/명령/부정사/분사등이 있고 패턴도 7가지나 있습니다.
동사와 명사는 인칭대명접미사도 차이가 있는데요.
당연히 동사에는 동사형, 명사에는 명사형을 붙이는 것이 원칙이지만 예외가 있습니다.
부정사는 명사적인 역할을 하는 형태이기에 명사형 인칭대명접미사를 붙입니다.
또한 분사의 경우는 명사적용법으로 사용되는 경우에만 인칭대명접미사를 붙일 수 있기에 여기도 명사형 인칭대명접미사를 붙입니다.
이 특징은 정말 중요한 특징입니다.

## 3. 동사와 명사에 적용하는 엑센트법칙의 차이

지금까지 엑센트법칙을 학습하면서 우리가 이미 알고 있는 부분이 있습니다.

① [1법칙] 엑센트 전 개음절은 장모음
② [2법칙] 엑센트 전전 개음절은 슈바
③ [3법칙] 엑센트가 없는 폐음절은 단모음
④ [4법칙] **아몰랑규칙 :** 동사어미에 모음으로 시작되는 어미가 오는 경우 앞음절은 슈바

위 법칙을 보면 4법칙의 경우는 동사에 한정하여 발생하는 사항이기에 명사형에는 적용되지 않는 엑센트법칙입니다.
이렇게 구분하면 명사형과 동사형은 큰 차이없이 기본사항은 이해할 수 있지만..

동사에 인칭대명접미사가 붙는 경우에는 특이하게 명사형엑센트법칙도 사용되고 동사형엑센트법칙도 사용됩니다.
이 부분은 뒤에 추가로 설명하도록 하겠습니다.

# 10. 동사의 인칭대명접미사 기본형

## 1. 동사에 인칭대명접미사를 붙이기 위한 기본형 - 완료 & 미완료

| # | 인칭대명접미사용<br>완료 | 인칭대명접미사용<br>미완료 | 비고 |
|---|---|---|---|
| 3ms | קְטָל 자음 끝 | יִקְטְל 자음 끝 | |
| 3fs | קְטָלַתְ 자음 끝 | תִּקְטְל 자음 끝 | |
| | קְטָלָת 자음 끝 | | |
| 2ms | קְטַלְתּ 자음 끝 | תִּקְטְל 자음 끝 | **완료**는 원래<br>"~아타트티 우~템텐누"<br>인데 살짝 바뀝니다.<br>"~핫트티티 우~투투투" |
| 2fs | קְטַלְתִּי | תִּקְטְלִי | **미완료**는<br>"이티티티에 이티티티니 / 이우나우나"와 동일하고<br>오히려 쉬워지죠?<br>"이티티티에 이티티티니 / 이우우우우"<br>게다가 미완료의 경우는 중간에 모음이 모두 슈바로 통일이라 간단한 모습입니다. |
| 1cs | קְטַלְתִּי | אֶקְטְל 자음 끝 | |
| 3cp or 3mp | קְטָלוּ | יִקְטְלוּ | |
| 3fp | | תִּקְטְלוּ | 완료 3fs가 두 개인 부분은<br>실제 단어 샘플로<br>설명할 예정입니다. |
| 2mp | קְטָלְתּוּ | תִּקְטְלוּ | |
| 2fp | קְטָלְתּוּ | תִּקְטְלוּ | |
| 1cp | קְטָלְנוּ | נִקְטְל 자음 끝 | |

## 2. 동사에 인칭대명사를 붙이기 위한 기본형 - 명령형

| # | 인칭대명접미사용 미완료 | 인칭대명접미사용 명령 | 비고 |
|---|---|---|---|
| 2ms | תִקְטֹל 자음 끝 | קְטֹל 자음 끝 | 미완료에서 접두를 제거하면 명령형이 됩니다.<br>그런데 2ms의 경우는 다른 변화를 보입니다.<br>단모음인 카메츠-하툽으로 변하며 엑센트 없는 폐음절이 되므로 '오'로 발음합니다.<br>"코틀" |
| 2fs | תִקְטְלִי | קִטְלִי | |
| 2mp | תִקְטְלוּ | קִטְלוּ | |
| 2fp | תִקְטְלוּ | קִטְלוּ | |

## 3. 동사에 인칭대명접미사를 붙이기 위한 기본형 - 부정사연계형

미완료에서 접두를 제거하면 명령형이고, 부정사연계형은 명령형과 동일한 형태이기에 위의 "코틀"이 부정사연계형의 주된 형태입니다.
하지만 부정사 연계형의 경우는 특이한 변화형도 함께 사용되기에 기억해 두셔야 합니다.
즉, 두가지 형태를 모두 사용합니다.

קְטֹל 코틀　　　　קְטָל 케톨

1음절이든 2음절이든 무관하게 부정사연계형에 사용된 카메츠는 '카메츠-하툽'으로 모두 '오'발음을 하며 각 음절을 폐음절로 만드는 역할을 합니다.

## 4. 동사에 인칭대명접미사를 붙이기 위한 기본형 - 분사형

인칭대명접미사를 붙이기 위한 기본형은 다음과 같습니다.

קֹטֵל 코텔

# 11. 동사에 붙이는 인칭대명접미사 추가설명



명사의 기본형에 '임/아/오트'를 붙이면 성/수가 변합니다.
그런데 위 접미사를 보시면 모두 모음으로 끝나는 형태입니다.
명사의 경우는 모음으로 끝나는 형태가 기본이기에 다른 연결모음들이 불필요합니다.
하지만 동사의 경우는 성/수/인칭에 따라 어미변화들이 발생하면서 모음으로 끝나기도 하고 자음으로도 끝나기도 합니다.
모음으로 끝난 경우는 명사처럼 어미만 붙이는 단순한 형태를 보일것이란 걸 알 수 있습니다.
하지만 자음으로 끝난 경우 어미가 또 자음으로 시작되면 안되기에 둘을 연결할 연결모음들이 붙게 됩니다.
**이 연결모음이 동사에 붙는 인칭대명접미사를 학습하는 최대 난관이 됩니다.**

앞으로 학습하시는 내용은 절대 한번에 암기가 되거나 하는 내용이 아닙니다.
이건 제가 장담합니다.ㅎㅎ

무리해서 외우시려 하지도 마시고 원리만 잘 따라오시면서 이해하시고 조금씩 넓혀 나가시길 권해드립니다.

일단 동사에 붙는 인칭대명접미사를 정리한 종합표를 다음 페이지에 먼저 올려보겠습니다.

# 12. 동사에 붙이는 인칭대명접미사 종합표

| # | 모음으로 끝나는 동사 | 자음으로 끝나는 동사 | | | |
|---|---|---|---|---|---|
| | 공통 | 완료 | | 미완료/명령 | 강조형 |
| | | 3fs | 3ms/2ms | | |
| 3ms | הוּ / ו | ּוּ / ְהוּ | ֹו / ָהוּ | ֵהוּ | ֶנּוּ |
| 3fs | ָה | ָּה / ְָה | ָהּ | ָהּ / ֶָה | ֶנָּה |
| 2ms | ךָ | ְךָ | ְךָ | ְךָ | ֶךָּ |
| 2fs | ךְ | ֵךְ | ֵךְ | ֵךְ | 없음 |
| 1cs | נִי | ְנִי | ַנִי | ֵנִי | ֶנִּי |
| 3mp | ם | ַם | ָם | ֵם | 없음 |
| 3fp | ן | ַן | ָן | ֵן | |
| 2mp | כֶם | ְכֶם | ְכֶם | ְכֶם | |
| 2fp | כֶן | ְכֶן | ְכֶן | ְכֶן | |
| 1cp | נוּ | ְנוּ | ָנוּ | ֵנוּ | ֶנּוּ |

# 13. 인칭대명접미사 종합표 추가설명

일단 슈바를 먼저 확인합니다.

ְ ךָ      ְ כֶם      ְ כֶן

원래 첫자음으로 시작되는 베가드케파트의 경우는 다게쉬가 붙어야 합니다.
위에 보시면 이상하지요?
인칭대명접미사에 사용되는 슈바는 '정치적슈바'라고 하는데 말 그대로 '왔다리 갔다리 하는 슈바'입니다.
그래서 다게쉬가 보이지 않지요.. '다게쉬가 없구나~'는 일단 기억하시구요.
'카'의 경우는 유성슈바로 기억해 두고, '켐,켄'은 무성슈바가 주역할이라고 생각해 두시면 됩니다.

앞의 종합표가 복잡해 보이지만 실상 2ms~1cp는 그냥 어미는 동일하고 연결모음만 살짝 다릅니다.
또한 강조형의 경우도 '눈'이 있기도 하고 없기도 하고 이건 자음동화때문인데 우리가 히브리어를 쓸 생각이 없다면 단순히 구분할 수 있습니다.
인칭대명사가 붙었는데 '세골+다게쉬' 가 있으면 무조건 강조형입니다.

모음으로 끝나는 동사의 경우 명사처럼 한 가지라서 동일한데..
자음으로 끝나는 경우 좀 복잡해 보입니다.
하지만 완료와 미완료/명령도 종합표에 표시한 살짝 다른 부분을 제외하면 모두 공통입니다.

3fs가 가장 문제가 되는 부분인데 이 부분은 실제 단어를 가지고 설명하도록 하겠습니다.

제일 중요한건???
우리는 성경을 읽는 겁니다. 쓰는 것이 아니고..
사실 연결모음들이 달라지는 것이 전부인데 이것들은 성경에 잘.. 아주 잘 쓰여져 있습니다.
그럼 저 복잡한 표를 암기할 필요가 있나요? 아니죠..
연결모음 무시하고 단지 어미만 알면 됩니다.

자음으로 끝나냐 모음으로 끝나냐도 연결모음차이이니 이것 조차도 성경읽기에서는 불필요합니다.
오로지 어미만 구분할 수 있고.. 한가지만 더하면 됩니다
'세골+다게쉬'의 경우는 강조형이구나..

물론 실제 단어로 원리는 설명해 드리지만 실상 이게 다예요.
종합표는 변화를 찾아보실 때 편하시라고 정리해 드린 것 뿐...

또 한가지 언급할 부분이 있습니다. 슈바를 말씀드린 세 가지입니다.

ךְ:    כֶם:    כֶן:

앞으로 동사에서도 배우게 될 부분인데 '켐,켄'과 같이 자음이 두개인 중자음어미는 엑센트를 가져갑니다.
하지만 나머지 동사어미는 어느것도 엑센트를 가져가지 못합니다.
이것만 기억하시면 인칭대명접미사도 동일하게 적용이 됩니다.
하지만 인칭대명접미사의 경우는 독특하게 **"자음으로 끝나는 동사의 경우"** 3fs를 제외한 모든 부분에서 '카'도 엑센트를 가져가는 특징이 나타납니다.
나머지는 오로지 엑센트법칙의 적용만 남습니다.

한가지 더 언급하자면..
원래 명사의 연계형의 경우는 뒤의 절대형명사와 한 단어로 취급하기 때문에 엑센트를 잃어버리기에 모음변화가 일어나는 것 기억하시나요?
그런데 앞에서 명사의연계형+인칭대명접미사의 경우는 엑센트가 뒤로 이동했지요?

동사의 경우 연계형이 아닌 동사에 인칭대명사를 붙이기 위한 기본형을 사용하지요?
동일하게 중자음어미가 아니면 엑센트가 기본형의 맨 뒤로 이동을 합니다.

이제 실제 동사를 가지고 동사에 인칭대명접미사를 붙이는 작업을 해보도록 하겠습니다.
기본적으로 사용하는 동사를 사용하기에 "그가 나를 죽였다"처럼 말이 안되는 현상은 나타나는 점을 미리 말씀드립니다.

# 14. 완료(3ms+인칭대명접미사)

קְטַל 그가 죽였다(인칭대명접미사가 추가되면 아래처럼 목적격이 됩니다.)

| | 3ms기본형+인/대/접 | 비고 |
|---|---|---|
| 3ms | קְטָלוֹ | 그가 그를 죽였다<br>엑센트이동이 없으므로 어미만 추가시키면 끝 |
| 3fs | קְטָלָהּ | 그가 그녀를 죽였다 |
| 2ms | קְטָֽלְךָ | 그가 너(남자)를 죽였다<br>'케탈레카'로 발음이 되어야 하는 부분인데 중간부분을<br>폐음절(무성슈바)로 인식할 가능성이 농후하므로 메텍사용 |
| 2fs | קְטָלֵךְ | 그가 너(여자)를 죽였다 |
| 1cs | קְטָלַנִי | 그가 나를 죽였다 |
| 3mp | קְטָלַם | 그가 그들을 죽였다 |
| 3fp | קְטָלַן | 그가 그녀들을 죽였다 |
| 2mp | 없음 | 엑센트이동이 없으므로 어미만 추가시키면 끝 |
| 2fp | 없음 | |
| 1cp | קְטָלָנוּ | 그가 우리를 죽였다 |

# 15. 완료(3fs+인칭대명접미사)



קְטָלַתְ קְטָלָת

3fs는 기본형이 두 개입니다. 무성슈바가 있으므로 자음+모음을 다 가진 접미사는 앞을 사용하고 그렇지 않은 경우는 뒤쪽을 사용합니다.

| | 3fs기본형+인/대/접 | 비고 |
|---|---|---|
| 3ms | קְטָלַתְהוּ | 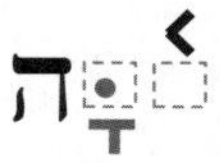 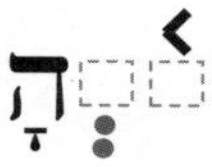 앞에서 3ms와 3fs는 인칭대명접미사가 두 가지였죠? 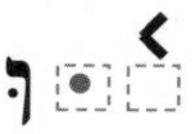 <br>וּ   הוּ   קְטָלַתּוּ |
| 3fs | קְטָלַתְהָ | ה   הָ   קְטָלַתָּה |
| 2ms | קְטָלַתְךָ | 위 3ms는 헤가 타우에 동화되면서 이중점이 찍힌것으로 다른형태가 있다고 기억하실 필요 없습니다.<br>3fs의 경우도 동일하게 헤가 동화되면서 무성슈바자리에 자신의 모음을 보내주고 다시 헤가 살아난 형태입니다.<br><br>그냥 기본형을 기억하시고 축약될 수 있다는 것만 아시면 끝인 거죠? |
| 2fs | קְטָלָתֶךְ | |
| 1cs | קְטָלַתְנִי | |
| 3mp | קְטָלָתַם | |
| 3fp | קְטָלָתַן | |
| 2mp | 없음 | 엑센트가 이동하는 부분이 없지요?<br>엑센트 이동없이 어미만 추가되는 경우는 별다른 모음변화를 생각할 필요도 없으니<br><br>어려워보이는 3fs는 오히려 기본형의 슈바를 기준으로 다른 형태를 사용한다는 것만 기억하면 인칭대명접미사만 붙이는 것으로 모두 완료됩니다. |
| 2fp | 없음 | |
| 1cp | קְטָלַתְנוּ | |

# 16. 미완료(3ms+인칭대명접미사)

<table>
<tr><th></th><th>3ms기본형+인/대/접</th><th>비고</th></tr>
<tr><td>3ms</td><td>יִקְטְלֵהוּ</td><td rowspan="10">세 군데에서는 슈바가 세개가 연속으로 나오는 형태를 보이는데 히브리어에서 허용하지 않는 방식이기에 문제가 발생합니다.<br><br>해결을 위해 원형인 ‘익톨’로 다시 되돌아간 후 인칭대명접미사를 붙입니다.<br><br>יִקְטֹלְךָ<br><br>문제가 아직 있지요? 익톨은 2음절이 폐음절이고 레쉬는 받침인데 여기에 엑센트가 올 수 없겠지요?<br>슈바세개 거부처럼 여기도 불가피하게 뒤로 엑센트를 넘깁니다.<br>그리고나니 엑센트 앞 폐음절이니 단모음이 되어야 하기에 홀렘이 카메츠-하툽으로 변화합니다.<br><br>יִקְטָלְךָ 익톨카<br><br>나머지 두개도 동일합니다. 단, 두 개는 엑센트는 이미 가져간 상황이니 그냥 단모음으로만 하면 되지요.<br><br>יִקְטָלְכֶם<br><br>יִקְטָלְכֶן</td></tr>
<tr><td>3fs</td><td>יִקְטְלָהּ</td></tr>
<tr><td>2ms</td><td>יִקְטְלְךָ<br>슈바 세개연속</td></tr>
<tr><td>2fs</td><td>יִקְטְלֵךְ</td></tr>
<tr><td>1cs</td><td>יִקְטְלֵנִי</td></tr>
<tr><td>3mp</td><td>יִקְטְלֵם</td></tr>
<tr><td>3fp</td><td>יִקְטְלֵן</td></tr>
<tr><td>2mp</td><td>יִקְטְלְכֶם<br>슈바 세개연속</td></tr>
<tr><td>2fp</td><td>יִקְטְלְכֶן<br>슈바 세개연속</td></tr>
<tr><td>1cp</td><td>יִקְטְלֵנוּ</td></tr>
</table>

# 17. 미완료/부정사연계형/분사

## 1. 엑센트법칙 적용 정리

기본적인 미완료는 다 끝났습니다.
하나 추가해 둘 부분이 있지요? 미완료에서 2음절이 홀렘이나 쩨레인 경우는 동사의 엑센트법칙을 적용하므로 아몰랑법칙이 적용되지만 파타인 동사의 경우는 명사의 엑센트법칙을 적용하므로 아몰랑법칙이 적용되지 않습니다.

앞으로 칼 외에 대른 패턴도 보시게 될 텐데요.
모두 동사의 엑센트법칙을 적용합니다.
동사에 인칭대명접미사를 붙일 때 명사의 엑센트법칙이 적용되는 부분은 오직 칼완료와 칼미완료중 2음절자음이 파타인 경우뿐입니다.

## 2. 부정사연계형에 붙이는 인칭대명접미사(명사용 사용)

부정사절대형에는 인칭대명접미사가 붙지 못하고 부정사연계형에만 붙일 수 있습니다.
부정사연계형은 명사적 역할을 하기에 명사에 붙이는 인칭대명접미사를 붙인다는 특징이 있습니다.
단, 1cs에는 명사용/동사용 인칭대명접미사가 모두 나타나기는 합니다만 중요하게 볼 부분은 아닙니다.

## 3. 분사에 붙이는 인칭대명접미사(명사용 사용)

분사는 동사적용법,형용사적용법,명사적용법등이 있는데 인칭대명접미사를 붙일 수 있는 경우는 오직 명사적용법으로 사용되는 경우에 한합니다.
당연한 귀결이지만 그렇다보니 명사에 붙이는 인칭대명접미사가 붙습니다.

## 4. 부정사연계형/분사 특징

모두 인칭대명접미사는 명사용이지만 동사이기에 동사의 엑센트법칙이 모두 사용됩니다.

# 18. 기타패턴 + 인칭대명접미사

수동태에는 인칭대명접미사가 붙을 수 없습니다.

**칼/니팔(수동)/피엘/푸알(수동)/히트파엘/히필/호팔(수동)으로 구분되므로** 추가로 살펴볼 부분은 피엘/히트파엘/히필뿐입니다. 그중에서 피엘과 히트파엘은 강조형으로 두 변화가 동일합니다. 결국 피엘과 히필만 살펴보면 끝나게 되는 거지요~

## 1. 피엘형

역시 동사의 엑센트법칙을 적용하므로 아몰랑법칙이 적용됩니다.

 피엘형

קִטֵּלְךָ 피엘형 + 2ms (자음으로 끝나는 경우는 3fs를 제외하고는 '카'가 엑센트 가져가지요?)

위 의 두 슈바는 모두 유성입니다. 그럼 충돌문제가 발생합니다.
결국 최종형태는 다음과 같이 됩니다.

어떠신가요? 뭐 칼 패턴하고 다른 부분이 전혀 없지요?

## 2. 히트파엘형

내용에 큰 차이가 없어 생략합니다.

# 2부

# 히브리어 문법 정리

## Part 3. 동사

# 1. 동사의 기초

일단 나중에 이 부분도 이해시켜 드리겠지만 여기서는 암기할 부분을 하나 드릴께요.
칼 니팔 / 피엘 푸알 히트파엘 / 히필 호팔
일단은 한글로 암기하시고 출발합니다.

히브리어 동사의 기본형 기억나시나요? 창세기1:1 바라에서 말씀드렸었는데..
자음 3개와 모음 두개, 그 중에서도 앞은 장모음인 카메츠이고 중간은 단모음 파타라고 했지요?

[동작동사의 기본형]

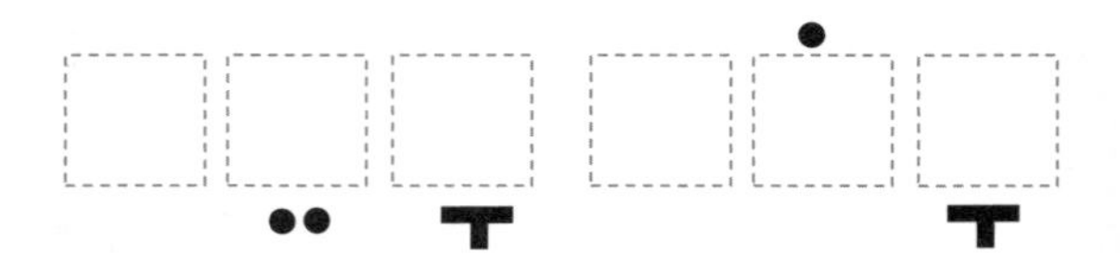

[상태동사의 기본형] 가끔 위와 같은 동사도 보게 될 텐데요. 이는 상태동사라고 하며 형용사적 성격을 지닌 동사입니다.

이건 무조건 아셔야 하는 내용이고 이 기본형을 모르시면 이 이후가 힘드니 꼭 다시 기억해 두세요.

히브리어에서는 동사의 7가지 패턴이 있습니다.
단순형(능동/수동/재귀) , 강조형(능동/수동/재귀), 사역형(능동/수동)
개인적으로 히브리어 변화보다 한글 번역이 더 헷갈리는데요.. 여러분은 다 아실까요?

일단 히브리어에서는 “3인칭 남성 단수 완료”가 기본형이구요.
앞으로 동사를 모두 깰 때까지 사용할 단어가 “카탈”이라는 단어로 “죽이다”라는 의미입니다.
3인칭 남성단수완료이니 정확한 해석은 “그가 죽였다”가 정확한 단어의 의미입니다.(주어없이 문장가능)
이런 기준으로 상기 7가지 패턴의 의미는 아래와 같습니다.

1. 단순능동(칼) : 그가 죽였다.
2. 단순수동 & 단순재귀(니팔) : 그가 죽임을 당했다. & 그가 스스로 죽였다(자살했다)
3. 강조능동(피엘) : 그가 잔인하게 죽였다.
4. 강조수동(푸알) : 그가 잔인하게 죽임을 당했다.
5. 강조재귀(히트파엘) : 그는 잔인하게 자살했다
6. 사역능동(히필) : 그가 죽이도록 시켰다
7. 사역수동(호팔) : 그는 죽이도록 시킴을 받았다.

동사를 배우기 전에 일단 표를 하나 그려볼께요.

| 단순형 | | 강조형 | | | 사역형 | |
|---|---|---|---|---|---|---|
| 능동 | 수동/재귀 | 능동 | 수동 | 재귀 | 능동 | 수동 |
| 칼(파알) | 니팔 | 피엘 | 푸알 | 히트파엘 | 히필 | 호팔 |
| פָּעַל | נִפְעַל | פִּעֵל | פֻּעַל | הִתְפַּעֵל | הִפְעִל | הָפְעַל |
| 70% | 5% | 9% | 0.2% | 1% | 13% | 0.5% |

[권성달교수님께서 바이블웍스와 어코던스 기준으로 정리하신 자료를 참고한 비율 표]

7개의 동사의 패턴 표입니다.
한국말로는 단순능동이지만 히브리어로는 칼(정확하게는 원래 파알)이라고 부릅니다.
그리고 이 단어를 다음 줄에 적었구요.
앞으로는 칼,니팔..으로 표현할 것이기에 매칭시킨 표라고 보시면 됩니다.
칼동사다 하면 아! 단순능동형이구나!라구요

표에서 보시듯 칼동사는 동사의 기본형을 그대로 유지하고 있습니다.
여기까지는 이해가 되시죠? 되셔야만 합니다.

다음으로 맨 아래줄에 나온 %는 무얼까요?
바로 바로.. 성경에 나오는 출현빈도입니다.

물론 모두 다 우리가 잘 아는 것이 목표이지만 색으로 표시된 4가지 패턴만 알아도 97%정도를 커버할 수 있다는 이야기입니다.
더 축소하면 칼 패턴만 정확히 이해해도 70%는 안다는 것이니까요..

조금 편안해지셨나요?
하지만 이쯤에서 제가 책을 덮어버리고 싶은 마음이 들게 한번 해 보려 합니다.ㅎㅎ

히브리어의 책이나 강좌에서 보면 "동사는 쉽다!"라고들 합니다. 공부해본 분들은 어떠셨나요? 진짜 쉬웠나요? "아타트티 우템텐누"등 부분부분은 이해가 되는데 실제 전체 내용은 안들어오지 않나요? 동사의 흐름이 안보이는 이유를 히브리어 하나의 동사가 변하는 변화형 개수를 계산하며 알아 볼께요. 동사의 7개 패턴중 칼형만 우선 봅니다.

| 완료 (10가지) | 3인칭 | 남성 | 단수 |
|---|---|---|---|
| | | | 복수 |
| | | 여성 | 단수 |
| | | | 복수 |
| | 2인칭 | 남성 | 단수 |
| | | | 복수 |
| | | 여성 | 단수 |
| | | | 복수 |
| | 1인칭 | 남여공통 | 단수 |
| | | | 복수 |

| 미완료 (10가지) | 3인칭 | 남성 | 단수 |
|---|---|---|---|
| | | | 복수 |
| | | 여성 | 단수 |
| | | | 복수 |
| | 2인칭 | 남성 | 단수 |
| | | | 복수 |
| | | 여성 | 단수 |
| | | | 복수 |
| | 1인칭 | 남여공통 | 단수 |
| | | | 복수 |

| 부정사 연계형 (1가지) | 명령형의 3인칭남성단수와 동일 |
|---|---|

| 명령형 (4가지) | 2인칭 | 남성 | 단수 |
|---|---|---|---|
| | | | 복수 |
| | | 여성 | 단수 |
| | | | 복수 |

| 부정사 절대형 (1가지) | |
|---|---|

| 분사 능동형 (4가지) | 3인칭 | 남성 | 단수 |
|---|---|---|---|
| | | | 복수 |
| | | 여성 | 단수 |
| | | | 복수 |

| 분사<br>수동형<br>(4가지) | 3인칭 | 남성 | 단수 |
|---|---|---|---|
| | | | 복수 |
| | | 여성 | 단수 |
| | | | 복수 |

| 청유형<br>(2가지) | 1인칭 | 남성 | 단수 |
|---|---|---|---|
| | | | 복수 |

| 간접명령<br>(=지시형)<br>(8가지) | 3인칭 | 남성 | 단수 |
|---|---|---|---|
| | | | 복수 |
| | | 여성 | 단수 |
| | | | 복수 |
| | 2인칭 | 남성 | 단수 |
| | | | 복수 |
| | | 여성 | 단수 |
| | | | 복수 |

동사의 7가지 패턴중 칼형을 기준으로 총 47가지의 동사의 변화형이 있네요.
이게 끝이 아니죠?
동사는 칼형외에도 니팔/피엘/푸알/히트파엘/히필/호팔 6가지가 더 있습니다.
단지 칼형외 나머지 6가지는 분사능동과 분사수동은 공통이기에 40가지로 좀 줄어드네요

결과를 계산해 보겠습니다.
칼형(44가지) + 나머지(40가지 * 6패턴) = 44 + 240 = 284가지입니다.

이게 무슨 말인가요?
**"히브리어 동사 하나를 알기 위해서는 284가지의 동사의 변화 패턴을 알아야 한다"**는 이야기가 되네요.
게다가 우리말은 미래가 ~할 것이다로 공통이지요. "공부할 것이다.. 취침할 것이다.."처럼요.
하지만 히브리어는 이렇게 변화가나면 단어의 모음들이 액센트에 따라 마구 바뀝니다. 정말 쉽나요?

한국어도 공부한다, 공부했다, 공부할 것이다 등등의 변화가 여러가지이긴 합니다만..
위 히브리어 동사변화에 나오는 인칭 / 성 / 수는 주어의 변화에 따라 결정되기에 이렇게 많은 변화가 나지 않습니다.

그는 공부한다 / 나는 공부한다..
그녀는 공부한다 / 그녀들은 공부한다..

그는 공부할 것이다 / 나는 공부할 것이다
그녀는 공부할 것이다 / 그녀들은 공부할 것이다

한국어는 주어의 인칭/성/수에 따라 동사가 변하지는 않는다는 것을 볼 수 있지요?

제가 이 말씀을 드리고 동사를 시작하는 이유는 “히브리어 동사는 어렵다”가 아닙니다.
결국 어떤 방식에 의해 이해하는 것도 중요하고 제가 볼 때 가장 쉽다고 생각하는 길로 가겠지만 동사의 변화를 이해하는 것만이 아닌 일부 암기하는 노력이 필요하다는 이야기가 하고 싶었습니다.

그냥 단순한 이해만으로 모든 정리가 끝난다면 좋겠지만, 히브리어도 언어이고, 하나의 언어를 학습하는데 그냥 어떤 노력없이는 될 수 없다는 부분이지요.
이게 가능하다면 히브리어를 학습한 사람은 모두 잘해야 하는데 그렇지는 않잖아요?

대신 제가 생각하기에 영어보다는 난이도가 훨씬 낮은 언어라는 생각이 있어요.
그리고 어느정도의 이해가 되면 284가지의 변화를 단어마다 암기할 필요가 없다는 점입니다.

앞에서 이야기한 부분이지만 성경에 빈출수 기준으로 칼형이 약70%입니다.
모든 동사 패턴을 다 언급하겠지만, 일단 70%은 꽉 잡고 출발하여야 나머지는 쉽게 풀립니다.

앞으로 한동안은 칼형동사의 모든 변화만을 언급할 것이고 꽤 긴 분량일 듯 하네요.
하지만 이렇게 공부한 후에는 니팔/피엘/푸알/히트파엘/히필/호팔등의 6가지는 쉽게 접근이 가능합니다.
일단 칼형의 변화들을 카테고리로 묶습니다. 완료/미완료를 배우면 나머지는 미완료의 후손입니다.
미완료까지만 하면??? (주의) 완료/미완료를 나머지와 같은 등급으로 보시면 암기사항이 많아집니다.

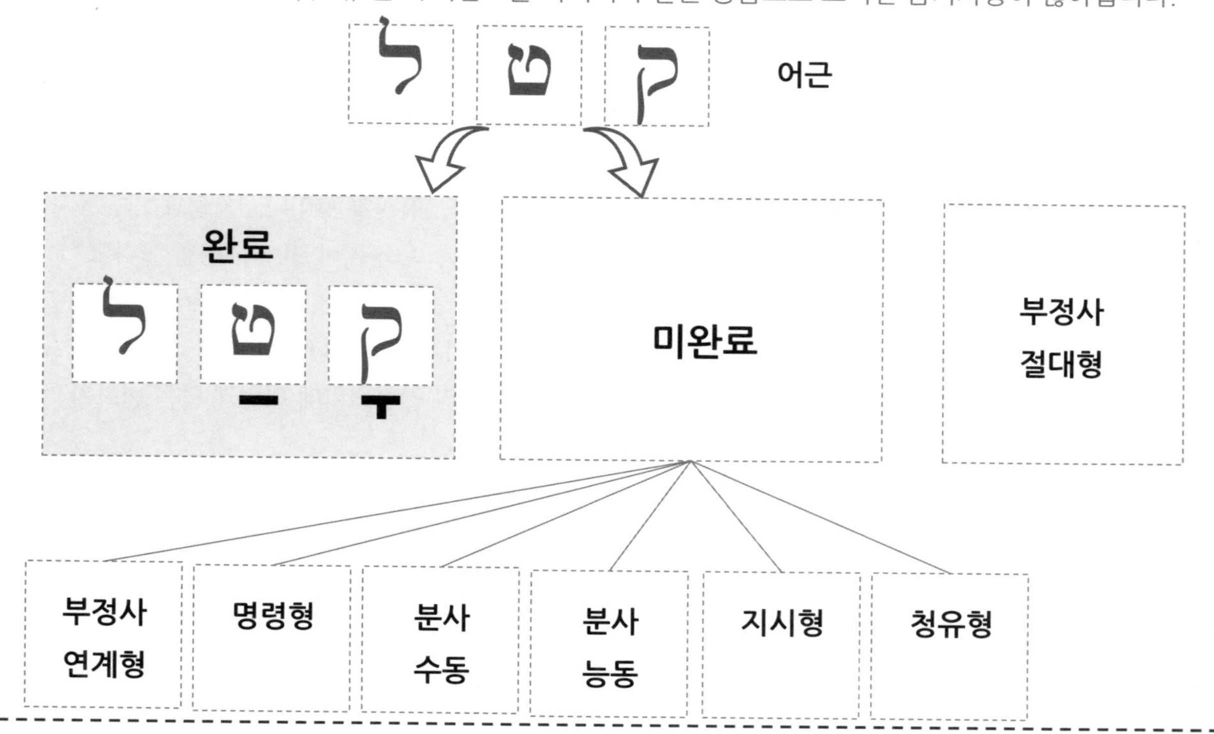

# 2. 칼 완료형 변화

처음으로 나오는 칼동사 완료형입니다. 완료자체에도 10가지의 변화가 있다고 했죠?

<table>
<tr><td rowspan="10">완료<br>(10가지)</td><td rowspan="4">3인칭</td><td rowspan="2">남성</td><td>단수</td></tr>
<tr><td>복수</td></tr>
<tr><td rowspan="2">여성</td><td>단수</td></tr>
<tr><td>복수</td></tr>
<tr><td rowspan="4">2인칭</td><td rowspan="2">남성</td><td>단수</td></tr>
<tr><td>복수</td></tr>
<tr><td rowspan="2">여성</td><td>단수</td></tr>
<tr><td>복수</td></tr>
<tr><td rowspan="2">1인칭</td><td rowspan="2">남여공통</td><td>단수</td></tr>
<tr><td>복수</td></tr>
</table>

| 430 | 1254 | 7225 |
|---|---|---|
| 명남복 | 동칼완남3단 | 전,명여단 |
| אֱלֹהִים, | בָּרָא | בְּרֵאשִׁית, |
| 엘로힘 | 바라 | 베레쉬트 |
| 하나님 | 그가 창조하셨다 | 태초에 |

창세기1:1에서 바라가 동사이지요? 여기서 스트롱코드 아래에 보면 동칼완남3단이라고 적혀있습니다.
이는 동사,칼형,완료시제,남성,3인칭,단수의 줄임말입니다.
우리가 지금 학습하고자 하는 위치가 어디라고요? 칼완료입니다. 이걸 꼭 상기시키며 보세요..
지금 배우는 부분은 칼완료동사변화니 위 동칼완남3단에서 동칼완은 고정이라는 의미입니다.
변하는 것들은 남3단으로 나온 후미부 3가지 이겠지요? 이 세가지를 작성하는 표가 다음페이지입니다.

히브리어는 3인칭 남성단수가 기본이라 이를 기준으로 표를 그리면 됩니다.
이 표에서는 이해를 위해 단어의 어미변화만을 확인하기 위해 모음을 붙이지 않고 어근만으로 보도록 하겠습니다.

모음없이 자음(어근)만으로 어떻게 사용했지라는 의문들이 있었는데 히브리어를 학습하다 보면 저절로 그렇게 변하기는 하더라구요.. 신기하게도.. 여러분도 그렇게 되실껍니다.
우리도 쓰고 있잖아요? “ㅇ ㅋ / ㅇ ㅇ”등으로.. 단지 익숙해지는 것입니다.

| 칼완료동사 어미변화 | | | | | |
|---|---|---|---|---|---|
| 단수 | | | 복수 | | |
| 3남단 | קָטַל 카탈 | - | 3공복 | קטלוּ 카텔루 | 우 |
| 3여단 | קטלָה 카텔라 | 아 | | | |
| 2남단 | קטלָת 카탈타 | 타 | 2남복 | קסלתֶם 케탈템 | 템 |
| 2여단 | קטלְת 카탈트 | 트 | 2여복 | קסלתֶן 케탈텐 | 템 |
| 1공단 | קטלתִי 카탈티 | 티 | 1공복 | קטלנוּ 카탈누 | 누 |

"아~타트티 / 우~템텐누" 창세기 1:1의 마지막에 묻지도 따지지도 말고 암기하세요 코너에 나온 부분이 여기서 사용됩니다.

앞페이지에서 언급된 동칼완남3단중 현재 학습하는 부분이 동칼완이고.. 상기 표에는 뒤의 3가지변화가 모두 담겨있습니다.

무슨이야기인가요? 칼동사 완료형의 경우 암기할 부분은 "아~타트니 우~템텐누" 뿐이라는 겁니다.

오래 기억에 남도록 하나 추가합니다. 칼완료동사의 변형은 단어 끝에 무언가가 붙습니다.
반면에 나중에 학습하게 될 칼미완료동사는 단어 앞에 무언가가 붙습니다.

칼완료동사의 변화시
추가되는 부분

칼미완료동사의 변화시
추가되는 부분

단어 쓰기가 완료된 후 붙으면 칼완료동사의 변화이고
단어를 완료하기전 앞에 변화가 오는 것이 칼미완료동사라고 기억하시면 됩니다.

일단 동사를 본격적으로 들어가기 전에 한 가지 확인할 사항이 있습니다.
바로 엑센트법칙입니다.

이 엑센트 법칙은 히브리어를 이해하기 위해 매우 중요합니다.
우리가 이 엑센트법칙만 알면 사실 몇 가지 사항만 암기하면 칼완료동사의 변화뿐 아니라 동사 전반과 명사/형용사등 많은 부분에 적용하실 수 있거든요..

다시 한번 엑센트 법칙을 확인부터 하고 넘어가도록 하겠습니다.

## 1. 엑센트 변화 규칙 다시 확인

① [1법칙] 엑센트 전 개음절은 장모음
② [2법칙] 엑센트 전전 개음절은 슈바
③ [3법칙] 엑센트가 없는 폐음절은 단모음
④ [4법칙] **아몰랑규칙 :** 동사어미에 모음으로 시작되는 어미가 오는 경우 앞음절은 슈바
⑤ [5법칙] 엑센트는 기본적으로 끝음절이다.(세골명사는 첫음절)

한 가지만 더 언급해드리면 앞에서 동사의 성과 수에 따라 어미가 달라지는 변화를 보셨는데요.
"아타트티 우~템텐누"

여기서 확인해둘 부분이 있습니다. 히브리어는 보통 마지막음절이 엑센트를 가진다고 했지요?
하지만 어미가 붙는 형태에서 히브리어의 어미는 엑센트를 기본적으로 가져가지 않습니다.
즉, 자음이 하나로 구성되고 자음과 모음으로 구성되는 어미의 경우(타트티누)는 엑센트를 가져가지 않으므로 기존의 엑센트가 그대로 유지됩니다.

קטלתָ קטלתְ קטלתי קטלנו

반면에 , 템과 텐의 경우 즉, 중자음(자음이 두개)으로 이루어진 무거운 어미의 경우는 엑센트를 가져갑니다. 원래 마지막음절에 엑센트인 경우는 별도 엑센트 표시가 없지만 표시해 보도록 할께요.

קסלתֶם קסלתֶן

비교할 것은 어미가 자음 없이 모음만 오는 경우는 당연히 마지막음절에 엑센트가 옵니다.

קטלָה קטלוּ

지금까지 칼완료형동사가 성과 수에 따라 어미가 일어나는 변화를 살펴봤습니다.
이게 끝이면 정말 좋을텐데 좀 생각할 부분이 남아있습니다. 여기서 엑센트법칙이 등장합니다.

히브리어의 동사는 지금까지 학습한 액센트규칙, 슈바법칙, 남여등의 형변환등 다양한 내용을 기억하고 적용할 수 있을 때 정확한 이해를 하실 수 있습니다.

이 모든 부분을 녹여서 진행할 예정이니 잘 따라와 주세요.
일단 앞의 표에서 어미에 추가되는 것을 쉽게 보기 위해 어근만으로 표시했는데 아래에서는 정확하게 모든 모음까지 포함해서 표시해 보도록 하겠습니다.
드디어 머리가 아프기 시작하실껍니다. 여기를 포함해 몇가지만 넘으면 됩니다. 잘 따라오세요.

| 칼완료동사 어미변화 | | | | | |
|---|---|---|---|---|---|
| 단수 | | | 복수 | | |
| 3남단 | קָטַל 카탈 | - | 3공복 | קָטְלוּ 카텔루 | 우 |
| 3여단 | קָטְלָה 카텔라 | 아 | | | |
| 2남단 | קָטַלְתָּ 카탈타 | 타 | 2남복 | קְטַלְתֶּם 케탈템 | 템 |
| 2여단 | קָטַלְתְּ 카탈트 | 트 | 2여복 | קְטַלְתֶּן 케탈텐 | 템 |
| 1공단 | קָטַלְתִּי 카탈티 | 티 | 1공복 | קָטַלְנוּ 카탈누 | 누 |

칼완료동사의 어미는 기존처럼 색으로 표시해 두었습니다.
그런데 중간에 많은 부분이 달라져 있습니다. 이걸 암기하려고 하며 어떻게 다 암기할까요..

다시 현위치를 짚어봅니다.
칼완료동사를 배우는 중이고 현재 완료형변화를 보고 있습니다. “아~타트티 우~템텐누”
이게 끝이고 모음 변화는 암기가 아닌 이해만 하면 되는 부분입니다.
참고로 어미가 자음없이 모음만 오면 텔로 변하는데 이게 아몰랑법칙인거 기억하시죠?(나머지 다 ‘탈’)

| 칼완료동사 어미변화 | | | | | |
|---|---|---|---|---|---|
| 단수 | | | 복수 | | |
| 3남단 | קָטַל 카탈 | - | 3공복 | קָטְלוּ 카텔루 | 우 |
| 3여단 | קָטְלָה 카텔라 | 아 | | | |
| 2남단 | קָטַלְתָּ 카탈타 | 타 | 2남복 | קְטַלְתֶּם 케탈템 | 템 |
| 2여단 | קָטַלְתְּ 카탈트 | 트 | 2여복 | קְטַלְתֶּן 케탈텐 | 템 |
| 1공단 | קָטַלְתִּי 카탈티 | 티 | 1공복 | קָטַלְנוּ 카탈누 | 누 |

1단계로 기본형과 제일 유사한 친구들을 볼께요. 파란색으로 칠해진 네가지는 기본형에 사용된 카메츠와 파타가 동일하게 사용되고 있습니다.

공통적으로 테트위에 이상한 꺽쇠표시가 4군데 모두 붙어 있구요. 이 부분을 정리해 봅니다.

히브리어는 거의 마지막음절에 엑센트가 있습니다.
이 표시는 액센트가 마지막에 있지 않을 때 표시해 주는 액센트기호입니다.

아~타트디/ 우~템텐누에서 타트니/템텐누는 모두 자음과 모음으로 한음절이 어미에 붙는 형태입니다.

자음으로 단어가 끝나는 경우 이 경우는 "모음없음"이란 의미의 슈바가 생략됩니다. 그러나 어미가 붙으면서 단어의 마지막이 아니게 되기에 슈바를 붙여주게 됩니다.

템과 텐은 추가사항이 있어서 별도로 다룰 예정이니 여기서는 4경우만 확인하세요.
4가지 경우는 액센트가 유지되고 있습니다. 액센트법칙은 엑센트 이후는 관여하지 않으니 액센트가 유지되므로 칼동사변화형어미를 단어 끝에 붙이고
<u>딱 한가지 레쉬에 슈바를 붙이면 모든 것이 끝납니다.(4가지는 액센트가 유지된다는 것 기억하세요.)</u>

| 칼완료동사 어미변화 | | | | | |
|---|---|---|---|---|---|
| 단수 | | | 복수 | | |
| 3남단 | קָטַל 카탈 | - | 3공복 | קָטְלוּ 카텔루 | 우 |
| 3여단 | קָטְלָה 카텔라 | 아 | | | |
| 2남단 | קָטַלְתָּ 카탈타 | 타 | 2남복 | קְטַלְתֶּם 케탈템 | 템 |
| 2여단 | קָטַלְתְּ 카탈트 | 트 | 2여복 | קְטַלְתֶּן 케탈텐 | 템 |
| 1공단 | קָטַלְתִּי 카탈티 | 티 | 1공복 | קָטַלְנוּ 카탈누 | 누 |

이번에는 미뤄둔 템과 텐입니다. 이건 앞의 4개와는 달리 액센트표시가 별도로 없습니다.
액센트 표시가 없다는 것은 마지막음절에 액센트가 있다는 의미입니다. 액센트가 뒤로 옮겨가는 경우는 액센트법칙이 엑센트앞쪽에 영향을 미치기에 엑센트이동에 따른 모음변화를 추가로 확인해야 합니다.
동일한 형태이기에 템 하나로 설명해 보겠습니다. (레쉬 아래 슈바는 앞에서 설명했으므로 제외)
일단 음절로 분해합니다.

| 칼완료동사 어미변화 | | | | | |
|---|---|---|---|---|---|
| 단수 | | | 복수 | | |
| 3남단 | קָטַל 카탈 | - | 3공복 | קָטְלוּ 카텔루 | 우 |
| 3여단 | קָטְלָה 카텔라 | 아 | | | |
| 2남단 | קָטַלְתָּ 카탈타 | 타 | 2남복 | קְטַלְתֶּם 케탈템 | 템 |
| 2여단 | קָטַלְתְּ 카탈트 | 트 | 2여복 | קְטַלְתֶּן 케탈텐 | 템 |
| 1공단 | קָטַלְתִּי 카탈티 | 티 | 1공복 | קָטַלְנוּ 카탈누 | 누 |

마지막 '아' 와 '우'입니다.. 이건 딱 봐도 좀 심각해 보입니다..뭐 하나도 정상으로 보이는 게 없습니다, 이 두가지도 원리는 동일하니 하나만 설명합니다. 일단 음절로 분해합니다.

엑센트가 3음절에 있으므로 2음절은 엑센트가 없는 개음절입니다.
액센트가 없는 개음절은? 장모음
그런데 이상합니다.

불규칙인데요..이걸 불규칙이라고 보시면 다 암기해야 하니 불규칙을 규칙화 시켜보겠습니다.
명사에서는 안나오는 현상인데 동사에서 이 현상이 발생합니다.

내 받침으로 쓰던 레쉬를 뺏긴 테트가 장음이든 모음이든 "아 몰랑 배째~"하고 슈바로 바뀌는 현상입니다. 앞으로는 "아몰랑법칙"이라 합니다.

**즉, 동사에서 어미에 완전한 음절이 아닌 모음만 추가되는 경우에 내 껄 뺏긴 앞 모음은 슈바**라는 이야기입니다.

1음절은 엑센트에서 떨어진 개음절입니다.
액센트에서 떨어진 개음절은? 슈바
이상합니다.
장모음 그대로 유지하면서 세로선(메텍) 하나가 그려져 있습니다.

메텍은 반모음방지로 보시고 칼완료의 변화형의 특징을 유지목적으로 보시면 됩니다.
이 변화는 유일하게 기억이 필요하겠죠?

이것도 사실 원리가 있습니다. 원칙상 슈바가 적용되면 슈바연속으로 최종으로는 단모음 히렉이 되겠죠? 그런데 단모음 뒤 슈바는? 무성슈바잖아요. 유성슈바가 되어야 변화형의 특성을 유지하기 때문에 장모음을 유지시켜 유성슈바화 한 것입니다.

지금까지 제일 큰 산을 넘었습니다. 어느정도 이해는 되셨나요?
여기서 지금까지 학습한 것보다 중요한 적용에 대한 이야기를 하고 칼동사완료형을 마무리하려 합니다.
이렇게 이해가 되고 했는데 사실 성경을 보려하면 당장 막연해지고 어려워집니다.
지금까지 학습한 부분은 원리에 대한 설명일 뿐 실제 성경읽기에는 중요하지 않을 수 있다는 점입니다.

우리가 학습한 것으로 아래 기본형인 3인칭남성단수를 3인칭여성단수로 바꿀 수 있을꺼예요.

שָׁמַר ※솨마르 (그가 지켰다)　　שָׁמַרָה ※솨마라 (그녀가 지켰다)

앞에서 정리한 내용은 이렇게 변하는 원리에 대한 설명이라면 실제적으로 성경읽기에서는 이렇게
우리가 변형 할 일은 없겠죠?
즉, 성경에 위 솨마라처럼 사용되었을때 그 단어의 원형이 솨마르란 것을 파악하는 것이 훨씬 더
중요하다는 점입니다.

성경읽기에서 위 단어를 보는 순간 제일 처음에 할 일은 단어의 맨 끝을 일단 확인합니다.
단어의 마지막이 카메츠+헤로 끝났으니 여성형이겠구나. 아 그러면 원형은 솨마르구나..
즉, 지금까지는 우리가 3인칭남성단수를 기준으로 성과수에 따른 변화의 원리를 통해서 변화시키는
작업을 했지만 사실 성경읽기에서는 반대로 원형을 찾아낼 수 있어야 한다는 점입니다.

원리이해를 위해 지금까지 학습해온 것일뿐 우리가 성경에서 아래 단어를 확인하면 사실 엑센트법칙에
따라 전음절, 전전음절, 개음절,폐음절등으로 구분해 적용할 일은 없다는 것입니다. 너무 이런
모음변화에 집착하시면 중요한 부분을 놓치게 됩니다.

지금까지 그리고 앞으로도 학습할 단어인 카탈의 변화형입니다. 생각의 흐름을 정리합니다.

1. 단어가 기네? 단어 끝 어미는? 아! 템이 붙었구나! 템은 “아타트티 우~템텐누”에서
   2인칭남성복수구나..
2. 아 그럼 나머지 단어를 보니 카탈이네...(모음으로는 케탈이지만 우리는 이제 카탈의 변화임을
   알죠?)

즉, 케탈처럼 모음을 읽을 일도 없고 그렇게 보면 혼란만 가중됩니다. 그냥 자음으로 딱 떠올릴 수 있게
되는 겁니다. 물론 우리가 글을 쓰는 경우는 이 변화를 넣어야 하겠지만 일단 우리는 읽기에 집중할
것이니까요.. 앞으로도 변화원리를 계속 설명하지만 더 중요한 포인트를 잊지 마세요
히브리어 읽기의 핵심은 어원찾기다! 그래서 단어 끝부터 분해해서 떼어 버리는 훈련이 필요하다!

칼완료동사의 10가지 변화가 모두 끝났습니다.

<table>
<tr><td rowspan="10">완료<br>(10가지)</td><td rowspan="4">3인칭</td><td rowspan="2">남성</td><td>단수</td></tr>
<tr><td>복수</td></tr>
<tr><td rowspan="2">여성</td><td>단수</td></tr>
<tr><td>복수</td></tr>
<tr><td rowspan="4">2인칭</td><td rowspan="2">남성</td><td>단수</td></tr>
<tr><td>복수</td></tr>
<tr><td rowspan="2">여성</td><td>단수</td></tr>
<tr><td>복수</td></tr>
<tr><td rowspan="2">1인칭</td><td rowspan="2">남여공통</td><td>단수</td></tr>
<tr><td>복수</td></tr>
</table>

## 1. 칼동사 완료 변화 요약

칼동사 완료형의 변화에서 기억할 부분을 모아볼께요.

① 단어 끝에 "아~타트니 우~템텐누"

② 완전한 음절의 어미가 끝에 추가되는 6가지 중 4가지(타트티누)는 액센트를 유지(슈바만 추가)

③ 완전한 음절의 어미가 끝에 추가되는 6가지 중 2가지(템텐)는 액센트 변화로 모음조정 발생

④ 3인칭(아/우)의 경우는 "아몰랑법칙" 과 메텍(반모음방지) 사용됨

결과적으로 확인할 부분은 엑센트변화(모음조정) / 아몰랑법칙 / 마지막음절 슈바확인 정도 되겠네요.

처음에 모두 알 수는 없지만 대충 흐름에 대한 감은 잡으셨으리라 생각됩니다.

다음 과는 칼동사 미완료변화를 다룰텐데요 여기도 동일한 변화형만 이해하시면 됩니다.

이후 "나머지는 모두 칼동사 미완료를 바탕으로 한 후손들이다"라고 했으니 이런 변화형을 암기하지는 않습니다.

칼동사 완료와 칼동사 미완료에서만 이런 어미와 어두에 무언가 붙고 이걸 암기해야 합니다.

# 3. 칼 미완료형 변화

이번은 칼동사 미완료형입니다. 미완료도 완료형처럼 10가지의 변화가 있다고 했죠?

| | | | |
|---|---|---|---|
| 미완료 (10가지) | 3인칭 | 남성 | 단수 |
| | | | 복수 |
| | | 여성 | 단수 |
| | | | 복수 |
| | 2인칭 | 남성 | 단수 |
| | | | 복수 |
| | | 여성 | 단수 |
| | | | 복수 |
| | 1인칭 | 남여공통 | 단수 |
| | | | 복수 |

칼완료동사의 변화시 추가되는 부분

칼미완료동사의 변화시 꼭 추가되는 부분

아래 표에서 칼미완료의 기본형은 일단 익톨이구나로 넘어갑니다.
나중에 한번에 정리할테니 지금은 기본형이 익톨이구나 하시고 변화만 이해하세요~
칼완료는 카탈인 것을 알고 출발한 것처럼
칼미완료는 익톨이라고 넣고 출발합니다.

역시 이 표에서도 이해를 위해 단어의 어미변화만을 확인하기 위해 모음을 붙이지 않고 어근만으로 보도록 하겠습니다. 이번엔 좀 더 기네요.. "이티티티에 이티티티니 / 이 우나우나"

| 칼 미완료동사 어미변화 | | | | | | | |
|---|---|---|---|---|---|---|---|
| 단수 | | | | 복수 | | | |
| 3남단 | | יִקטל 익톨 | 이 | 3남복 | 우 | יִקטלוּ 익텔루 | 이 |
| 3여단 | | תִקטל 틱톨 | 티 | 3여복 | 나 | תִקטֹלנָה 틱톨나 | 티 |
| 2남단 | | תִקטל 틱톨 | 티 | 2남복 | 우 | תִקטלוּ 틱텔루 | 티 |
| 2여단 | 이 | תִקטלִי 틱텔리 | 티 | 2여복 | 나 | תִקטֹלנָה 틱톨나 | 티 |
| 1공단 | | אֶקטל 엑톨 | 에 | 1공복 | | נִקטל 닉톨 | 니 |

칼동사 미완료도 모음변화까지 찍어보겠습니다.

| 칼 미완료동사 어미변화 | | | | | | | |
|---|---|---|---|---|---|---|---|
| 단수 | | | | 복수 | | | |
| 3남단 | | יִקְטֹל 익톨 | 이 | 3남복 | 우 | יִקְטְלוּ 익텔루 | 이 |
| 3여단 | | תִּקְטֹל 틱톨 | 티 | 3여복 | 나 | תִּקְטֹלְנָה 틱톨나 | 티 |
| 2남단 | | תִּקְטֹל 틱톨 | 티 | 2남복 | 우 | תִּקְטְלוּ 틱텔루 | 티 |
| 2여단 | 이 | תִּקְטְלִי 틱텔리 | 티 | 2여복 | 나 | תִּקְטֹלְנָה 틱톨나 | 티 |
| 1공단 | | אֶקְטֹל 엑톨 | 에 | 1공복 | | נִקְטֹל 닉톨 | 니 |

어두와 어미에 변화형이 붙네요.. "이티티티에 이티티티니 / 이 우나우나"
언뜻 더 어려워 보이지만 사실 그렇지 않습니다.
3인칭남성과 1인칭공통을 빼고는 모두 그냥 티가 앞에 붙습니다. 즉,'이에이니' 빼고 다 '티'예요.

전에 말씀드렸듯이 모음변화보다 중요한 형태를 먼저 보도록 하겠습니다.
미완료는 익톨을 기억하시라고 했는데요. 결국 첫음절 앞에 요드와 히렉이 붙고 기존의 첫자음을 가져와 폐음절을 만드는 특성을 가집니다. 발음상 카탈이라는 단어 기준으로 익톨이구요.

위에서 카탈(죽이다)라는 단어 대신 말하다라는 단어인 다바르를 넣어도 형태는 원칙적으로 동일합니다.
단, 그 단어에 베가드케파트/후음/약자음등이 들어 있으면 불규칙한 변화를 일으키기에 죽이다라는 매정한 단어를 사용한 것입니다. 어떤 단어이든 미완료형이다 하면 불규칙변화를 무시한다는 가정하에 옆의 빈 칸에 그 단어만 채우면 됩니다.
왜 미완료 익톨을 암기하시는지 아시겠나요?
익톨을 쓰고 그 형태에 그냥 채우기예요~

세부적으로 모음변화를 살펴보도록 하겠습니다.(이건 이해만 하면 된다고 했지요?)

| 칼 미완료동사 어미변화 | | | | | | | |
|---|---|---|---|---|---|---|---|
| 단수 | | | | 복수 | | | |
| 3남단 | | יִקְטֹל 익톨 | 이 | 3남복 | 우 | יִקְטְלוּ 익텔루 | 이 |
| 3여단 | | תִּקְטֹל 틱톨 | 티 | 3여복 | 나 | תִּקְטֹלְנָה 틱톨나 | 티 |
| 2남단 | | תִּקְטֹל 틱톨 | 티 | 2남복 | 우 | תִּקְטְלוּ 틱텔루 | 티 |
| 2여단 | 이 | תִּקְטְלִי 틱텔리 | 티 | 2여복 | 나 | תִּקְטֹלְנָה 틱톨나 | 티 |
| 1공단 | | אֶקְטֹל 엑톨 | 에 | 1공복 | | נִקְטֹל 닉톨 | 니 |

익톨/틱톨/틱톨/엑톨/닉톨은 설명자체가 불필요하겠죠? 그냥 접두어만 다르고 발음의 변화도 없습니다.

תִּקְטֹלְנָה 틱톨나

파란색으로 표시된 나 두 곳의 경우 완전한 음절이 뒤에 붙었습니다.(중자음어미인 템/텐 아님)

어떤 특성이 있었는지 칼완료에서 배운 것 기억나시나요?

1. 어미는 엑센트를 가져오지 않으므로 기존의 엑센트가 유지된다(모음형과 중자음어미 제외)
2. 끝음절이 아니게 된 경우 : 슈바를 붙여 모음없음을 표기
3. 엑센트가 뒤로 조정되면 모음조정 : 하지만 엑센트가 유지되므로 할 일 없음

תִּקְטְלִי 틱텔리 יִקְטְלוּ 익텔루 תִּקְטְלוּ 틱텔루

그레이로 표시된 나 세 곳의 경우 불완전한 음절이 뒤에 붙었습니다. 이때는 무엇을 해야 하죠?

1. 2음절은 엑센트4법칙 아몰랑법칙을 적용해서 슈바적용(불완전음절 붙으면? 아몰랑~~)
2. 나머지 엑센트이동에 따른 모음변화조정인데 모두 1음절은 엑센트3법칙에 의해 엑센트없는 폐음절이므로 단모음인데 히렉으로 단모음이므로 문제가 없네요.

결국 미완료도 붙일 것만 붙이고 엑센트 법칙만 적용하는 겁니다.

이게 미완료 끝입니다. 더 복잡해 보였지만 실상 아무내용 아닌 반복이죠?

기억할 건 오로지.. "이티티티에 이티티티니 이우나우나"

# 4. 칼 나머지 형변환 개요

칼동사 완료와 미완료를 마쳤습니다. 이제 말씀드린 미완료의 후손들에 대한 이야기를 해보려 합니다.
일단 상세 내용을 들어가기 전에 총괄적인 흐름을 아셔야 합니다.
그래야 명령형/부정사연계형/분사능동/분사수동/간접명령(지시형)/청유형이 왜 미완료의 후손인지도 이해할 수 있습니다.

| # | 설명 | 미완료 활용 |
|---|---|---|
| 명령형 | 명령은 2인칭 미완료를 대상으로 하는 것 | 2인칭 |
| 부정사 연계형 | 명령형 남성단수와 동일 | |
| 부정사 절대형 | 부정사 연계형과 유사하지만 특이사항 존재(정말로,반드시 정도의미)<br>창세기의 선악과 먹으면 반드시 죽으리라 부분.. | |
| 분사 능동 | 미완료 3인칭남성단수를 기반으로 명사의 어미변화처럼 변화 | 3인칭 |
| 분사 수동 | 미완료 3인칭남성단수를 기반으로 명사의 어미변화처럼 변화 | 3인칭 |
| 간접명령 (지시형) | 간접명령(지시형)은 미완료와 모든 변화가 동일(단,1인칭은 없다)<br>창세기 빛이 있으라 부분은 미완료이지만 해석시 간접명령으로 해석 | 2인칭<br>3인칭 |
| 청유형 | 청유형은 "내가~하겠다"와 같은 의미로 미완료 1인칭을 기본으로 변화 | 1인칭 |

왜 미완료의 후손인지 이해가 되시나요?
남은 것도 많아 보이지만 말씀드린 대로 미완료형을 기반으로 해서 작은 변화만 있는 것이라 절대 어렵지 않습니다.

하지만 완료와 미완료까지는 "아~타트니 우~템텐누"와 "이티티티에 이티티티니 / 이 우나우나"이렇게 바로 입에서 나올 수 있게 하셔야 합니다.

정리는 했으니 이제 명령형을 살펴보도록 할께요.

# 5. 칼 명령형 / 부정사 연계형

칼동사 완료형의 기본은 “카탈”이고, 미완료형은 “익톨”(카탈 앞에 접두어)이지요?
부정사연계형과 명령형은 미완료의 후손이기에 기초로 삼을 단어가 미완료형 기본단어인 “익톨”입니다.
또한 두 가지를 함께 언급하는 이유는 두가지가 정확히 동일하기 때문입니다.

| 명령형 (4가지) | 2인칭 | 남성 | 단수 |
|---|---|---|---|
| | | | 복수 |
| | | 여성 | 단수 |
| | | | 복수 |

| 부정사 연계형 (1가지) | **부정사연계형은 명령형의 남성단수와 동일** |
|---|---|

קְטֹל 케톨

명령형은 미완료의 2인칭을 기반으로 한다고 했습니다. 미완료표에서 2인칭을 부분 발췌했습니다.

| 칼동사 미완료형 어미변화(**부분발췌**) | | | |
|---|---|---|---|
| 단수 | | 복수 | |
| 2남단 | תִּקְטֹל 틱톨 | 2남복 | תִּקְטְלוּ 틱텔루 |
| 2여단 | תִּקְטְלִי 틱텔리 | 2여복 | תִּקְטֹלְנָה 틱톨나 |

명령형은 미완료에서 앞에 붙은 접두어만 제외시키면 완료되는 형태입니다. 부정사연계형도 동일하구요. 결국 아래 표와 같습니다. 어떤가요? 완료/미완료를 확실히 암기하면 뒤는 쉬워집니다.

| 칼동사 명령형 어미변화 | | |
|---|---|---|
| | 단수 | 복수 |
| **남성** | קְטֹל 케톨 | קִטְלוּ 키텔루 |
| **여성** | קִטְלִי 키텔리 | קְטֹלְנָה 케톨나 |

달라진 부분은 파란색에서 코프아래가 슈바에서 히렉으로 바뀐 점뿐입니다.
이건 왜 일까요? 원래대로라면 단어의 처음에 슈바가 연속되는 형태가 됩니다.
이 경우 앞의 슈바를 “이”발음이 나는 히렉으로 바꾸어 준다라는 모음변화규칙(엑센트규칙 참고하세요)일 뿐입니다. 명령형과 부정사연계형은 이게 끝입니다. 원리를 알면 그냥 쉬워집니다~~

# 6. 칼 부정사 절대형



부정사 절대형은 좀 특이한 형태를 띄고 있습니다.(규칙이라기엔 애매한..)
앞으로 학습할 분사는 규칙적인데 칼패턴에서만 능동/수동으로 나뉘고 나머지에서는 공통입니다.
그러다보니 칼형에서는 부정사절대형과 더불어 분사능동/수동이 불가피하게 약간의 암기가 필요합니다.

| 부정사<br>절대형<br>(1가지) | |
| --- | --- |

이름은 같은 부정사이지만, 차이가 존재하니 알아두셔야 합니다.
부정사연계형의 기본인 남성단수는 케톨입니다.

קְטֹל 케톨

아래는 부정사절대형입니다. 변화를 확인해 보세요.

קָטֹל 카톨 또는 קָטוֹל 카톨

부정사절대형의 두 단어는 어차피 단어에 "오"를 순장모음을 사용했냐 아니냐의 차이입니다.
부정사 연계형과 달라진 부분이 보이시나요?
안타깝게도 부정사절대형은 미완료의 후손으로 보기도 애매하고 또 완료의 후손으로 보기도 애매합니다.
억지로 끼워 맞추기보다는 한가지의 형태를 띄고 있으니 총7개의 패턴을 암기하시는 편이 차라리 낫지 않을까 생각합니다.

전에 "미완료형"과 "부정사절대형" 이 두 가지는 "아~타트티 우~템텐누"처럼 암기해야 합니다.

# 7. 칼 분사 능동형

분사는 규칙적으로 능동/수동없이 공통으로 사용되지만 유일하게 칼패턴에서만 능동/수동으로 나뉘기 때문에 칼형에서만 칼형 분사의 능동/수동 기본단어를 암기해야 합니다.
단, 앞으로 니팔/피엘..등에서는 미완료 3인칭을 기반으로 변화하기에 암기할 필요가 없습니다.
칼동사의 분사능동과 분사수동의 기본동사는 다음과 같습니다.

קוֹטֵל 코텔(분사능동) קֹטֵל

קָטוּל 카툴(분사수동) קָטֻל

| | | | |
|---|---|---|---|
| 분사<br>능동형<br>(4가지) | 3인칭 | 남성 | 단수 |
| | | | 복수 |
| | | 여성 | 단수 |
| | | | 복수 |

칼형분사는 능동/수동이 나뉘며 유일하게 기본단어가 있으므로 미완료의 변화표는 필요하지 않습니다.
단지 분사의 형태변화는 우리가 이전에 배운 명사/형용사의 변화와 동일한 변화를 가진다는 점입니다.
명사/형용사의 변화형은 모두 기억하시지요? "임아오트아임(타임)"

| 칼동사 분사 능동 어미변화 | | |
|---|---|---|
| | 단수 | 복수 |
| 남성 | קֹטֵל 코텔 | קֹטְלִים 코텔림 |
| 여성 | קֹטְלָה 코텔라 קֹטֶלֶת 코텔렡 | קֹטְלוֹת 코텔롵 |

분사능동의 경우 단 하나만 유의하시면 된답니다. 계속적으로 나오고 있는 "엑센트4법칙 아몰랑법칙" .. 레쉬를 뺏긴 후 장모음이고 단모음이고 난 모르겠다고 슈바를 붙이는 법칙만 기억하시면 분사능동도 끝이라는 겁니다. 근데 이게 맞나요? 눈치 빠른 분들은 아래처럼 의문이 생기실 껍니다.

1. 1음절은 액센트에서 떨어진 개음절이므로 슈바 아닌가요?
2. 한 단계 더 생각하시면 단어처음에 슈바가 연속되면 히렉으로 변하니 히렉 아닌가요?

문법편 모음 설명할 때 말씀드린 것처럼 홀렘은 홀렘바브의 축약형으처럼 사용시 표기는 장모음이지만 순장모음으로 처리한본다고 했습니다. 위 기본형이 두 개인것 처럼요..
굳이 홀렘으로 설명한 이유는 순장모음은 불변이 원칙이고 "홀렘이 순장모음 홀렘바브의 축약형처럼 사용되면 순장모음의 규칙을 따라 불변화한다"는 것을 알려드리기 위함입니다.
단어 사용은 홀렘과 홀렘바브로 모두 사용되고 설명은 홀렘바브(순장모음)으로 설명하면 간단하지만 홀렘으로 사용된 경우 이상하다고 느끼시지 않도록 홀렘으로 설명드린 겁니다.

# 8. 칼 분사 수동형

칼동사의 분사능동과 분사수동의 기본동사는 다음과 같습니다.

קוֹטֵל 코텔(분사능동) קֹטֵל

קָטוּל 카툴(분사수동) קָטֻל

| | | | |
|---|---|---|---|
| 분사<br>능동형<br>(4가지) | 3인칭 | 남성 | 단수 |
| | | | 복수 |
| | | 여성 | 단수 |
| | | | 복수 |

칼형분사수동은 능동보다도 더 간단합니다.

"아몰랑법칙"같은 변화도 없습니다. 단지 세골로 사용된 단어를 만나도 순장모음이구나라고 생각하시면 됩니다.

| 칼동사 분사 수동 어미변화 | | |
|---|---|---|
| | 단수 | 복수 |
| 남성 | קָטֻל 카툴 | קְטֻלִים 케툴림 |
| 여성 | קְטֻלָה 케툴라 | קְטֻלוֹת 케툴롵 |

위의 예제는 단모음 '우'발음의 키부츠를 사용한 예제입니다.

이 분사수동어미변화를 하고나서 보니 2음절은 단모음이네요. '엑센트2법칙 엑센트 앞 개음절은 단모음'규칙에 맞으니 수정이 불필요합니다.

만약 순장모음으로 사용되었다고 하더라도 순장모음이므로 2음절은 절대 변하지 않습니다.

그럼 우리가 볼 부분은 1음절 뿐이네요.

1음절은 엑센트규칙에 따라 액센트에서 떨어진 개음절이므로 슈바입니다.

명사형기준으로 어미를 붙이고 액센트에 따른 모음조정으로 끝입니다.(사실 모두 공통인 사항이지요.)

# 9. 칼 간접명령(지시형)

칼동사의 명령형은 2인칭이라고 했습니다. 당연한 이야기구요.
그런데 좀 간접명령(지시형)이라고 하는 특이한 기능이 있습니다.(간접명령보다 지시의 의미)
창세기에서 "빛이 있으라"에서 사용된 부분인데요. 빛은 존재하기 전이지요.

| | | | |
|---|---|---|---|
| 간접명령 (=지시형) (8가지) | 3인칭 | 남성 | 단수 |
| | | | 복수 |
| | | 여성 | 단수 |
| | | | 복수 |
| | 2인칭 | 남성 | 단수 |
| | | | 복수 |
| | | 여성 | 단수 |
| | | | 복수 |

| 216 | 1961 | 216 | 1961 | 430 | 559 |
|---|---|---|---|---|---|
| 명남단 | 접와동칼미남3단 | 명남단 | 동칼미남3단 | 명남복 | 접와.동칼미남3단 |

וַיֹּאמֶר אֱלֹהִים, יְהִי אוֹר; וַיְהִי-אוֹר.

| 오르 | 봐예히 | 오르 | 예히 | 엘로힘 | 봐요멜 |
|---|---|---|---|---|---|
| 빛 | 있었다 | 빛 | 있으라 | 하나님 | 말씀하셨다 |

칼동사의 간접명령은 미완료와 형태는 동일하고 단지 엑센트만 앞에 위치합니다.
"예히"의 형태는 조금 달라 보이지만 이건 "라메드-헤"동사의 단축형으로 마지막 "헤"가 사라지고 변하는 약동사에 해당하기에 이 형태는 하야동사편을 참고하세요! הָיָה

| 칼 미완료동사 어미변화 | | | | | | | |
|---|---|---|---|---|---|---|---|
| 단수 | | | | 복수 | | | |
| 3남단 | | יִקְטֹל 익톨 | 이 | 3남복 | 우 | יִקְטְלוּ 익텔루 | 이 |
| 3여단 | | תִּקְטֹל 틱톨 | 티 | 3여복 | 나 | תִּקְטֹלְנָה 틱톨나 | 티 |
| 2남단 | | תִּקְטֹל 틱톨 | 티 | 2남복 | 우 | תִּקְטְלוּ 틱텔루 | 티 |
| 2여단 | 이 | תִּקְטְלִי 틱텔리 | 티 | 2여복 | 나 | תִּקְטֹלְנָה 틱톨나 | 티 |
| 1공단 | | | 에 | 1공복 | | | 니 |

결국 "칼 간접명령(지시형)은 칼 미완료의 2인칭과 3인칭과 동일하며 엑센트의 위치만 앞으로 온다"입니다. 위에 성경에서 예히가 동칼미남3단입니다. 미완료의 형태인겁니다. 이건 문맥상으로 파악할 수 밖에 없습니다.

# 10. 칼 청유형 변화



칼동사의 청유형은 1인칭이라고 했습니다. “내가~하겠다”정도의 의미로 화자의 의지표현입니다.

<table>
<tr><td rowspan="2">청유형<br>(2가지)</td><td rowspan="2">1인칭</td><td rowspan="2">남성</td><td>단수</td></tr>
<tr><td>복수</td></tr>
</table>

| 칼동사 미완료형 1인칭 어미변화(**부분발췌**) | | | |
|---|---|---|---|
| 단수 | | 복수 | |
| 1공단 | אֶקְטֹל 엑톨 | 1공복 | נִקְטֹל 닉톨 |

| 칼동사 청유형 어미변화 | | | |
|---|---|---|---|
| 단수 | | 복수 | |
| 1공단 | אֶקְטְלָה 에크텔라 | 1공복 | נִקְטְלָה 니크텔라 |

여기서 보면 미완료는 1인칭공통이지요? 그런데 어미는 보통의 여성형에 사용되는 어미입니다.
앞에서 간접명령(지시형)의 경우는 미완료와 형태가 동일하고 엑센트만 앞으로 가기에 문맥에 따라서 해석을 해야 한다고 했습니다.
1인칭 화자의 의지표현으로 사용되는 청유형의 경우는 형태가 다르기에 문맥이 아닌 모양으로 파악이 가능합니다.그런데 남성형은 기본형이기에 여성형을 사용해야 어미변화가 나겠죠?
즉, 1인칭 청유형의 경우는 1인칭미완료형에 단수/복수 모두 여성어미인 카메츠+헤를 붙여서 만듭니다.

이 곳의 문법사항은 이제 말씀드릴 필요도 없어 보입니다. 둘 다 3음절이 되는데요..
기본 2음절은 “엑센트4법칙 아몰랑법칙”이고, 1음절은 엑센트3법칙 액센트가 없는 폐음절이기에 단모음입니다.단, 여기서는 슈바가 연속될 수 있지요?
단어처음도 아니고 앞의 슈바는 “모음없음”을 표시하는 무성슈바이고 뒤 슈바는 유성슈바입니다.

이로써 칼형 패턴에 대한 모든 변화는 마무리가 되었습니다.(성경 출현빈도 70%가 칼.. 기억나시죠?)
같은 형태로 그럼 “니팔/피엘/푸알/히트파엘/히필/호팔”을 또 공부해야 하나?”라는 생각이 드시나요?
전혀 그렇지 않습니다. 앞으로는 다음장부터 나오는 딱 한가지 “칼/니팔/피엘/푸알/히트파엘/히필/호팔”를 구분하는법?만 공부하시면 됩니다.
기본적인 부분은 지금까지 우리가 배운 칼형과 모두 동일하게 변화하니까요.

# 11. 칼 변화를 마치며..

칼동사는 70%를 차지하는 중요한 동사패턴입니다.
여기까지 열심히 따라오셨더라도 니팔패턴을 넘어가기 전에 다시 한번 정리하고 배운 것을 복습해 보는 것이 좋을 것 같네요.

| 칼동사 패턴 변화 요약 | |
|---|---|
| **완료** | 아~타트티 우~템텐누 |
| **미완료** | 이티티티에 이티티티니 / 이 우나우나 |
| **명령형** | 미완료2인칭에서 접두어만 제거 |
| **부정사연계형** | 명령형 남성단수와 동일 |
| **부정사절대형** | 이건 불가피하게 암기(나름 변화틀이 있긴해요~) |
| **분사 능동** | 칼동사만 능동/수동이 분리되기 때문에 기본형만 암기필요 |
| **분사 수동** | 칼동사만 능동/수동이 분리되기 때문에 기본형만 암기필요 |
| **간접명령(지시형)** | 미완료 2인칭/3인칭대상으로 미완료와 동일(문맥으로 판단) |
| **청유형** | 미완료 1인칭에 여성형 어미만 붙이면 끝 |

어떻게 대충 감은 오시나요?
처음부터 모두 알겠다는 생각을 버리시고 느낌만 가지시고, 성경을 접하며 그때그때 찾아보시며 공부하시면서 익숙해 지는 것이 방법입니다.

어차피 성경을 읽으며 아시게 되지만 나오는 친구들이 계속 반복되어 나오면서 익숙해지게 만들어 줍니다. 디아스포라를 위해 모음체계가 만들어졌다는 것을 말씀드렸지요?
포로기를 거치며 히브리어를 사용하지않으니 유대인임에도 못읽었듯이 히브리어는 익숙해지는 것이 더 중요합니다.

단, "아~"하면 "타트티", "우~"하면 "템텐누"등 몇 가지 암기사항 말씀드린 것도 안 하시면 .. ㅎㅎ

# 12. 칼 변화정리



혹시 칼완료의 변화형 모두 암기하시나요? 칼미완료형은요?
이걸 모두 암기하면 정말 좋겠지만 제가 암기를 못하는 스타일이라..기본 단어를 두고 그 단어의 변화로 설명하며 몇 가지만 암기하면 된다고 말씀드렸죠?

| | 단순형 | | 강조형 | | | 사역형 | |
|---|---|---|---|---|---|---|---|
| | 능동 | 수동/재귀 | 능동 | 수동 | 재귀 | 능동 | 수동 |
| | 칼(파알) | 니팔 | 피엘 | 푸알 | 히트파엘 | 히필 | 호팔 |
| 완료 | 카탈 | | | | | | |
| 미완료 | 익톨 | | | | | | |
| 명령 | 미완료 접두어 제거 | | | | | | |
| 부정사 연계형 | 3인칭남성단수명령 | | | | | | |
| 부정사 절대형 | 카톨 | | | | | | |
| 분사 능동 | 코텔 | | | | | | |
| 분사 수동 | 카툴 | | | | | | |
| 간접명령(지시) | 미완료 2/3인칭과 동일 | | | | | | |
| 청유형 | 미완료1인칭 +여성어미 | | | | | | |

완료형만도 카탈/카텔라/카탈트/카탈티/... , 미완료도 많이 변화하지요.
하지만 기본 단어 1개씩만 암기하면 변화형은 대응할 수 있다고 말씀드렸어요.
하지만 앞으로 동사를 하기 위해 꼭 필요한 부분이 상기 회색부분의 암기입니다.
완료형의 경우는 칼/니팔등의 패턴명이 그대로 사용되기에 별다른 암기가 역시 불필요하긴 하지만요..
하지만 미완료의 형태만큼은 불가피하게 무조건 암기해야 된다는 점 기억해 주세요!!!

# 13. 동사의 7패턴 정리

동사 처음에 그린 표를 다시 가져왔습니다.

| 단순형 | | 강조형 | | | 사역형 | |
|---|---|---|---|---|---|---|
| 능동 | 수동/재귀 | 능동 | 수동 | 재귀 | 능동 | 수동 |
| 칼(파알) | 니팔 | 피엘 | 푸알 | 히트파엘 | 히필 | 호팔 |
| פָּעַל | נִפְעַל | פִּעֵל | פֻּעַל | הִתְפַּעֵל | הִפְעִל | הָפְעַל |
| 70% | 5% | 9% | 0.2% | 1% | 13% | 0.5% |

지금쯤은 상기 표의 히브리어 글자를 읽으실 수 있으시죠?
원래 히브리어에서 기본단어는 위에 나온 "파알"입니다. 하지만 이 단어 역시 베가드케파트 문자와 후음문자가 있어서 변화가 좀 복잡합니다.
그렇기에 거의 대부분의 교재에서 지금까지 배운 "카탈"이라는 동사를 사용하여 학습하는 겁니다.
위 표에서 모음은 한국어 그대로 그려져 있는 것을 보실 수 있습니다.
결국 앞으로 배울 칼패턴을 제외한 나머지 6개의 패턴은 자음부분에 카탈에서 사용한 코프,테트,라멜을 넣어주면 끝이 나는 형태입니다.

| 단순형 | | 강조형 | | | 사역형 | |
|---|---|---|---|---|---|---|
| 능동 | 수동/재귀 | 능동 | 수동 | 재귀 | 능동 | 수동 |
| 카탈 | 닠탈 | 킽텔 | 쿹탈 | 히트캍텔 | 힠틸 | 홐탈 |
| קָטַל | נִקְטַל | קִטֵּל | קֻטַּל | הִתְקַטֵּל | הִקְטִיל | הָקְטַל |
| 70% | 5% | 9% | 0.2% | 1% | 13% | 0.5% |

사실 "니팔"등도 "닢알"이 맞지만 예전부터 사용한 방식을 따른 것 뿐 모두 자음만 변경된 것 뿐입니다.
제가 칼형만 정확히 학습하면 모든 것이 거의 끝이라고 했지요?
지금까지 사용하던 기본단어가 칼형에서는 카탈이었는데 이제 상기 형태에 맞추어 변화된 단어를 각 패턴의 기본단어로 대체만 시켜주면 거의 모든 것이 끝납니다.
물론 약간의 수정부분은 제가 따로 언급해 드릴테니 걱정마시고 따라오시면 됩니다.

# 14. 니팔동사 들어가기 전

앞 페이지 표를 다시 가져왔습니다.

| 단순형 | | 강조형 | | | 사역형 | |
|---|---|---|---|---|---|---|
| 능동 | 수동/재귀 | 능동 | 수동 | 재귀 | 능동 | 수동 |
| 칼(파알) | 니팔 | 피엘 | 푸알 | 히트파엘 | 히필 | 호팔 |
| פָּעַל | נִפְעַל | פִּעֵל | פֻּעַל | הִתְפַּעֵל | הִפְעִל | הָפְעַל |
| 70% | 5% | 9% | 0.2% | 1% | 13% | 0.5% |

| 단순형 | | 강조형 | | | 사역형 | |
|---|---|---|---|---|---|---|
| 능동 | 수동/재귀 | 능동 | 수동 | 재귀 | 능동 | 수동 |
| 카탈 | 닉탈 | 킽텔 | 쿹탈 | 히트캍텔 | 힉틸 | 홐탈 |
| קָטַל | נִקְטַל | קִטֵּל | קֻטַּל | הִתְקַטֵּל | הִקְטִיל | הָקְטַל |
| 70% | 5% | 9% | 0.2% | 1% | 13% | 0.5% |

명칭은 칼(파알)/니팔/피엘/푸알/히트파엘/히필/호팔인데 우리가 칼형도 카탈이란 동사를 사용했지요?
여기서 니팔이후를 가기전 정리할 부분이 있습니다.
위 표에서 모음의 차이가 보이시나요? 다른 부분들이 보이시죠?

아래표에서는 강조형인 피엘/푸알/히트파엘부분인 킽텔/쿹탈/히트캍텔부분의 테트자리에 중복점이 찍혀있습니다. 또한 히필형태도 모음의 차이가 보이실꺼예요.

원래 강조형인 피엘/푸알/히트파엘은 어근 두 번째자리가 중복점이 들어가는게 규칙입니다.
그런데 그 자리가 위 표에세는 후음문자이고 중복점을 없지요? 이런 문제점들이 있기에 어근 3자리 모두 일반적인 문자가 들어가는 좀 잔인한 단어인 카탈을 기본형으로 설명하게 되는 것이랍니다.

중요한 특징은 강조형인 피엘/푸알/히트파엘은 어근 두번째 자리에 중복점이 들어간다는 특징이 있다는 점입니다.
히필도 마찬가지로 차이가 나게 되는 것이랍니다.

# 15. 니팔동사의 완료

니팔동사의 기본형을 일단 가져와 봅니다. 칼형에서 무엇이 달라지는지 보세요.

נִקְטַל 닉탈 / 기본형은 카탈 קָטַל

| 칼완료동사 어미변화 | | | | | |
|---|---|---|---|---|---|
| 단수 | | | 복수 | | |
| 3남단 | קָטַל 카탈 | - | 3공복 | קָטְלוּ 카텔루 | 우 |
| 3여단 | קָטְלָה 카텔라 | 아 | | | |
| 2남단 | קָטַלְתָּ 카탈타 | 타 | 2남복 | קְסַלְתֶּם 케탈템 | 템 |
| 2여단 | קָטַלְתְּ 카탈트 | 트 | 2여복 | קְסַלְתֶּן 케탈텐 | 템 |
| 1공단 | קָטַלְתִּי 카탈티 | 티 | 1공복 | קָטַלְנוּ 카탈누 | 누 |

| 니팔 완료동사 어미변화 | | | | | |
|---|---|---|---|---|---|
| 단수 | | | 복수 | | |
| 3남단 | נִקְטַל 닉탈 | - | 3공복 | נִקְטְלוּ 닉텔루 | 우 |
| 3여단 | נִקְטְלָה 닉텔라 | 아 | | | |
| 2남단 | נִקְטַלְתָּ 닉탈타 | 타 | 2남복 | נִקְטַלְתֶּם 닉탈템 | 템 |
| 2여단 | נִקְטַלְתְּ 닉탈트 | 트 | 2여복 | נִקְטַלְתֶּן 닉탈텐 | 텐 |
| 1공단 | נִקְטַלְתִּי 닉탈티 | 티 | 1공복 | נִקְטַלְנוּ 닉탈누 | 누 |

칼동사의 기본형인 카탈부분에 니팔동사의 특징인 접두어를 붙인 기본형을 넣고 "니팔(정확히 닢알)" 발음대로 달라진 것 외에는 칼동사의 변화와 다른 것이 하나도 없습니다.
칼동사의 변화도 따지고 보면 완료형의 경우 "아~타트티 우~템텐누"외에는 액센트등에 따른 모음조정 뿐이잖아요?
그대로 동일합니다. 전혀 다른 내용이 아니예요.
앞으로는 칼동사의 변화는 별도로 표를 넣지 않고 해당 패턴만 표기해도 되겠죠?
마지막으로 칼동사와 니팔동사의 기본 패턴을 그리고 니팔동사 완료형을 마무리하려 합니다.

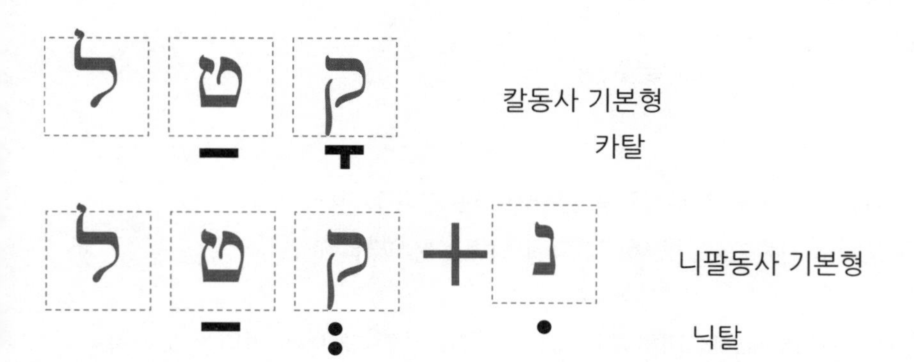


## 1. 니팔(수동/재귀)동사의 특징

즉, 니팔동사(정확히는 닢알로 기억해야 폐음절화 되는 것을 기억하기 쉽습니다.)의 변화는 단순합니다.

1. 칼동사의 원형에 눈+히렉이 접두되면서 어근의 첫자음을 받침으로 빼어와 폐음절을 만든다.
2. 접두어에 불과하기 때문에 기존 칼형의 변화에 따른 엑센트모음조정등이 그대로 유지된다.

이 카탈을 기준으로 암기하시고 다른 단어는 아래처럼 일단 그리신 후 어근을 채우면 끝입니다.

# 16. 니팔동사의 미완료

니팔동사 변화를 불규칙적으로 보여서 어려워합니다.
하지만 니팔동사의 변화도 결과표만을 바라보면 불규칙적으로 암기해야 하는 것으로 보이지만,
니팔동사에 대한 이해를 기반으로 바라보면 너무도 규칙적이란 것을 알 수 있습니다.
암기하는 거면 암기를 너무 싫어하는 저도 일찌감치 책 덮고 말았을꺼예요.

칼동사를 마치며 앞으로 미완료형의 기본단어만큼은 암기가 필요하다는 말씀드린 것 기억하시나요?
현재 위치가 니팔동사의 미완료이니 드디어 또 암기할 단어가 하나 나오는 거겠죠?

## 1. 니팔동사 완료형의 기본형

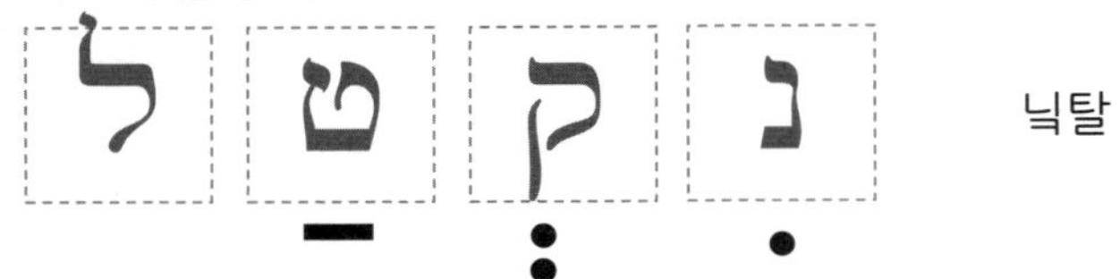

닉탈

아래에서 설명드리는 부분은 니팔동사의 명령,부정등등 끝까지 연관되니 잘 따라오세요.
상기 니팔동사의 기본형은 아실테고.. 미완료형은 어미변화가 뭐였는지 아시죠?
"이티티티에 이티티티니 / 이 우나우나" 이건 기억하셔야 합니다.
그럼 상기에 적어드린 니팔동사 기본형 닉탈에 미완료가 되면 접두어 "이"가 붙어야 한다는 것까지
연결이 되시나요? 칼 미완료에 니팔접두어가 아니예요. 니팔동사에 미완료접두를 하는 것 기억하세요!
일단 니팔동사 미완료형의 최종판을 보여드리고 시작할께요. 이게 암기할 단어입니다.

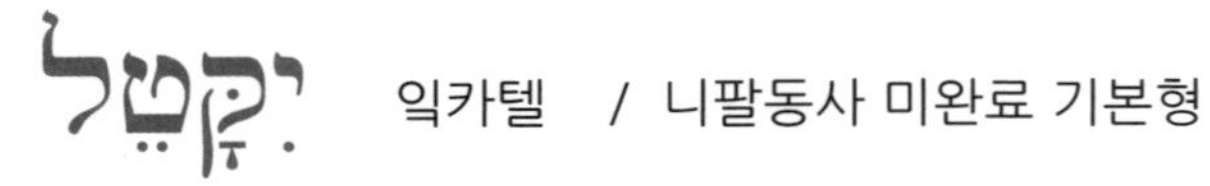

익카텔 / 니팔동사 미완료 기본형

그런데 미완료의 특성에 따라서 앞에 "이"가 붙은 것은 알겠는데 나머지 부분이 니팔형의 특징인
"눈"도 없고 뭐가 이상하지요?
앞으로 니팔동사 변화의 마지막까지 이렇게 마구 변하는 듯 보입니다. 그래서 불규칙으로 보입니다.

이런 형태들이 나오기에 한 눈에 어떤 형태의 단어인지 보이지도 않고 해서 어렵다고 느끼게 되시는
겁니다.
하지만 기억할 것은 기본형 하나의 단어라고 말씀드렸죠? 익카텔..
다음페이지에서 이런 변화를 가져오게 된 원리를 알아볼께요.

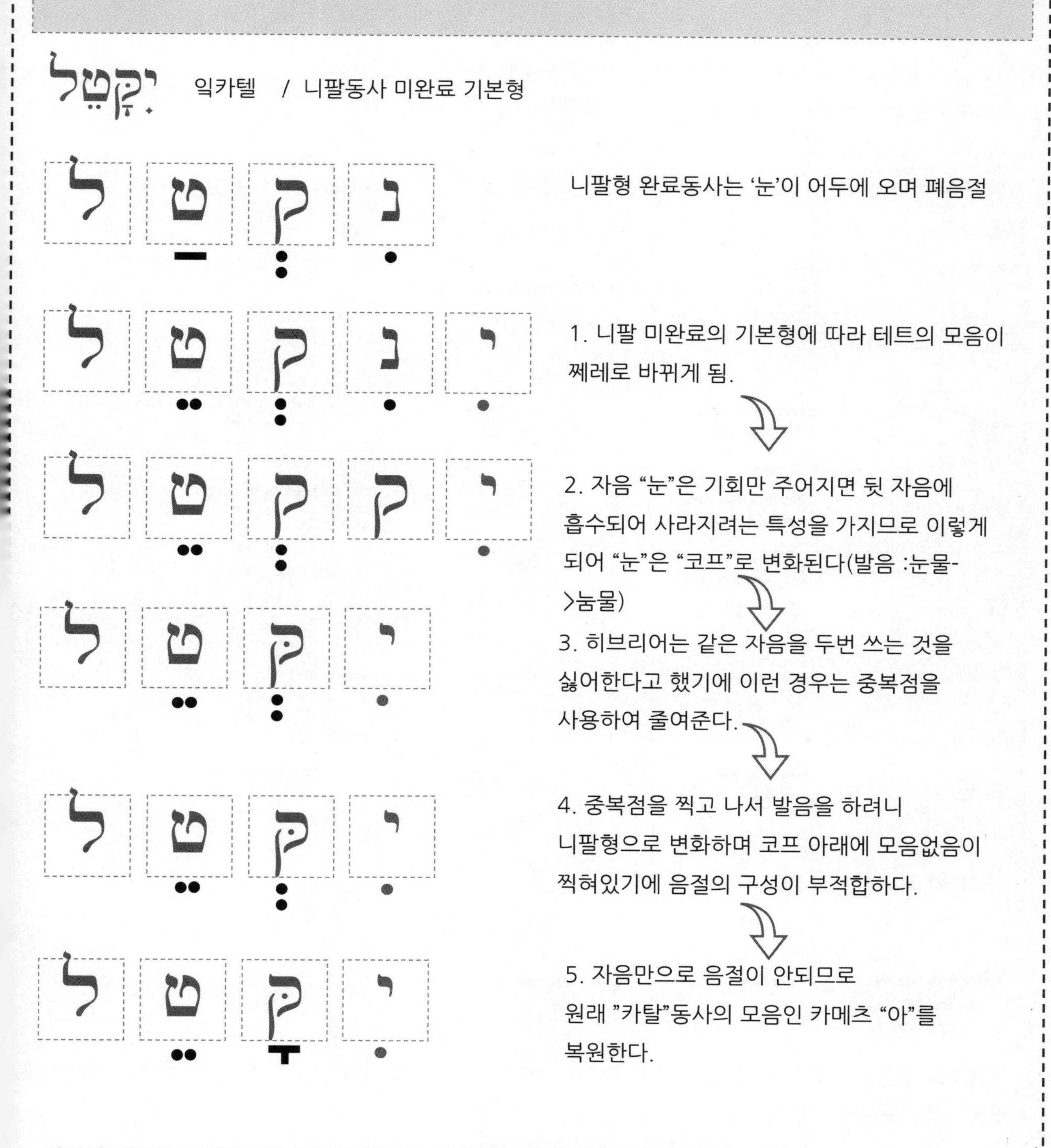


위에서 니팔동사 미완료가 눈이 사라지고 다르게 보이게 된 이유를 설명했습니다.
단순히 원리만 보고 넘어가시고 기억할 필요조차 없습니다. 우리가 기억할 것은 하나입니다.
니팔동사 미완료의 기본형은 익카텔이다!!! 첫자음의 중복점이 눈의 자음동화를 보여준다!
이 기본형이 있어야 칼형 미완료에서 한 것처럼 성과 수에 따라 또 변화를 하게 만들수 있잖아요?
지금 위치가 어디인지 놓치시면 안됩니다.

그럼 이제 니팔동사의 미완료형의 성과수에 따른 변화를 살펴볼께요.
기본적으로 칼 미완료의 변화와 동일합니다. 기억하시죠?
“이티티티에 이티티티니 / 이 우나우나” 니팔미완료 기본형은? 익카텔..
미완료변화의 경우는 템과 텐같은 중자음어미가 없으므로 엑센트를 강제로 끌어오지 않는다!
단, 모음만으로 구성된 어미의 경우는 역시 끝음절에 강세가 가므로 엑센트이동이 발생한다!

| 니팔 미완료동사 어미변화 | | | | | | | |
|---|---|---|---|---|---|---|---|
| 단수 | | | | 복수 | | | |
| 3남단 | | יִקָּטֵל 익카텔 | 이 | 3남복 | 우 | יִקָּטְלוּ 익카텔루 | 이 |
| 3여단 | | תִּקָּטֵל 틱카텔 | 티 | 3여복 | 나 | תִּקָּטַלְנָה 틱카탈나 | 티 |
| 2남단 | | תִּקָּטֵל 틱카텔 | 티 | 2남복 | 우 | תִּקָּטְלוּ 틱카텔루 | 티 |
| 2여단 | 이 | תִּקָּטְלִי 틱카텔리 | 티 | 2여복 | 나 | תִּקָּטַלְנָה 틱카탈나 | 티 |
| 1공단 | | אֶקָּטֵל 엑카텔 | 에 | 1공복 | | נִקָּטֵל 닉카텔 | 니 |

지금까지 배운 내용과 다른 부분이 없습니다.
접두되는 부분만 있는 경우는 엑센트이동등 생각할 부분이 없으니 그냥 접두만 시키면 끝이네요.

תִּקָּטְלִי　　יִקָּטְלוּ　תִּקָּטְלוּ

그레이로 불완전어미가 추가로 있는 경우 어미를 붙이고 엑센트4법칙 아몰랑법칙을 적용하므로 슈바를 적용하고 보조엑센트만 들어가 있습니다.

תִּקָּטַלְנָה　　תִּקָּטַלְנָה

파란색으로 완전어미가 추가로 있는 경우 문제가 좀 있습니다.
끝음절이 아닌 라멘 아래의 슈바는 문제가 없는데 테트 아래가 쩨레가 아닌 파타로 변경되었습니다.
이 부분은 방법이 없습니다. 기억할 수 밖에요..ㅠㅠ

# 17. 니팔동사의 명령형 / 부정사 연계형



명령형과 부정사연계형은 동일한 형태이고, 명령형은 2인칭에 해당하는 것 기억하시죠?
또한 명령형을 만드는 방법은 접두어만 제거하면 끝이다라고 했습니다.

| | | | |
|---|---|---|---|
| 명령형 (4가지) | 2인칭 | 남성 | 단수 |
| | | | 복수 |
| | | 여성 | 단수 |
| | | | 복수 |

| | |
|---|---|
| 부정사 연계형 (1가지) | **부정사연계형은 명령형의 남성단수와 동일** |

הִקָּטֵל 힉카텔

| 니팔동사 미완료어미변화 | | |
|---|---|---|
| | 단수 | 복수 |
| **남성** | תִּקָּטֵל 틱카텔 | תִּקָּטְלוּ 틱카텔루 |
| **여성** | תִּקָּטְלִי 틱카텔리 | תִּקָּטַלְנָה 틱카탈나 |

위 니팔동사 미완료에서 접두어를 떼면 끝이어야 하는데 아래의 명령형과 부정사연계형을 보면 조금 색다릅니다.

| 니팔동사 명령형 어미변화 | | |
|---|---|---|
| | 단수 | 복수 |
| **남성** | הִקָּטֵל 힉카텔 | הִקָּטְלוּ 힉카텔루 |
| **여성** | הִקָּטְלִי 힉카텔리 | הִקָּטַלְנָה 힉카탈나 |

접두어가 떼어진 자리에 '헤'가 다시 붙어 있습니다. 이것 역시 불규칙으로가 아닌 원리를 설명드릴께요.
니팔동사의 경우는 잊으셨는지 모르지만 원래 '눈'이 있어야 할 자리가 자음동화되어 다음 자음에 중복점(경강점이 아닌 중복점)으로 들어갔다고 말씀드렸죠?
그런데 접두어를 제외하면 단어 처음에 중복점이 올 수 있나요?
중복점의 하나는 앞 음절의 받침으로 들어가는 역할을 하는 것인거 기억나시나요?
이런 상황때문에 불가피하게 '헤'를 대체해서 넣음으로서 문법적 오류를 제거한 것에 불과합니다.
특이한 변화이긴 하지만 이 변화때문에 문법들을 다시 복습하게 되는 것 같지 않나요?ㅎㅎ

# 18. 니팔동사의 부정사 절대형

칼동사를 학습할 때 부정사 절대형은 암기가 필요하다고 했습니다.
칼동사의 부정사절대형이 혹시 기억나시나요? 기억 안나셔도 됩니다. 어쩌면 당연하구요~

קָטֹל 카톨 또는 קָטוֹל 카톨

동사의 7패턴중 현재 두번째 니팔동사를 하고 있는데요..
니팔동사부터 나~중에 배울 호팔동사까지 좀 더 쉽게 부정사절대형을 기억할 방법이 있습니다.

| 부정사 연계형 (1가지) | **부정사연계형은 명령형의 남성단수와 동일** |
|---|---|

הִקָּטֵל 힉카텔

| 부정사 절대형 (1가지) | **히트파엘은 부정사절대형과 연계형이 동일** |
|---|---|

הִקָּטֹל 힉카톨

위에 부정사연계형을 적으며 두 가지가 동일하게 쓰이는 히트파엘을 언급한 것 보이시죠?
즉 히트파엘을 기준으로 쉽게 구분이 된다는 점입니다. 부정사절대형도 칼만 특별하니 암기하시고 나머지는 기준점만 잘 세우면 그냥 알게 됩니다. 좀 더 구체적으로 볼께요.

| | 니팔/피엘/푸알 | 히트파엘 | 히필/호팔 |
|---|---|---|---|
| **부정사 연계형** | ~ | 부정사절대형과 부정사연계형이 동일 | ~ |
| **부정사 절대형** | ~ | | ~ |

표만으로는 무슨 말인지 이해가 안가실 수 있습니다.
위에서 니팔동사의 부정사연계형은 힉카텔입니다. 부정사절대형은 힉카톨이구요.
마지막 음절이 쩨레든 파타든 순장모음이든 무엇이든지간에 니팔/피엘/푸알은 마지막이 홀렘이 된다는 점입니다.(원칙적으로 순장모음은 불변이지만 부정사절대형에서 나오는 특이한 현상입니다.)
반면에 두 가지가 동일한 히트파엘을 기점으로 이후에 위치한 히필과 호팔의 경우는 쩨레로 변한다는 점입니다.

즉, 카탈의 부정사절대형이 카톨인것만 기억하시고 나머지 6가지 패턴의 경우에는 부정사연계형에서 아주 살짝 모음조정만 해 주는 것으로 모든 것이 끝입니다.
암기할 부분이 확 줄어드는 것이 느껴지시나요?
암기를 힘들어하는 저는 이런 패턴을 통해서 규칙화해서 정리하는 것을 좋아합니다.

# 19. 니팔동사의 분사



칼동사만 분사능동과 수동이 구분되고 나머지 6가지 패턴은 동일하다고 했습니다.
분사 역시 미완료의 후손이라고 했구요. 그런데 이 니팔동사는 살짝 독특한 형태를 가지고 있어서 주의할 부분이 있습니다.

일단 앞으로 배울 나머지 패턴까지 쉽게 가는 방법을 정리하고 니팔분사의 특성을 추가해 볼께요.
분사의 변화 역시 앞에서 부정사절대형이 마지막음절 모음변화만 바꾸면 연계형과 동일해지는 것과 유사합니다. 그런데 더 쉬워요.. ㅎㅎ

## 1. 공통적인 분사의 특징(칼 일부 제외)

- 분사는 마지막 음절이 모두 장음이다!!!
- 니팔을 제외한 피엘/푸알/히트파엘/히필/호팔 모두 멤이 접두된다.

위 분사의 공통적인 특징만 일단 기억해두시면 니팔을 지나며 나머지들은 모두 암기가 필요없습니다

그러면 니팔분사의 독특한 면을 살펴볼께요.

## 2. 니팔분사의 특징

기존에 명령형등을 만들때 어떻게 진행했었는지 기억나시나요?
눈이 미완료가 되면서 뒷 자음에 동화되는 현상으로 눈이 사라지면서 뒷 자음에 중복점이 찍히고 여기서 접두어를 떼면서 중복점 문제로 다시 헤가 살아나고.. 기억하시죠?

니팔분사의 특징은 그냥 이렇게 정리합니다.
분사 역시 미완료의 후손임에도 불구하고 니팔분사는 완료의 후손인 것처럼 행동한다.
이 한줄이 끝입니다.
니팔동사의 완료와 미완료를 한번 다시 봅니다.

익카텔
(미완료)

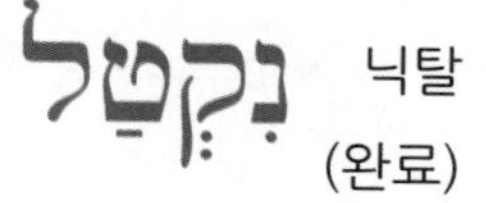

닉탈
(완료)

그러면 니팔분사를 한번 볼까요?

닉탈~(완료와 다르게 분사는 길게 장음으로 발음해야 합니다.)

이걸 니팔분사는 독특한 변화니 암기하고 뭐하고 쩨레가 카메츠가되고..등등으로 암기하지 마세요.
"아! 니팔분사는 독특하게 완료의 후손처럼 행동하네"로 끝입니다.
완료의 파타가 카메츠로 변한것은 분사의 공통특성이지요? 마지막음절이 장음절이되는 것.. 끝입니다.

분사의 경우는 명사처럼 성수에 따른 변화도 함께 봐야 합니다.

| 니팔동사 분사 어미변화 | | |
|---|---|---|
| | 단수 | 복수 |
| 남성 | נִקְטָל 닉탈 | נִקְטָלִים 닉탈림 |
| 여성 | נִקְטָלָה 닉탈라<br>נִקְטֶלֶת 닉텔렐 | נִקְטָלוֹת 닉탈롵 |

일단 먼저 볼 부분은  분사의 경우 앞 페이지에서 언급한 대로 성수에 따른 변화와 관계없이 장음으로 처리되는 특성이 있습니다.(닉텔렐 예외)

변화형을 언뜻 보면 지금까지 본 내용과 그냥 동일해 보입니다. 임아오트..
그러나 상세히 다시 분석해보면 뭔가 이상한 점이 나타납니다.
닉탈림과 닉탈라의 경우는 지금까지 배운 것으로 따지면 엑센트4법칙 아몰랑에 의해서 슈바로 변해야 하지 않나요?
그런데 분사에서는 장음을 유지하고 있습니다. 즉, 분사의 특징인 장음이 유지된다는 점입니다.

또 한가지 확인할 사항은 니팔분사의 경우에는 여성단수의 형태가 두 가지라는 점입니다.

# 20. 니팔 간접명령/청유형 변화

칼동사에서 간접명령은 미완료의 2인칭과 3인칭과 형태가 동일하기에 문맥상에 판단한다고 말씀드렸죠?
이 규칙은 동일하기 때문에 니팔동사에서도 형태는 그대로 미완료2/3인칭과 동일합니다.
여기서는 어미가 붙어 변화를 일으키는 청유형만 추가로 확인하도록 할께요.

| 청유형<br>(2가지) | 1인칭 | 남성 | 단수 |
|---|---|---|---|
| | | | 복수 |

| 칼동사 미완료형 1인칭 어미변화(**부분발췌**) | | | |
|---|---|---|---|
| 단수 | | 복수 | |
| 1공단 | אֶקָּטֵל 엑카텔 | 1공복 | נִקָּטֵל 닠카텔 |

| 칼동사 청유형 어미변화 | | | |
|---|---|---|---|
| 단수 | | 복수 | |
| 1공단 | אֶקָּטְלָה 엑카텔라<br>אִקָּטְלָה 익카텔라 | 1공복 | נִקָּטְלָה 닠카텔라 |

니팔동사 청유형 1인칭공성단수의 경우는 엑카텔라 또는 익카텔라로 모두 사용이 됩니다.
4음절로 구성된 엑카텔라의 모음변화를 살펴보겠습니다.
모음으로 시작하는 어미가 붙으며 엑센트는 4음절에 있습니다.
3음절은 "엑센트4법칙 아몰랑법칙"이구요..
1음절은 엑센트없는 폐음절로 엑센트3법칙에 부합합니다.

그러면 2음절은 엑센트2법칙에 따르면 슈바가 와야 하는 건데 이상하지 않나요?
이거 기억하실지 모르겠는데 칼완료에서 본 적이 있습니다.
메텍이라는 반모음방지기호를 통해 변화형을 유지했다고 하면서 설명드렸습니다.
단모음뒤의 슈바는 무성슈바이기에 이를 방지하는 기능이라구요..
여기도 동일한 형태입니다.
테트 아래의 유성슈바를 유지하기 위해 코프를 장모음으로 그대로 유지합니다.
청유형에는 이 흐름입니다. 메텍이 있다고 생각하시면 됩니다.

# 21. 니팔동사 변화정리

니팔동사를 마치기전에 전체적인 정리를 다시 한번 해 보겠습니다.
아래 내용이 기억이 나시면 정말 잘 따라오신 거구요.. 다시 보시며 머리속에서 기억해 보세요.
기본동사를 다 암기하시면 좋지만 아니시라도 완료와 미완료 두개는 꼭 외우셔야 합니다. 닉탈/익카텔

| # | 단순형 | |
|---|---|---|
| | 수동/재귀 | |
| | 니팔 | |
| 완료 | נִקְטַל | 닉탈 |
| 미완료 | יִקָּטֵל | **익카텔** : 눈이 자음동화되어 사라지며 중복점 출현 |
| 명령 | הִקָּטֵל | **힉카텔** : 어두를 제거하면 중복점이 단어처음에 쓰이는 문법적 오류를 방지하기 위해 '헤'로 대체되어 추가되는 현상이 발생 |
| 부정사 연계형 | הִקָּטֵל | |
| 부정사 절대형 | הִקָּטֹל | **힉카톨** : 힉카텔과 동일하지만 부정사절대형은 부정사연계형과 절대형이 동일한 히트파엘을 중심으로 앞은 "홀렘" 뒤는 "쩨레"로 변하는 것 기억 |
| 분사 능동 | נִקְטָל | **닉탈** : 눈이 다시 살아나며 분사는 장음의 특성을 유지한다는 점이 포인트(여성단수는 2가지 형태) |
| 분사 수동 | | |
| 간접명령 (지시) | יִקָּטֵל | **익카텔** : 간접명령은 미완료2/3인칭과 동일 |
| 청유형 | אֶקָּטְלָה | **엑카텔라** : 테트아래 유성슈바여야 하기에 코프 아래가 엑센트2법칙에 의해 슈바로 변하지 않고 유지되는 부분 주의 |

# 22. 강조형동사의 특징

동사 처음에 그린 표를 다시 가져왔습니다.

| 단순형 | | 강조형 | | | 사역형 | |
|---|---|---|---|---|---|---|
| 능동 | 수동/재귀 | 능동 | 수동 | 재귀 | 능동 | 수동 |
| 칼(파알) | 니팔 | 피엘 | 푸알 | 히트파엘 | 히필 | 호팔 |
| קָטַל | נִקְטַל | קִטֵּל | קֻטַּל | הִתְקַטֵּל | הִקְטִיל | הָקְטַל |
| 70% | 5% | 9% | 0.2% | 1% | 13% | 0.5% |

칼형은 정말 많이 나오고 중요한 패턴이구요. 니팔의 경우는 중요하거나 비중이 높다기보다는 어찌보면 정말 난해한 변화를 보이는 패턴입니다.

지금까지 두 가지 패턴을 모두 학습했으니 이제 좀 편안한 마음으로 학습을 하시면 됩니다.

상기 표에서 강조형 패턴인 피엘/푸알/히트파엘의 공통된 특성이 보이시나요?

세 가지 모두 두번째 자음에 다게쉬가 붙어있는 형태입니다.

아! 강조형은 두번째 자음에 기본적으로 다게쉬가 붙는구나!!

이런 특징을 기억하시고 모음은 피엘/푸알/히트파엘 그대로 따라서 적으시면 되기에 어렵지 않습니다.

# 23. 피엘동사(강조능동)의 완료

이제 본격적으로 피엘동사 완료형부터 진행해 보도록 하겠습니다.

킽텔 : 피엘 완료형 기본단어

우리가 계속 해 온 것처럼 완료형 기본단어가 출현하면 성과 수에 따른 변화를 살펴보면 되겠죠?

| 피엘 완료동사 어미변화 | | | | | |
|---|---|---|---|---|---|
| 단수 | | | 복수 | | |
| 3남단 | קִטֵּל 킽텔 | - | 3공복 | קִטְּלוּ 킽텔루 | 우 |
| 3여단 | קִטְּלָה 킽텔라 | 아 | | | |
| 2남단 | קִטַּלְתָּ 킽탈타 | 타 | 2남복 | קִטַּלְתֶּם 킽탈템 | 템 |
| 2여단 | קִטַּלְתְּ 킽탈트 | 트 | 2여복 | קִטַּלְתֶּן 킽탈텐 | 텐 |
| 1공단 | קִטַּלְתִּי 킽탈티 | 티 | 1공복 | קִטַּלְנוּ 킽탈누 | 누 |

모두 동일하게 기존처럼 "아타트티 우템텐누"입니다. 그런데 엑센트법칙등으로 따져도 이상한 녀석이 하나 또 들어 있습니다. 발음상이든 무슨 법칙이 되었든 학습하는 우리는 이게 다 구분해서 암기하는 것은 힘든일이겠지요?어디서는 엑센트법칙이 적용안되는 곳이 있고 등등..
템텐 중자음어미 조차도 피엘의 기본형을 유지하기 위해 슈바로 변하지 않은 모습이지요?

그래서 여기쯤에서 하나 팁을 드릴 것이 있습니다.
몇 번 말씀드리지만 제가 암기를 정말 싫어하다보니 찾은 규칙입니다.
'무슨 법칙'이라고 하신 분들도 있고 '발음상의 이유'라고 하신 분들도 있고 또는 '그냥 이런 특징이 있어요'라고 하시는 분들도 있는데 저는 이러면 너무 힘들어서요..
다음 페이지에서 제가 확인한 팁을 설명드릴께요.

앞에서 언급한 것처럼 이런 예외, 저런 예외..이러면 힘듭니다. 그래서 제가 쉽게 규칙화할 수 없을까하고 찾아보는 과정에서 규칙화한 내용입니다.
암기하기 싫어서 찾아낸 규칙이기에 문법적인 이유등이 아닌 편법??입니다. ㅎㅎ 전 이런게 좋아요~

## 1. 7가지 패턴 완료형의 공통된 특성(Tip)

혹시 칼 완료형의 변화를 암기하고 계신가요?

| 칼완료동사 어미변화 | | | | | |
|---|---|---|---|---|---|
| 단수 | | | 복수 | | |
| 3남단 | קָטַל 카탈 | - | 3공복 | קָטְלוּ 카텔루 | 우 |
| 3여단 | קָטְלָה 카텔라 | 아 | | | |
| 2남단 | קָטַלְתָּ 카탈타 | 타 | 2남복 | קְטַלְתֶּם 케탈템 | 템 |
| 2여단 | קָטַלְתְּ 카탈트 | 트 | 2여복 | קְטַלְתֶּן 케탈텐 | 텐 |
| 1공단 | קָטַלְתִּי 카탈티 | 티 | 1공복 | קָטַלְנוּ 카탈누 | 누 |

**칼** 완료형 한국어 : 카탈/카텔라/카탈타/카탈트/카탈티 카텔루/케탈템/케탈텐/카탈누
**니팔** 완료형 한국어 : 닉탈/닉텔라/닉탈타/닉탈트/닉탈티 닉텔루/닉탈템/닉탈텐/닉탈누
**피엘** 완료형 한국어 : 킥텔/킥텔라/킥탈타/킥탈트/킥탈티 킥텔루/킥탈템/킥탈텐/킥탈누

앞 페이지에서 피엘의 경우 완료형에 어떤 이유가 되었든 엑센트법칙에 따라 슈바가 올 자리가 파타가 오며 불규칙한 변화를 보였습니다. 2인칭과 1인칭인 타트티템텐누에서요.

그런데 이런 불규칙 암기하지 마시구요. 칼형은 나름 어느정도 이해되시잖아요? 모르셔도 되지만..
여튼 칼완료의 변화의 기본단어변화에서 니팔~호팔까지 첫글자만 기본단어발음으로 바꾸면 끝입니다.
그냥 이게 다예요. 니팔의 기본형은 닉탈이니 '닉'을 카탈의 '카' 위치에, 피엘은 '킥'을 '카' 위치에 넣는 겁니다. 이게 문제가 되는 1/2/인칭은 모두 적용되구요. 3인칭에 히필만 살짝다른데 그건 안 중요해요.
처음인 분들은 읽는 것도 킥텔..킥탈타..힘들어 하실텐데 7패턴 모두 칼형만 아시면 끝입니다.

# 24. 피엘동사(강조능동)의 미완료

피엘동사 미완료형 기본단어를 보겠습니다. 접두어를 붙이고..이티티티에~아시죠?

**예캍텔** : 피엘 미완료형 기본단어

우리가 계속 해 온 것처럼 완료형 기본단어가 출현하면 성과 수에 따른 변화를 살펴보면 되겠죠?

| 피엘 미완료 동사 어미변화 | | | | | | | |
|---|---|---|---|---|---|---|---|
| 단수 | | | | 복수 | | | |
| 3남단 | | יְקַטֵּל 예캍텔 | 이 | 3남복 | 우 | יְקַטְּלוּ 예캍텔루 | 이 |
| 3여단 | | תְּקַטֵּל 테캍텔 | 티 | 3여복 | 나 | תְּקַטֵּלְנָה 테캍텔나 | 티 |
| 2남단 | | תְּקַטֵּל 테캍텔 | 티 | 2남복 | 우 | תְּקַטְּלוּ 테캍텔루 | 티 |
| 2여단 | 이 | תְּקַטְּלִי 테캍텔리 | 티 | 2여복 | 나 | תְּקַטֵּלְנָה 테캍텔나 | 티 |
| 1공단 | | אֲקַטֵּל 아캍텔 | 에 | 1공복 | | נְקַטֵּל 네캍텔 | 니 |

피엘 미완료형의 경우는 피엘완료형과는 다르게 엑센트규칙에 어긋나는 현상이 발생하지 않았습니다.
엑센트법칙은 계속 언급해온 부분이기에 이상이 없는 부분은 넘어가도록 하겠습니다.

하지만 아직 엑센트법칙이 익숙하지 않으신 분들은 각각 성수에 따른 변화를 보시면서 엑센트법칙을 적용하는 훈련을 계속 진행해서 익숙해지도록 하셔야만 합니다.

단, 하나 언급할 부분은 1인칭공성단수의 경우는 '에'가 아닌 합성슈바가 온 것을 주의하셔야 합니다.
칼 미완료동사인 엑톨과 니팔 미완료동사인 엑카텔은 변화가 없었는데 피엘에서는 변화하게 된 것은 앞의 두 개 단어는 엑센트없는 폐음절로 액센트3법칙에 따라 세골이 전혀 문제가 되지 않습니다.
하지만 피엘에서는 1음절이 폐음절이 아닌 개음절이므로 엑센트2법칙에 따라 슈바가 와야 하지만 후음문자이기에 합성슈바로 변한 것임을 기억하세요~

엑톨

אֶקָּטֵל 엑카텔

# 25. 피엘동사의 명령형 / 부정사 연계형,절대형

명령형과 부정사연계형은 동일한 형태이고, 명령형은 2인칭에 해당하는 것 기억하시죠?
또한 명령형을 만드는 방법은 접두어만 제거하면 끝이다라고 했습니다.

## 1. 피엘동사 명령형/부정사연계형

| | | | |
|---|---|---|---|
| 명령형 (4가지) | 2인칭 | 남성 | 단수 |
| | | | 복수 |
| | | 여성 | 단수 |
| | | | 복수 |

| | |
|---|---|
| 부정사 연계형 (1가지) | **부정사연계형은 명령형의 남성단수와 동일** |

קַטֵּל 캍텔

| 피엘동사 명령형 어미변화 | | |
|---|---|---|
| | 단수 | 복수 |
| **남성** | קַטֵּל 캍텔 | קַטְּלוּ 캍텔루 |
| **여성** | קַטְּלִי 캍텔리 | קַטֵּלְנָה 캍텔나 |

## 2. 피엘동사 부정사절대형

니팔동사의 부정사절대형을 언급하면서 그린 표 혹시 기억하실까요? 부정사연계형에서 살짝 변환~

| | |
|---|---|
| 부정사 절대형 (1가지) | **히트파엘은 부정사절대형과 연계형이 동일** |

קַטֹּל 캍톨

| | 니팔/피엘/푸알 | 히트파엘 | 히필/호팔 |
|---|---|---|---|
| **부정사 연계형** | ~ | 부정사절대형과 부정사연계형이 동일 | ~ |
| **부정사 절대형** | ~ | | ~ |

히트파엘을 중심으로 앞인 니팔/피엘/푸알은 마지막 음절이 쩨레든 파타든 순장모음이든 무엇이든지간에 마지막이 홀렘이고 히트파엘 이후에 위치한 히필과 호팔의 경우는 쩨레로 변한다.
피엘동사 부정사절대형 만드실 수 있지요? (순장모음 불변원칙이 부정사절대형에서만 히필에서 예외)

# 26. 피엘동사의 분사

니팔동사에서 분사를 언급하며 니팔동사는 살짝 특이하고 나머지는 공통이다라고 말씀드렸으니
이제부터 나오는 분사는 말그대로 아무것도 아닙니다. 쉬워요~

## 1. 공통적인 분사의 특징(칼 일부 제외)

- 분사는 마지막 음절이 모두 장음이다!!!
- 니팔을 제외한 피엘/푸알/히트파엘/히필/호팔 모두 멤이 접두된다.

위 분사의 공통적인 특징만 일단 기억해두시면 니팔을 지나며 나머지들은 모두 암기가 필요없습니다

## 2. 피엘/푸알/히트파엘/히필/호팔분사의 특징

피엘/푸알/히트파엘/히필/호팔의 경우는 어떤 기본단어를 암기하실 필요가 없습니다.
미완료 3인칭남성단수의 형태에서 접두되어 있는 '요드'를 '멤'으로 변경하면 모든것이 완료입니다.

יְקַטֵּל 예캍텔(미완료 3인칭남성단수)

מְקַטֵּל 메캍텔(분사형) - 쩨레가 장음이므로 유지

분사의 기본형은 쉽게 나왔으니 성수에 따른 변화만 확인하고 넘어가겠습니다.

| 피엘동사 분사 어미변화 | | | | |
|---|---|---|---|---|
| | 단수 | | 복수 | |
| 남성 | מְקַטֵּל | 메캍텔 | מְקַטְּלִים | 메캍텔림 |
| 여성 | מְקַטְּלָה<br>מְקַטֶּלֶת | 메카틀라<br>메카텔렡 | מְקַטְּלוֹת | 메캍텔롵 |

이 분사의 여성단수가 두 가지인것 니팔하고 동일하지요?
이 세골형태의 여성단수형태의 피엘분사가 창세기 1:2에도 나옵니다. 메라헤페트

# 27. 피엘 간접명령/청유형 변화

피엘동사도 간접명령은 미완료의 2인칭과 3인칭과 형태가 동일하기에 문맥상에 판단합니다.
여기서는 어미가 붙어 변화를 일으키는 청유형만 추가로 확인하도록 할께요.

| 청유형 (2가지) | 1인칭 | 남성 | 단수 |
|---|---|---|---|
| | | | 복수 |

| 피엘동사 청유형 어미변화 | | | |
|---|---|---|---|
| 단수 | | 복수 | |
| 1공단 | אֱקַטְּלָה 엑카텔라 | 1공복 | נְקַטְּלָה 닉카텔라 |

# 28. 피엘동사 변화정리

니팔동사를 마치기전에 전체적인 정리를 다시 한번 해 보겠습니다.
아래 내용이 기억이 나시면 정말 잘 따라오신 거구요.. 다시 보시며 머리속에서 기억해 보세요.
기본동사를 다 암기하시면 좋지만 아니시라도 완료와 미완료 두개는 꼭 외우셔야 합니다. 닉탈/익카텔

| # | 단순형 | |
|---|---|---|
| | 수동/재귀 | |
| | 피엘 | |
| 완료 | קִטֵּל | 킽텔 |
| 미완료 | יְקַטֵּל | 예캍텔 |
| 명령 | קַטֵּל | 캍텔 |
| 부정사 연계형 | קַטֵּל | 캍텔 |
| 부정사 절대형 | קַטֹּל | 캍톨 : 부정사절대형은 부정사연계형과 절대형이 동일한<br>히트파엘을 중심으로 앞은 “홀렘” 뒤는 “쩨레”로 변하는 것 기억 |
| 분사 능동 | מְקַטֵּל | 메캍텔 : 미완료3인칭남성단수에서 요드가 떨어지고 멤 |
| 분사 수동 | | |
| 간접명령 (지시) | יְקַטֵּל | 예캍텔 : 간접명령은 미완료2/3인칭과 동일 |
| 청유형 | אֲקַטְּלָה | 엑카텔라 |

# 29. 푸알동사(강조수동)의 완료

푸알동사 완료형부터 진행해 보도록 하겠습니다.

쿹탈 : 푸알 완료형 기본단어

우리가 계속 해 온 것처럼 완료형 기본단어가 출현하면 성과 수에 따른 변화를 살펴보면 되겠죠?

| 푸알 완료 | | | | | |
|---|---|---|---|---|---|
| 단수 | | | 복수 | | |
| 3남단 | קֻטַּל 쿹탈 | - | 3공복 | קֻטְּלוּ 쿹텔루 | 우 |
| 3여단 | קֻטְּלָה 쿹텔라 | 아 | | | |
| 2남단 | קֻטַּלְתָּ 쿹탈타 | 타 | 2남복 | קֻטַּלְתֶּם 쿹탈템 | 템 |
| 2여단 | קֻטַּלְתְּ 쿹탈트 | 트 | 2여복 | קֻטַּלְתֶּן 쿹탈텐 | 텐 |
| 1공단 | קֻטַּלְתִּי 쿹탈티 | 티 | 1공복 | קֻטַּלְנוּ 쿹탈누 | 누 |

**칼** 완료형 한국어 : 카탈/카텔라/카탈타/카탈트/카탈티 카텔루/케탈템/케탈텐/카탈누
**니팔** 완료형 한국어 : 닠탈/닠텔라/닠탈타/닠탈트/닠탈티 닠텔루/닠탈템/닠탈텐/닠탈누
**피엘** 완료형 한국어 : 킽텔/킽텔라/킽탈타/킽탈트/킽탈티 킽텔루/킽탈템/킽탈텐/킽탈누
**푸알** 완료형 한국어 : 쿹탈/쿹텔라/쿹탈타/쿹탈트/쿹탈티 쿹텔루/쿹탈템/쿹탈텐/쿹탈누

피엘에서 상기표로 정리하면 피엘완료형에서 일어나는 엑센트법칙 예외뿐만 아니라 외울 부분도 없다고 말씀드렸죠?
푸알형에서도 동일하게 적용되고 있습니다.
물론 푸알은 예외사항이 없이 엑센트 규칙을 따르고 있지만 역시 모음타입은 결국 동일합니다.

# 30. 푸알동사(강조수동)의 미완료

푸알동사 미완료형 기본형입니다.

**예퀱탈 : 푸알 미완료형 기본단어**

우리가 계속 해 온 것처럼 완료형 기본단어가 출현하면 성과 수에 따른 변화를 살펴보면 되겠죠?

| 푸알 미완료 | | | | | | | |
|---|---|---|---|---|---|---|---|
| 단수 | | | | 복수 | | | |
| 3남단 | | יְקֻטַּל 예퀱탈 | 이 | 3남복 | 우 | יְקֻטְּלוּ 예퀱텔루 | 이 |
| 3여단 | | תְּקֻטַּל 테퀱탈 | 티 | 3여복 | 나 | תְּקֻטַּלְנָה 테퀱탈나 | 티 |
| 2남단 | | תְּקֻטַּל 테퀱탈 | 티 | 2남복 | 우 | תְּקֻטְּלוּ 테퀱텔루 | 티 |
| 2여단 | 이 | תְּקֻטְּלִי 테퀱텔리 | 티 | 2여복 | 나 | תְּקֻטַּלְנָה 테퀱탈나 | 티 |
| 1공단 | | אֲקֻטַּל 아퀱탈 | 에 | 1공복 | | נְקֻטַּל 네퀱탈 | 니 |

# 31. 푸알동사 명령형 / 부정사 연계형,절대형



## 1. 푸알동사 명령형/부정사연계형

| 부정사 연계형 (1가지) | 부정사연계형은 명령형의 남성단수와 동일 |
|---|---|

쿹탈

| 푸알 명령형 | | |
|---|---|---|
| | 단수 | 복수 |
| 남성 | 푸알형은 수동동사인데 수동형에는 명령형이 있을 수가 없습니다. 단지 명령형을 만드는 방법은 알고 계시니 그대로 만든 것이 부정사연계형이 됩니다. 또한 마지막 모음을 홀렘으로 변경하면 부정사 절대형도 완성됩니다. | |
| 여성 | | |

## 2. 푸알동사 부정사절대형

니팔동사의 부정사절대형을 언급하면서 그린 표 혹시 기억하실까요? 부정사연계형에서 살짝 변환~

| 부정사 절대형 (1가지) | 히트파엘은 부정사절대형과 연계형이 동일 |
|---|---|

쿹톨

| | 니팔/피엘/푸알 | 히트파엘 | 히필/호팔 |
|---|---|---|---|
| 부정사 연계형 | ~ | 부정사절대형과 부정사연계형이 동일 | ~ |
| 부정사 절대형 | ~ | | ~ |

히트파엘을 중심으로 앞인 니팔/피엘/푸알은 마지막 음절이 쩨레든 파타든 순장모음이든 무엇이든지간에 마지막이 홀렘이고 히트파엘 이후에 위치한 히필과 호팔의 경우는 쩨레로 변한다.

(순장모음 불변원칙이 부정사절대형에서만 히필에서 예외)

# 32. 푸알동사의 분사

피엘부터는 요드를 멤으로 변경하면 끝이라고 했습니다.
같은 내용이지만 각 패턴만 참고하시는 분들을 위해 동일 내용이지만 올려봅니다.

## 1. 공통적인 분사의 특징(칼 일부 제외)

- 분사는 마지막 음절이 모두 장음이다!!!
- 니팔을 제외한 피엘/푸알/히트파엘/히필/호팔 모두 멤이 접두된다.

위 분사의 공통적인 특징만 일단 기억해두시면 니팔을 지나며 나머지들은 모두 암기가 필요없습니다

## 2. 피엘/푸알/히트파엘/히필/호팔분사의 특징

피엘/푸알/히트파엘/히필/호팔의 경우는 어떤 기본단어를 암기하실 필요가 없습니다.
미완료 3인칭남성단수의 형태에서 접두되어 있는 '요드'를 '멤'으로 변경하면 모든것이 완료입니다.

יְקֻטַּל 예쿹탈(미완료 3인칭남성단수)

מְקֻטָּל 메쿹탈(분사형) : 끝 모음 장음으로 변경

분사의 기본형은 쉽게 나왔으니 성수에 따른 변화만 확인하고 넘어가겠습니다.

| 푸알 분사 | | |
|---|---|---|
| | 단수 | 복수 |
| 남성 | מְקֻטָּל 메쿹탈 | מְקֻטָּלִים 메쿹탈림 |
| 여성 | מְקֻטָּלָה 메쿹탈라<br>מְקֻטֶּלֶת 메쿹텔렡 | מְקֻטָּלוֹת 메쿹탈롵 |

이 분사의 여성단수가 두 가지인것 니팔/피엘/푸알 모두 동일합니다.

# 33. 푸알 간접명령/청유형변화

푸알동사도 간접명령은 미완료의 2인칭과 3인칭과 형태가 동일하기에 문맥상에 판단합니다.

여기서는 어미가 붙어 변화를 일으키는 청유형만 추가로 확인하도록 할께요.

| 청유형 (2가지) | 1인칭 | 남성 | 단수 |
|---|---|---|---|
| | | | 복수 |

| 푸알 청유형 | | | |
|---|---|---|---|
| 단수 | | 복수 | |
| 1공단 | אֲקַטְּלָה 아쿹텔라 | 1공복 | נְקַטְּלָה 네쿹텔라 |

# 34. 히트파엘(강조재귀)의 완료

강조형의 마지막인 히트파엘 완료형부터 진행해 보도록 하겠습니다.

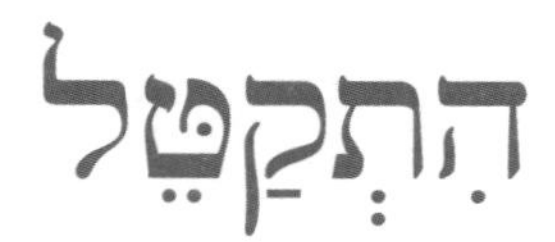

히트팥텔 : 히트파엘 완료형 기본단어

우리가 계속 해 온 것처럼 완료형 기본단어가 출현하면 성과 수에 따른 변화를 살펴보면 되겠죠?

| 히트파엘 완료 | | | | | |
|---|---|---|---|---|---|
| 단수 | | | 복수 | | |
| 3남단 | 히트팥텔<br>הִתְקַטֵּל | - | 3공복 | 히트팥텔루<br>הִתְקַטְּלוּ | 우 |
| 3여단 | 히트파텔라<br>הִתְקַטְּלָה | 아 | | | |
| 2남단 | 히트팥탈타<br>הִתְקַטַּלְתָּ | 타 | 2남복 | 히트팥탈템<br>הִתְקַטַּלְתֶּם | 템 |
| 2여단 | 히트팥탈트<br>הִתְקַטַּלְתְּ | 트 | 2여복 | 히트팥탈텐<br>הִתְקַטַּלְתֶּן | 텐 |
| 1공단 | 히트팥탈티<br>הִתְקַטַּלְתִּי | 티 | 1공복 | 히트팥탈누<br>הִתְקַטַּלְנוּ | 누 |

**칼** 완료형 한국어 : 카탈/카텔라/카탈타/카탈트/카탈티 카텔루/케탈템/케탈텐/카탈누
**니팔** 완료형 한국어 : 닠탈/닠텔라/닠탈타/닠탈트/닠탈티 닠텔루/닠탈템/닠탈텐/닠탈누
**피엘** 완료형 한국어 : 킽텔/킽텔라/킽탈타/킽탈트/킽탈티 킽텔루/킽탈템/킽탈텐/킽탈누
**푸알** 완료형 한국어 : 쿹탈/쿹텔라/쿹탈타/쿹탈트/쿹탈티 쿹텔루/쿹탈템/쿹탈텐/쿹탈누
**히트파엘** 완료형 한국어 : ~팥텔/~텔라/~탈타/~탈트/~탈티 ~텔루/~탈템/~탈텐/~탈누

피엘에서 설명한 엑센트법칙의 예외사항이 히트파엘 완료형에서 또 나오고 있습니다.
하지만 아무 문제될 것 없죠?
위에 비교표처럼 우리는 완료형의 형태가 동일하다는 것을 이미 알고 있잖아요?

# 35. 히트파엘(강조재귀)의 미완료

강조형의 마지막인 히트파엘 미완료형입니다.

יִתְקַטֵּל

**이트칼텔 : 히트파엘** 미완료형 기본단어

우리가 계속 해 온 것처럼 완료형 기본단어가 출현하면 성과 수에 따른 변화를 살펴보면 되겠죠?

| 히트파엘 미완료 | | | | | | | |
|---|---|---|---|---|---|---|---|
| 단수 | | | | 복수 | | | |
| 3남단 | | יִתְקַטֵּל 이트칼텔 | 이 | 3남복 | 우 | יִתְקַטְּלוּ 이트칼텔루 | 이 |
| 3여단 | | תִּתְקַטֵּל 티트칼텔 | 티 | 3여복 | 나 | תִּתְקַטֵּלְנָה 티트칼텔나 | 티 |
| 2남단 | | תִּתְקַטֵּל 티트칼텔 | 티 | 2남복 | 우 | תִּתְקַטְּלוּ 티트칼텔루 | 티 |
| 2여단 | 이 | תִּתְקַטְּלִי 티트칼텔리 | 티 | 2여복 | 나 | תִּתְקַטֵּלְנָה 티트칼텔나 | 티 |
| 1공단 | | אֶתְקַטֵּל 에트칼텔 | 에 | 1공복 | | נִתְקַטֵּל 니트칼텔 | 니 |

# 36. 히트파엘 명령형 / 부정사 연계형,절대형

명령형은 미완료를 기반으로 접두를 떼어 버리면 끝이라고 했는데요.히트파엘은 조금 생각할 부분이 있습니다. 다른 것들은 '요드'가 접두되며 미완료를 나타내었으니 큰 문제가 없었는데 히트파엘은 '히트'의 '헤'만 '요드'로 변경되는 형태로 변화하지요? 그래서 '요드'를 떼어내면 히트파엘의 '히트'가 사라지는 문제가 나타납니다. 니팔에서 '눈'이 동화되는 현상에서 사용된 거 기억하시죠? 여기서도 요드자리에 '헤'가 출현하며 히트파엘임을 나타내는 형태를 취한다는 특징이 있다는것만 기억하세요.

## 1. 히트파엘 명령형/부정사연계형

| 부정사<br>연계형<br>(1가지) | **부정사연계형은<br>명령형의 남성단수와 동일** |
|---|---|

히트칼텔

| 히트파엘 명령형 | | |
|---|---|---|
| | 단수 | 복수 |
| **남성** | תִתְקַטֵּל 히트칼텔 | הִתְקַטְּלוּ 히트칼텔루 |
| **여성** | תִתְקַטְּלִי 히트칼텔리 | הִתְקַטֵּלְנָה 히트칼텔나 |

## 2. 히트파엘 부정사절대형(계속 얘기하던 히트파엘은 연계형과 절대형이 동일하죠? )

니팔동사의 부정사절대형을 언급하면서 그린 표 혹시 기억하실까요? 부정사연계형에서 살짝 변환~

| 부정사<br>절대형<br>(1가지) | **히트파엘은 부정사절대형과 연계형이 동일** |
|---|---|

תִתְקַטֵּל 히트칼텔

| | 니팔/피엘/푸알 | 히트파엘 | 히필/호팔 |
|---|---|---|---|
| **부정사<br>연계형** | ~ | 부정사절대형과<br>부정사연계형이<br>동일 | ~ |
| **부정사<br>절대형** | ~ | | ~ |

히트파엘을 중심으로 앞인 니팔/피엘/푸알은 마지막 음절이 쩨레든 파타든 순장모음이든 무엇이든지간에 마지막이 홀렘이고 히트파엘 이후에 위치한 히필과 호팔의 경우는 쩨레로 변한다.

(순장모음 불변원칙이 부정사절대형에서만 히필에서 예외)

# 37. 히트파엘 분사

피엘부터는 요드를 멤으로 변경하면 끝이라고 했습니다.
같은 내용이지만 각 패턴만 참고하시는 분들을 위해 동일 내용이지만 올려봅니다.

## 1. 공통적인 분사의 특징(칼 일부 제외)

- 분사는 마지막 음절이 모두 장음이다!!!
- 니팔을 제외한 피엘/푸알/히트파엘/히필/호팔 모두 멤이 접두된다.

위 분사의 공통적인 특징만 일단 기억해두시면 니팔을 지나며 나머지들은 모두 암기가 필요없습니다

## 2. 피엘/푸알/히트파엘/히필/호팔분사의 특징

피엘/푸알/히트파엘/히필/호팔의 경우는 어떤 기본단어를 암기하실 필요가 없습니다.
미완료 3인칭남성단수의 형태에서 접두되어 있는 '요드'를 '멤'으로 변경하면 모든것이 완료입니다.
히트파엘은 마지막이 쩨레(장음)라 다른 조정은 모음조정뿐 없습니다.

יִתְקַטֵּל 이트칼텔(미완료 3인칭남성단수)

מִתְקַטֵּל 미트칼텔(분사형) : 끝 모음 쩨레로 장음이므로 불변

분사의 기본형은 쉽게 나왔으니 성수에 따른 변화만 확인하고 넘어가겠습니다.

| 히트파엘 분사 | | |
|---|---|---|
| | 단수 | 복수 |
| 남성 | מִתְקַטֵּל 미트칼텔 | מִתְקַטְּלִים 메쿹탈림 |
| 여성 | מִתְקַטְּלָה 미트칼텔라<br>מִתְקַטֶּלֶה 미트칼텔렡 | מִתְקַטְּלוֹת 메쿹탈롵 |

이 분사의 여성단수가 두 가지인것 니팔/피엘/푸알/히트파엘 모두 동일합니다.

# 38. 히트파엘 간접명령/청유형변화

히트파엘도 간접명령은 미완료의 2인칭과 3인칭과 형태가 동일하기에 문맥상에 판단합니다.

여기서는 어미가 붙어 변화를 일으키는 청유형만 추가로 확인하도록 할께요.

| 청유형 (2가지) | 1인칭 | 남성 | 단수 |
|---|---|---|---|
| | | | 복수 |

| 푸알 청유형 | | | |
|---|---|---|---|
| 단수 | | 복수 | |
| 1공단 | 에트팥텔라<br>אֶתְקַטְּלָה | 1공복 | 니트팥텔라<br>נִתְקַטְּלָה |

# 39. 히필(사역능동)의 완료



사역능동형인 히필동사 완료형부터 진행해 보도록 하겠습니다.

הִקְטִיל 힉틸 : 히필 완료형 기본단어

우리가 계속 해 온 것처럼 완료형 기본단어가 출현하면 성과 수에 따른 변화를 살펴보면 되겠죠?

| 히필 완료 | | | | | |
|---|---|---|---|---|---|
| 단수 | | | 복수 | | |
| 3남단 | הִקְטִיל 힉틸 | - | 3공복 | הִקְטִילוּ 힉틸루 | 우 |
| 3여단 | הִקְטִילָה 힉틸라 | 아 | | | |
| 2남단 | הִקְטַלְתָּ 힉탈타 | 타 | 2남복 | הִקְטַלְתֶּם 힉탈템 | 템 |
| 2여단 | הִקְטַלְתְּ 힉탈트 | 트 | 2여복 | הִקְטַלְתֶּן 힉탈텐 | 텐 |
| 1공단 | הִקְטַלְתִּי 힉탈티 | 티 | 1공복 | הִקְטַלְנוּ 힉탈누 | 누 |

**칼** 완료형 한국어 : 카탈/카텔라/카탈타/카탈트/카탈티 카텔루/케탈템/케탈텐/카탈누
**니팔** 완료형 한국어 : 닉탈/닉텔라/닉탈타/닉탈트/닉탈티 닉텔루/닉탈템/닉탈텐/닉탈누
**피엘** 완료형 한국어 : 킥텔/킥텔라/킥탈타/킥탈트/킥탈티 킥텔루/킥탈템/킥탈텐/킥탈누
**푸알** 완료형 한국어 : 쿹탈/쿹텔라/쿹탈타/쿹탈트/쿹탈티 쿹텔루/쿹탈템/쿹탈텐/쿹탈누
**히트파엘** 완료형 한국어 : ~팥텔/~텔라/~탈타/~탈트/~탈티 ~텔루/~탈템/~탈텐/~탈누
**히필** 완료형 한국어 : 힉틸/힉틸라/힉탈타/힉탈트/힉탈티 힉틸루/힉탈템/힉탈텐/힉탈누

피엘에서 설명한 엑센트법칙의 예외사항이 히필 완료형에서 또 나오고 있습니다.
하지만 아무 문제될 것 없죠? 아니라구요??ㅎㅎ
제가 처음 피엘에서 말씀드릴때 중요하지 않지만 히필이 조금 다르다고 한 부분입니다.
그런데 이것도 그냥 당연사항이예요. 힉틸라와 힉틸루의 경우 텔이 아니고 틸인 이유는 히필동사의 특성을 유지시키기 위함일뿐이거든요..또한 순장모음이기에 불변입니다.(예외> 히필 부정사절대형)

# 40. 히필(사역능동)의 미완료

사역능동 히필동사 미완료형입니다. 히필동사는 요드 아래가 파타인 것 주의하세요!!!

**약틸 : 히필** 미완료형 기본단어

우리가 계속 해 온 것처럼 완료형 기본단어가 출현하면 성과 수에 따른 변화를 살펴보면 되겠죠?

| 히필 미완료 | | | | | | | | | |
|---|---|---|---|---|---|---|---|---|---|
| 단수 | | | | | 복수 | | | | |
| 3남단 | | יַקְטִיל | 약틸 | 이 | 3남복 | 우 | יַקְטִילוּ | 약틸루 | 이 |
| 3여단 | | תַקְטִיל | 탁틸 | 티 | 3여복 | 나 | תַקְטֵלְנָה | 탁텔나 | 티 |
| 2남단 | | תַקְטִיל | 탁틸 | 티 | 2남복 | 우 | תַקְטִילוּ | 탁틸루 | 티 |
| 2여단 | 이 | תַקְטִילִי | 탁틸리 | 티 | 2여복 | 나 | תַקְטֵלְנָה | 탁텔나 | 티 |
| 1공단 | | אַקְטִיל | 악틸 | 에 | 1공복 | | נַקְטִיל | 낙틸 | 니 |

히필형의 미완료는 꼭 기억하실 부분이 있습니다.
완전한 음절의 어미 '나'가 붙는 경우 히필형의 특성인 순장모음이 변한다는 점입니다.
순장모음이 불변이라고 말씀드렸고, 지금까지 한 가지의 예외가 있었죠? 기억나시나요??

네!!! 앞에서 언급은 했지만 아직 실제 배우지는 않은 히필형의 부정사절대형의 경우 예외적으로 변한다고 했습니다.
그러면 역시 묶어서 정리가 되시죠?(사실 히필 명령형에서도 또 바뀝니다.)

여튼 히필형에서 미완료의 음절어미가 붙을 때와 부정사절대형의 경우는 순장모음임에도 불구하고 변화를 가진다. 그런데 순장모음이 변하는 예외는 기억하기 좋으라고 모두 쩨레입니다..
히브리어는 정말 좋은 언어라니까요.. 학습자의 입장을 고려해주고..ㅎㅎ

# 41. 히필 명령형 / 부정사 연계형,절대형



명령형은 미완료를 기반으로 접두를 떼어 버리면 끝이라고 했는데요.

니팔과 히트파엘에서 '헤'가 나온 흐름이 히필에서도 연결됩니다..

남성단수에서 순장모음이 쩨레로 변한부분 확인하세요!!!

יַקְטִיל 약틸 : 히필 미완료형

명령형과 부정사연계형이 동일하다는 원칙에 유일하게 위배됩니다. 히필이 좀 어려워요~

## 1. 히필 명령형/부정사연계형

| 부정사 연계형 (1가지) | 부정사연계형은 명령형의 남성단수와 동일 **예외출현** |
|---|---|

학틸(순장모음복원)

| 히트파엘 명령형 | | |
|---|---|---|
| | 단수 | 복수 |
| **남성** | הַקְטֵל 학텔 | הַקְטִילוּ 학틸루 |
| **여성** | הַקְטִילִי 학틸리 | הַקְטֵלְנָה 학텔나 |

## 2. 히필 부정사절대형

니팔동사의 부정사절대형을 언급하면서 그린 표 혹시 기억하실까요? 부정사연계형에서 살짝 변환~

| 부정사 절대형 (1가지) | **히트파엘은 부정사절대형과 연계형이 동일** |
|---|---|

학텔

| | 니팔/피엘/푸알 | 히트파엘 | 히필/호팔 |
|---|---|---|---|
| **부정사 연계형** | ~ | 부정사절대형과 부정사연계형이 동일 | ~ |
| **부정사 절대형** | ~ | | ~ |

히트파엘을 중심으로 앞인 니팔/피엘/푸알은 마지막 음절이 쩨레든 파타든 순장모음이든

무엇이든지간에 마지막이 홀렘이고 히트파엘 이후에 위치한 히필과 호팔의 경우는 쩨레로 변한다.

(순장모음 불변원칙이 부정사절대형에서만 히필에서 예외)

# 42. 히필 분사

피엘부터는 요드를 멤으로 변경하면 끝이라고 했습니다.
같은 내용이지만 각 패턴만 참고하시는 분들을 위해 동일 내용이지만 올려봅니다.

## 1. 공통적인 분사의 특징(칼 일부 제외)

- 분사는 마지막 음절이 모두 장음이다!!!
- 니팔을 제외한 피엘/푸알/히트파엘/히필/호팔 모두 멤이 접두된다.

위 분사의 공통적인 특징만 일단 기억해두시면 니팔을 지나며 나머지들은 모두 암기가 필요없습니다

## 2. 피엘/푸알/히트파엘/히필/호팔분사의 특징

피엘/푸알/히트파엘/히필/호팔의 경우는 어떤 기본단어를 암기하실 필요가 없습니다.
미완료 3인칭남성단수의 형태에서 접두되어 있는 '요드'를 '멤'으로 변경하면 모든것이 완료입니다.
히트파엘은 마지막이 쩨레(장음)라 다른 조정은 모음조정뿐 없습니다.

יַקְטִיל 약틸(미완료 3인칭남성단수)

מַקְטִיל 막틸(분사형)

분사의 기본형은 쉽게 나왔으니 성수에 따른 변화만 확인하고 넘어가겠습니다.

| 히트파엘 분사 | | | | |
|---|---|---|---|---|
| | 단수 | | 복수 | |
| 남성 | מַקְטִיל | 막틸 | מַקְטִילִים | 막틸림 |
| 여성 | מַקְטִילָה<br>מַקְטֶלֶת | 막틸라<br>막텔렏 | מַקְטִילוֹת | 막틸롵 |

이 분사의 여성단수가 두 가지인것 니팔/피엘/푸알/히트파엘/히필 모두 동일합니다.

# 43. 히필 간접명령/청유형변화

히필도 간접명령은 미완료의 2인칭과 3인칭과 형태가 동일하기에 문맥상에 판단합니다.
여기서는 어미가 붙어 변화를 일으키는 청유형만 추가로 확인하도록 할께요.

<table>
<tr><td rowspan="2">청유형<br>(2가지)</td><td rowspan="2">1인칭</td><td rowspan="2">남성</td><td>단수</td></tr>
<tr><td>복수</td></tr>
</table>

<table>
<tr><th colspan="4">푸알 청유형</th></tr>
<tr><th colspan="2">단수</th><th colspan="2">복수</th></tr>
<tr><td>1공단</td><td>악틸라<br>אַקְטִילָה</td><td>1공복</td><td>낙틸라<br>נַקְטִילָה</td></tr>
</table>

# 44. 호팔(사역수동)의 완료

드디어 7패턴의 마지막 사역수동형인 호팔동사 완료형부터 진행해 보도록 하겠습니다.
카메츠가 아닌 카메츠-하툽으로 ‘오’발음 납니다. 왜요? 엑센트없는 폐음절은 단모음이니까요~

혹탈 : 호팔 완료형 기본단어

우리가 계속 해 온 것처럼 완료형 기본단어가 출현하면 성과 수에 따른 변화를 살펴보면 되겠죠?

| 히필 완료 | | | | | |
|---|---|---|---|---|---|
| 단수 | | | 복수 | | |
| 3남단 | הָקְטַל 혹탈 | - | 3공복 | הָקְטְלוּ 혹텔루 | 우 |
| 3여단 | הָקְטְלָה 혹텔라 | 아 | | | |
| 2남단 | הָקְטַלְתָּ 혹탈타 | 타 | 2남복 | הָקְטַלְתֶּם 혹탈템 | 템 |
| 2여단 | הָקְטַלְתְּ 혹탈트 | 트 | 2여복 | הָקְטַלְתֶּן 혹탈텐 | 텐 |
| 1공단 | הָקְטַלְתִּי 혹탈티 | 티 | 1공복 | הָקְטַלְנוּ 혹탈누 | 누 |

**칼** 완료형 한국어 : 카탈/카텔라/카탈타/카탈트/카탈티 카텔루/케탈템/케탈텐/카탈누
**니팔** 완료형 한국어 : 닉탈/닉텔라/닉탈타/닉탈트/닉탈티 닉텔루/닉탈템/닉탈텐/닉탈누
**피엘** 완료형 한국어 : 킥텔/킥텔라/킥탈타/킥탈트/킥탈티 킥텔루/킥탈템/킥탈텐/킥탈누
**푸알** 완료형 한국어 : 쿹탈/쿹텔라/쿹탈타/쿹탈트/쿹탈티 쿹텔루/쿹탈템/쿹탈텐/쿹탈누
**히트파엘** 완료형 한국어 : ~팥텔/~텔라/~탈타/~탈트/~탈티 ~텔루/~탈템/~탈텐/~탈누
**히필** 완료형 한국어 : 힉틸/힉틸라/힉탈타/힉탈트/힉탈티 힉틸루/힉탈템/힉탈텐/힉탈누
**호팔** 완료형 한국어 : 혹탈/혹텔라/혹탈타/혹탈트/혹탈티 혹텔루/혹탈템/혹탈텐/혹탈누

히필에서의 작은 차이를 제외하면 칼동사를 아시면 나머진는 그냥 “누워서 떡먹기”입니다.
무슨법칙이냐 발음이냐 하나도 중요하지 않지요.. 한눈에 알 수 있으니까요~

# 45. 호팔(사역수동)의 미완료



사역수동 호팔 미완료형입니다.

약탈 : 호팔 미완료형 기본단어

우리가 계속 해 온 것처럼 완료형 기본단어가 출현하면 성과 수에 따른 변화를 살펴보면 되겠죠?

| 호팔 미완료 | | | | | | | | | |
|---|---|---|---|---|---|---|---|---|---|
| 단수 | | | | | 복수 | | | | |
| 3남단 | | יָקְטַל | 욕탈 | 이 | 3남복 | 우 | יָקְטְלוּ | 욕텔루 | 이 |
| 3여단 | | תָּקְטַל | 톡탈 | 티 | 3여복 | 나 | תָּקְטַלְנָה | 톡탈나 | 티 |
| 2남단 | | תָּקְטַל | 톡탈 | 티 | 2남복 | 우 | תָּקְטְלוּ | 톡텔루 | 티 |
| 2여단 | 이 | תָּקְטְלִי | 톡텔리 | 티 | 2여복 | 나 | תָּקְטַלְנָה | 톡탈나 | 티 |
| 1공단 | | אָקְטַל | 옥탈 | 에 | 1공복 | | נָקְטַל | 녹탈 | 니 |

# 46. 호팔동사 명령형 / 부정사 연계형,절대형

## 1. 호팔동사 명령형/부정사연계형

욕탈(미완료 3인칭남성단수)

| 부정사 연계형 (1가지) | **부정사연계형은 명령형의 남성단수와 동일** |
|---|---|

혹탈

| 호팔 명령형 | | |
|---|---|---|
| | 단수 | 복수 |
| **남성** | 푸알동사와 마찬가지로 호팔형은 수동이고 수동형에는 명령형이 있을 수가 없습니다. 단지 명령형을 만드는 방법은 알고 계시니 그대로 만든 것이 부정사연계형이 됩니다. 단 호팔도 헤를 사용합니다. 또한 마지막 모음을 홀렘으로 변경하면 부정사 절대형도 완성됩니다. | |
| **여성** | | |

## 2. 호팔동사 부정사절대형

니팔동사의 부정사절대형을 언급하면서 그린 표 혹시 기억하실까요? 부정사연계형에서 살짝 변환~

| 부정사 절대형 (1가지) | **히트파엘은 부정사절대형과 연계형이 동일** |
|---|---|

혹텔

| | 니팔/피엘/푸알 | 히트파엘 | 히필/호팔 |
|---|---|---|---|
| **부정사 연계형** | ☐ ☐ ~ | 부정사절대형과 부정사연계형이 동일 | ☐ ☐ ~ |
| **부정사 절대형** | ☐ ☐̇ ~ | | ☐ ☐̤ ~ |

히트파엘을 중심으로 앞인 니팔/피엘/푸알은 마지막 음절이 쩨레든 파타든 순장모음이든 무엇이든지간에 마지막이 홀렘이고 히트파엘 이후에 위치한 히필과 호팔의 경우는 쩨레로 변한다.
(순장모음 불변원칙이 부정사절대형에서만 히필에서 예외)

# 47. 호팔 분사

피엘부터는 요드를 멤으로 변경하면 끝이라고 했습니다.
같은 내용이지만 각 패턴만 참고하시는 분들을 위해 동일 내용이지만 올려봅니다.

## 1. 공통적인 분사의 특징(칼 일부 제외)

- 분사는 마지막 음절이 모두 장음이다!!!
- 니팔을 제외한 피엘/푸알/히트파엘/히필/호팔 모두 멤이 접두된다.

위 분사의 공통적인 특징만 일단 기억해두시면 니팔을 지나며 나머지들은 모두 암기가 필요없습니다

## 2. 피엘/푸알/히트파엘/히필/호팔분사의 특징

피엘/푸알/히트파엘/히필/호팔의 경우는 어떤 기본단어를 암기하실 필요가 없습니다.
미완료 3인칭남성단수의 형태에서 접두되어 있는 '요드'를 '멤'으로 변경하면 모든것이 완료입니다.
히트파엘은 마지막이 쩨레(장음)라 다른 조정은 모음조정뿐 없습니다.

יָקְטַל 욕탈(미완료 3인칭남성단수)

מָקְטָל 목탈(분사형)

분사의 기본형은 쉽게 나왔으니 성수에 따른 변화만 확인하고 넘어가겠습니다.

<table>
<tr><th colspan="3">히트파엘 분사</th></tr>
<tr><th></th><th>단수</th><th>복수</th></tr>
<tr><td>남성</td><td>מָקְטָל 목탈</td><td>מָקְטִילִים 목탈림</td></tr>
<tr><td>여성</td><td>מָקְטִילָה 목탈라<br>מָקְטֶלֶת 목텔렡</td><td>מָקְטִילוֹת 목탈롵</td></tr>
</table>

이 분사의 여성단수가 두 가지인것 니팔/피엘/푸알/히트파엘/히필/호팔까지 모두 동일합니다.

# 48. 호팔 간접명령/청유형변화

히필도 간접명령은 미완료의 2인칭과 3인칭과 형태가 동일하기에 문맥상에 판단합니다.

여기서는 어미가 붙어 변화를 일으키는 청유형만 추가로 확인하도록 할께요.

| 청유형<br>(2가지) | 1인칭 | 남성 | 단수 |
|---|---|---|---|
| | | | 복수 |

| 푸알 청유형 | | | |
|---|---|---|---|
| 단수 | | 복수 | |
| 1공단 | 욕텔라<br>אָקְטְלָה | 1공복 | 녹텔라<br>נָקְטְלָה |

# 49. 동사총정리표

지금까지 학습한 동사를 정리한 표입니다.이 표가 너무 어렵고 힘들어 보이지만 사실 진짜 표를 만들어 보시면 “어~이거 많이 어려운건 아니네!!”라고 규칙이 대충 보여요.

- 일단 히트파엘 기준으로 부정사 절대형 홀렘과 쩨레..
- 피엘~호팔은 분사형이 ‘요드’를 ‘멤’으로만..
- 히트파엘은 미완료 ‘요드’와 분사 ‘멤’ 빼고는 그냥 한 단어..
- 부정사연계형은 미완료 후손인데 어두 제거후 ‘헤’가 살아나니 푸알~호팔은 오히려 완료와 동일
- 히필만 살짝 복잡하지만 그것도 순장모음이 불변이나 특이하게 ‘쩨레’로 변하는 유형과 동일
- 완료는 칼~~하면 모음이 보이지만 미완료는 외워야 하니 일단 많이 보시라고 음가 적어둘께요.

명령형은 미완료의 접두만 제거
명령형과 부정사연계형 동일(히필만 예외)

| | 단순형 | | 강조형(두번째 자음 다게쉬) | | | 사역형 | |
|---|---|---|---|---|---|---|---|
| | 능동 | 수동/재귀 | 능동 | 수동 | 재귀 | 능동 | 수동 |
| | 칼 (파알) | 니팔 | 피엘 | 푸알 | 히트 파엘 | 히필 | 호팔 |
| 완료 | קָטַל | נִקְטַל | קִטֵּל | קֻטַּל | הִתְקַטֵּל | הִקְטִיל | הָקְטַל |
| 미완료 | יִקְטֹל 익톨 | יִקָּטֵל 익카텔 | יְקַטֵּל 예캍텔 | יְקֻטַּל 예쿹탈 | יִתְקַטֵּל 이트팥텔 | יַקְטִיל 약틸 | יָקְטַל 욕탈 |
| 명령형 | קְטֹל | הִקָּטֵל | קַטֵּל | - | הִתְקַטֵּל | הַקְטֵל | - |
| 부정사 연계형 | קְטֹל | הִקָּטֵל | קַטֵּל | קֻטַּל | הִתְקַטֵּל | הַקְטִיל | הָקְטַל |
| 부정사 절대형 | קָטֹל | הִקָּטֹל | קַטֹּל | קֻטֹּל | הִתְקַטֵּל | הַקְטֵל | הָקְטֵל |
| 분사 능동 | קֹטֵל | נִקְטָל | מְקַטֵּל | מְקֻטָּל | מִתְקַטֵּל | מַקְטִיל | מָקְטָל |
| 분사 수동 | קָטוּל | | | | | | |

분사는 끝발음이 모두 장음

# 50. 동사시제별 특징

이번에는 시제별로 특성을 복습해 보도록 할께요. 어렵게 학습한 내용의 요약이 너무 간단하죠?
지금까지 배운 원리도 중요하지만 이제부터는 특성을 잡아 기억하기 좋게 하는 작업이랄까요?

| | 단순형 | | 강조형(두번째 자음 다게쉬) | | | 사역형 | |
|---|---|---|---|---|---|---|---|
| | 능동 | 수동/<br>재귀 | 능동 | 수동 | 재귀 | 능동 | 수동 |
| | 칼<br>(파알) | 니팔 | 피엘 | 푸알 | 히트<br>파엘 | 히필 | 호팔 |
| 완료 | 완료는 특별한 설명이 필요하지는 않지요?<br>칼/니팔/피엘.. 이 순서를 기억하시면 그 발음에 맞는 모음을 추가하면 되는 부분이니까요.<br>니팔/히필/호팔은 사실 닢알/힢일/홒알로 폐음절이란 것 기억하시면 끝입니다. | | | | | | |
| 미완료 | 일단 미완료는 무조건 암기하셔야 한다고 했습니다.<br>문법적으로는 요드가 앞에 붙는 형태가 미완료이지만 칼/니팔/피엘이 잌톨/잌카텔/예캍텔로 변화를 합니다. 푸알~호팔은 접두만 붙는 형태로 완료형을 유지(히필은 요드아래가 파타는 꼭 기억)합니다.<br>하나 더.. 강조형완료는 두번째 자음에 다게쉬가 붙는 특징이 있는 것처럼 요드 아래에 히렉이 아닌 슈바가 붙는 부분도 '아 강조라 더 붙는구나..'하시면 됩니다. 히트파엘은 히렉인 것도 가만 보면 '헤'를 떼고 '요드'가 붙은 거잖아요? 후음 '헤'에는 단순슈바 싫어하죠? | | | | | | |
| 명령형 | 명령형은 미완료만 알면 생각할 것 없습니다. 앞에 접두된 것만 떼어버리면 끝입니다.<br>수동인 푸알과 호팔은 수동명령이 없으니 없고 접두가 요드가 아닌 히트파엘/히필은 자신의 특성을 남기기 위해 요드가 떨어진 자리에 다시 '헤'가 복원됩니다. | | | | | | |
| 부정사<br>연계형 | 부/연은 명령형과 동일하기에 역시 생각할 것이 없고 미완료만 잘 암기하시면 되지요~.<br>다르게 볼까요? 푸알~호팔은 히필 요드아래 파타로 변한 것 외에 원 단어는 완료를 그대로 유지한다고 미완료에서 말씀드렸죠? 그런데 명령에서는 요드를 제거하고 '헤'가 복원된다고 했구요..<br>명령형 변화를 다른 시각으로 보면 결국 완료형과 동일하여지는 겁니다. 단 하나 히필만 파타이구요. | | | | | | |
| 부정사<br>절대형 | 카톨 | 부정사 절대형의 칼형은 암기하여야 되지요? 나머지는 식은죽 먹기입니다.<br>히트파엘이 부정사연계형과 절대형이 동일하구요..<br>부정사연계형을 기준으로 앞쪽은 무조건 끝모음이 "오"인 홀렘이고 뒤 쪽은 쩨레로 "에"로 맞추면 끝입니다 | | | | | |
| 분사<br>능동 | 코텔 | 닠타~알 | 분사는 각 형태보다 중요한게 모두 끝음절이 장음입니다.<br>칼/니팔만 별도로 기억하시구요<br>나머지는 모두 미완료의 '요드'를 '멤'으로 변경하시고<br>쩨레는 장음이고 순장모음도 장음이니 분사에 부합하고..<br>하나 남네요.<br>혹시 끝음절에 파타가 있는 경우 카메츠로 변경하면 끝입니다.<br><br>여성단수의 경우 두가지로 세골세골타우형도 기억하셔야 합니다. | | | | |
| 분사<br>수동 | 카툴 | | | | | | |

# 51. 동사시제별 특징2

이번에는 성/수에 따른 변화를 하기 위한 기본 내용을 다시 한번 정리해 보도록 할께요.

<table>
<tr><th rowspan="3"></th><th colspan="2">단순형</th><th colspan="3">강조형(두번째 자음 다게쉬)</th><th colspan="2">사역형</th></tr>
<tr><th>능동</th><th>수동/<br>재귀</th><th>능동</th><th>수동</th><th>재귀</th><th>능동</th><th>수동</th></tr>
<tr><td>칼<br>(파알)</td><td>니팔</td><td>피엘</td><td>푸알</td><td>히트<br>파엘</td><td>히필</td><td>호팔</td></tr>
<tr><td>완료</td><td colspan="7">완료는 동사의 끝에 어미가 붙습니다.<br>그런데 3인칭남성단수는 기본형이고 이것과 구분하기 위해 성과 수에 따른 어미를 붙이게 되지요.<br>그래서 아타트티 우~템텐누의 시작은 3인칭여성단수부터 출발이고 우~는 3인칭복수 공통입니다.</td></tr>
<tr><td>미완료</td><td colspan="7">미완료는 어두와 어미가 모두 붙지요?<br>완료와 구분하기 위해 어두가 붙는 형태이니 당연히 3인칭남성단수완료도 변화를 합니다.<br>그래서 이티티티에 이티티티니 / 이 우나우나 로 10가지 형태가 모두 출현합니다.</td></tr>
<tr><td>명령형</td><td colspan="7">명령형은 2인칭을 기본으로 합니다. 어쩌면 당연한 거지요?<br>3인칭간접명령과 1인칭 청유형은 별도이고 미완료의 2인칭이 기본단어입니다.<br>미완료에서 2인칭과 3인칭 남성/여성을 모두 가져오고 어두를 떼는 형태이기에 별다른 어미변화는 없는 게 당연하지요?</td></tr>
<tr><td>부정사<br>연계형</td><td colspan="7">명령형과 동일</td></tr>
<tr><td>부정사<br>절대형</td><td colspan="7"></td></tr>
<tr><td>분사<br>능동</td><td>코텔</td><td colspan="6" rowspan="2">분사형은 명령과 달리 3인칭을 기준으로 합니다.<br>미완료의 3인칭남성단수를 기준으로 명사형어미를 붙여서 성과수를 구분합니다.</td></tr>
<tr><td>분사<br>수동</td><td>카툴</td></tr>
</table>

# 52. 원어성경읽기가 이제 되나요?

사실상 동사의 기본은 끝이 났습니다.
힘들게 넘어왔으니 여기까지 오시면 "아! 이제 나도 단어만 암기하면 성경을 원어로 막힘없이 읽을 수 있겠구나~"라는 자신감이 생기지 않으시나요?

저도 그랬습니다.
하지만 이렇게 문법을 정리하고 난 후 원어성경을 펼치자 창세기부터 도무지 이해를 할 수 없는 내용들이 가득 출현하더라구요.

원인은 크게 두 종류입니다.
첫번째..
우리가 지금까지 배운 내용들은 모두 변화하는 원리들을 풀어 설명한 것들이지요?
이렇게 이건 단음이 맞고 이건 슈바여야 하고 등등은 원리적인 부분인 겁니다.
하지만 우리가 원어성경을 읽는 것은 기본적으로 오타가 아닌 이상은 모음이 잘못 사용되거나 한 것은 없을꺼예요.
그러면 무엇이 필요한 걸까요?
단어를 보는 순간 어근을 구분해내고 그 속에서 동사의 패턴등과 형태를 알 수 있는 훈련이 되어야 합니다.
두번째..
우리가 아직 학습하지 않은 약동사(불규칙동사)가 있습니다.
불규칙동사라고 하지만 사실 어느 정도는 불규칙속에 규칙이 담겨있어서 약동사명칭이 좀 더 나아 보입니다.
히브리어는 자음 3개가 기본형이지요?히브리어 자음 23개이구요..
이 중에 베가드케파트 6개, 후음(반후음) 5개 약자음 4개등이 세 개의 자음중에 한 곳에 들어가는 것이 약동사라고 하고 이 약동사는 지금까지 학습한 내용과 달리 불규칙한 변화를 일으키는데요..
이 세 개의 자음 위치에 이 중 하나가 들어갈 경우의 수를 계산하면 거의 100%에 육박합니다.
결국 거의 모든 단어가 약동사일 수 밖에서 없다는 겁니다.

정리합니다.겁내실 필요 없어요~~약동사 모두 암기한 분들 얼마나 계실지 모르지만.. 적을꺼예요..ㅎ
이 약동사는 일반적인 사용법을 추가로 설명드린 후 설명할 예정입니다.
하지만 부담갖으실 필요는 없어요. 제가 듣기로 신학교에서도 약동사를 가르치기 전에 보통 학기가 끝나서 약동사는 대충 넘어간다고 하더라구요..
약동사도 규칙을 찾아 정리는 하지만 결국은 우리가 성경의 모음이 맞나 틀리나 볼 필요가 없듯이 지식보다는 익숙해 지는 훈련이 더 중요합니다.

# 53. 성경해석을 위한 동사파악 첫번째



약동사 정리전 기본적인 문법이 끝난 상태이기에 일단 성경을 읽을 때 단어를 보는 방식을 먼저 설명합니다. 창세기 1:2절에 하나님의 신은 수면에 운행하시니라에서 사용된 단어를 볼께요.

מְרַחֶפֶת 메라헤페트

רָחַף 라하프 : 움직이다 흔들다

성경을 읽기 위해 메라헤페트를 보고 라하프를 찾아낼 수 있는 능력이 있어야 합니다.
그러나 처음에 이게 쉽지는 않겠지요? 하지만 보통 원어성경 위에 원단어가 표시가 되기에 성경읽기에 한해서는 이런 노력이 없어도 됩니다. ㅎ

그래도 일단 동사 분석하는 방법을 말씀드리면..

1. 단어의 어미를 먼저 봅니다.(성/수에 따른 변화 아시죠? 메라헤페트는 끝이 타우니 여성형일 확률이 매우 높네요?
2. 히브리어는 세 개가 기본이니 라하프까지는 일단 구분이 되네요. 이 단어를 알면 좋고 모르면 사전 또는 검색하면 되구요.(단어는 마지막에 찾으면 됩니다.)
3. 라하프의 가운데 강조형의 특징인 다게쉬가 있나요? 있으면 피엘/푸알/히트파엘.. 여기는 다게쉬가 없지요? 그런데 또 하나 볼 부분이 있지요? 다게쉬가 찍혀야 하는 두번째 자음이 라하프에서는 "헤트"로 후음입니다. 후음은 다게쉬를 싫어하죠? 이런 형태가 약동사입니다.일단 보류..
4. 접두에 눈이나 헤등 동사의 패턴에 따른 접두어가 있나요? 니팔/히트파엘/히필/호팔등.. 여기는 없으니 이건 아니고.. 그럼 남는 것은 칼/피엘/푸알
5. 그런데 피엘의 특징이 기억나시나요? 피엘이 미완료부터는 히렉이 파타로 변하지요? 피엘이네요.
6. 그럼 피엘형임을 알고 보면 어두의 멤이 뭔지 보이시죠? 멤이 어두에 붙는 형태 뭐가 있지요? 분사죠..물론 전치사 민이 불분리 전치사로 사용시는 멤 아래 히렉이 붙어 사용되는 경우가 있지만 이건 동사이니 분사이겠네요.
7. 우리가 지금 찾은 것은 피엘이고 여성형 분사까지는 알겠네요.
8. 마지막으로 분사의 여성단수는 세골세골 타브로 끝나는 형태가 추가되며 두 가지가 있다고 했습니다. 딱 부합하지요..
9. 결과적으로 동피분(능)여단이라고 우리가 뽑아낼 수 있습니다.

제가 앞에서 말씀드린 많이 보면서 훈련을 하지 않으면 성경읽는 것과 문법책 보는 것이 괴리가 있다는 부분이 이런 부분입니다. 모두를 이렇게 분석할 필요는 없지만 우리가 대충 틀을 알 수 있는 능력은 많이 읽고 접하는 방식뿐입니다.

# 54. 성경해석을 위한 동사파악 두번째

어쩌면 정말 힘든 '메라헤페트'란 단어를 처음에 제시한 이유는 약동사까지 많은 예외적인 사항들을 보여주는 단어이기 때문이었어요..

이번에는 쉽게 구분할 수 있는 단어로 제가 제일 좋아하는 히브리어 단어인 라마드입니다.

לָמַד 라마드 : 배우다

לִמֵּד 림마드 : 가르치다

림마드의 경우 중간에 다게쉬가 있으니 강조형 세가지중 하나이겠네요..

히트파엘도 푸알일 수도 없지요? 피엘입니다.

아직 한 번에 안보이셔도 상관없어요.. 저도 그럽니다.ㅎㅎ

이런 구분을 하면 된다는 것을 아시고 익숙해지면 됩니다.

또 한가지 제가 이 단어를 너무 좋아하는 이유는 배우다라는 의미가 강조형으로 사용되면 어떻게 되어야 하나요?

우리가 계속 배운 카탈(그가 죽였다)이란 단어를 피엘형으로 하면 '그가 잔인하게 죽였다'정도의 의미가 되지요? 그런데 이 라마드란 단어의 피엘형은 '열심히 배우다' 정도의 의미가 아닌 '가르치다'란 의미가 된다는 점입니다.

'배우고 배우고 또 배우고..열심히 배우면 가르칠 수 있다'는 히브리인들의 사상이 참 재밌다는 생각이 들어서 저는 참 좋아하는 단어입니다.

# 2부
# 히브리어 문법 정리

## Part 4. 약동사

# 55. 약동사 들어가기 전에..



앞으로 약동사를 보게 될 것인데 그 전에 좀 더 알고 넘어갈 부분이 있습니다.
동사는 동작동사와 상태동사가 있다고 말씀드렸는데 차이를 기억하실까요?
동작동사는 동사의 기본형인 카메츠+파타의 형태이고 상태동사는 카메츠+홀렘,카메츠+쩨레등으로 다른 형태를 보입니다.

## 1. 동작동사와 상태동사 구분

[동작동사의 기본형]

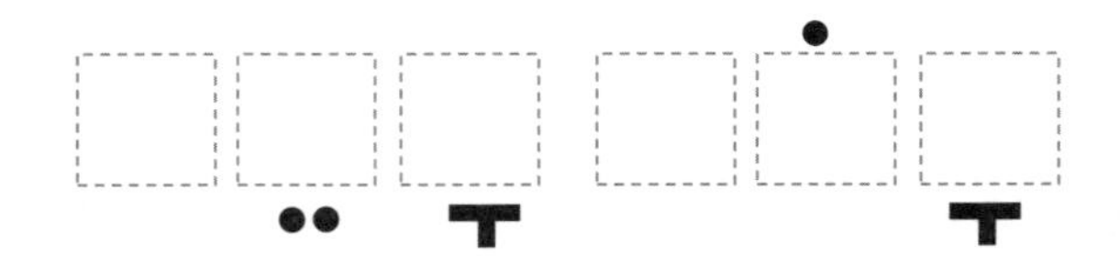

[상태동사의 기본형] 가끔 위와 같은 동사도 보게 될 텐데요. 이는 상태동사라고 하며 형용사적 성격을 지닌 동사입니다.

[상태동사 특징] 우리가 기억하는 칼미완료는 '익톨'입니다. 즉 홀렘이 사용되지요.
그런데 칼 미완료에서 상태동사는 홀렘이 아닌 '파타'가 사용된다는 아주 큰 특징을 가지고 있습니다.

## 2. 휴지부호가 붙은 동사

우리가 끊어 읽기에서 중요한 문법이라고 기초문법편 말미에 말씀드린 부분입니다.
에트나흐나는 전반절의 끝이고 씰룩은 후반절의 끝을 표시한다고요..
이 두 개의 부호가 붙은 동사의 경우는 좀 색다른 변화를 합니다.
휴지부호가 붙으면 앞으로 휴식동사라고 명칭을 할껀데요..
좀 길게 끌어서 발음하면서 구분을 하여 주게 되기 때문에 이런 휴지부호가 붙은 동사들의 경우는 살짝 다른 변화패턴을 보이게 됩니다.

위 두가지는 약동사를 들어간 후 계속 구분해서 보게 될 부분이라 다시 한번 기억해 두시기 바랍니다.
저도 휴식동사 부분을 모를 때 성경의 변화를 보고 이해가 안되서 정말 오래 고생한 기억이 있습니다. ㅎ

# 2. 약동사 기초



이제 본격적으로 대망의 약동사입니다. 약동사의 전반적인 내용을 일단 표로 정리해 보도록 할께요.
신학교 학기중에 시간이 부족해서 약동사는 대충 끝내고 넘어가는 경우도 많다고 하더라구요.
그래서 사실 히브리어 약동사를 어려워하기도 한다고하구요..
그런데 실상 거의 대부분이 약동사라 아주 중요한 내용입니다.

일단 히브리어 세 개의 자음 위치에 후음등등 골치 아픈 친구들이 들어가서 힘들게 하는 것이
약동사라고 했지요..
기본적인 틀을 먼저 잡고 하나씩 파악하며 불규칙속에 규칙을 찾아보도록 할께요.

## 1. 약동사 구분

| ל | ע | פ |
|---|---|---|
| 라멘-후음 | 아인-후음 | 페-후음 / 페-알렙 |
| 라멘-알렙 | | 페-알렙 특수동사(6개) |
| | | 페-눈(요드짜데) |
| 라멘-헤 | | |
| | 아인-바브 | 페-바브 |
| | 아인-요드 | 페-요드(6개) |
| | 아인중복(이중아인) | |

표를 보면서 좀 이상하지요?
알렙,헤도 후음인데 알렙과 헤의 경우는 추가로 페-알렙과 라멘-알렙,라멘-헤로 더 있다는 점입니다.
즉, 알렙과 헤의 경우에는 일반적인 다른 후음들과 구분되는 다른 특성이 있다는 점을 알 수 있네요.

실상 색이 칠해진 부분은 기본적으로 후음에 따른 변화를 하고 있다는 점이지요.
그럼 나머지는 1음절 자음이 눈이거나, 1 또는 2음절에 요드와 바브가 오거나 2,3음절 중복자음으로 탈락하는 이중아인까지 세가자만 알면 된다는 의미이기도 하네요.

페,아인,라멘의 자리에 후음이 올 때 일어나는 변화를 살펴보고 난 후 알렙은 어떤 차이를 가지고 있는지 보면 좀 더 편안하게 파악하실 수 있으실 듯 해서 일반적인 후음이 발생하는 원칙을 먼저 살펴보도록 하겠습니다.

# 3. 후음 약동사 정리

기본적으로 약동사는 지금까지 학습한 규칙동사 변화를 그대로 따르고 후음에 따른 변화라든지 각종 변화를 추가하면 되는 형태입니다.
후음약동사도 일반적인 후음의 원칙을 적용하면 끝이 난다는 거지요..
그럼 알렙과 헤는 왜 또 구분을 하는 것일까요? 이건 그 두 단어의 특징이 있기 때문이예요.
이런 것들만 정리하시면 후음약동사 6개는 후음법칙만으로 해결이 가능합니다.

약동사에 후음으로 인한 부분이 6개나 되니 후음을 한 번 더 확인해 보도록 할께요.

## 1. 후음문자의 특징

① 후음문자는 중복점을 찍을 수 없다. 대신 앞 모음을 장음으로 변화 시키는 모음보상을 한다.
② 후음문자는 “아” 발음을 선호한다.
③ 후음문자는 단순슈바 대신 합성슈바를 취한다.(레쉬는 단순슈바 선호)

## 2. 후음이 합성슈바를 취할 때 특징

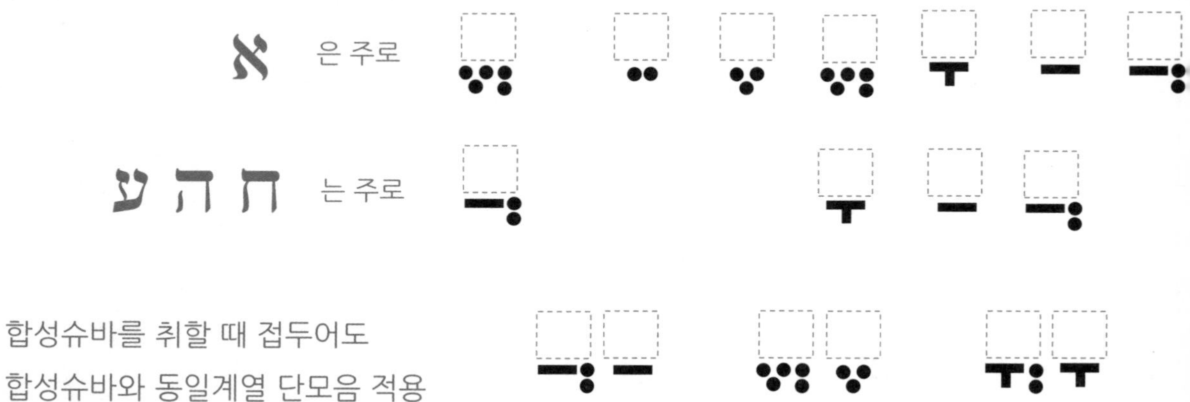


알렙은 ‘에’도 선호합니다
위에서는 앞 모음이 합성슈바의 영향을 받는 부분이구요. 뒷 모음에 따른 변화도 발생합니다.
합성슈바는 유성슈바이기에 다음 음절에 유성슈바가 오면 다시 온전한 모음으로 변화합니다.

위 후음규칙을 모르고 약동사를 공부한다는 것은 의미가 없습니다.
위 내용을 머리에 담고 각 변화에 따라 차이점을 살짝 가미해 주는 것이 약동사이니까요..

어떤 내용인지 후음과 관련된 약동사를 표로 비교해 보도록 할께요.

# 4. 약동사 : 페-후음/페-알렢

페-후음과 페-알렢으로 묶어서 통칭하는 이유는 제 경험때문입니다.
사실 알렢도 후음이고 페-후음동사의 변화를 따릅니다. 단지 알렢이 묵음인 6개의 동사가 주로 페-알렢특수동사로 분리되는데 페-후음하면 자꾸 알렢의 변화를 생각하지 않게 되더라구요.

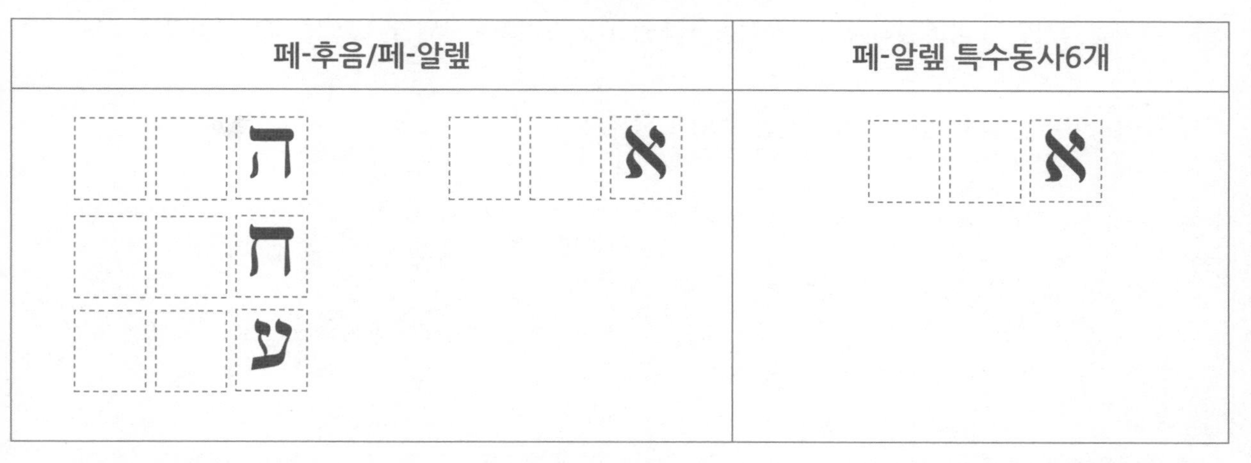


결국 1자음이 알렢인 경우도 거의 대부분은 페-후음동사에 해당하고 아주 특별한 단어들만 페-알렢으로 구분되는 형태이므로 페-후음동사 하면 알렢도 포함되는 것이란 것을 꼭 기억해 주시고 출발합니다.

## 1. 후음동사에서 고려할 부분

| | |
|---|---|
| **1.다게쉬 거부 모음보상** | 이중점 거부의 경우 모음보상이 일어난다. |
| | ה,ח,ע 은 다게쉬포함으로 간주하여 처리하는 부분도 발생한다 |
| **2. 합성슈바선호** | **2-1.** 후음 자신이 합성슈바를 선호한다. |
| | **2-2.** 접두어도 슈바제거한 단모음을 취한다. |
| | **2-3.** 뒷모음이 유성슈바일 때 합성슈바와 유성슈바가 연속될 수 없으므로 합성슈바가 합성슈바를 포기하고 단모음으로 변화한다. |

## 2. 이중점 거부로 인한 접두어 모음보상

**동사 성/수 포함 총정리표**를 참고하시면 1자음에 다게쉬가 들어가는 유형은 니팔 미완료가 유일합니다.
결국 페-후음동사에서 다게쉬문제는 니팔미완료에만 해당하고 여기서만 접두어를 장음으로 변경하면 되고, 나머지는 합성슈바문제만 남습니다.

이중점거부로 인한 접두어 모음보상 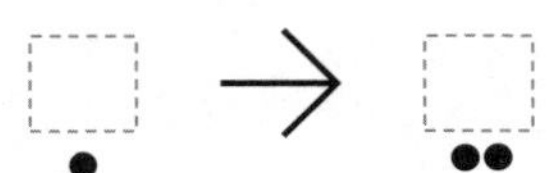

## 3. 합성슈바 처리문제

페-후음으로 변화가 일어나는 부분을 일단 살펴보겠습니다.

1음절이 다게쉬가 없거나 슈바가 아닌 부분, 특히 강조형은 전혀 해당사항이 없습니다.

즉, '페-후음동사인데 강조형이다!'는 '규칙동사와 동일한 강변화동사이다'라고 보시면 되겠지요..

다음페이지에서는 각 내용에 대해 언급해 보도록 할께요.

| | 단순형 | | 강조형 | | | 사역형 | |
|---|---|---|---|---|---|---|---|
| | 능동 | 수동/<br>재귀 | 능동 | 수동 | 재귀 | 능동 | 수동 |
| | 칼<br>(파알) | 니팔 | 피엘 | 푸알 | 히트<br>파엘 | 히필 | 호팔 |
| 완료 | 2ms<br>2fs | All | 해당없음 | | | All | All |
| 미완료 | All<br>2fs주의 | All<br>이중점거부 | | | | All | |
| 명령형 | 미완료<br>접두제거 | | | | | | |
| 부정사<br>연계형 | 상태동사<br>주의 | | | | | | |
| 부정사<br>절대형 | 해당<br>없음 | 이중점거부<br>All | | | | | |
| 분사<br>능동 | | - | | | | | |
| 분사<br>수동 | | 해당없음 | | | | | |

칼형을 제외한 나머지는 접두어의 모음으로
적용되기에 학습할 부분이 거의 없습니다.
칼형만 주의하시면 나머지는 한방에 정리됩니다.

## 4. 칼 완료 합성슈바문제(2mp,2fp)

칼완료에서 중자음어미가 붙으면 엑센트를 끌어가고 첫음절이 슈바가 되어 '케탈템','케탈텐'이 된 것 기억나시나요? 이렇게 슈바가 붙는 곳은 칼완료에서 단 두 곳 입니다.
지금 지나는 곳이 페-후음이니 첫음절이 슈바가 오는 부분만 조정하면 되는 거니까요.

עְמַדְתֶּם → עֲמַדְתֶּם '아' 선호이고 반모음 슈바자리니 하텝파타

두 곳 모두 위와 같이 후음이 합성슈바를 선호하고 '아'를 선호하니 1음절을 합성슈바로 변경하면 모두 끝입니다.

## 5. 칼 미완료 합성슈바문제(전체, 특히 2fs는 주의 필요) : 페-ה,ח,ע

규칙동사 미완료형의 변화

קְטַל → יִקְטֹל 익톨

페-후음동사 미완료형의 변화

עָמַד → יַעֲמֹד 아마드 : 일어서다

일단 아인 아래 단순슈바가 와야 하지만 후음이 합성슈바를 선호하기에 하텝-파타로 변한 부분은 완료형과 동일합니다.그런데 페-후음 미완료에서 하나 더 보실 부분이 있습니다.
요드 아래의 히렉이 합성슈바의 영향을 받아 파타로 변한 부분입니다.
참고로 1인칭은 다르겠죠?.(이티티티에 이티티티니 / 이 우나우나)

※ 2fs(2인칭여성단수) 미완료형의 변화

칼 미완료에서 주의할 부분입니다. '이티티티에 이티티티니 / 이 우나우나'에서 모음어미가 붙는 2인칭여성단수의 경우는 추가변화를 합니다.

תִּעְמְדִי → תַּעֲמְדִי → תַּעַמְדִי

다른 것들처럼 적용한 중간단계를 보면 뒤에 유성슈바가 왔지요? 유성슈바는 연속적으로 사용될 수 없기에 결국은 합성슈바가 양보하고 단모음으로 변화를 합니다.

## 6. 칼 미완료 **합성슈바문제(전체,** 특히 2fs는 주의 필요) **:** 페-א

5번의 내용과 모두 동일합니다. 단, 알렙은 합성슈바에서 '에'를 더 선호하는 성향이 있기에 아래와 같이 차이가 발생합니다.

※ 2fs(2인칭여성단수) 미완료형의 변화

이것도 5번과 동일한 변화를 가지는데 논리적이지는 않습니다.

5번에서는 유성슈바는 연속적으로 사용될 수 없기에 결국은 합성슈바가 양보하고 단모음으로 변화하는 형태였습니다. 다시 보실까요?

왜 논리적이지 않은지 한번 보겠습니다.

알렢의 경우는 '에'를 선호하기에 동일한 현상이 발생한다면 "세골+세골"이 맞는 형태가 될 꺼예요.

그런데 여기서도 역시 "파타+파타"를 취한다는 부분입니다.

## 7. 상태동사 칼 미완료 **합성슈바문제 :** 페- א ה ח ע

지금까지 보신 부분은 동작동사입니다. 동작동사는 미완료의 기본형이 "익톨"로 홀렘이지요.

상태동사의 경우는 미완료의 기본형이 홀렘이 아닌 "파타"입니다.

이 상태동사에서는 1음절에 알렢이 온 경우에도 '2fs에서 논리적이지 않은 변화'라고 말씀드린 변화가 일어나지 않습니다.

| # | ה ח ע | | א | |
|---|---|---|---|---|
| | 미완료 기타 | 2fs | 미완료 기타 | 2fs |
| 동작동사 | ת | ת | ת | ת |
| 상태동사 | | ת | ת | |

## 8. 상태동사 칼 명령/부정사연계형 **합성슈바문제** : 페- א ה ח ע

동작동사의 경우는 명령과 부정사연계형은 따로 볼 필요가 없었습니다.
그냥 미완료변화에서 접두어만 떼면 완성이 되는 형태였으니까요.
하지만 상태동사는 접두어가 떨어져 나가는 명령형과 부정사연계형이 다음과 같이 변화합니다.

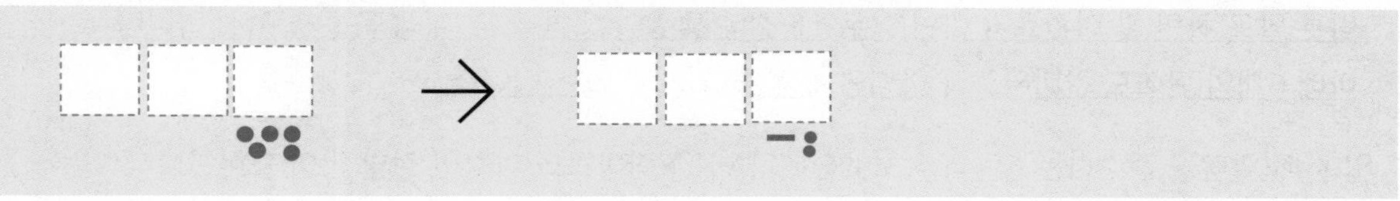

지금까지 페-후음동상의 칼형의 변화를 살펴보았습니다. 남은게 니팔/히필/호팔이지요?
강조형은 해당되지 않으니까요..'이걸 다 언제 하나' 싶으실 듯 한데 나머지는 한번에 정리가 가능합니다.
**동사 성/수 포함 총정리표**를 보시면 니팔/히필/호팔의 접두어들이 보이실꺼예요.
니팔은 완료,미완료..등등 보시면 접두어가 '히렉'이구요
히필은 완료는 '히렉'이고, 미완료부터는 '파타'입니다.
호팔은 모두 '카메츠 하툽'이구요.

## 9. 니팔 / 히필 / 호팔 **합성슈바문제**

칼을 제외한 3종은 알렙이냐 아니냐, 상태동사냐 아니냐등을 구분할 필요가 없습니다.
모두 공통적인 변화를 가집니다.

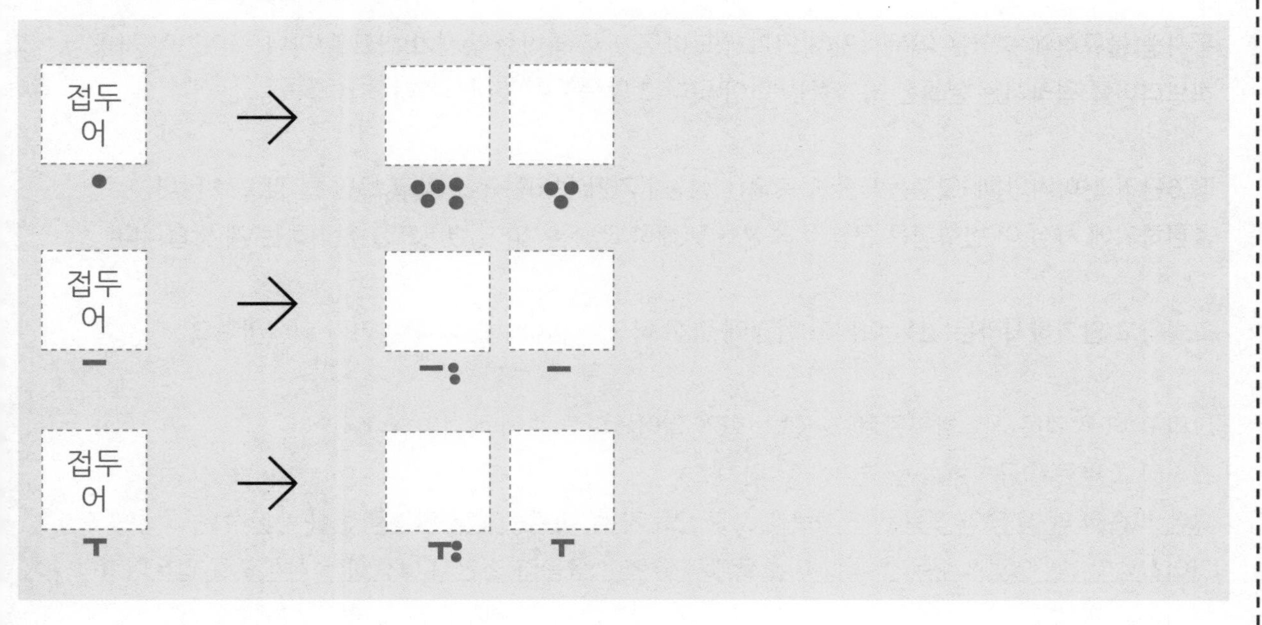

# 5. 약동사 : 페-알렢 특수동사 (6개)

## 1. 페-알렢 특수동사 6개

일단 페-알렢 특수동사 6개도 기존 페-후음/페-알렢과 동일하다는 것을 생각하시고 차이만 살펴보는 것이 맞다고 생각합니다. 기존의 페-후음을 기억하셔야 하는 이유이기도 합니다.
페-알렢 특수동사 6개의 경우는 오로지 칼 미완료에서만 발생합니다.
다른 말로 하면 칼 미완료가 아닌 경우 1음절에 알렢이 오면 그냥 '페-후음동사구나!'입니다.
아래 6개의 단어도 칼미완료가 아니면 신경 쓸 필요가 없는 겁니다.

일단 페-알렢을 준수하는 6단어를 보겠습니다.이 중 아마르와 아칼이 정말 많이 출현합니다.

| | | |
|---|---|---|
| אָמַר<br>아마르 : 말하다 | אָכַל<br>아칼 : 먹다 | אָבַד<br>아바드 : 망하다 |
| אָבָה<br>아바 : 원하다 | אָפָה<br>아팔 : (빵등을)굽다 | אָחַז<br>아하쯔 : 붙잡다 |

혹시 창세기부터 시작되는 1부를 읽으신 분이시면 제가 하야동사와 와요멜은 초고난이도라 처음에 이해하기 어렵다고 말씀드린 것을 기억하시리라 생각됩니다.
거기서 말씀드린 와요멜이 이 아마르의 변화형입니다.

동사중 불규칙에 속하는 약동사인데 거기서도 아주 아주 특이한 동사가 와요멜(아마르)이기에 처음 히브리어를 접하시는 분들은 통과하는 편이 낫다고 말씀드린 것이랍니다.

딱 6단어 뿐이지만 페-알렢동사를 모르고는 성경읽기가 안되는 정도라고 보면 될 정도로 많이 출현하기에 사실 이 변화형은 문법적 특성을 이해하고 난 후 아예 변화표를 암기하는 게 낫습니다.

그렇다고 암기하시라는 것은 아니고 성경에 많이 나오니 읽다보면 아예 암기가 되실꺼예요.

그리고 페-알렢동사는 칼미완료에서만 변화가 일어난다고 위에 적었습니다.
그렇다고 완료가 규칙변화는 아니란 거 아시죠?
앞에 학습한 페-후음의 적용을 그대로 따르고 오로지 칼 미완료에서만 다른 변화를 한다는 것이랍니다.(페-알렢특수동사는 칼 미완료에서 알렢이 묵음이 되면서 발생하는 현상으로 접두어가 떨어지는 명령형등의 경우는 자음의 음가를 다시 회복하므로 페-후음과 동일한 변화를 합니다.)

이제 실제 페-알렢동사의 변화를 살펴보겠습니다.

이상한 형태로 변한다는 점은 맞지만 변화 자체가 어렵지는 않습니다.

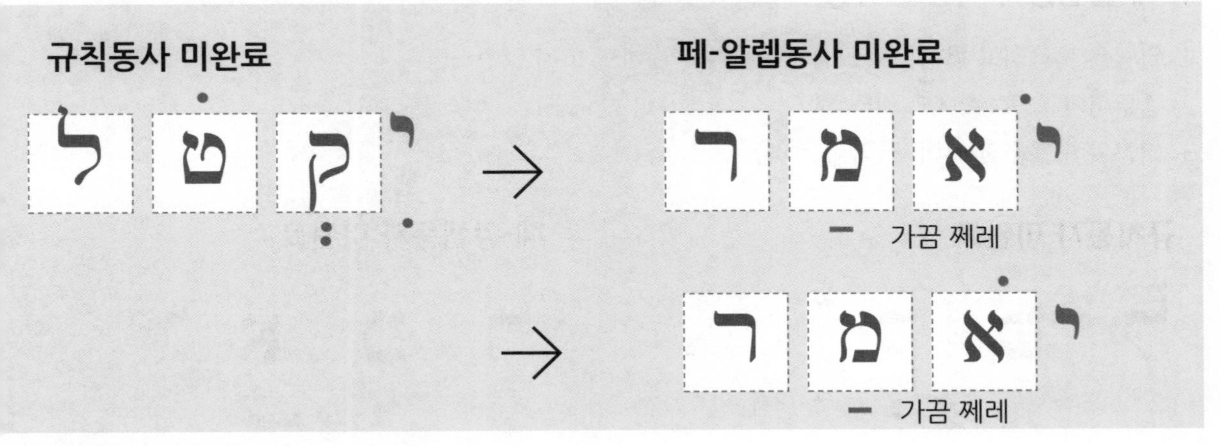


페-알렢동사는 두 타입으로 사용됩니다.

원래 홀렘은 정확하게는 요드의 모음입니다. 그래서 위 쪽이 맞는 표기이겠죠?

하지만 아래처럼 많이들 사용한다는 점에서 꼭 기억해 두셔야 합니다.

그리고 재밌는 것은 알렢입니다. 특징을 정리해 볼께요.

## 2. 페-알렙동사 미완료 특징정리

1. 알렢은 묵음이고 묵음으로 모음없음의 무성슈바를 쓰지 않습니다.
2. 접두어가 요드+홀렘의 형태이다.
3. 어간의 모음은 파타이다.(가끔 쩨레)

## 3. 페-알렙동사 미완료 추가 특징

미완료변화에서 이티티티에~ 기억나시죠? 그러면 1인칭공성 단수 '에'는 알렢이 연속이되겠죠?

뭔가 수상한 냄새가 나지요? 1인칭공성 단수 변화와 바브연속법의 변화를 기억해두셔야 합니다.

창세기에 출현하는 봐요멜이란 변화가 페-알렢 미완료 바브연속법이구요.

| | | | |
|---|---|---|---|
| אֹמַר | 오마르 : 1인칭공성단수변화 | וַיֹּאמֶר | 봐요멜 : 바브연속미완료 변화 |

1. 1인칭공성단수변화에서 알렢의 연속이기에 하나가 탈락하는 현상이 나온다
2. 페-후음동사의 바브연속법에서 어간의 모음이 파타가 아닌 세골로 변한다

אאמַר 1인칭공성단수는 원래 이런 형태이어야 하나 중복 알렢이 탈락하는 변화를 합니다.

앞의 특징을 상세하게 한번 보겠습니다.

## ※ 페-알렙동사 미완료 특징

1. 알렢은 묵음이고 묵음으로 모음없음의 무성슈바를 쓰지 않습니다.
2. 접두어가 요드+홀렘의 형태이다.
3. 어간의 모음은 파타이다.(가끔 쩨레)

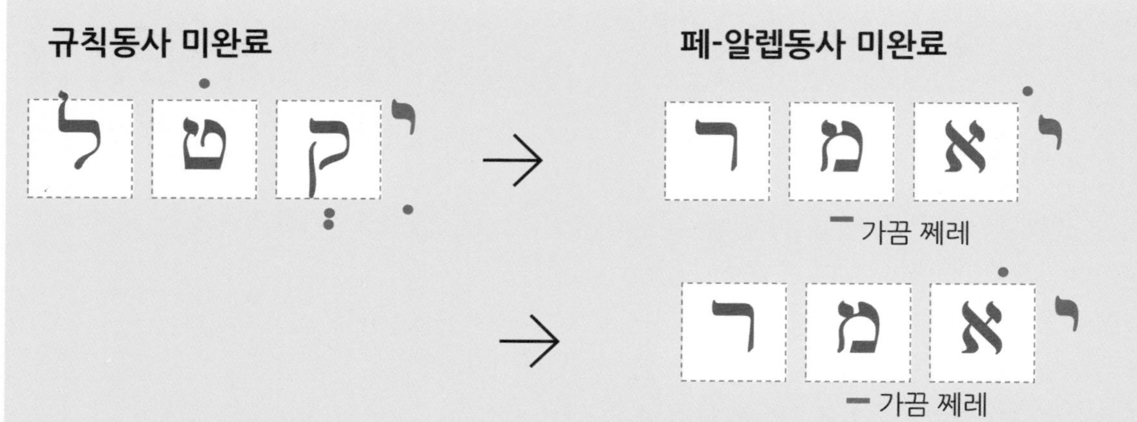


페-알렢특수동사는 칼 미완료에서 알렢이 묵음이 되고 모음이 없는 형태를 취합니다(홀렘은 위치문제) 또한 원래 칼 미완료는 '익톨'로 두번째 모음이 홀렘입니다. 그런데 묵음인 알렢을 제외하면 페-알렢 특수동사의 경우 칼 미완료에서 홀렘+홀렘으로 연속되게 됩니다.
히브리어에서 사용되지 않는 방식이기에 누군가는 변화가 되어야 하지만 앞쪽은 절대 변할 수 없는 형태이기에 뒤의 홀렘이 파타로 변하게 되는 것이랍니다.

## ※ 페-알렙동사 바브연속법 미완료 추가 특징

וַיֹּאמֶר 봐요멜 : 바브연속미완료 변화

페-후음동사의 바브연속법에서 어간의 모음이 파타가 아닌 세골로 변한다

바브연속법의 경우는 엑센트가 앞으로 이동하기도 하고 아니기도 합니다.
이게 단어로 구분되는 것도 아닌 것이 동일한 '아마르'라는 페-알렢 특수동사인데 비휴식형(일반형)의 바브연속법미완료에서는 엑센트가 앞으로 이동하고, 휴식형인 아트나흐나 또는 씰룩이 붙은 경우는 이동하지 않습니다. 또한 '아칼', '아마르' 모두 비휴식형에서 바브연속법 미완료의 엑센트가 이동하지 않습니다.
여튼 위의 '바요멜'의 경우는 엑센트가 앞의 요드로 이동한 형태로 종음절이 폐음절이 되고 단모음이 된 것인데, 이것도 원래 파타 역시 단모음이기에 문법적 성향으로 풀기는 좀 애매한 부분이 있습니다.

앞의 내용을 표로 다시 한번 보겠습니다.

| | 미완료 | 바브연속법 |
|---|---|---|
| 일반 | יֹאמַר 아마르 : 말하다<br>יֹאכַל 아칼 : 먹다<br>יֹאחֵז 아하쯔 : 붙잡다 | וַיֹּ֫אמֶר<br>וַיֹּאכַל<br>וַיֹּ֫אחֶז |
| 휴지부호 있을 때 | יֹאמֵ֑ר<br>יֹאכֵ֑ל | וַיֹּאמַ֑ר<br>וַיֹּאכַ֑ל |

אָמַר
아마르 : 말하다

אָכַל
아칼 : 먹다

אָבַד
아바드 : 망하다

אָבָה
아바 : 원하다

אָפָה
아팔 : (빵등을)굽다

אָחַז
아하쯔 : 붙잡다

1. 미완료가 보통 파타이고 드물게 쩨레인데 휴지부호가 붙은 경우는 휴지부호가 쉼표나 마침표의 개념이다 보니 좀 길게 발음을 합니다. 휴지부호가 있는 경우는 장음 쩨레로 변화합니다.
2. 바브연속법 미완료의 경우는 엑센트의 이동에 따라 변화를 가지는 것을 볼 수 있습니다.
3. 신기한 것은 휴지부호가 있고 엑센트의 이동이 없는데도 휴식형 바브연속법의 경우는 단모음으로 발음을 유지한다는 부분입니다.

페-알렙 미완료동사의 큰 부분은 정리되었고 자잘한 사항이 있는데 이는 표로 한번에 정리해보겠습니다.

| 페-알렙 특수동사 미완료 | | | | | | | |
|---|---|---|---|---|---|---|---|
| 단수 | | | | 복수 | | | |
| 3남단 | | יֹאמַר | 이 | 3남복 | 우 | יֹאמְרוּ | 이 |
| 3여단 | | תֹּאמַר | 티 | 3여복 | 나 | תֹּאמַרְנָה | 티 |
| 2남단 | | תֹּאמַר | 티 | 2남복 | 우 | תֹּאמְרוּ | 티 |
| 2여단 | 이 | תֹּאמְרִי | 티 | 2여복 | 나 | תֹּאמַרְנָה | 티 |
| 1공단 | | אֹמַר | 에 | 1공복 | | נֹאמַר | 니 |

| | | | |
|---|---|---|---|
| 완료 | אָמַר | | 페-후음동사의 일반 패턴 준수 |
| 미완료 | יֹאמַר | | 요드+홀렘 & 파타 기본 |
| 명령형 | אֱמֹר | | 페-후음동사의 일반 패턴 준수 |
| 부정사 연계형 | אֱמֹר | | |
| 부정사 절대형 | אָמֹר | | 추가로 앞 페이지 바브연속법 패턴<br>וַיֹּאמֶר<br>전치사가 붙을 때<br>לֵאמֹר |
| 분사 능동 | אֹמֵר | אוֹמֵר | |
| 분사 수동 | אָמֻר | אָמוּר | |

# 6. 약동사 : 아인-후음



페-후음에서도 정리했지만 결국은 아인-후음도 후음이 가지는 특성으로 인해서 문제가 되는 부분들이 불규칙의 원인이 되는거지요..
계속 본 내용이지만 후음의 불규칙은 크게 두가지 입니다. 다게쉬거부와 합성슈바선호..

그런데 앞에서 보았지만 사실 다게쉬 거부로 인한 모음보상은 큰 어려움이 없습니다.
실제 많은 변화를 일으키고 하는 부분들은 모두 합성슈바로 인한 부분이고 페-후음과 페-알렙특수동사에서도 합성슈바가 거의 대부분을 차지했지요.

아인-후음에서도 두 가지를 나누어 살펴보도록 할께요.
페-후음보다는 슈바문제는 간결한 편이고, 다게쉬문제는 오히려 약간 추가되는 부분이 있습니다.

## 1. 이중강점 거부문제

아인-후음동사는 제일 크게 어느 쪽에서 문제를 일으킬까요? 강조동사입니다.
강조의 의미로 사용되는 피엘/푸알/히트파엘의 가장 큰 특징은 어근 중앙에 다게쉬가 붙는다는 점이지요?
아!!! 다게쉬를 싫어하는 후음이기에 이 쪽에서 조정이 필요하겠구나..
이렇게 보시면 됩니다.(모음보상 장모음으로..)

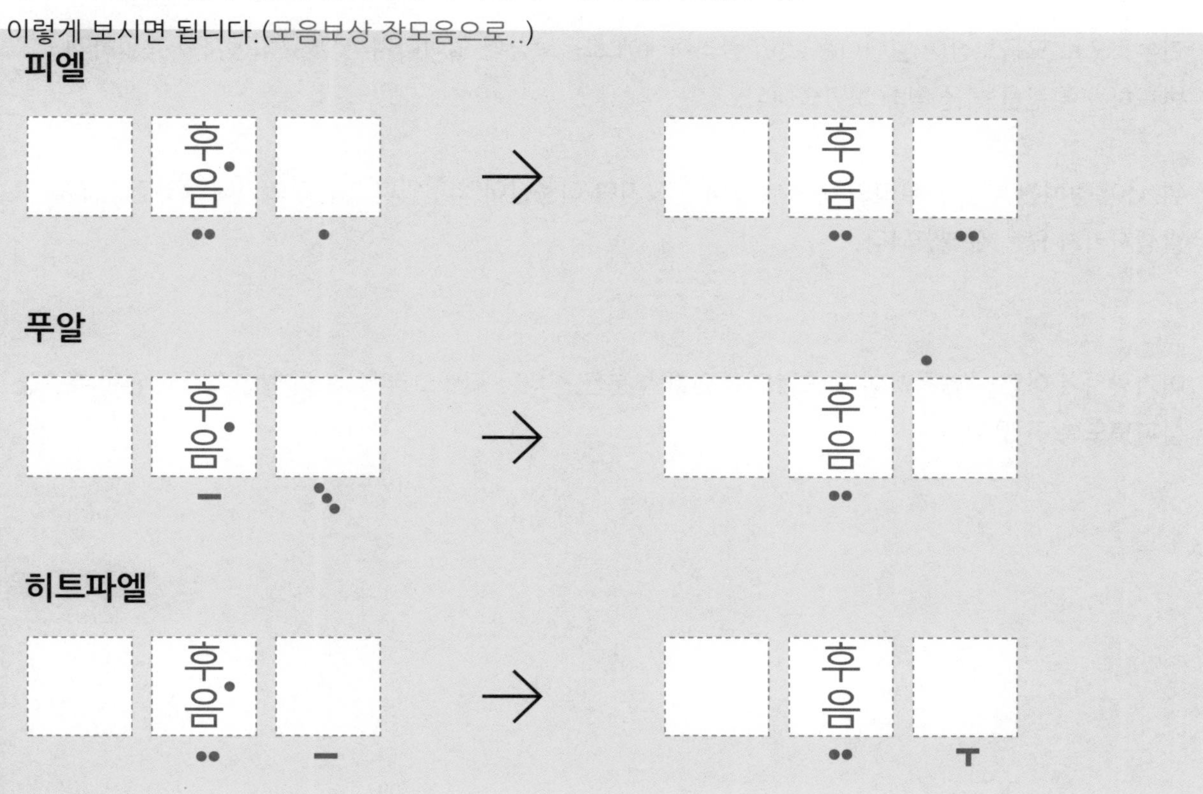

기본적인 이중강점의 문제는 앞에서 설명드린 모음보상으로 모두 끝나는 것이 정상입니다.
그런데 이중강점 모음보상부분에서 머리를 아프게 하는 사항이 좀 더 있습니다.

<table>
<tr><th>ㅊ</th><th>피엘</th><th>푸알</th><th>히트파엘</th></tr>
<tr><td>א</td><td colspan="3" rowspan="2">알렙과 레쉬는 이중강점을 항상 거부하기에 모음보상이 발생한다.</td></tr>
<tr><td>ר</td></tr>
<tr><td>ח</td><td colspan="3">헤트의 경우는 이중점이 잠재되어 있다고 간주하기에 모음보상이 일어나지 않는다.<br>즉, 아인-헤트의 경우는 규칙동사의 변화와 정확히 일치한다.</td></tr>
<tr><td>ה</td><td rowspan="2">'헤트'처럼 이중점 잠재로 보기에 모음보상이 일어나지 않는다.</td><td rowspan="2">푸알형에서는 '헤트'와 '아인'은 이중점이 잠재되어 있다고 보지 않고 거부한다고 보기에 모음보상이 발생한다.</td><td rowspan="2">'헤트'처럼 이중점 잠재로 보기에 모음보상이 일어나지 않는다.</td></tr>
<tr><td>ע</td></tr>
</table>

기본적으로 모음보상이 일어나는 것이 원칙이기에 모음보상이 일어나지 않아 규칙동사와 동일하게 변화하는 부분만 색을 칠해 보았습니다.

위 색이 칠해진 부분은 우리의 눈에는 보이지 않지만 이중점이 찍혀있다고 간주되기에 특별한 문제를 발생시키지 않는 형태입니다.

여기까지가 아인-후음동사의 이중점으로 인한 부분은 정리가 되었고, 다음으로 합성슈바로 인한 부분을 살펴보도록 하겠습니다.

## 2. 아인-후음동사 합성슈바 불규칙 특징

아인-후음이기에 "동사 성/수 포함 총정리표"에서 2음절에 슈바가 오는 경우들을 살펴보면 되는 것이겠지요..
아인-후음에서 슈바의 문제는 좀 더 편안하고 논리적이라 쉽습니다.
나머지도 모두 동일하기에 칼형의 몇 가지만 샘플로 보여드릴께요.
칼완료형에서 두번째 음절이 슈바가 되는 곳은 액센트4법칙 아몰랑법칙이 적용되는 모음어미가 추가되며 나의 받침을 뺏길 때이지요.

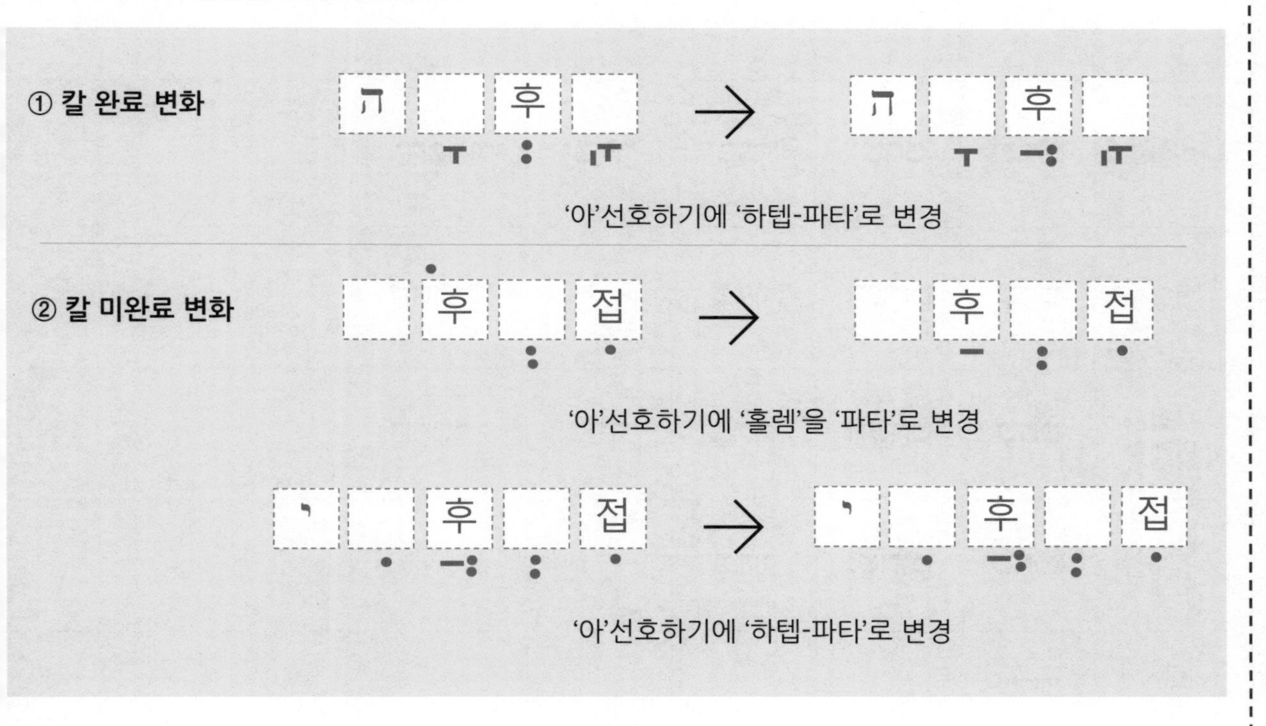


아인-후음 합성슈바 부분에서 기억할 특징이 한가지 있습니다.
완료/미완료/명령의 경우는 동사의 성/수에 따른 변화를 가집니다.
하지만 부정사연계형/부정사절대형/분사는 그렇지 않지요.
분사는 변화를 하지만 이건 명사의 성/수 변화어미를 붙이는 것이지 동사와 관련된 부분이 아닙니다.
이렇게 동사의 성/수와 관련이 없는 부정사/분사의 경우는 아인-후음의 특성이 아닌 규칙동사의 내용을 따르는 특성이 있습니다.
즉, 위 미완료에서 홀렘을 '아'를 선호하기에 파타로 변경하게 된 것이 미완료인데 접두를 제거하면 명령이 되고 명령은 부정사연계형과 동일한 것이 원칙인데 명령과 부정사연계형도 다른 형태를 취하게 된다는 점이 기억해 둘 부분입니다.(**홀렘 유지**)

# 7. 약동사 : 아인-후음동사 변화표

| | 단순형 | | 강조형(두번째 자음 다게쉬) | | | 사역형 | |
|---|---|---|---|---|---|---|---|
| | 능동 | 수동/ 재귀 | 능동 | 수동 | 재귀 | 능동 | 수동 |
| | 칼 (파알) | 니팔 | 피엘 | 푸알 | 히트 파엘 | 히필 | 호팔 |
| 완료 | שָׁחַט | נִשְׁחַט | בֵּרֵךְ | בֹּרַךְ | הִתְבָּרֵךְ | | |
| 미완료 | יִשְׁחַט | יִשָּׁחֵט | יְבָרֵךְ | יְבֹרַךְ | יִתְבָּרֵךְ | | |
| 명령형 | שְׁחַט | הִשָּׁחֵט | בָּרֵךְ | | הִתְבָּרֵךְ | | |
| 부정사 연계형 | שְׁחֹט | הִשָּׁחֵט | בָּרֵךְ | בֹּרַךְ | הִתְבָּרֵךְ | | |
| 부정사 절대형 | שָׁחוֹט | נִשְׁחוֹט | בָּרֵךְ | | | | |
| 분사 능동 | שֹׁחֵט | נִשְׁחָט | מְבָרֵךְ | מְבֹרָךְ | מִתְבָּרֵךְ | | |
| 분사 수동 | שָׁחוּט | | | | | | |

# 8. 약동사 : 라멘-후음

라멘-후음동사의 특징입니다.
라멘-후음동사의 경우는 마지막이 후음이지요? 후음의 특성중 하나가 "아"발음을 선호하구요.
레쉬의 경우는 반후음으로 보기에 여기 해당되지 않습니다. 또한 알렢과 헤의 경우는 단어 마지막에 올 때에는 묵음이 되기에 제외됩니다.
단, 헤에 맢픽이 찍혀서 발음을 해주게 하는 경우는 라멘-후음에 해당하게 됩니다.
즉, 라멘-후음동사에서 생각할 후음은 아래 세가지 입니다.

הּ ח ע

## 1. 라멘-후음 불규칙의 대표적인 특징

① 앞 모음을 파타로 변화시킴
② 숨은 파타
③ 2fs는 칼~호팔까지 3번째 모음이 모두 파타를 취한다.
④ 칼 여성단수분사는 두 종류로 세골+세골형인 경우 파타+파타로 변하는 특징이 있다.
⑤ 아인-후음처럼 부정사/분사의 경우는 규칙동사 원형을 유지하고 앞모음이 파타로 변하지 않기에, 후음 자신이 **숨은파타를 취한다.**
⑥ 휴지부호가 들어간 휴식형도 역시 규칙동사처럼 변화하기에 숨은 파타를 취한다.
⑦ 니팔동사와 피엘동사의 경우 부정사연계형은 특이하게 앞모음이 '파타'로 변하고, 니팔동사는 특히 부정사절대형까지도 '쩨레'로 변하는 특성을 가진다.

## 2. 라멘-후음 불규칙의 대표적인 특징 설명

① 앞 모음을 파타로 변화시킴
원래 동사의 기본형 모음은 '카메츠 + 파타'로 구성되고 3번 자음은 모음이 없는 형태입니다.
3음절이 아닌 곳에 후음이 오는 경우는 후음의 '아'를 선호하는 특성에 의해서 자기 자신을 변화시키고 합성슈바가 구성되는 경우 접두모음까지 변화시키는 부분이 앞에서 본 부분입니다.
그런데 3음절에 후음이 위치한 경우 기본적으로는 자신이 모음을 가지고 있지 않습니다.
그래서 ① 번 특징이 출현하게 됩니다.
자신이 모음이 없으니 앞모음을 변화시켜서라도 '아'를 선호하는 후음의 특성을 유지하는 겁니다.

② 숨은 파타

그런데 히필형의 경우는 2음절의 모음이 특이하게 순장모음의 형태이고 순장모음은 불변이 원칙이잖아요.. 후음이 변화시킬 방법을 찾지 못하게 되는 거예요..

후음도 나름 강력한 자신의 특성을 가지고 약동사의 절반을 차지할 정도의 힘이 있지만 순장모음은 바꾸지 못합니다. 이에 굴하지 않고 결국은 자신에게 숨은파타기능을 추가해서 '아'를 선호하는 후음의 특성을 끝까지 유지하게 됩니다.

단,히필에서 앞 모음이 순장모음이 아닌 부분은 파타로 변화시키며 숨은파타를 취하지 않습니다.

③ 2fs는 칼~호팔까지 3번째 모음이 모두 파타를 취한다.

이 경우는 어떤 논리라기 보다 변화의 특성이기에 언급할 것이 없지만 2fs는 계속해서 독특한 변화를 보이는 것을 보실 수 있습니다.

④ ⑤ ⑥ ⑦은 우리가 기억할 사항이지 어떤 원리로 볼 부분이 아니라 통과합니다.

# 9. 약동사 : 라멘-후음동사 변화표

| | 단순형 | | 강조형(두번째 자음 다게쉬) | | | 사역형 | |
|---|---|---|---|---|---|---|---|
| | 능동 | 수동/ 재귀 | 능동 | 수동 | 재귀 | 능동 | 수동 |
| | 칼 (파알) | 니팔 | 피엘 | 푸알 | 히트 파엘 | 히필 | 호팔 |
| 완료 | שָׁלַח | נִשְׁלַח | שִׁלַּח | | הִשְׁתַּלַּח | הִשְׁלִיחַ | |
| 미완료 | יִשְׁלַח | יִשָּׁלַח | יְשַׁלַּח | | יִשְׁתַּלַּח | יַשְׁלִיחַ | |
| 명령형 | שְׁלַח | הִשָּׁלַח | שַׁלַּח | | הִשְׁתַּלַּח | הַשְׁלַח | |
| 부정사 연계형 | שְׁלַח | הִשָּׁלַח | שַׁלַּח | | הִשְׁתַּלַּח | הַשְׁלִיחַ | |
| 부정사 절대형 | שָׁלוֹחַ | נִשְׁלֹחַ | שַׁלֵּחַ | | | | |
| 분사 능동 | שֹׁלֵחַ | נִשְׁלָח | מְשַׁלֵּחַ | | מִשְׁתַּלַּחַ | מַשְׁלִיחַ | |
| 분사 수동 | שָׁלוּחַ | | | | | | |

# 10. 약동사 : 라멜-알렢

라멜-알렢은 우리가 창세기 1:1에도 보았습니다. 아주 간단합니다.

라멜-알렢과 라멜-헤가 분리되는 이유는 다른 후음과 달리 묵음이기 때문입니다.

히브리어 동사의 기본형은 다음과 같습니다.

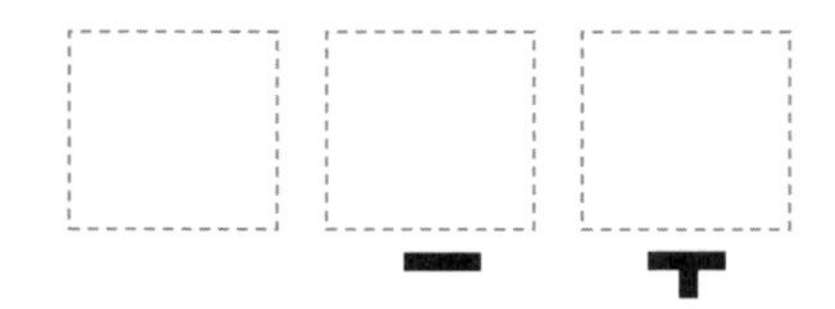

그런데 창세기에 나오는 '바라(창조하시니라)'는 형태가 다르죠?

בָּרָא 바라(48회)

제가 창세기 1장에서 저는 순장모음 쪽을 선호한다고 말씀드린 것 기억나시나요?

라멜-알렙동사는 알렢이 묵음이기에 대신 앞모음을 길게 해 주는 기능을 합니다.

개인적으로는 이걸 굳이 구분하기보다는 순장모음으로 묶으면 그냥 쉽던데 이건 학습하시는 분들이 스타일에 맞춰 기억하시면 될 듯 합니다.

또 한가지 특징을 추가로 언급해 둘께요.(선행모음은 카메츠를 선호하고 뒤에 붙는 다게쉬는 탈락)

이번에는 또 다른 대표단어를 '마짜'입니다.

מָצָא 마짜 : 발견하다.알아내다.

형태가 위와 동일하지요? 그런데 어미를 붙여서 카탈형과 비교해 볼께요.

מָצָאתָ קָטַלְתָּ

두 단어의 차이가 보이시나요? 어미에 붙어있던 다게쉬가 사라진 것을 볼 수 있습니다.

카탈이란 단어가 카탈타가 될 때에는 라메드가 모음없음 무성슈바와 함께 하며 폐음절을 이룹니다.

그런데 라멜-알렢의 경우는 후음이 단순슈바를 취하지도 않는데다가 알렢이 앞음절의 받침으로 들어가서 자음의 역할을 하는 것이 아닌 묵음에 지나지 않기 때문에 "마짜타" 즉,'짜'는 '개음절'입니다.

우리가 지금까지 학습한 내용으로 보면 폐음절뒤에 새로운음절을 시작하거나 단어처음에는 다게쉬레네(경강점)가 사용되지만 이 경우는 사용할 수가 없지요? 앞이 개음절이니까요..

약동사가 불규칙이라고 하지만 사실 규칙적인 점이 많습니다. 규칙동사와 달라보이는 것일 뿐이지요.

라멘-후음동사에서 파타를 선호하는 부분을 살펴본 것 기억하시죠?
라멘-알렢은 완료와 동일하게 카메츠를 선호합니다.
그렇기에 다른 특성이 있어 알렢도 후음이지만 이렇게 라멘-후음과 구별된 것이랍니다.

| יִקְטֹל | יִשְׁלַח | יִמְצָא |
|---|---|---|
| 규칙동사 | 라멘-후음(파타) | 라멘-알렢(카메츠) |

## 1. 라멘-알렙동사 특징정리

① 앞 모음으로 카메츠를 선호
② 어미가 붙을 때 어미의 다게쉬가 사라짐
③ 모음으로 시작하는 어미가 붙는 경우에는 알렢이 자음의 역할로 복원되므로 규칙변화와 동일

## 2. 라멘-알렙 칼형 특징정리

<table>
<tr><th rowspan="2">#</th><th colspan="3">칼 동사</th></tr>
<tr><th>완료</th><th>미완료/명령</th><th>부정사/분사</th></tr>
<tr><td>동작동사</td><td colspan="2">◌ָא</td><td rowspan="2">◌ָא<br>단, 2fp,3fp의 경우는 ◌ֶא</td></tr>
<tr><td>상태동사</td><td>◌ֵא</td><td>◌ָא<br>단, 2fp,3fp의 경우는 ◌ֶא</td></tr>
</table>

칼형은 단순합니다, 규칙동사를 기준으로 단모음인 파타만 카메츠로 장음화하면 기본적으로 끝입니다.
단, 상태동사의 경우는 완료형의 경우 2모음이 홀렘이나 쩨레인 경우이지요? 모두 쩨레로 변한다고 기억하시면 됩니다.
상태동사이든 동작동사이든 모두 미완료부터 분사까지 모두 파타를 카메츠로 장음화하면 됩니다.
특이한 부분은 완료를 제외한 미완료의 2fp,3fp의 경우는 단모음인 세골로 변한다는 점이 아주 특이합니다.

## 3. 라멘-알렙 니팔~호팔형 특징정리

<table>
<tr><th rowspan="2">#</th><th colspan="3">니팔~호팔 동사</th></tr>
<tr><th>완료</th><th>미완료/명령</th><th>부정사/분사</th></tr>
<tr><td>니팔~호팔</td><td colspan="3">אָ<br>규칙동사 기준으로<br>단모음 파타인 경우만 카메츠로 장음화되고<br>쩨레나 순장모음은 원래 장모음이기에 불변.<br><br>단, 알렢으로 끝나지 않고 어미가 붙은 경우는<br>카메츠로 장음화가 아닌 쩨레로 장음화되는 특징을<br>가짐<br><br>단, 칼과 마찬가지로 2fp,3fp의 경우는 אֶ</td></tr>
</table>

# 11. 약동사 : 라멜-헤

라멜-헤의 경우도 일반적으로 '헤'가 묵음입니다. 맢픽등으로 사용하지 않으면요..
또한 '헤'의 원형이 예전에는 '요드' 또는 '바브'였다는 점이 문제의 시작이 됩니다.
원래 <u>헤는 마지막에 쓰이면 묵음이고 앞모음이 카메츠죠</u>, <u>그럼 여기에 모음어미가 붙으면 어떻게 될까요?</u>
모음어미가 오면 자음의 역할을 담당하며 살아나고 받침을 뺏긴 앞모음은 슈바가 되는 것이 지금까지 배운 엑센트 4법칙인 아몰랑법칙입니다.
일단 이런 변화라면 약동사가 아니겠지요? 다른 변화를 하는 겁니다.

반면에 이와 다르게 자음성어미가 붙으면 원형인 요드로 변하며 앞모음과 연결되어 한 모음으로 변하게 됩니다. 이 두가지 내용을 정리해 보겠습니다.

일단 칼완료동사의 변화형을 보시면서 확인하는 것이 좋기에 규칙동사의 변화표를 가져왔습니다.
아래 표에서 어미의 변화를 일단 확인하세요.

| 칼완료동사 어미변화 | | | | | |
|---|---|---|---|---|---|
| 단수 | | | 복수 | | |
| 3ms | קָטַל 카탈 | - | 3cp | קָטְלוּ 카텔루 | 우 |
| 3fs | קָטְלָה 카텔라 | 아 | | | |
| 2ms | קָטַלְתָּ 카탈타 | 타 | 2mp | קְטַלְתֶּם 케탈템 | 템 |
| 2fs | קָטַלְתְּ 카탈트 | 트 | 2fp | קְטַלְתֶּן 케탈텐 | 템 |
| 1cs | קָטַלְתִּי 카탈티 | 티 | 1cp | קָטַלְנוּ 카탈누 | 누 |

3ms는 기본형이구요..
모음성어미가 붙는 경우는 3fs,3cp입니다.
자음성어미가 붙는 경우는 나머지입니다.
이걸 기억하시고 다음페이지의 표를 보시기 바랍니다.

## 1. 라멜-헤동사 변화표 종합

| # | 라멜-헤동사 | | |
|---|---|---|---|
| | 어미없음 | 모음어미 | 자음어미 |
| 완료 | 3ms<br>- | 3fs , 3cp<br>'헤'탈락후 앞자음에 바로 붙음<br>3fs는 특이 변화<br>3cp : וּ ה → וּ<br>3fs : ה ה → ה ת | 나머지<br>'헤'가 원형 '요드'로 변경되며<br>앞 모음도 변경(능동:히렉,수동: 쩨레)<br>능동 : תָּ ה → תָּ י<br>수동 : תָּ ה → תָּ י |
| 미완료 | 마지막<br>모음이<br>세골<br>ה | 2fs, 3mp, 2mp<br>'헤'탈락후 앞자음에 바로 붙음<br>2fs : י ה → י<br>3mp : וּ ה → וּ<br>2mp : וּ ה → וּ | 3fp, 2fp<br>'헤'가 원형 '요드'로 변경되며<br>앞 모음이 세골로 변함<br>공통 : נָה ה<br>→ נָה י |
| 명령 | 2ms<br>마지막<br>모음이<br>쩨레<br>ה | 2fs, 2mp<br>'헤'탈락후 앞자음에 바로 붙음<br>2fs : י ה → י<br>2mp : וּ ה → וּ | 2fp<br>'헤'가 원형 '요드'로 변경되며<br>앞 모음이 세골로 변함<br>공통 : נָה ה<br>→ נָה י |

**※ 체크포인트**

모음어미 공통 : '헤'탈락

자음어미 공통 : 원형 '요드' 복원

자음어미 완료 다게쉬 사라짐(폐음절 다음이 아니기에 다게쉬 사용 못함)

## 2. 라멘-헤동사 완료형의 특징

1. '헤'의 어근은 원래 '요드' 또는 '바브'이다.
2. 모음성어미가 오면 '헤'탈락(단,3fs는 헤가 타우로 변하므로 탈락하지 않는다)
3. 자음과 연결되게 되면 원래의 어근이었던 '요드'가 복원된다.
4. 요드가 살아나면 어미에 있던 다게쉬가 사라진다(라멘-알렢과 같죠? 개음절..)
5. '헤'가 두 번 연속 사용되는 경우는 '타우'로 변경된다.

### 참고

라멘-헤동사의 경우 3fs '카메츠+헤'가 접미되면 원래의 '헤'가 '타우'로 변합니다.(헤 연속)

그러나 다른 모음이 붙는 경우는 헤가 아예 사라지게 되어 축약이 발생합니다.

גָּלָה
갈라:드러내다

+ 모음성어미 וּ → גָּלוּ

+ 모음성어미(3fs) ה ָ → גָּלְתָה

+ 자음성어미 תָּ תִּ תֶּם.. → גָּלִיתָ

## 3. 라멘-헤동사 미완료형의 특징

라멘-헤동사 미완료어미는 홀렘이 아닌 세골을 선호한다.

사실 자음어미가 붙으면 다르지만 위처럼 기억해두고 자음어미때만 다르게 구분하는 게 쉽습니다.

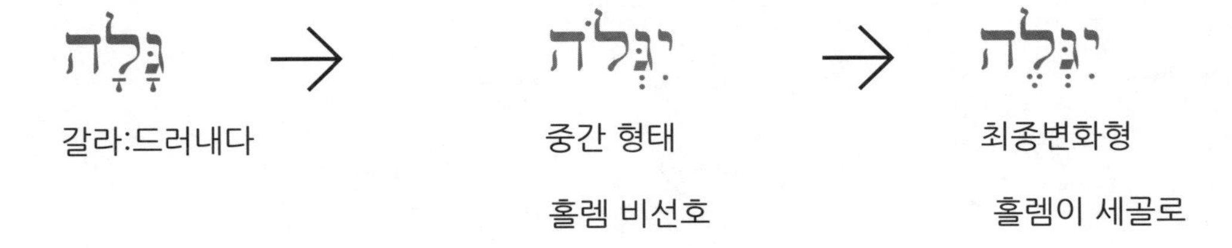

## 4. 라멜-헤동사 명령형의 특징

라멜-헤동사 명령형의 경우 남성단수를 제외하고는 마지막 헤가 사라진다.

| 라멜-헤 명령형 | | |
|---|---|---|
| | 단수 | 복수 |
| 남성 | גְּלֵה | גְּלוּ |
| 여성 | גְּלִי | גְּלֶינָה |

## 5. 바브연속법 미완료 라멜-헤 / 아인-바브(요드)동사 축약형

| # | 미완료 | 지시형 | 바브연속법 |
|---|---|---|---|
| 라멜-헤 | יִבְנֶה | יִבֶן | וַיִּבֶן |
| 아인-요드바브 | יָקוּם | יָקֹם | וַיָּקָם |

## 6. 3인칭 간접명령

3인칭 간접명령은 미완료와 형태가 동일한 것이 기본인데 3인칭 미완료는 어미가 붙지 않는 형태입니다.
여기서도 역시 '헤'를 탈락시키면 되는 형태입니다.
단, 칼형과 히필형은 추가적인 부분이 있어서 별도로 언급하려 하네요.

칼변화 יִגְלֶה → יִגְל → יִגֶל
헤탈락 → יִגְל → יִגֶל → יֶגֶל

히필변화 יַגְלֶה → יַגְל
헤탈락 → יַגְל → יַגֶל → יֶגֶל

위에 색이 칠해진 칼형4종, 히필형3종이 모두 가능합니다.

# 12. 약동사 : 라멜-헤동사 변화표



앞에서 뭐라고 이야기는 했는데 머리에 한번에 안들어오시리라 생각합니다.
그런데 라멜-헤동사의 경우는 정말 많이 나오고 앞의 내용들을 하나하나 적용하고 암기하고 하는 것이 어렵지요. 한방에 표로 일단 정리합니다. 이 표만으로도 많은 부분이 해결되실 꺼예요.

**참고**

라멜-헤동사의 경우 여성형 '카메츠+헤'가 접미되면 원래의 '헤'가 '타우'로 변합니다.
그러나 다른 모음이 붙는 경우는 헤가 아예 사라지게 되어 축약이 발생합니다.

| | 단순형 | | 강조형(두번째 자음 다게쉬) | | | 사역형 | |
|---|---|---|---|---|---|---|---|
| | 능동 | 수동/<br>재귀 | 능동 | 수동 | 재귀 | 능동 | 수동 |
| | 칼<br>(파알) | 니팔 | 피엘 | 푸알 | 히트<br>파엘 | 히필 | 호팔 |
| 완료 | גָּלָה | נִגְלָה | | | | | |
| 미완료 | יִגְלֶה | יִגָּלֶה | | | | | |
| 명령형 | גְּלֵה | הִגָּלֵה | | | | | |
| 부정사<br>연계형 | גְּלוֹת | הִגָּלוֹת | | | | | |
| 부정사<br>절대형 | גָּלֹה | נִגְלֹה | | | | | |
| 분사<br>능동 | גֹּלֶה | נִגְלֶה | | | | | |
| 분사<br>수동 | גָּלוּי | | | | | | |

| # | 라멜-기본형 어미모양 | |
|---|---|---|
| 완료 | הָ | ..... |
| 미완료 | הֶ | ..... |
| 명령 | הֵ | ..... |
| 부정사<br>연계형 | וֹת | ..... |
| 부정사<br>절대형 | הֹ | ..... |
| 분사<br>능/수 | הֶ | ..... |
| 칼분사<br>수동 | וּי | 칼형만..해당 |

# 13. 약동사 : 라멜-헤 - 하야동사(was/were)

| # | 하야동사 | | |
|---|---|---|---|
| [단수]<br>3인칭 남성 | 하야<br>הָיָה | [복수]<br>3인칭 남성 | 하유<br>הָיוּ |
| [단수]<br>3인칭 여성 | 하예타<br>הָיְתָה | [복수]<br>3인칭 여성 | 하유<br>הָיוּ |
| [단수]<br>2인칭 남성 | 하이타<br>הָיִיתָ | [복수]<br>2인칭 남성 | 하이템<br>הָיִיתֶם |
| [단수]<br>2인칭여성 | 하이트<br>הָיִית | [복수]<br>2인칭여성 | 하이텐<br>הָיִיתֶן |
| [단수]<br>1인칭공통 | 하이티<br>הָיִיתִי | [복수]<br>1인칭공통 | 하이누<br>הָיִינוּ |

하야동사의 경우도 ‘헤’가 ‘타우’로 변화하는 형태를 가집니다.
또한 ‘헤’의 원형이 ‘요드’라는 점도 기억하셔야 합니다.
아마르와 함께 정말 난해한 단어에 속합니다.
출현할 때마다 암기하시는 것이 어쩌면 속 편합니다. ㅎㅎ

참고로 출애굽기 3:14절 “나는 스스로 있는 자” 속에 포함된 ‘하야’에서 여호와(야훼,아도나이)가 유래되었다고 합니다.

# 14. 약동사 : 페-눈( & לָקַח ) / 요드짜데

'눈'은 틈만 나면 자음동화되어 사라지려는 특성을 가집니다.

נָפַל → יִנְפֹּל → יִפֹּל

나팔:떨어지다 　　　 최종으로 변화하는 중간 형태 　　　 실제 미완료 형태

사실 이게 끝입니다. 페-눈은 너무 규칙적이라 표로 정리합니다
일단 몇가지 특징을 적고 표를 보도록 할께요.

## 1. 페-눈동사 특징정리

① 칼미완료의 특징인 '익톨'처럼 '홀렘'이 아닌 '파타'와 '쩨레'를 가지기도 한다(주로 홀렘)
② 부정사연계형에서 뒤에 '타우'가 붙는 형태가 '파타' & '쩨레'형에서 나타난다.
③ 라메드로 시작하는 '라카흐'라는 단어는 칼형에서 페-눈처럼 변화한다.
④ '눈'아래 무성슈바일 때는 자음동화, 유성슈바일때는 규칙적이기도 하고 도망가기도 한다.
(즉, '눈'아래에 완전한 모음이 있는 경우는 규칙변화를 한다)

## 2. 페-눈동사 칼형 변화 요약표

| # | 칼동사 | | | |
|---|---|---|---|---|
| | נָפַל 홀렘형 | נָתַן 쩨레형 | נָגַשׁ 파타형 | לָקַח |
| 완료 | נָפַל | נָתַן | נָגַשׁ | לָקַח |
| 미완료 | יִנְפֹּל<br>יִפֹּל | יִנְתֵּן<br>יִתֵּן | יִנְגַּשׁ<br>יִגַּשׁ | יִלְקַח<br>יִלְּקַח<br>יִקַּח |
| 명령 | נְפֹל | נְתֵן<br>תֵּן | נְגַשׁ<br>גַּשׁ | לְקַח<br>קַח |
| 부/연 | נְפֹל | תֵּנֶת<br>תֵּת<br>תֵּת | גֶּשֶׁת<br>גֶשֶׁת<br>גֶּשֶׁת | קַחַת<br>קַחַת |

실상 변화가 복잡해 보이지만 칼미완료에서 홀렘형은 '눈'동화외에 다른 부분이 없구요.
쩨레형과 파타형의 경우도 사실 동사가 미완료에서 특이하게 파타나 쩨레로 변하는 것외에는 이후 흐름은 너무도 원리대로 입니다.
표를 보며 변화를 보시면 첫 미완료 모음을 제외하면 너무도 규칙동사와 동일한 변화이지요.

## 2. 페-눈동사 니팔~호팔형 변화 요약

앞의 페-눈동사 특징 ④를 보면 결국 유성이든 무성이든 '눈'아래 슈바가 오는 경우만 고려대상입니다.
'동사의 성/수 포함 총정리표'를 보시면 니팔형의 경우 1음절 슈바는 완료와 분사뿐입니다.
또한 강조형인 피엘/푸알/히트파엘도 모두 슈바가 아닌 온전한 모음이 붙어있으니 고려사항이 아니죠..
결국 페-눈동사는 칼형을 제외하면 니팔,히필,호팔에만 변화가 있다는 점입니다.

그런데 이 형태는 표를 그릴 필요도 없습니다.
칼형처럼 다른 변화가 없기에 단순히 눈이 사라지면서 동화되는 부분만 처리하면 모든 것이 끝납니다.
칼형도 결국 미완료가 쩨레와 파타로 구성되는 단어들이 있다는 점을 빼면 이게 다였지요..
딱 하나 추가할 부분은 '호팔'의 경우 '원래 카메츠-하툽'으로 시작되는데 비해서 '키부츠로 접두모음이 변한다'는 특징은 기억해 두셔야 합니다.

## 3. 페-눈동사와 함께 기억해야 하는 요드짜데 동사

יָצַק 따르다, 쏟다,붓다( 3332 ) 55회

יָצַג 놓다( 3322 ) 16회

יָצַת 불을 붙이다 , 불이 붙다( 3341 ) 30회

יָצַע 펼치다 ( 3331 ) 4회

위 동사들은 요드와 짜데로 시작하는 단어입니다. 갑자기 페-눈동사에서 이 단어들을 꺼낸 이유는 이 동사들은 페-눈 동사와 동일한 변화를 보이기 때문에 같이 기억해두시면 좋습니다.
앞으로 페-요드동사처럼 보이지만 다른 변화를 보이는 것이 요드짜데 동사입니다.

| # | 페-눈동사 칼형 | | | 요드짜데 칼형 |
|---|---|---|---|---|
| | נָפַל | נָתַן | נָגַשׁ | יָצַק |
| 완료 | נָפַל | נָתַן | נָגַשׁ | יָצַק |
| 미완료 | יִנְפֹּל<br>יִפֹּל | יִנְתֵּן<br>יִתֵּן | יִנְגַּשׁ<br>יִגַּשׁ | יִיצֹק<br>יִצֹּק |
| 명령 | נְפֹל | נְתֵן<br>תֵּן | נְגַשׁ<br>גַּשׁ | יְצֹק or<br>צַק |
| 부/연 | נְפֹל | תֵּנְת<br>תֵּת<br>תֵּת | גַּשְׁת<br>גַּשֶׁת<br>גֶּשֶׁת | יְצַק<br>צֶקֶת |

# 15. 약동사 : 페-요드/페-바브 기초



페-요드와 페-바브가 규칙동사와 다른 변화를 보이는 이유는 간단합니다.
원래 요드와 바브는 모음이 없던 시절에 음절의 처음에 나오면 자음으로 아니면 모음으로 사용되는 단어였습니다.
즉, 단어 처음에 오는 경우만 자음의 역할을 하는 단어인데 이런 단어의 앞에 접두어가 붙으면 어떻게 될까요? 과정 자체는 페-알렢과 비슷하죠?

실상 페-요드와 페-바브는 유사한 경우가 많기에 이 둘을 구분하는 것은 쉽지 않습니다.
단지 특정 상황에서 페-바브의 경우는 '바브'가 살아나기도 한다는 정도인데 이런 경우를 제외하면 구분이 쉽지 않아요.
변화도 살짝 다른데 보이는 건 거의 같으면 어찌해야 할까요? 불가피하게 수동으로 외워야겠죠..
다행인 것은 성경에 페-요드로 구분할 단어는 6개정도라는 점입니다.
나머지 요드로 시작하면 페-바브로 보면 되겠지요..

---

## 1. 페-바브 동사(5개)

יָדַע 야다: 알다

יָצָא 야짜 : 나가다

יָלַד 얄라드 : 낳다(bear)

יָרַד 야라드 : 내려가다

יָשָׁב 야샤브 : 앉다,거주하다

---

## 2. 페-바브 처럼 변화하는 특이한 동사

הָלַךְ 할라크: 걷다,가다

---

## 3. 페-요드 동사(6개)

יָטַב 야타브 : 선하다

יָשַׁר 야샤르 : 정직한,올바른

יָמַן 야만 : 똑바로 가다

יָלַל 얄랄 : 울부짖다

יָבֵשׁ 야베쉬 : 마르다,건조한

יָנַק 야나크 : 젖을 빨다

# 16. 약동사 : 페-바브( & הָלַךְ )

먼저 페-바브입니다. 바브가 자음의 역할을 하는지 아닌지가 중요한 구분점이 됩니다.

## 1. 페-바브동사 변화 요약

① 바브가 첫자음에 유지 : 규칙동사와 동일한 변화
② 바브가 요드로 변화되며 첫자음에 유지 : 규칙동사와 동일한 변화
③ 바브탈락 : 접두사가 장음화(페-눈의 경우 눈이 탈락하면서 뒷 자음 동화인데 여기는 접두가 보상)
④ 바브가 앞 접두모음과 함께 축약
⑤ **칼 미완료가 홀렘이 아닌 '쩨레'다.**

일단 각 패턴별 변화가 일어나는 위치를 살펴보도록 할께요.

| # | 페-바브동사 편화표 | | | | |
|---|---|---|---|---|---|
| | 칼 | 니팔 | 강조 | 히필 | 호팔 |
| 완료 | 요드대체 | 축약 וֹ | 요드대체 | 축약 וֹ | 축약 וּ |
| 미완료 | 바브탈락 (접두사가 보상장음화) | 바브유지 | | | |
| 명령 | | | | | - |
| 부/연 | | | | | |
| 부/절 | 요드대체 | | | | |
| 분사 | | 축약 וֹ | | | 축약 וּ |

① 요드로 대체되거나 바브가 유지되는 경우는 강변화를 하기에 위에 파란색의 부분은 규칙동사와 동일한 변화를 합니다.
② 히필과 호팔은 홀렘바브냐 슈룩이냐만 다르지 모두 축약이 되는 형태입니다.
추가로 니필의 완료와 분사도 축약이구요.
③ 결국 축약을 제외하면 페-바브로 인한 불규칙이 발생하는 부분은 칼형뿐이고 그 중에도 미완료/명령/부정사연계형인데 명령형과 부정사연계형은 미완료의 접두제거로 이루어지니 어찌보면 미완료 하나뿐이 될 수도 있겠네요.

| # | 페-바브동사 편화표 | | | | |
|---|---|---|---|---|---|
| | 칼 | 니팔 | 강조 | 히필 | 호팔 |
| 완료 | 요드대체 | 축약 וֹ | 요드대체 | 축약 וֹ | 축약 וּ |
| 미완료 | 바브탈락 (접두사가 보상장음화) | 바브유지 | | | |
| 명령 | | | | | - |
| 부/연 | | | | | |
| 부/절 | 요드대체 | | | | |
| 분사 | | 축약 וֹ | | | 축약 וּ |

## 2. 페-바브 실제 동사 변화표

| # | 페-바브동사 편화표 | | | | |
|---|---|---|---|---|---|
| | 칼 | 니팔 | 강조 | 히필 | 호팔 |
| 완료 | וָשַׁב<br>יָשַׁב | נִוְשַׁב<br>נוֹשַׁב | 생략 | הַוְשִׁיב<br>הוֹשִׁיב | הֻוְשַׁב<br>הוּשַׁב |
| 미완료 | יִיְשֵׁב<br>יֵשֵׁב | 생략 | | יַוְשִׁיב<br>יַוֹשִׁיב | יֻוְשַׁב<br>יוּשַׁב |
| 명령 | וְשֵׁב<br>שֵׁב | 생략 | | 생략 | - |
| 부/연 | וְשֵׁב<br>שֶׁבֶת | 생략 | | 생략 | |
| 부/절 | וָשׁוֹב<br>יָשׁוֹב | הִוָּשֵׁב | | הַוְשֵׁב<br>הוֹשֵׁב | |
| 분사 | וֹשֵׁב<br>יֹשֵׁב | נִוְשָׁב<br>נוֹשָׁב | | מַוְשִׁיב<br>מוֹשִׁיב | 생략 |

## 3. 페-요드/페-바브가 아닌데 특이한 동사 הָלַךְ 할라크: 걷다,가다

지금 살펴보신 페-바브의 형태가 아닌데 특이하게 페-바브의 변화를 따르는 동사가 있습니다.
그렇기에 이 '할라크'라는 단어는 미완료에서 페-바브동사와 같이 학습하셔야 합니다.
앞에서 페-바브동사가 칼형에서 불규칙을 보이는 곳인 미완료,명령,부정사연계형과 히필형에서 페-바브와 동일한 변화형을 가집니다.
변화를 한번 보도록 할께요.

| # | 할라크 동사 편화표 | | | | |
|---|---|---|---|---|---|
| | 칼 | 니팔 | 강조 | 히필 | 호팔 |
| 완료 | הָלַךְ | | | הוֹלִיךְ | |
| 미완료 | יֵלֵךְ | | | יוֹלִיךְ | |
| 명령 | לֵךְ | | | 생략 | |
| 부/연 | לֶכֶת | | | 생략 | - |
| 부/절 | | | | הוֹשֵׁב | |
| 분사 | | | | מוֹשִׁיב | |

# 17. 약동사 : 페-요드(6개)

페-요드 동사에서 주의할 부분은 칼동사 미완료와 히필형입니다.

## 1. 페-요드 변화의 특징

| | | |
|---|---|---|
| [칼] 미완료 | יִיְ → יֵי | 히렉요드로 변함과 동시에 종음절도 홀렘이 아닌 파타로 변한다 |
| [히필] 완료 | הִיְ → הֵי | |
| [히필] 미완료~부/절 | יַיְ → יֵי | |
| [히필] 분사 | מַיְ → מֵי | |

페-요드 동사는 요드가 자음성을 유지하면 강동사변화를 따르고, 자음성을 상실한 경우는 접두모음과 축약되는 형태를 취하는 정도로 정리하면 됩니다..

상기 히필의 변화형은 '바이트(집)'라는 명사가 연계형으로 변화할때의 변화와 동일합니다.

בַּיִת → בֵּית

## 2. 페-요드 동사(6개)

יָטַב 야타브 : 선하다 　 יָשַׁר 야샤르 : 정직한,올바른 　 יָמַן 야만 : 똑바로 가다

יָלַל 얄랄 : 울부짖다 　 יָבֵשׁ 야베쉬 : 마르다,건조한 　 יָנַק 야나크 : 젖을 빨다

페-바브와 페-요드는 기본형이 구분이 안되기에 페-요드동사 6개는 기억해두시고 구분하셔야 합니다.

# 18. 약동사 : 페-바브/페-요드 혼합형



페-바브와 페-요드 동사의 변화를 혼합하여 지니고 있는 동사들도 있습니다.
이 동사들의 변화는 개별적으로 달라지기에 한번에 정리하기 어려운 부분이 있어서 동사만 몇 개 적어둡니다.
페-바브나 페-요드를 따르기도 하고 독특한 변화형을 가지기도 합니다만 기본적으로는 둘 중 하나의 변화형에 거의 속하는 편입니다.

## 1. 페-바브/페-요드 혼합형동사

יָרַשׁ 야라쉬 : 가져가다,취하다,추방하다 (3423, 231회)

יָרֵא 야레 : 떨다,전율하다,진동하다(3372, 293회)

## 2. 특이한 형태의 동사

יָכֹל 야콜 : 능력이 있다, 견딜 수 있다, 우러나올 수 있다 (3201, 193회)

위 야콜이라는 동사는 상태동사입니다. 상태동사는 파타가 아닌 쩨레나 홀렘을 가지지요.
위 동사의 미완료의 형태가 특이하기에 같이 묶어 올려둡니다.

יוּכַל

# 19. 약동사 : 아인중복동사

## 1. 아인중복동사 정리

이제 약동사의 마지막 아니 동사의 마지막입니다. 수고하셨습니다.
아인중복동사는 '파알'의 아인자리와 라메드자리에 같은 자음이 중복되는 것입니다.
일단 히브리어가 중복자음을 싫어하는 것은 이미 아실테니 뭔가 조치를 취하려고 하겠다는 생각으로 출발합니다.

 → סַב 중복을 싫어하기에 하나가 떨어져 나갑니다.

그런데 그냥 사라지는 것은 아닙니다. 내가 아인-중복동사라는 특징을 남깁니다.
일단 2자음이 자신이 가지고 있던 모음을 1음절로 건네줍니다.
이후에 3자음이 2자음과 동일하게 모음이 없는 상태에서 덮어쓰게 되는 거지요~
이렇게 모음을 건네는 과정이 있기에 카메츠가 파타로 변한다는 점을 기억하시면 됩니다.

또 한가지 기억하실 부분은..
접미사가 붙는 형태의 경우에는 중복으로 사라졌던 자음이 되살아나며 다게쉬가 찍히는 점입니다.

무슨말인가요?
히브리어에서 마지막 자음에는 다게쉬가 찍힐 수가 없지요.
2,3자음이 덮어쓰고 나니 마지막 자음이 된 상태에서 다게쉬를 찍으면 안되기에 눈에 보이지 않게 숨어있지만 틈만나면(뒤에 접미가 붙으면) 언제든지 다게쉬를 복원하는 형태가 되는 거지요.

סָבּוֹתָ

## 2. 아인중복동사 재밌는 점

① 성경에서 특이하게 아인중복으로 인한 축약형과 아닌 형태가 모두 나타납니다.
칼 3인칭완료부분에서는 이런 현상이 나온 곳도 있는데 이런 것을 만났을 때 "이건 무슨 일이지?"..
"어떤 이유가 있나?"등등으로 고민하지 마시라고 말씀드립니다.
② 위에서 보시듯 두 번째 자음에 다게쉬가 숨어있는데 이걸 착각(?)하여 사용되기도 한 듯한 부분이 있습니다.

יִסֹּב 정상형외에 이렇게도 쓰이는데 이거 다게쉬 위치가 많이 이상하지요? ㅎㅎ

## 2. 아인중복동사 완료형

### ※ 아인중복동사 완료형의 특징 정리

① 자음어미 부착시 연결모음 추가 וֹ
② 엑센트는 규칙동사와 동일하지만 한가지 모음성어미 부착시는 엑센트가 첫음절로 불변

앞에서 본 단어인 '싸바브'의 기본형을 다시 가져와 볼께요.

סַב

동사의 완료형의 경우는 어미가 성/수에 따라 달라지고 접두가 붙는 형태는 아니지요?
여기서 생각할 부분이 있습니다.
우리가 보통 본 단어는 마지막 단어에 중복점이 숨어있지 않았기에 자음어미가 붙으면 단어 마지막이라 생략되었던 무성슈바만 꺼내고 자음어미를 붙이면 되었습니다.
그런데 아인중복동사의 경우는 좀 다르죠. 어미가 붙으면 다게쉬가 살아나니까요.

תִּי + סַבּ → סַבְּתִּי

뭔가 문제가 보이시나요?
베트의 다게쉬는 연강점이 아닌 중복점이기에 중간에 자음인 베트 혼자 남는 부분이 남게 되는 겁니다.
이런 문제를 해결하기 위해서 연결모음이 추가되게 됩니다.

סַבּ֫וֹתִי

모음성 어미가 오는 경우 엑센트 이동이 없다는 점 을 볼께요

סַבָּ֫ה 원래 규칙동사에서 모음성어미가 오는 경우 엑센트는 마지막에 붙는다

סַ֫בָּה 규칙동사와 달리 엑센트가 이동하지 않고 첫음절을 유지하는 점이 아주 특이합니다.

규칙동사에서는 단어 마지막음절에 기본적으로 엑센트가 오고 어미에는 붙지 않는 형태가 기본입니다.
단지 중자음어미인 템과 텐만 엑센트를 가져가는 현상이 있었지요?
아인바브동사에서는 모음성어미가 올 때 단어의 마지막음절로 엑센트가 이동하지 않고 엑센트가 첫음절에 유지되는 독특한 특성을 가지기에 주의하셔야 합니다.

## 2. 아인중복동사 미완료형

### ※ 아인중복동사 미완료형의 특징 정리

① 자음어미 부착시 연결모음 추가 ◌ֶי
② 미완료에서 착각형?이 발생한다.
③ 접두사가 붙는 형태에서 접두사 장음화가 발생한다.(히렉이 쩨레가 아닌 카메츠로 특이하게 장음화)
④ 상태동사의 경우 접두사 장음화가 카메츠가 아닌 정상적인 쩨레이다.

### ※ 아인중복동사 미완료형 ③접두사 장음화

יִקְטֹל 칼 미완료에서 계속 본 단어입니다.

טֹל + יִקְ 음절구분

סַב 이 단어를 위 '익톨'처럼 접두사를 붙여서 만들고 음절을 분리하면 어떻게 될까요???????

일단 접두사는 붙이겠는데 무성슈바와 홀렘을 어디에 붙일지등 막연하지 않으신가요?
아인-바브동사는 아예 2음절로 자신이 폐음절을 형성하고 있기에 접두사가 붙는 경우 접두사는 위 익톨처럼 단어의 1음절을 가져와 폐음절을 형성하지 못하고 개음절로 끝나게 됩니다.
단어의 끝에 엑센트이니 당연히 접두사는 엑센트 전 개음절로 장음화가 되어야 하지요.
그런데 이 장음화 자체도 히렉이 쩨레로 되는 것이 정상인데 카메츠로 장음화 되는 특성을 가집니다.

결국 폐음절이 아닌 개음절로 접두가 끝나고 뒷부분은 규칙동사와 같이 두개의 자음이 남기에
싸멕이 홀렘이란 모음을 취하게 되는 거죠.. 결과를 볼께요.

יָסֹב 결과 암기가 아닌 과정을 다시 한번 이해해 보세요~

### ※ 아인중복동사 미완료형 ① 자음어미 부착시 연결모음 추가 (세골요드)

תָּסֹבֶּינָה 접두와 접미를 붙이고 연결어미까지 일단 넣었습니다. 그런데 끝이 아니죠?

원래 접두는 위 기준으로 장음화가 되어 카메츠이고 어미+연결모음까지 하고보니 엑센트가 뒤로 옮겨졌네요. '싸멕+홀렘+베트'가 엑센트 없는 폐음절을 이루므로 단모음이기에 키부츠로 단음화하고, 접두부분은 엑센트 전전 개음절로 슈바입니다. 최종형최종형태입니다.

**※ 아인중복동사 미완료형** ② 미완료에서 착각형?이 발생

앞에서 접두사 장음화 말씀드리며 보여드린 형태를 한번 볼께요.

יָסֹב

이게 원래의 변화가 맞는데 뭐랄까요.. 착각형이랄지.. 여튼 뭔가 이상한 형태가 아인중복동사에 있어서 보시고 넘어가셔야 해요. 왜 착각형이라고 제가 말씀드리는지 아시게 될 꺼예요.

סַב 는 단어 끝이라 다게쉬가 안보이게 숨은 것이지 실제 보이게하면 .. סַבּ

베트에 다게쉬가 있는 거지요? 그런데 히브리어 미완료에서 이런 형태가 존재한다는 거예요

יִסֹּב 착각형 יָסֹב 정상형

תִּסֹּבְנָה 착각형 תְּסֻבֶּ֫ינָה 정상형

어떠신가요? 말도 안되는 것인데 다게쉬가 앞에 찍힌 형태이지요?
착각형이라고 말씀드린 이유가 보이시나요?

재밌는건 이 착각형이 미완료에서 나타나면 너무나 규칙동사 같아서 생각할 꺼리가 없다는 점입니다.
접두사 장모음화도 발생하지 않구요.
이런 형태도 발생하기에 알아두셔야 해서 추가로 보여드립니다.

나머지 기타 패턴들의 특징으로는..
니팔 완료형이 나팔 즉, 히렉이 아닌 파타이다는 점
호팔 모두에서 카메츠하툽이 아닌 슈룩을 사용하는 부분
이 정도가 칼형을 제외한 나머지 패턴에서 기억해 두시면 될 것 같네요.

# 20. 약동사 : 아인-바브(요드)

지금까지 약동사를 학습했지만 사실 약동사를 모두 안다는 것은 정말 꿈 같은 일이라고 저는 생각합니다.
어느정도 이해를 해 두고 성경을 통해 그때 그때 확인하는 편이 낫지 않을 까 생각합니다.
이번에 나오는 아인-바브(요드)의 경우 성경에 출현빈도는 꽤나 있습니다.
그런데 또 쉽지는 않은 부분이라고 저는 생각은 합니다.
개인적으로는 이렇게 문법을 학습하고 성경을 보아도 성경에서 마주치면 사실 당황스럽거든요.
결국은 우리 목표도 성경읽기이고 보고 “엥? 이 변화는 뭐지?”라고 단어를 마주치고 궁금증을 가질 수만 있다면 성공이라고 생각합니다. 이상함을 느끼고 찾아보면 익숙해지게 되는 거니까요..

어떠신가요? 뭔가 이상하시나요? 가운데가 슈룩이나 홀렘바브도 아니고..

갑자기 기본단어란 말도 안하고 들이 댄 단어에 놀라셨나요?
일단 아인-바브(요드)의 경우는 말그대로 두번째 자음이 요드나 바브라는 이야기겠지요?

이 형태는 기본형을 3인칭 남성 단수가 아닌 부정사 연계형으로 삼는다는 특징이 있습니다.

위 중요한 특징은 꼭 기억하실 부분이구요. 조금 더 설명드리자면..

1. 바브나 요드가 두 자음 사이에 들어가며 순장모음의 형태를 띄는 특징이 있다.
2. 하지만 바브나 요드가 자체적으로 모음을 가지고 있는 경우는 자음이므로 이 형태에 속하지 않는다.
3. 기본형이 3인칭남성단수가 아닌 부정사연계형이다.

이 특징을 일단 기억하시고 넘어가셔야 쉽게 접근이 가능합니다.
위에 쓴 단어의 경우도 실제적으로는 동사의 기본으로 음가를 붙인다면 ‘카봠’이 되는 것이겠지만 이 형태가 기본형이 아니고 참고하실 부분에 불과하기에 그대로 음가 없이 단어만 적었습니다.
일단 이 형태를 기억하시고 이어서 좀 더 세부적인 내용을 들어가도록 하겠습니다.
2자음인 바브나 요드가 자음성을 가진 하야동사등은 여기 해당하지 않습니다.

## 1. 바브연속법 미완료 라멜-헤 / 아인-바브(요드)동사 축약형

| # | 미완료 | 지시형 | 바브연속법 |
|---|---|---|---|
| 라멜-헤 | יִבְנֶה | יִבֶן | וַיִּבֶן |
| 아인-바브(요드) | יָקוּם | יָקֹם | וַיָּקָם |

| | 아인-바브(요드) | |
|---|---|---|
| | 아인-바브형 | 아인-요드형 |
| 완료 | קָם | שָׂם |
| 미완료 | יָקוּם | יָשִׂים |
| 명령형 | קוּם | שִׂים |
| 부정사 연계형 | קוּם | שִׂים |
| 부정사 절대형 | קוֹם | שׂוֹם |
| 분사 능동 | קָם | שָׂם |
| 분사 수동 | קוּם | שִׂים |
| 바브 미완료 | וַיָּקָם | וַיָּשֶׂם |

아인-바브(요드)는 2자음이 바브 또는 요드인 동사입니다.
위 표에서 바브와 요드로 변하는 대표 동사의 변화를 올려두었습니다.

아인-바브(요드)동사는 칼과 히필형에서 접두사모음이 대부분이 카메츠(장모음)이라는 특성을 가지며 바브연속법에서도 바브형과 요드형의 변화가 차이가 있다는 점 확인해 주세요.

| | 단순형 | | 강조형(두번째 자음 다게쉬) | | | 사역형 | |
|---|---|---|---|---|---|---|---|
| | 능동 | 수동/<br>재귀 | 능동 | 수동 | 재귀 | 능동 | 수동 |
| | 칼<br>(파알) | 니팔 | 피엘<br>(폴렐) | 푸알<br>(폴랄) | 히트파엘<br>(히트폴렐) | 히필 | 호팔 |
| 완료 | קָם | נָקוֹם | קֹמֵם | קֹמַם | הִתְקֹמֵם | הֵקִים | הוּקַם |
| 미완료 | יָקוּם | יִקּוֹם | יְקֹמֵם | יְקֹמַם | יִתְקֹמֵם | יָקִים | יוּקַם |
| 명령형 | קוּם | הִקּוֹם | קֹמֵם | קֹמַם | הִתְקֹמֵם | הָקֵמ | |
| 부정사<br>연계형 | קוּם | הִקּוֹם | קֹמֵם | קֹמַם | הִתְקֹמֵם | הָקִים | הוּקַם |
| 부정사<br>절대형 | קוֹם | הִקּוֹם | | | | הָקֵם | |
| 분사<br>능동 | קָם | נָקוֹם | מְקֹמֵם | מְקֹמָם | מִתְקֹמֵם | מֵקִים | מוּקָם |
| 분사<br>수동 | קוּם | | | | | | |

강조형인 피엘/푸알/힡,파엘은 모두 엉망입니다.
게다가 잊지 않으셨죠? 모음의 변화 뿐이 아닌 강조형의 가장 큰 특징인 다게쉬가 사라진 모습입니다.

또한 앞 페이지에서 말씀드린 부정사연계형을 완료에 넣고 진행하면 형태가 맞지요?
결국 이 아인-바브(요드)의 기본형은 부정사연계형이라는 겁니다.

## 1. 아인-바브(요드) 칼형 정리

<table>
<tr><th rowspan="3"></th><th colspan="2">단순형</th><th colspan="3">강조형(두번째 자음 다게쉬)</th><th colspan="2">사역형</th></tr>
<tr><th>능동</th><th>수동/<br>재귀</th><th>능동</th><th>수동</th><th>재귀</th><th>능동</th><th>수동</th></tr>
<tr><th>칼<br>(파알)</th><th>니팔</th><th>피엘<br>(폴렐)</th><th>푸알<br>(폴랄)</th><th>히트파엘<br>(히트폴렐)</th><th>히필</th><th>호팔</th></tr>
<tr><td>완료</td><td>קָם</td><td colspan="6">바브와 요드는 눈처럼 약자음으로 틈만 나면 튀려는 특성이 있지요? ㅎ<br>부정사연계형을 기준으로 보면 슈룩이란 모음이지만 어근자체로는 바브죠.<br>단순합니다. 도망간거예요. 칼 완료에서는 바브나 요드가 아예 사라집니다.<br><br>또한 3인칭의 경우는 카메츠이지만 2인칭과 1인칭에서는 1모음이 파타입니다.</td></tr>
<tr><td>미완료</td><td>יָקוּם</td><td colspan="6">칼 미완료는 접두모음이 카메츠입니다(엑센트전 장모음). 단, 상태동사인 경우 쩨레형은 쩨레로 변합니다. 하지만 홀렘바브형은 그대로 유지를 합니다.<br><br>또한 3인칭의 경우는 카메츠이지만 2인칭과 1인칭에서는 1모음이 파타입니다.</td></tr>
<tr><td>명령형</td><td>קוּם</td><td colspan="6">명령=부/연</td></tr>
<tr><td>부정사<br>연계형</td><td>קוּם</td><td colspan="6">기본형</td></tr>
<tr><td>부정사<br>절대형</td><td>קוֹם</td><td colspan="6">이 형태도 우리는 이미 알고 있습니다.<br>히트파엘을 기준으로 앞은 ‘오’인 홀렘이고, 뒤는 ‘에’인 쩨레였죠?</td></tr>
<tr><td>분사<br>능동</td><td>קָם</td><td colspan="6" rowspan="2">‘분사는 끝 모음이 장음이다’라는 규칙에 부합합니다.<br>분사 능동의 경우는 칼완료와 정확히 일치합니다.</td></tr>
<tr><td>분사<br>수동</td><td>קוּם</td></tr>
</table>

## 2. 아인-바브(요드) 니팔(나팔)형 정리

칼 완료/ 분사능동에서는 바브나 요드가 사라졌는데 니팔에서는 모두 홀렘바브를 유지합니다.

| | 단순형 | | 강조형(두번째 자음 다게쉬) | | | 사역형 | |
|---|---|---|---|---|---|---|---|
| | 능동 | 수동/<br>재귀 | 능동 | 수동 | 재귀 | 능동 | 수동 |
| | 칼<br>(파알) | 니팔 | 피엘<br>(폴렐) | 푸알<br>(폴랄) | 히트파엘<br>(히트폴렐) | 히필 | 호팔 |
| **완료** | קָם | נָקוֹם | 부정사연계형에서 '헤'가 '눈'으로 변한것으로 기억하셔도 됩니다.<br>단 카메츠 확인하셔야 합니다.(보상장음화)<br>**(★주의)표아래 참고하세요** | | | | |
| **미완료** | יָקוּם | יִקּוֹם | 이 부분은 접두어와 중복점이니 규칙동사와 다를 것이 없습니다.<br>뒤가 모두 홀렘바브로 니팔은 하나라는 점이 특성이라 단순합니다. | | | | |
| **명령형** | קוּם | הִקּוֹם | | | | | |
| **부정사<br>연계형** | קוּם | הִקּוֹם | | | | | |
| **부정사<br>절대형** | קוֹם | הִקּוֹם | | | | | |
| **분사<br>능동** | קָם | נָקוֹם | 눈이 다시 붙었기에 첫자음 다게쉬 없는 부분은 규칙동사와 동일하며<br>분사이고 장음이고..부합합니다. | | | | |
| **분사<br>수동** | קוּם | | | | | | |

아인중복동사에서 연결어미가 있었던 것 기억하시나요?

자음뒤에 자음성어미가 오는 경우에 문제가 있기에 자음성어미가 추가되었었죠?

נָקוֹמְתִי
נְקוֹמוֹתִי

1인칭 공성단수는 자음성어미가 오는데 여기는 사실 전혀 문제가 없지만 여기에 연결성어미가 추가된다는 점이 특이합니다.또한 홀렘이 두번 연속되기에 홀렘바브가 슈렉으로 바뀌고 엑센트법칙이 적용됩니다.

נְקוּמוֹתִי 최종형태

## 3. 아인-바브(요드) 강조형 폴렐/폴랄/히트폴렐 정리

| | 단순형 | | 강조형(두번째 자음 다게쉬) | | | 사역형 | |
|---|---|---|---|---|---|---|---|
| | 능동 | 수동/재귀 | 능동 | 수동 | 재귀 | 능동 | 수동 |
| | 칼(파알) | 니팔 | 피엘(폴렐) | 푸알(폴랄) | 히트파엘(히트폴렐) | 히필 | 호팔 |
| 완료 | קָם | נָקוֹם | קֹמֵם | קֹמַם | הִתְקֹמֵם | הֵקִים | הוּקַם |
| 미완료 | יָקוּם | יִקּוֹם | יְקֹמֵם | יְקֹמַם | יִתְקֹמֵם | יָקִים | יוּקַם |
| 명령형 | קוּם | הִקּוֹם | קֹמֵם | קֹמַם | הִתְקֹמֵם | הָקֵמ | |
| 부정사 연계형 | קוּם | הִקּוֹם | קֹמֵם | קֹמַם | הִתְקֹמֵם | הָקִים | הוּקַם |
| 부정사 절대형 | קוֹם | הִקּוֹם | | | | הָקֵם | |
| 분사 능동 | קָם | נָקוֹם | מְקֹמֵם | מְקֹמָם | מִתְקֹמֵם | מֵקִים | מוּקָם |
| 분사 수동 | קוּם | | | | | | |

이 형태는 다른 설명이 필요없습니다.

우리가 지금까지 학습한 피엘/푸알/히트파엘이 폴렐/폴랄/히트폴랄이 된다고 생각하시면 끝입니다.

단, 폴렐의 분사형이 쩨레가 아닌 카메츠를 선택했다는 특이한 점만 기억하세요~

## 4. 아인-바브(요드) 히필형 정리

칼 완료/ 분사능동에서는 바브나 요드가 사라진 것처럼 히필에서는 모두에서 사라집니다.

사라지고 나면 앞모음의 무성슈바를 밀어내고 자신이 모음으로 사용됩니다.

הִקְוִימ → הִקִימ

| | 단순형 | | 강조형(두번째 자음 다게쉬) | | | 사역형 | |
|---|---|---|---|---|---|---|---|
| | 능동 | 수동/<br>재귀 | 능동 | 수동 | 재귀 | 능동 | 수동 |
| | 칼<br>(파알) | 니팔 | 피엘<br>(폴렐) | 푸알<br>(폴랄) | 히트파엘<br>(히트폴렐) | 히필 | 호팔 |
| 완료 | קָם | 히필형은 완료기준으로 엑센트법칙으로 변한 것이 외에 특이한 점은 없지요?<br><br>특이한 점은 원래 히필형1인칭은 파타인데 아인-바브(요드)에서는 1인칭도 히렉요드를 유지하는 점에 주의가 필요합니다.<br>또한 여기서도 말도 안되지만 자음성어미가 오면 홀렘바브가 붙습니다. | | | | הֵקִים | הֲקִימֹתִי |
| 미완료 | יָקוּם | | | | | יָקִים | |
| 명령형 | קוּם | 이건 좀 특이한 변화를 보이기에 주의하세요! | | | | הָקֵמ | |
| 부정사<br>연계형 | קוּם | 히필 미완료를 기준으로 변하는게 원래 명령형이고 명령형=부정사연계형인데 명령형이 특이한 형태였죠.<br>부정사연계형은 규칙동사와 동일한 변화입니다 | | | | הָקִים | |
| 부정사<br>절대형 | קוֹם | 히트파엘 뒤는 쩨레.. 부합하지요? | | | | הָקֵם | |
| 분사<br>능동 | קָם | 미완료에서 멤으로 변한다..<br>하지만 모음이 쩨레인 것 주의하세요. | | | | מֵקִים | |
| 분사<br>수동 | קוּם | | | | | | |

## 5. 아인-바브(요드) 호팔형 정리

הֻקַם → הוּקַם 니팔->나팔, 히필->하팔, 호팔->후팔 동일한 과정입니다.

히필에서처럼 바브와 요드가 모두 사라지고 앞자음에 붙는 형태를 취합니다.

이 외에는 호팔형은 아인-바브(요드)에서 별다른 특징은 없습니다.

| | 단순형 | | 강조형(두번째 자음 다게쉬) | | | 사역형 | |
|---|---|---|---|---|---|---|---|
| | 능동 | 수동/<br>재귀 | 능동 | 수동 | 재귀 | 능동 | 수동 |
| | 칼<br>(파알) | 니팔 | 피엘<br>(폴렐) | 푸알<br>(폴랄) | 히트파엘<br>(히트폴렐) | 히필 | 호팔 |
| 완료 | קָם | | | | | | הוּקַם |
| 미완료 | יָקוּם | | | | | | יוּקַם |
| 명령형 | קוּם | | | | | | |
| 부정사<br>연계형 | קוּם | | | | | | הוּקַם |
| 부정사<br>절대형 | קוֹם | | | | | | |
| 분사<br>능동 | קָם | | | | | | מוּקָם |
| 분사<br>수동 | קוּם | | | | | | |

# 21. 바브연속법 총정리표

바브연속법은 특이한 변화가 많이 있어 별도로 정리해 둔 표입니다.
히필형이 동사에서도 골치아팠는데 여기서도 마찬가지지요? 특히 조심하실 부분은 히필형 바브연속법은 규칙형에서조차도 3인칭남/여단수에서 순장모음이 아닌 쩨레를 가집니다.

| | 단순형 | | 강조형(두번째 자음 다게쉬) | | | 사역형 | |
|---|---|---|---|---|---|---|---|
| | 능동 | 수동/재귀 | 능동 | 수동 | 재귀 | 능동 | 수동 |
| | 칼 (파알) | 니팔 | 피엘 | 푸알 | 히트 파엘 | 히필 | 호팔 |
| 완료 | קָטַל | נִקְטַל | קִטֵּל | קֻטַּל | הִתְקַטֵּל | הִקְטִיל | הָקְטַל |
| 미완료 | יִקְטֹל 익톨 | יִקָּטֵל 익카텔 | יְקַטֵּל 예캍텔 | יְקֻטַּל 예쿹탈 | יִתְקַטֵּל 이트팥텔 | יַקְטִיל 약틸 | יָקְטַל 욕탈 |
| 규칙 바브연속법 | וַיִּקְטֹל | וַיִּקָּטֵל | וַיְקַטֵּל | וַיְקֻטַּל | וַיִּתְקַטֵּל | וַיַּקְטֵל | וַיָּקְטַל |
| 페-후음 | וַיַּעֲמֹד | וַיֵּעָמֵד | | | | וַיַּעֲמֵד | |
| 아인-후음 | וַיִּרְחַץ | | וַיְבָרֵךְ | | | | |
| 페-눈 | וַיִּפֹּל | וַיִּנָּצֵל | | | | וַיַּצֵּל | |
| 페-요드 | וַיִּיטַב | | | | | וַיֵּיטֶב | |
| 페-바브 | וַיֵּשֶׁב | וַיִּוָּשֵׁב | | | | וַיּוֹשֶׁב | |
| 라멜-헤 | וַיִּגֶל | וַיִּגֶּל | וַיְגַל | | | | |
| 라멜-알렢 | וַיִּמְצָא | | | | | | |
| 아인-요드바브 | וַיָּקָם | | | | | וַיָּקֶם | |
| 아인 중복 | וַיָּסָב | | | | | וַיָּסֶב | |

# 22. 동사 성/수 포함 총정리표

| | | 칼 | 니팔 | 피엘 | 푸알 | 히트파엘 | 히필 | 호팔 |
|---|---|---|---|---|---|---|---|---|
| 완료 | 3ms | קָטַל | נִקְטַל | קִטֵּל | קֻטַּל | הִתְקַטֵּל | הִקְטִיל | הָקְטַל |
| | 3fs | קָטְלָה | נִקְטְלָה | קִטְּלָה | קֻטְּלָה | הִתְקַטְּלָה | הִקְטִ֫ילָה | הָקְטְלָה |
| | 2ms | קָטַלְתָּ | נִקְטַלְתָּ | קִטַּלְתָּ | קֻטַּלְתָּ | הִתְקַטַּלְתָּ | הִקְטַ֫לְתָּ | הָקְטַלְתָּ |
| | 2fs | קָטַלְתְּ | נִקְטַלְתְּ | קִטַּלְתְּ | קֻטַּלְתְּ | הִתְקַטַּלְתְּ | הִקְטַלְתְּ | הָקְטַלְתְּ |
| | 1cs | קָטַלְתִּי | נִקְטַלְתִּי | קִטַּלְתִּי | קֻטַּלְתִּי | הִתְקַטַּלְתִּי | הִקְטַ֫לְתִּי | הָקְטַלְתִּי |
| | 3cp | קָֽטְלוּ | נִקְטְלוּ | קִטְּלוּ | קֻטְּלוּ | הִתְקַטְּלוּ | הִקְטִ֫ילוּ | הָקְטְלוּ |
| | 2mp | קְטַלְתֶּמ | נִקְטַלְתֶּם | קִטַּלְתֶּם | קֻטַּלְתֶּם | הִתְקַטַּלְתֶּם | הִקְטַלְתֶּם | הָקְטַלְתֶּם |
| | 2fp | קְטַלְתֶּן | נִקְטַלְתֶּן | קִטַּלְתֶּן | קֻטַּלְתֶּן | הִתְקַטַּלְתֶּן | הִקְטַלְתֶּן | הָקְטַלְתֶּן |
| | 1cp | קָטַלְנוּ | נִקְטַלְנָה | קִטַּלְנוּ | קֻטַּלְנוּ | הִתְקַטַּלְנוּ | הִקְטַ֫לְנָה | הָקְטַלְנָה |
| 미완료 | 3ms | יִקְטֹל | יִקָּטֵל | יְקַטֵּל | יְקֻטַּל | יִתְקַטֵּל | יַקְטִיל | יָקְטַל |
| | 3fs | תִּקְטֹל | תִּקָּטֵל | תְּקַטֵּל | תְּקֻטַּל | תִּתְקַטֵּל | תַּקְטִיל | תָּקְטַל |
| | 2ms | תִּקְטֹל | תִּקָּטֵל | תְּקַטֵּל | תְּקֻטַּל | תִּתְקַטֵּל | תַּקְטִיל | תָּקְטַל |
| | 2fs | תִּקְטְלִי | תִּֽקָּטֵלִי | תְּקַטְּלִי | תְּקֻטְּלִי | תִּתְקַטְּלִי | תַּקְטִ֫ילִי | תָּקְטְלִי |
| | 1cs | אֶקְטֹל | אֶקָּטֵל | אֲקַטֵּל | אֲקֻטַּל | אֶתְקַטֵּל | אַקְטִיל | אָקְטַל |
| | 3mp | יִקְטְלוּ | יִֽקָּטֵלוּ | יְקַטְּלוּ | יְקֻטְּלוּ | יִתְקַטְּלוּ | יַקְטִ֫ילוּ | יָקְטְלוּ |
| | 3fp | תִּקְטֹלְנָה | תִּקָּטַלְנָה | תְּקַטֵּלְנָה | תְּקֻטַּלְנָה | תִּתְקַטֵּלְנָה | תַּקְטֵ֫לְנָה | תָּקְטַלְנָה |
| | 2mp | תִּקְטְלוּ | תִּקָּטְלוּ | תְּקַטְּלוּ | תְּקֻטְּלוּ | תִּתְקַטְּלוּ | תַּקְטִ֫ילוּ | תָּקְטְלוּ |
| | 2fp | תִּקְטֹלְנָה | תִּקָּטַלְנָה | תְּקַטֵּלְנָה | תְּקֻטַּלְנָה | תִּתְקַטֵּלְנָה | תַּקְטֵ֫לְנָה | תָּקְטַלְנָה |
| | 1cp | נִקְטֹל | נִקָּטֵל | נְקַטֵּל | נְקֻטַּל | נִתְקַטֵּל | נַקְטִיל | נָקְטַל |

| | | 칼 | 니팔 | 피엘 | 푸알 | 히트파엘 | 히필 | 호팔 |
|---|---|---|---|---|---|---|---|---|
| 미완료 | 3ms | יִקְטֹל | יִקָּטֵל | יְקַטֵּל | יְקֻטַּל | יִתְקַטֵּל | יַקְטִיל | יָקְטַל |
| | 2ms | תִּקְטֹל | תִּקָּטֵל | תְּקַטֵּל | תְּקֻטַּל | תִּתְקַטֵּל | תַּקְטִיל | תָּקְטַל |
| | 2fs | תִּקְטְלִי | תִּקָּֽטְלִי | תְּקַטְּלִי | תְּקֻטְּלִי | תִּתְקַטְּלִי | תַּקְטִ֫ילִי | תָּקְטְלִי |
| | 2mp | תִּקְטְלוּ | תִּקָּֽטְלוּ | תְּקַטְּלוּ | תְּקֻטְּלוּ | תִּתְקַטְּלוּ | תַּקְטִ֫ילוּ | תָּקְטְלוּ |
| | 2fp | תִּקְטֹלְנָה | תִּקָּטַלְנָה | תְּקַטֵּלְנָה | תְּקֻטַּלְנָה | תִּתְקַטֵּלְנָה | תַּקְטֵ֫לְנָה | תָּקְטַלְנָה |
| 명령법 | 2ms | קְטֹל | הִקָּטֵל | קַטֵּל | | הִתְקַטֵּל | הַקְטֵל | |
| | 2fs | קִטְלִי | הִקָּֽטְלִי | קַטְּלִי | | הִתְקַטְּלִי | הַקְטִילִי | |
| | 2mp | קִטְלוּ | הִקָּֽטְלוּ | קַטְּלוּ | | הִתְקַטְּלוּ | הַקְטִילוּ | |
| | 2fp | קְטֹלְנָה | הִקָּטַלְנָה | קַטֵּלְנָה | | הִתְקַטֵּלְנָה | הַקְטֵלְנָה | |
| 부 | 연계 | קְטֹל | הִקָּטֵל | קַטֵּל | | הִתְקַטֵּל | הַקְטִיל | |
| 부 | 절대 | קָטֹל | הִקָּטֹל | קַטֵּל | | הִתְקַטֵּל | הַקְטֵל | |
| | | קָטוֹל | נִקְטֹל | קַטֹּל | | | | |
| 분 | 능동 | קֹטֵל | | מְקַטֵּל | | מִתְקַטֵּל | מַקְטִיל | |
| 분 | 수동 | קָטוּל | נִקְטָל | | מְקֻטָּל | | | מָקְטָל |